中国社会政治史

先秦秦汉卷

萨孟武 作品系列

萨孟武 著

生活·讀書·新知 三联书店

Simplified Chinese Copyright © 2021 by SDX Joint Publishing Company
All Rights Reserved.
本作品简体中文版权由生活・读书・新知三联书店所有。
未经许可，不得翻印。

图书在版编目(CIP)数据

中国社会政治史：全四册/萨孟武著. —北京：
生活・读书・新知三联书店，2021.4(2023.7重印)
(萨孟武作品系列)
ISBN 978-7-108-07038-8

Ⅰ.①中… Ⅱ.①萨… Ⅲ.①政治制度-历史-中国
②政治制度-历史-中国 Ⅳ.①D69

中国版本图书馆 CIP 数据核字(2021)第 005708 号

著作财产权人：©三民书局股份有限公司
本书中文简体字版由三民书局股份有限公司授权生活・读书・新知三联书店有限公司在中国境内（台湾、香港、澳门地区除外）独家出版。
本书中文简体字版禁止以商业用途于台湾、香港、澳门地区散布、销售。
版权所有，未经著作财产权人书面授权，禁止对本书中文简体字版之任何部分以电子、机械、影印、录音或其他方式复制或转载。

责任编辑　杨柳青
封面设计　储　平
出版发行　生活・讀書・新知 三联书店
　　　　　（北京市东城区美术馆东街 22 号）
邮　　编　100010
印　　刷　江苏苏中印刷有限公司
版　　次　2021 年 4 月第 1 版
　　　　　2023 年 7 月第 2 次印刷
开　　本　720 毫米×965 毫米　1/16　印张　120
字　　数　1720 千字
定　　价　398.00 元

萨孟武(1897—1984),名本炎,孟武为其字,福建福州人,著名政治学家。日本京都帝国大学法学士,回国后历任上海各大学教授。1927年,任总政治部宣传处编辑科科长。1928年,任中央政治学校教官兼编辑部主任。1930年,任中央政治学校普通行政系教授。越一年,兼任系主任,另兼陆军大学教官、中央学校教授。抗战军兴,随政校上庐山,抵芷江,入重庆。国民参政会成立,遴选为参政员。抗战胜利后,历任中山大学、台湾大学法学院教授兼院长。政校复校,兼任政治系研究所教授,并曾任立法委员。著有《政治学》《西洋政治思想史》《中国政治思想史》《新国家论》《中国宪法新论》《〈西游记〉与中国古代政治》《〈红楼梦〉与中国旧家庭》《〈水浒传〉与中国古代社会》《孟武自选文集》等著作。

出版说明

作为著名的政治学家、法学家，萨孟武先生著作甚多，以《政治学》《中国社会政治史》《中国法治思想》等最为著名。而由于种种原因，其社会学、政治学著作多在台湾出版，大陆读者接触和认识萨先生，更多是通过他的三本学术性随笔著作，即《〈红楼梦〉与中国旧家庭》《〈水浒传〉与中国古代社会》和《〈西游记〉与中国古代政治》。这对于认识与评价一位严肃的学者，显然是十分片面的。鉴于萨先生对中国传统政治思想、制度、理论的研究能不落俗套，深入浅出，贯通中西，对中国政治学的形成影响很大，所以此次拟出版其"作品系列"，主要选取其未在大陆出版的著作。

首先出版的《中国社会政治史》全书共四册，纵论中国历代之兴亡得失，除考据政治制度外，更引用社会、经济、思想等各层面的相关资料，以评析这些层面的变动如何与政治制度相互影响，乃至最终成为朝代更迭的因素。

本书之所以名为"社会政治史"，而不同于其他社会史或政治史之处就在于，其揭示了社会科学与政治史的密切关系；剖析了各类社会情况，如民风、士气、经济、国防、户口之多寡、土地之分配与生产力、各种阶层之分立以及政治制度等等，对于政治现象有何影响，以着力阐明历史发展过程之因果关系。以政治与社会两方面的交互影响为决定历史演进的条件,作者编写时以其研究心得为骨干,广泛引用原典古籍为血肉,历数先秦到明朝的社会政治发展。书中除了详述宫中、府中权力的转移、倾轧外,也从社会经济的角度,介绍币制、税赋、力役等对社会造成的影响,及其如何冲击历史的演进。最便利学者的是,书中于论述每朝政治制度时,以表格方式详述其中央、地方官制与文官制度,且剖析该制度之优劣。

本书实际写作共花费二十二年。为成此书,萨先生遍览群书,正史以外,通鉴、奏议、书信等各种史料,多有参考。亦不惜斥资购入数套《二十五史》以备查核、编辑之用,其准备工作十分详尽,故自成书以来,已成为研习中国历朝政治的重要参考书籍。此次首次在大陆出版,相信一定能为这里的政治史与社会史研究提供有益的借鉴。

简体版序

萨孟武先生(1897—1984)对我而言是上一世代的学者,我和萨先生素昧平生,虽都留日,但背景完全不同。萨先生学术经历丰富,论教职,曾担任广州中山大学法学院院长、台湾大学法学院院长。其著作等身,著有《政治学》《新国家论》《中国宪法新论》《中国社会政治史》《中国政治思想史》《西洋政治思想史》等,甚至分别探讨《红楼梦》《西游记》《水浒传》与中国社会、政治的关系,视野广阔,学贯中西,影响深远。

其中《中国社会政治史》四册,是我在台大讲授"中国通史""隋唐史"等课程时必备之参考著作,同时也推荐给学生(含研究生)。台湾在解严(1987年7月15日解除"戒严令",简称"解严")以前,情势严峻,研究历史极为困难。萨先生卒于1984年,其《中国社会政治史》四册由三民书局出版最晚之时间为1979—1980年,足见萨先生之治学均是在极为艰困的环境下进行的。从写卡片到剪贴等工作,我个人也都经历过,最感缺憾的事,就是不易参考到境外学术研究成果,尤其是当时大陆的最新考古资料。这是美中不足之处。

台湾在1972年以后,"中国通史"被规定为大学一年级必修课程。当时最通行的教本,就是钱穆《国史大纲》上下两册、傅乐成《中国通史》上下两册。钱书简明扼要,句句经典,但文言书体,对大一学生而言,不免艰涩。傅书白话解说,详尽流畅,资料最新,成为最畅销书,但缺乏萨先生一向重视的因果关系分析。萨书四册自1962年初版,至1965年出齐,除解析详细外,兼有原典详注,独具慧眼地分析历史事件的因果关系,皆为前两书所无。对教师而言,是极佳的参考著作。相对地,对大一学生而言,负担较为沉重,但对研究生及中国断代史课程的学习则甚有助益。可惜至萨先生过世时,仍未能完成清代部分。若要了解萨先生此套书之思维、写作方法与过程,宜参阅《增订新版自序》。此序写于1975年3月1日,先生时年79岁,在序文说预定五年之内完成清代部分,此时距其过世还有十年。结果未能如愿,殊为可惜,实是学界的一大损失。

《中国社会政治史》第一册从先秦至两汉,共出四版;第二册三国至南北朝,共出四版;第三册隋唐五代,共出三版;第四册宋元明,共出三版。每册各有序文,每版都有修正增补,治学态度严谨,值得后进学习。萨先生在《增订新版自序》中说:"研究历史必须阐明历史发展过程之因果关系",以及时代之制度、思想等。他认为"世界上最坚强的莫如我们中华民族",其向北、向南发展是历史使命。在研究资料方面,重视正史、会要以及文集、笔记等,但对实录则认为太过芜杂,只能补充正史不足,"正史已经有了,何必引用实录"。"名为实录,事实上所录者老早就非'实'了。"就这一项而言,治史者恐未必都能赞同,盖实录仍可纠正正史,其价值应在正史之上。

《中国社会政治史》这套书每册都提出许多值得深思的历史问题,例如第一册提出"自周平王东迁之后,中原王朝常受漠北蛮族的压迫。这不是因为中原王朝文弱,而是因为中华文化进步。何以说呢?中原王朝到了周代,完全进化为农耕民族,而漠北民族还是游牧民族"。游牧民族"看到近邻的农耕民族财物丰富,当然发生羡慕的情绪,他们喜欢侵略,可以说是一种天性"(第三章第四节,第170页)。这是关于中国历史上北方游牧民族何以南侵的大问题。萨先生的解释固然是重要理由,但若仔细再思考,应该还有其他因素,例如气候变化、人口增减、内部斗争等问题,都需要一并考虑。

第二册提到东晋累次北伐不能成功者,是由于"军队缺乏与财政困难,而军队所以缺乏,财政所以困难,又以编户减耗为其主要原因"(第二章第二节,第179页)。但仍可进行另外的考量,如热衷北伐者不是晋室近戚,就是寒门出身,士族则保家重于保国,上下离心,常出现后勤补给不足,自易功败垂成。

第三册第二章第四节开头指出:"国家的治乱固然悬于人心的振靡,而人心的振靡又悬于制度的良窳。"此事举战国时代的秦国,人心最靡,"贪狠强力,寡义而向利"。经商鞅变法,使秦能够统一六合,成就帝业。所以"讨论朝代兴亡,与其研究人心,不如研究制度"(第153页)。这个说法很有创见,但恐怕也是见仁见智。以商鞅变法而言,如果没有法家思想先做指导,何来制度?又如果没有秦王赞许支持,何来变法?前两者仍与人心有关。制度属于实际履行的表现,而制度的规划与内容,又必须系乎当时人心所向,才能有效执行,所以人心与制度不必一定要取其一,两者兼顾仍然须要。

第四册指出"五胡乱华以后的汉族已与秦汉时代的汉族不同。它是混合亚洲许多民族而成的中华民族。中华民族血统上虽然不是汉族,精神上仍秉承汉族的思想。他们的胸襟是宽大的,只要异族接受中华的文化,就视为同一民族,不分彼此,而有平等的私权及公权。汉武帝临崩之时,受遗托孤者有匈奴人金日磾。安史作乱出师勤王者,有契丹人李光弼。黄巢作乱,朱温篡唐,此时志复唐祚者乃是沙陀人李克用。阿保机入据中原,而兴师讨伐,迫使辽主不能不北归者,又是沙陀人刘知远"。"这与今日各国对于肤色之有偏见,甚至垄断地区,不许有色人种移住其间者自不相同。"(第二章第二节,第251页)这就是所谓文化中国论,的确如此。

最令人感兴趣的议题:中华民族及其文化的成长,究竟是在纷乱抑或和平时期。这个问题,也常成为学校考试的申论题。钱穆《国史大纲·引论》指出:"今于国史,若细心籀其动态,则有一至可注意之事象,即我民族文化常于和平中得进展是也。欧洲史每常于斗争中著精神。""中国史如一首诗,西洋史如一本剧。""即以人物作证,苏格拉底死于一杯毒药,耶稣死于十字架,孔子则梦奠于两楹之间,晨起扶杖逍遥,咏歌自挽。三位民族圣人之死去,其景象不同如此,正足反映民族精神之全部。""中国史上,亦有大规模从社会下层掀起的斗争,不幸此等常为纷乱牺牲,而非有意义之划界线之进步。"这是钱先生的和平论。但萨先生的看法正好相反,他说:"分乱之在中国,不使中华民族衰亡,而使中华民族膨大,由黄河流域发展至长江流域,再由长江流域发展至闽粤桂黔,最后竟然殖民于南洋群岛,所以分乱对于中华民族的发展,是有间接作用的。此只就闭关时代言之,海禁开通,一个民族不能统一,国力消耗于内乱,结果只有灭亡。"(第三册第三章第三节,第450页)从其前后文看来,此处所谓的"分乱"是指传统时期,"海禁开通"是指近代,所以钱、萨两位先生对传统时期纷乱现象的批判是截然不同的。何者为是,有待读者进一步思考,至少可以肯定他们所说的都有部分道理。

以是诸册问题讨论之荦荦大者,其问题意识极为活泼、精辟,又具宏观视野。虽是三四十年前的著作,至今仍值得吾人细嚼品尝,从中习得历史知识,尤其是后进学子,特为推荐。

台湾大学历史系名誉教授
高明士
2017年1月15日

增订新版自序

本书起草于抗战前二年，即1935年。第四册完成于1965年，合计共三十年。中间有八年，将时间花在政治学的著作及修改，实际本书之写作共花二十二年。

最初一、二两册，即由先秦至南北朝，抗战时，曾摘要编为讲义，发给中央政治学校大学部行政系学生。由1944年至1946年又着手写作唐代。

抗战胜利，我赴中山大学，主持法学院院务。在两年（1946年至1948年）之间，一方编述五代部分，同时着手搜集宋代资料；1948年我来台湾，主持法学院院务，开始写作宋代部分。宋史写成之后，陆续搜集资料，着手写元明二代。明代写完之后，我不敢遽尔出版，又将第一册及第二册加以修改又修改。友人林纪东先生谆谆劝我付印，意谓万一失掉，未免可惜。于是就于1962年之冬，先出版第一册及第二册。

第一册除1944年在重庆出版不计外，1962年11月初版，1966年再版，1969年三版，1972年四版。第二册于1962年12月初版，1966年再版，1970年三版，1972年四版。第三册于1963年12月初版，1966年再版，1968年三版（因多印，故未四版），第四册于1965年11月初版，1968年再版，1971年三版。1974年物价忽然大涨，因之各册虽将售罄，均停止付印。

本人著作之所谓"版"与国内各书之"版"不同,必有修改。其不修改者只称为"刷"。例如拙著《政治学》,名为四版,其实,初版四刷,再版二刷,三版一刷,四版十五刷,共计二十二刷。未曾修正改版,而称之为再版、三版……这是各国所没有的。

我在小学时,除算术、国文外,对于中国历史极感兴趣。后来阅读《资治通鉴》,总觉得其对于社会情况,如民风、士气、经济、国防、户口之多寡、土地之分配及生产力、各种阶层之分立,以及政治制度等等,写得太少,而且未曾说明这许多要素对于政治现象有何影响。研究历史必须阐明历史发展过程之因果关系,单单记忆事实,尤其用尽脑力,去暗记小事实,不但记得之后,旋即忘记,而且一点用处也没有。这是我写本书的动机。

我写作本书当然是先搜集资料,而要搜集资料,必须脑中已有一种观念,依此观念,做成每朝历史的目录,而后依此目录,去搜集所需要之资料。否则一部《二十五史》看了又看,也必毫无结果。

搜集资料先由正史开始,这一段工作是很繁重的。例如《后汉书》,我前后看了三遍,一字一字地看下去。第一次觉得毫无资料,第二次略有所得,第三次才有收获。南北朝历史分量极多。《宋书》不错,《魏书》固然芜冗,而资料还不少。《南北史》只能作补充之用,至于《北齐书》《南齐书》等等只是族谱及升官图。没有什么好的资料,而又不能不看。正史看完,再看会要(《西汉会要》根本不必看)或会典,最后才看文集及笔记。文集固然分量甚多,但其中大部分是诗赋记铭。例如王安石乃是宋代政治上的重要人物,若把他的文集翻一下,即可知道,值得吾人参考之用的奏议及书信并不甚多。所以文集容易看,也看得很快。笔记固然有很好的文章,然每种笔记之中,合于本书需要的也很有限。至如《愧郯录》《梦溪笔谈》之类,不过五六篇可供参考。又如读者所熟知的《日知录》共有三十二卷之多,其中除八、九两卷之外,其他各卷或二三篇可用,或五六篇可用,或全卷都不可用。这不是说其余各篇没有价值,而是说对于研究历史的人没有用处。

以上所述只就初版言之。学问本来没有止境,读书愈多,资料亦愈多,因之再版、三版、四版付印之时,无不增加字数。字数增加,又须改排。但全书改排，不是个人财力所能负担。故凡某一页字数增加在二百字以下者，只改排该页，而增加其行数。字数增加太多者，则在该页上，加一、二、三等。例如第一册二十七页，共增加八页，遂于二十七页处改为"二七一""二七二"……"二七八"；三十四页亦增加九页，故改为"三四一"……"三四九"。倘若三版或四版时，又增加字数，如在"三四一"及"三四二"两页，则由十八行改为二十一行。

写作历史，不消说举证极其重要。但既有"全称"之例，就不必再引特称之例。万不得已而须引用特称之例，亦不可引得太多。太多，读者必感头痛，而认为资料的堆集，反将显明之事变为暧昧。现今学者喜欢引用"实录"，实录太过芜杂，它只能补充正史之不足，正史已经有了，何必引用实录。何况自史官失去独立地位之后，实录未必据实而书，其受当时政治势力之影响者未必比正史为小。名为实录，事实上所录者老早就非"实"了。

我有一种野心，意欲改写会要，改编会典，不但各种事实，即当时名臣学者之言，亦宜编入。这种工作当然不是个人能力所能做到。

本人著书，喜欢修改，修改到主观上认为满意之时，才肯罢休。修改或依自己或依读者之提议。例如读者来函，多谓第二册与其他三册比较之后，分量稍轻，余亦深有此感。故自1971年始，又开始修改全书，尤其增加第二册之分量，务使四册分量大略相等。兹应告知读者的，本书新版由第一册至第四册无不修改，其修改页数每册均在一百余页以上，各册增加资料不少，页数自亦随之增加。

本人接到读者来函不少，他们提出两种希望：一希望改用较大之字排印，纵令"售价提高，读者不会计较"；二希望"继续完成清代部分的写作"。关于第一希望，非本人财力所能负担，幸三民书局刘振强先生于1975年之春提议愿意承印是书，故自本年始，改由三民书局从新排印。第二希望大约可以实现，因为本书既由三民书局承印，则本人不拟再作修改，而当致力于第五册之写作，预定五年内出版。

本书第一册初版之序，已经提到，当物价低廉之时，著者为节省时间起见，卡片之做成，不用抄写，而用剪贴。1946年复员时，著者全家坐飞机回到东南，除本书原稿及随身衣服之外，一切均委托中央政校运送。而政校竟将余之行李放在木船之内，行至三峡，不知因何原因，全部沉入江底，财产损失，固不足惜，所可惜者十数年搜集之资料卡片全部毁没。

来到台湾之后，不得不购买艺文社出版之《二十五史》两部及各种文集各三部（两部剪贴，一部保留）再行阅读一遍。我虽然没有一目十行的本领，而却能一字一字地快读下去。有人问我，《二十五史》之中，哪一史写得最好？依我管见，《汉书》最好。《汉书》列传不是依官之大小，而是依事之有无，而事又与国家治乱、典章制度、士风民气有关。李广不得封侯而有传，其从弟李蔡做过丞相而无传。刘屈氂不过平凡之人，《汉书》所以有传者，盖欲借他说明三事。一是汉制，宗室不得典三河，而屈氂乃为丞相。二是汉时郡守多先为三辅，次九卿，次御史大夫，最后才为丞相，而屈氂竟然由涿郡太守一跃而为左丞相（这又暗示武帝要恢复左右丞相之制）。三是戾太子反时，屈氂不敢发兵，武帝曰，丞相无周公之风矣，周公不诛管蔡乎？这又可以证明丞相对于紧急事变，有急速处分之责任。司马相如、扬雄两传之赋与历史虽无关系，而后人观此亦可知道当时赋之体裁。唐时举官试"判"，新旧《唐书》未载"判"之文体。明代举士用"八股"，《明史》亦不举八股之例。这种重要的文章体裁应该举出一篇，留给读史者参考。当然，《汉书》也有缺点，以桑弘羊那样重要的财政家，竟不立传，唯于《食货志》中，稍稍提到。如果没有《盐铁论》一书，吾人将无从知道桑弘羊的思想。从来学者多谓《晋书》好采诡谬碎事，其实这种诡谬碎事往往可以说明当时社会风气，而知晋祚之不长。列传与墓志铭不同，墓志铭可写个人的私事，列传所写的，必须该事与整个社会有关，或该事可以说明社会的结构、政治的状况、经济的情形，以及士风民气等等。

研究历史，尚须知道时代思想。思想不能领导历史发展，反而是历史发展的产物。春秋战国之时何以各种学说杂然并兴，这必有其时代原因。秦崇法家，西汉初年盛行道家与法家的思想。元成以后，儒家才见抬头。王莽变法，完全根据儒家学说。到了东汉，儒家又参以阴阳家的思想。魏晋之世，学者祖述老庄，然而吾人观当时人士的行动，绝不是道家的思想，而是杨朱的快乐主义。唐宋二代，如韩愈、司马光极力推崇君权，由元至明，《四书》及朱熹的地位忽然提高，其故何在？明代中期以后又发生了反动思想，如王阳明的学说，尤其李卓吾之反对道学。明末清初之黄梨洲复反对君权，这均有其历史的原因。本书对此思想均稍加叙述。且进一步，说明某一种思想所以流行于某一个时代的原因。

现今五族共和，历史学者不宜囿于成见，再用胡虏等各种名称，自行分裂。今日之汉族已与秦汉时代及秦汉以前的汉族不同，它是融化亚洲许多种族而成的中华民族。余本欲用"种族移动"以代替五胡乱华等等。因文稿已定，更改不易。但我们要知道每次种族移动之时，中华民族一方同化外来的种族，同时向南发展，而扩大中华的版图。世界上最坚强的莫如我们中华民族。天降大任于中华民族，我们起码须向北发展，完成此种使命。

本书关于制度方面，重要的固然详细说明，不重要的均舍而不谈。多谈，徒乱人意，反令读者不能认识一代政制的根本精神。但制度必与时代的政治环境有密切的关系，而制度之良窳对于政治之隆污又可给予直接或间接的影响。比方禄俸，西汉的官秩是十五级乎，抑是十八级，花了许多时间去考证，著者认为空费精力。本书所注意的是将最低的禄，一与农民收入（百亩农夫，盖禄所以代耕，因此又须知道当时农业生产力）比较，二与一般工资比较，由此说明禄俸与国家治乱的关系。

社会科学与历史有密切的关系，研究历史而不了解社会科学，往往顾到部分，而忘及全体。反之研究社会科学的人常能由全体以观察部分，再由部分以观察全体。而全体又放在时间（时代）与空间（环境）之内。一个变化了，其他亦必变化。部分可影响全体，全体又影响部分。时代可改变事物，事物又可以变更时代的精神。环境可改变事物，事物亦可以变更环境的需要。而时代与环境又会互相影响，改变彼此的性质。欧洲社会科学家对于历史均有深刻的研究，而研究历史的人对于社会科学亦有深刻的了解，吾人读各种名著，即可知之。单单知道历史，而未读过社会科学各种书籍的人，往往不识轻重，轻者说得详之又详，至于历史发展的因果关系又舍而不谈，如斯著作不过历史之杂货摊而已。

本书引文均注明出处，详载哪一书、哪一卷、哪一篇，所注皆放在引文之下。此不但减少纸张的浪费,且节省读者的时间,不必去翻数页或数十页之后,查看注释。但所注文字太长,则放在该段原文之后。此与今人著作喜将注释放在每篇或每节之后者不同。又者本书引文所以详注哪一书、哪一卷、哪一篇者,盖谋读者的便利。例如《新唐书》共有二百二十五卷,有些卷复分上中下,每卷之中有许多列传,如果只写《新唐书·杨炎传》,阅者非翻尽《新唐书》目录,必难知道其在第一百四十五卷(《旧唐书》第一百十八卷)。著作人不过多写几字,而读者得到便利不少,我不知国内学者何以吝此数字不写。至于页数不必写出,因为古书版本太多,而各人、各图书馆所藏古书之版本未必相同。

1975 年 3 月 1 日序于狂狷斋

序

这本书的作者是我的外祖父,我叫他公公。公公要我为这本书写一篇序,我现在还是中学三年级学生,历史读得不多,这本书的价值如何,我没有资格批评,我也不敢写。公公一定要我写,我只有将妈妈告诉我的,及我亲眼看到的,写下作序。

妈妈告诉我,她进小学时,就知道公公已经在写这本书了。公公喜欢写作,他写作前一定先起稿,往往是改了又改,字又写得太草,草到变成符号,别人看不懂,只有他自己才看得懂,所以无法请人抄正。这本书引用古书很多,凡用古书的地方,都用剪贴的方法,以节省时间。妈妈最初以为写作不难,只要有一把剪刀、一瓶糨糊就可以了。妈妈又告诉我,公公写作,不需要环境清静,在重庆南温泉时,最初一年半,住在旅馆中,吃睡都在同一间房子里,并且妈妈同两位舅舅又常在此玩闹,公公不管如何吵闹,也不会分心。

我生在台湾,由小学到中学,公公教我语文、数学,也教我英语。公公教书不用别人写的课本,而由自己编著。现在这几种讲义还保藏在我的家中。我寒暑假常住在公公家里,公公修改这本书,似乎花去不少的时间。他对我说:"这是消遣,不是自讨苦吃。"我半夜醒来,常常看到公公写作,我问他:为什么不睡觉?他说:"现在灵感来了,不写，明天就会忘记，知其应该改，而忘记如何改，这是天下最痛苦的事。所以不能不半夜起来，把应该改的摘要下来。"

这本书每版都有增补修正，而以这一次最多。公公对我说："这四册已交付三民书局出版，现在不想再改了。如有时间，当续写第五册清代。"公公本来希望我将来代他写第五册，合这四册算作两人合著。但我的兴趣不在这方面，只好辜负公公的好意，不免耿耿于心。公公今年已近八十高龄，我看他凡事乐观，必能完成这部巨著。

外孙　谢定国敬序
1975年3月

目　次

简体版序　001
增订新版自序　001
序　001

第一章　先　秦
　　第一节　原始国家的发生及其发展　002
　　第二节　封建国家的成立及其分裂　020

第二章　秦
　　第一节　统一国家的诞生　048
　　第二节　官僚政治的萌芽　073
　　第三节　社会经济的破坏与秦的灭亡　085
　　第四节　秦的政治制度　102
　　　　◆　第一项　中央官制　102
　　　　◆　第二项　地方官制　112

第三章　西　汉
　　第一节　刘项之争与统一国家的再建　122
　　第二节　王国势力的摧毁与中央集权的完成　137
　　第三节　列侯的没落与官僚政治的成立　155
　　第四节　民族的发展　170

第五节　民穷财匮与武帝末年及昭宣时代的复兴工作　198
第六节　农业社会的崩溃与王莽改革的失败　213
第七节　西汉的政治制度　253
　　◆ 第一项　中央官制　253
　　◆ 第二项　地方官制　282
　　◆ 第三项　刺史　300
　　◆ 第四项　文官制度　312
附　录　西汉建元表　343

第四章　东　汉

第一节　光武的中兴　346
第二节　汉族与蛮族的冲突　368
第三节　政局的纷乱　389
第四节　官僚政治的失败　413
第五节　东汉社会的崩溃　442
第六节　东汉的政治制度　461
　　◆ 第一项　中央官制　461
　　◆ 第二项　地方官制　483
附　录　东汉建元表　494

第一章 先秦

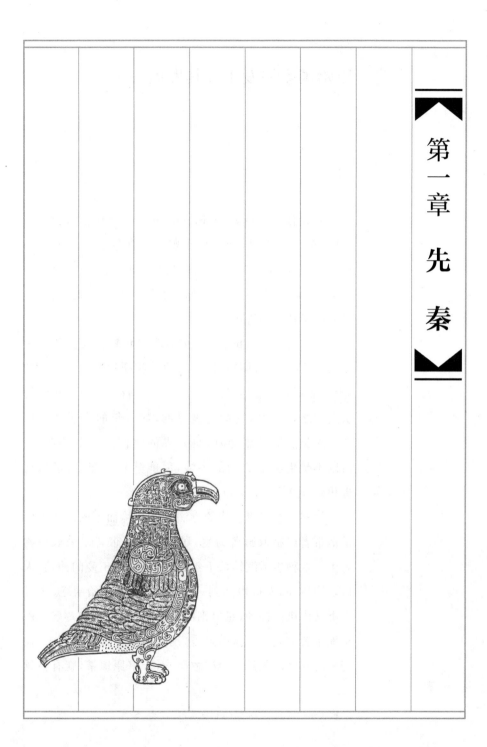

第一节
原始国家的发生及其发展

人类有两种冲动,即 F. Oppenheimer 所谓"饥与爱"(Hunger und Liebe)①。告子曾言:"食色性也。"(《孟子·告子上》)孔子亦说:"饮食男女,人之大欲存焉。"(《礼记》卷二十二《礼运第九》)人类由这两种冲动的作用,便创造了社会,又促成了社会的进化。

人类为解决饥的冲动,必须取得食物。人类取得食物的方法与其他动物不同。其他动物须利用自己身上的器官,而器官的发达又须与身体保持均衡,故由生物学的法则观之,器官的发达是极慢的,数万年的光阴并不算长。人类能够利用器具,将外界的物作为身上的器官。所以不受生物学法则的束缚,而能独立地变更,迅速地进化。

最初人类取得食物的方法是随环境而不同。居于山岳地带者以猎取野兽为生,居于草原地带者以采取植物为生。这种生活继续数千年之久,人类由于爱的冲动,人口渐次增加;人口增加到一定程度,食物开始缺乏,于是人类又由饥的冲动,想出别的方法,以取得食物。居于山岳地带者前此单单猎取野兽,现在须将野兽饲养起来,而变为游牧民。既然变为游牧民,对于草原地带,就有占领

----

① F. Oppenheimer, *Der Staat*, 3 Aufl. 1929, S. 8.

的欲望。居于草原地带者前此单单采食植物，现在须将植物栽培起来，而变为农耕民。游牧与农耕为人类生活的两大方式。

其在吾国，代表游牧民的为太皞伏牺氏，代表农耕民的为炎帝神农氏。伏牺与神农不是人名，而是两个氏族的名称。《易》称包牺氏"作结绳而为罔罟，以佃以渔"，神农氏"斫木为耜，揉木为耒，耒耨之利，以教天下"（《周易》卷八《系辞下》）。班固说：太昊"作罔罟，以佃渔，取牺牲，故天下号曰炮牺氏"，炎帝"教民耕农，故天下号曰神农氏"（《汉书》卷二十一下《律历志》）。这是可以证明伏牺氏为游牧民之集团，神农氏为农耕民之集团。据《帝王世纪》所说，伏牺蛇身人首，神农人身牛首（引自《周易》卷八《系辞下》孔颖达疏），世上当然不会有这样的人。没有而记载于历史之上，必有所本。我们以为蛇身人首乃伏牺氏之图腾，人身牛首则为神农氏的图腾。即中国在伏牺、神农时代，已经脱离蒙昧阶段，而进化为图腾社会。吾人由这图腾，更可知道其所代表的氏族的生活状态。蛇多潜匿于山岳森林之中，而以猎食禽兔为生。牛则生存于草原之地，而以嚼食刍草为生。由两个氏族之图腾，可以推测两个氏族的生活状态。

因此，伏牺、神农两个氏族居于何地便成为重要问题。据《路史》所载，伏牺"生于仇夷，长于起城"。关于仇夷，原注引《遁甲开山图》云："仇夷山四面绝立，太昊之治也，即今仇池。"关于起城，原注云："今秦治成纪县，本秦之小山谷名。"（《路史·后纪》卷一《太昊》）《周易》（卷八）《系辞下》孔颖达疏引《帝王世纪》云："包牺长于成纪。"仇夷即仇池，属巩昌府之成县，起城即成纪，属巩昌府之秦州，两地山岳盘纡（《读史方舆纪要》卷五十九《陕西八·巩昌府》）。伏牺生长于山岳地带，由此可以证明。《路史》又谓神农"长于姜水"（《路史·后纪》卷三《炎帝》），《周易》（卷八）《系辞下》孔颖达疏亦引《帝王世纪》云："神农长于姜水。"姜水何在，史无记载。《路史》云："姜，扶风姜阳有姜氏城，南有姜水。"（《路史·国名纪甲》黄帝后姜姓国）扶风即凤翔府，据《读史方舆纪要》所载，秦为内史地，武帝太初元年改为右扶风，隋大业初改为扶风郡，唐至德初改为凤翔府。宋仍曰凤翔府，亦曰扶风郡。《路史》为宋罗泌所著，其男罗苹所注，他们均谓扶风即汉代之扶风，而在陕西。顾祖禹说："府居四山之中，五水之会。"原注关于"四山之中",说道:"志云,府境四围皆有高山,而中实坦平。"关于"五水之会",说道:"五水,汧渭漆岐雍也。志云,府境自大散关以北,达于岐雍,夹渭川南北岸,沃野千里,所谓秦川也。"（《读史方舆纪要》卷五十五《陕西四·凤翔府》）陕西即雍州,《尚书·禹贡》云:"黑水西河惟雍州……厥土惟黄壤,厥田惟上上。"按是地属于黄土高原,在洪水未平以前,高原没有水患。黄土质松,在铁器尚未发明以前,便于耕耘。其地土壤肥沃。司马迁云:"膏壤沃野千里,自虞夏之贡,以为上田。"（《史记》卷一百二十九《货殖列传》）神农生于此,中国农业亦开始于此,乃属理之当然。由此可知吾国文化由狩猎经济进化为游牧经济及农耕经济,均在西北。关于神农所居,各书记载不同,甚至同一的书亦前后矛盾。如《帝王世纪》,既云神农长于姜水,又云本起烈山,或称烈山氏（引自《周易》卷八《系辞下》孔颖达疏）。《路史》亦谓神农长于姜水,复谓列山亦曰丽山,即厉山,在随县之北,神农所生（《路史·国名纪甲》黄帝后姜姓国厉）,厉山在德安府随州北四十里（《读史方舆纪要》卷七十七《湖广三·德安府》）。此外又有"炎帝初都陈（今河南开封府陈州）,又徙鲁（今山东曲阜县鲁城）"之言（《史记》卷一《黄帝本纪》正义）。此数说者皆因神农后裔以姜为姓,而此数地在春秋时代均有姜姓国家。但是三代之周出自陕西,周自后稷以后,常与姜女结婚,以西北之姬族而与中原之姜族累代通婚,这在原始时代,不是可能的事。所以我们以为各地姜姓国家大率封于周代,或原始国家由于周代的宗法观念,自称姜姓,以附于齐姜,免受周之侵略。总之,我们认为神农所居之姜水,应在陕西草原地带。

两个生活不同的氏族本来是各在各的地带过其安静和平的生活,人口繁殖,最初只与同一地带的其他氏族接触。他们住在同一地带而作同一生活,其风俗习惯相差不远。他们接触之后,其初也,由于爱的冲动,便交换了妇女①,其次由于饥的冲动,又交换货物。由于妇女的交换,便融和了他们的血

---

① 《礼》云:"取妻不取同姓,故买妾不知其姓,则卜之。"（《礼记》卷二《曲礼上》）此盖古人由于经验,知道"男女同姓,其生不蕃"（《左传·僖公二十三年》）之故。此外,人类于两性生活,也许自始就有嫌忌近亲结婚的性癖,所以同一氏族往往禁止内婚。参阅 H. Cunow, *Die Marxsche Geschichts, Gesellschafts Und Staatstheorie*, Bd. II, 4 Aufl. 1923, S. 117.

统;由于货物的交换,又使他们在经济上有互相倚赖的关系,从而氏族之间就发生了亲睦感情,而结合为一个部落。例如夏之部落有夏后氏、有扈氏、有男氏、斟寻氏、彤城氏、褒氏、费氏、杞氏、缯氏、辛氏、冥氏、斟戈氏《史记》卷二《夏本纪》太史公曰)。殷之部落有殷氏、来氏、宋氏、空桐氏、稚氏、北殷氏、目夷氏(《史记》卷三《殷本纪》太史公曰)。即部落乃以最强的氏族的名称为名称。关于夏殷的氏族名称,史家虽说:"其后分封,以国为姓。"(《史记》卷二《夏本纪》及卷三《殷本纪》太史公曰)唯由吾人观之,所谓"以国为姓"必是各氏族本来的称号。而周之部落最少亦必包括周姜两个氏族。周为后稷之后(《史记》卷四《周本纪》),后稷教民稼穑,为农耕种族;姜为炎帝之裔①,亦系农耕种族,周姜两氏在原始社会已通婚姻。《史记》(卷四《周本纪》)云:"周后稷名弃,其母有邰氏女,曰姜原。"正义云:"邰炎帝之后,姜姓,封邰。"邰在什么地方?《路史》(《国名纪甲》黄帝后姜姓国骀)云:"骀,后稷母有骀氏……鲁东鄙地,今沂之费县南故骀亭是。"骀即邰,在今日之山东。后稷之后如公刘,如太王,如王季,皆在今日之陕西。以陕西之人乃远与山东之姜女结婚,这在古代,绝不可能。《左传》昭公九年,"王使詹桓伯辞于晋曰,我自夏以后稷,魏骀芮岐毕吾西土也"。东周定都雒邑,骀为西土,当然不在山东。据杜预注,"骀在始平武功县所治鳌城"。《诗·大雅·生民》之章述文武之功起于后稷,谓后稷"即有邰家室",郑玄笺云:"邰,姜嫄之国也。尧见天因邰而生后稷,故国后稷于邰。"孔颖达疏云:"邰为后稷之母家,其国当自有君,所以得封后稷者,或时君绝灭,或迁之他所也。"孔颖达之言乃不知当时社会结构。后稷及契未必为帝喾之子,有娀氏之女简狄吞玄鸟之卵而生契,有邰氏之女姜嫄践巨人之迹而生弃(见《史记》卷三《殷本纪》、卷四《周本纪》)。即契及弃均为无父之子,此乃母系氏族的现象。晋郭璞纂《山海经图赞》,其"海外南经图赞"中载有"女子国",谓"简狄有吞,姜嫄有履,女子之国,浴于黄水,乃娠乃字,生男则死"。这固然是神话,而"女子之国"四字亦可表示殷在契时,周在后稷时,

---

① 《史记》卷一《黄帝本纪》,正义引《帝王世纪》云:"神农氏姜姓也。"卷三十二《齐太公世家》,索隐引谯周曰:"姓姜名牙,炎帝之裔。"姜姓若非起自陕西,姜牙(吕尚)何能钓于陕西渭水之滨。

属于母系氏族,其后进化,才演变为父系氏族。谯周云:"契生尧代,舜始举之,必非喾子。"(《史记》卷三《殷本纪》索隐)又谓后稷父微,故不著名(《史记》卷四《周本纪》索隐)。关于邰之所在地,孔颖达引杜预之言,"邰始平武功县所治斄城是也"。按斄城又作漦城,顾祖禹说:"后稷始封于邰,今陕西武功县西南二十里故漦城是。漦邰同。"(《读史方舆纪要》卷一《历代州域形势一·唐虞三代》)又说:"武功县古邰国也,后稷封此。县西南二十二里有漦城,漦读曰邰,即后稷所封。"(《读史方舆纪要》卷五十四《陕西三·乾州武功县》)即姜姓亦在陕西。《诗》(《大雅·绵》)云:"古公亶父,来朝走马。率西水浒,至于岐下。爰及姜女,聿来胥宇。"即古公也是与姜女结婚。这种周姜通婚,到了春秋时代,还未断绝。固然历史未可深信,然而有此记录,便足以证明同一生活状态的人容易结合起来。

生活状态之不同可以发生各种不同的性格,尤其是言语不同。言语是人类交际的产物,又是人类交际的工具。两个以上的氏族住在同一土地之内,不断地往来交际,就发生了同一言语,而住在其他土地的人,尤其是生活于其他地带的人,又产生了别种言语。言语进步到相当程度,又成为交际的障碍,即言语相同的人固然增加亲爱感情,言语不同的人一旦相遇,又因彼此之间感情无法交流,不免发生敌视之念。这个时候某个种族的人要离开自己部落,加入其他部落,绝不可能。部落的封锁又使他们居住的土地成为封锁的。换言之,每个种族皆禁止其他种族的人侵入其土地之内。

社会进化的发动力还是两个冲动。由于爱,人口不断增加,由于饥,人类开始移动,而在土地封锁时代,个人移住绝不可能,而且危险。于是凡因领土过狭,而有移动之必要者,他们必举族迁徙。这样,游牧民与农耕民,即伏牺氏与神农氏双方种族便开始了接触。

这是历史上一个大转变。在他们接触之时,双方难免战争,谁胜谁负,在原始社会,不是决定于技术,而是决定于生活方式。兹将游牧民与农耕民的生活方式列表如次。

游牧民与农耕民生活方式比较表

种族	游牧民	农耕民
生活方式	（一）结群放牧，容易团结。 （二）逐水草而居，生活是流动的，胜则进攻，败则逃入山陵之中。 （三）草原地带可以放牧，胜则占领其地。 （四）茹毛饮血，同肉食兽一样，养成好战的精神。	（一）散居各村落之间，彼此孤立，不易团结。 （二）由播种而至收获，须于一定期间之内，定住于同一土地之上，胜不能进攻，败又不能远遁。 （三）山岳地带不能耕种，虽胜亦不需要其地。 （四）以五谷为生，同草食兽一样，爱好和平。

人类的生活方式可使人类的心理发生变化。游牧民每天宰杀动物，食其肉而衣其皮，浸假他们的心理就发生了好杀的情绪。他们不怕流血，且以流血为自己生存的条件。即他们恰如肉食兽一样，"杀生"是取得食粮、保障生活的手段，所以游牧民与农耕民开始战争，最后胜利常归属于游牧民。在吾国历史上，代表这种胜利的游牧民则为黄帝有熊氏。

然则黄帝有熊氏一族居于何地？史载黄帝生于寿丘（《路史·后纪》卷五《黄帝纪》），其子（？）少昊金天氏邑于穷桑（《路史·后纪》卷七《小昊》）。或谓寿丘、穷桑均在山东曲阜县之北，其地有九峰山，峰峦相接（《读史方舆纪要》卷三十二《山东三·兖州府》曲阜县九峰山及少皞陵），即亦居于山岳地带。如果此说不错，则中国文化有东西两源，其一发源于西方之陕西，其二发源于东方之山东。唯据《路史》所述，黄帝生于寿丘，寿丘不在曲阜，而在上邽（《路史·后纪·黄帝纪》注），今陕西巩昌府有上邽城，其地与伏牺氏聚居之成纪相近（《读史方舆纪要》卷五十九《陕西八·巩昌府》秦州）。小昊之都乃在小颢（《路史·后纪》卷七《小昊》），小颢"宜在西方梁雍之域"（《路史》同上注）。即穷桑亦"宜在梁雍之域，说咸以为鲁，盖以传谓伯禽之封为少昊之墟，或其后所徙，非始国穷桑也"（《路史·国名纪乙》少昊青阳氏后穷桑），即亦均在陕西之内。

黄帝有熊氏，依吾人之意，"熊"乃黄帝氏族的图腾。据历史记载，黄帝"与炎帝战于阪泉之野，三战然后得其志"（《史记》卷一《黄帝本纪》），"炎黄二帝中间凡八帝，五百余年"（《史记》卷一《黄帝本纪》索隐）。当然不会发生两帝交战之事，交战乃存于两个氏族之间。黄帝既与神农氏交战，其非神农氏同一种族的人，可想而知。而由"熊"之图腾，似可推测黄帝一族乃居住于山岳地带，而属于游牧民之一支，即与伏牺氏同一种族。黄帝既为天子（其实只是各部落之霸主）之后，虽"邑于涿鹿之阿"，而"迁徙往来无常处，以师兵为营卫"（《史记》卷一《黄帝本纪》），可以证明黄帝一族尚未放弃游牧生活。黄帝之子少皞金天氏，代黄帝有天下。谯周云："金天氏能修太皞之法，故曰少皞。"（《汉书》卷二十一下《律历志》补注）黄帝之子而修太皞伏牺氏之法，可知黄帝当为伏牺氏之后裔。换言之，黄帝与炎帝交战，实即伏牺氏游牧民与神农氏农耕民交战。黄帝"三战然后得其志"，而"蚩尤作乱，不用帝命"，于是黄帝又"与蚩尤战于涿鹿之野，遂擒杀蚩尤"（《史记》卷一《黄帝本纪》），"蚩尤姜姓，炎帝之后也"（《路史·后纪》卷四《蚩尤传》）。《龙鱼河图》云"蚩尤食沙"（《史记》卷一《黄帝本纪》正义），由人类生理观之，沙绝对不能供为食品之用。此盖游牧民所食者为肉，农耕民所食者为谷。山岳地带之游牧民不识谷为何物，远望之有似黄沙，于是遂谓蚩尤食沙。这种判断固然只是吾人臆测，然而不作如斯臆测，中国远古历史只有全部推翻。

阪泉、涿鹿据通说，均在上谷（《史记》卷一《黄帝本纪》集解引皇甫谧曰及张晏曰），上谷在今河北之涿州（《读史方舆纪要》卷十一《直隶·顺天府》涿州）。由炎帝而至黄帝，中间虽隔五百余年，而炎帝种族由陕西之巩昌府繁殖至河北之顺天府，是否可能，值得考虑。而起自陕西之黄帝又能越过山西，远与河北之炎帝子孙交战，亦有问题。《路史》说：

> 阪泉氏蚩尤，姜姓，炎帝之后也……帝榆罔立，诸侯携贰……乃分正二卿，命蚩尤宇于小颢，以临西方……蚩尤逐帝，而居于浊鹿。（《路史·后纪》卷四《蚩尤传》）

即以阪泉为氏族名称，所以"战于阪泉之野"，其实就是"战于涿鹿之野"。小颢为小昊所居，"在西方梁雍之域"（《路史·后纪》卷七《小昊》注），穷桑亦"宜在梁雍之域"（《路史·国名纪乙》少昊青阳氏后穷桑）。浊鹿即涿鹿（《路史·后纪》卷四《蚩尤传》注，同卷《炎帝榆罔纪》，直谓蚩尤逐帝，而居于涿鹿）。涿鹿是在何地？《路史》云：黄帝"戮蚩尤于中冀"（《路史·后纪》卷五《黄帝纪》），又云"执（蚩）尤于中冀而殊（殊，斩首）之，爰谓之'解'（解，剖分之意）"。注云："今之解州，《寰宇记》云，蚩尤之封域有盐池之利，今之解池是也。"（《路史·后纪》卷四《蚩尤传》）沈括《梦溪笔谈》（卷三《辨证一》）说："解州盐泽方百二十里。久雨，四山之水悉注其中，未尝溢，大旱未尝涸，卤色正赤，在阪泉之下，俚俗谓之'蚩尤血'。"周代以前，冀州乃包括今日之河北、山西。解池在山西解州，所以中冀是指山西。据《读史方舆纪要》（卷四十一《山西三·平阳府》解州），解州有盐池，"其盐不劳人力，自然凝结，盛于夏秋，杀于冬春"。又有浊泽，"出解县东北平地，即涿水也"。所以吾人以为涿鹿当指涿水经过之平地，而此涿水非指河北涿州之北之涿水（《读史方舆纪要》卷十一《直隶二·顺天府》涿州），而是在今日之山西。盐是人类不可缺的食物。原始时代，人类可于昆虫或草根之中，食其盐分。社会进化，进化到火食之时，纯粹的盐甚为必要。炎黄二族战于涿鹿之野，也许是为争夺盐池。

黄帝征服农耕民的神农氏，用 F. Oppenheimer 所做的比喻来说，恰如游动的精虫探求静止的卵子，进入其中，而产生一个更高级的有机体，这就是原始国家。①"孔安国《尚书》序，皇甫谧《帝王世纪》，孙氏注《世本》并以伏牺、神农、黄帝为三皇"（《史记》卷一《五帝本纪》正义），这由社会学的眼光观之，不失为正确的见解。一方是游牧民的伏牺，他方是农耕民的神农，两者结合，便产生了组织原始国家的黄帝。

原始国家的组织是极松散的。黄帝一族征服神农氏之后，最初乃散居于农耕民之间，逍遥各地，而继续其游牧生活。史称"黄帝迁徙往来无常处"即其一证。土地若不适宜于游牧，或不轨之徒有叛乱之意，自应选择险阻之地设置营垒或城廓，以作镇压的根据地。史称"黄帝邑于涿鹿之阿"，又云"以师兵为营卫"，即其证据。他们由这营垒或城廓，统治农耕民，而除征收贡赋之外，其他一切都不过问，放任农耕民管理自己的政事，审判自己的诉讼，信仰

---

① F. Oppenheimer, *Der Staat*, 3 Aufl. 1929, S. 40.

自己的神祇，最多不过派遣代表，监视他们，使他们不敢反抗。史称"黄帝置左右大监，监于万国"（《史记》卷一《黄帝本纪》）。所谓万国固然形容国家之多，其实不是国家，只可视为部落。

最初移住民（游牧民）与原住民（农耕民）尚有明显的区别，而同住于一个地方既久，两个种族渐次同化，不但用同一的言语，有同一的习惯，奉同一的宗教，又因互通婚姻，而发生共同的血统，生活于同一环境之下，铸成同一的感情。而且尚谓炎黄一家，如云黄帝为少典之子，少典娶有蟜氏女而生炎帝（《史记》卷一《黄帝本纪》及索隐引《国语》云），如云少典娶有蟜氏，生子二人，一为黄帝之先，一为神农，是为炎帝（《路史·后纪》卷三《炎帝》）。于是部落偏见渐次消灭，代之而发生者则为较高形式的国家。虽然它们之间尚有裂痕，而其裂痕已经不是种族上的差别，而是政治上的差别。移住民治人，原住民治于人。治人者食于人，治于人者食人。统治阶级解放于劳力之外，于是又发生了两种结果，第一，游牧民既有衣食之道，他们无须再游牧了。游牧变为田猎，田猎不是职业，而只是统治阶级的一种娱乐。社会经济遂依草原地带的环境，而以农业为中心。第二，统治阶级不必为生活问题孜孜勤劳，而得将其劳力贡献于精神活动，而使文化有发展的可能。

文化本是精神活动的产物，人类的精神活动常受环境的影响，自黄帝由山岳地带，征服神农氏，而移住于草原地带之后，整个环境已经变更。由游牧民观之，过去居于山岳之中，现在则居于草原之上，因地的环境之变更，须想出新的方法来对付。由农耕民观之，过去接触的均是同种的农耕民，现在加上外来的游牧民，因人的环境之变更，也须想出方法来对付。两个种族的环境都已改变，他们心理上发生的反应遂与过去不同。环境愈复杂，对付方法愈增多，人类精神亦愈进步，这样，就产生了许多文化。而负起创造文化之责任的，大率属于有闲阶级即统治阶级。

由黄帝数传而至尧舜，文化更见发达。当时政治以天事为要务，而表现为天文学的进步。马端临说："太古法制简略，不可得而详知，然以经传所载考之，则自伏牺而至帝尧，其所命之官大率为治历明时而已。"（《文献通考》卷四十七《职官考一》）帝尧即位命官，以羲和为第一，即命羲和"钦若昊天，历象日月星辰，敬授人时"，"期三百有六旬有六日，以闰月定四时成岁"(《尚书·尧典》)。盖在农业社会，何时播种，何时收获，均与季节有关。而政府为征收赋税起见，为征用徭役而不妨害黎民耕耘起见，"敬授人时"乃是一种极重要的政治。农业由于天文学的发达，日益进步，于是统治阶级固不必说，纵是被统治阶级亦得将其一部分的劳力，去做别的工作。

恰好这个时期发生了洪水之灾，"汤汤洪水方割，荡荡怀山襄陵，浩浩滔天，下民其咨"(《尚书·尧典》)。其为祸之烈，可想而知。唯由另一方面言之，洪水却有助于文化的发达。世上一切发明都是由于迫切的需要，洪水为灾，因之有舟楫的发明，因之有桥梁的发明，因之有堤防的发明，因之又有建筑物的改良。而最重要的还是国家组织的改观，一方面各部落逃避洪水，迁徙移动，于是过去两个部落不相闻问者，现在也开始接触，开始通婚，而融和他们的风俗、习惯、言语、血统，过去尚有国际关系的遗迹，现在完全变为国内关系了。另一方面治水乃是一种巨大艰难的工作，非有整个计划，不易成功。"左堤强，则右堤伤，左右俱强，则下方伤"(《后汉书》卷二《明帝纪》永平十三年夏四月乙酉诏)，所以每个部落单用自己之力，建筑堤防，开凿河渠，往往因为上流泛滥或下流壅塞，徒劳无功。在广大领域之内，要想治水，须由一个中央机关定下计划，每个部落均肯牺牲个别利益，而顾全全体利益，而后才会有成。于是部落遂将一部分权力交付中央，中央职权增加，就不能不增设机关以负执行之责。洪水既平，帝舜即位，固然还是"在璇玑玉衡，以齐七政"(《尚书·舜典》)，然天事既已解决，所以分命九官皆以治民，禹作司空，平水土；弃作后稷，播五谷；契作司徒，敷五教；皋陶作士，正五刑；垂作共工，利器用；伯益作虞，育草木鸟兽；伯夷作秩宗，典三礼；夔典乐，和神人；龙作纳言，出纳王命(参阅《尚书·舜典》)。这种政治组织固然未必全部可信，而吾人观《尧典》所载，内只有羲和敬授人时，外只有四岳分主部落，而《舜典》所载，中央官制颇具规模。由此可知中国经洪水之后，国家组织又前进了一步。

到了大禹时代，政治又复改变。中央既有许多机关，当然需要许多赋税。在尧舜时代，赋税没有一定法则，国家依随时的需要，向各部落征取。大禹治水，跋涉各地，深知各地物产，所以即位之后，即定土贡之法，使各方进贡该地所产,以供中央经费之用(参阅《尚书·禹贡》)。这种土贡方法对于统治者与被统治者都是有利的。由纳税人观之,过去中央政府征收贡赋是依靠于力,没有法制,有时难免暴虐的行为。现在中央政府征收贡赋是根据于法,有一定格式,而受法律的限制。由中央政府观之,中央政府无须再为贡赋而耗费许多不必要的强制执行,而得将其精力去做别一种工作,如建筑宫殿、开辟公路等是。

大禹崩殂,子启嗣位,这又是政治上的一种进步。三代以前,由黄帝而至夏禹,帝位之继承与都城之所在均有问题。兹试列表如次。

由黄帝至夏禹都城表

帝号	氏族	都城	备考
黄帝	有熊氏	涿鹿之阿	涿鹿见前。
帝挚 (小昊)	青阳氏 (金天氏)	穷桑	《史记》卷一《黄帝纪》,黄帝正妃嫘祖生二子,其后皆有天下,其一曰玄嚣,是为青阳。其二曰昌意。司马贞《索隐》:"按皇甫谧及宋衷皆云,玄嚣青阳即少昊也,今此纪下云,玄嚣不得在帝位,则太史公意青阳非少昊明矣。而此又云玄嚣是为青阳,当是误也。"《路史·后纪》卷七《小昊》,小昊青阳氏,又曰金天氏,名质,是为挚。挚与喾通,其父曰清,黄帝之第五子。即小昊乃黄帝之孙,而青阳则为小昊之父。其母为方儽氏。《左传·昭公十七年》,郯子曰我高祖少昊挚之立也云云,少昊为帝挚明矣。而《史记》卷一《帝喾纪》,又谓帝喾崩,子帝挚立,不善崩,而弟放勋立,是为帝尧。如此,帝挚又非小昊了。穷桑见前。
帝颛顼	高阳氏	帝丘	《史记》卷一《帝颛顼纪》,黄帝之孙,而昌意之子也。帝丘在河南省归德府商丘县(见《读史方舆纪要》卷五十《河南五·归德府》)。
帝喾	高辛氏	亳	《史记》卷一《帝喾纪》,黄帝之曾孙也。父曰蟜极,蟜极父曰玄嚣,玄嚣父曰黄帝。自玄嚣与蟜极皆不得在位。 亳在河南省归德府商丘县(见《读史方舆纪要》卷五十《河南五·归德府》)。

续表

帝号	氏族	都城	备　考
帝尧	陶唐氏	平阳	《史记》卷一《帝喾纪》及《帝尧纪》。 平阳今山西省平阳府临汾县（见《读史方舆纪要》卷四十一《山西三·平阳府》）。
帝舜	有虞氏	蒲阪	《史记》卷一《虞舜纪》，父曰瞽叟，瞽叟父曰桥牛，桥牛父曰句望，句望父曰敬康，敬康父曰穷蝉，穷蝉父曰帝颛顼，颛顼父曰昌意，以至舜七世矣。 蒲阪今山西省平阳府蒲州（见《读史方舆纪要》卷四十一《山西三·平阳府》）。
大禹	夏后氏	安邑	《史记》卷二《夏本纪》，禹之父曰鲧，鲧之父曰帝颛顼，颛顼之父曰昌意，昌意之父曰黄帝。 安邑今山西省平阳府安邑县（见《读史方舆纪要》卷四十一《山西三·平阳府》）。

　　观上表，可知他们氏族名称各异，而一帝即位，即徙其都，先在梁雍之地，次徙河南，再入山西。唯在古代，以道路之险阻、交通工具之幼稚，实难倏忽之间，迁都于较远之地。秦宓"见《帝系》之文，五帝皆同一族，宓辩其不然之本"（《蜀志》卷八《秦宓传》）。所以他们之间是否真有血统关系，抑或也和炎黄二帝皆为少典之子，同样的只是无稽之谈，吾人不能无疑。不过尧不传子而传舜，舜不传子而传禹，似为事实。帝位不传于子，必非创始于尧。盖在原始社会，谁都不敢破坏传统。至于帝位应传谁人，据《尚书·尧典》所载，决定权似属于酋长会议。尧之举舜乃从四岳之言，班固云："四岳谓四方诸侯"（《汉书》卷十九上《百官公卿表》），实即酋长会议。所以当时政体可以说是选举王政，不过被选举权限于部落酋长，而选举权亦只唯部落酋长有之。这是吾国最早历史上的政制，后儒均深信而不疑。远古政治多为民主，盖人类自始就不能单独生存，而须组织社会。在原始社会，神权观念极其浓厚，而各人的智力及腕力又相差不远，故凡发生问题而须解决之时，除依神意、"谋及卜筮"之外，又常"谋及庶人"，①依多数人之意思决定之。但是"谋及庶人"需要一个条件：当时的

---

① "谋及卜筮""谋及庶人"见《尚书·洪范》。"谋及庶人"，商代虽有其言，而无其事。盘庚（转下页）

人不知"代表"之制，要测定人民意思，须开人民大会，而要开人民大会，又须地狭民寡。地广民庶而欲集合全国人民开会，势不可能，这就是欧洲民主政治必开始于古代城市国家而为直接民主制的理由。① 孔子删书，断自唐虞，唐虞以前不过传说，而《尚书》的《尧典》《舜典》亦为后人追述，未必是当时实录。然而有此历史，历史又掩盖了传说的真相。人类思想不能从"无"生"有"，历史与传说既乏民主的遗迹，后人自难创造民主的思想。兼以唐虞之世，一方洪水为灾，不能不加强中央的权力，他方国土扩大，不能集合人民开会，于是后儒遂不能同欧洲文艺复兴时代的学者一样，因探讨希腊文化，而发见民主制度的价值。

　　唐虞之世，王位继承由部落酋长决定。这大率依传统的惯例，不是由尧作始。洪水泛滥，人民逃避水患，迁徙移动，日无宁处。环境不断改变，各方民人须应用新的智能，以应付新的环境，因之传统观念渐次失去权威。而大禹治水又有大功于民人，人类皆有一种心理，敬其父而及其子的心理，所以大禹崩后，诸侯皆朝启曰，吾君帝禹之子也（《史记》卷二《夏本纪》）。帝位由选举变为传子，于是又开始了中国数千年来世袭帝政之制。世袭可使政局安定，凡天子崩殂之时，嗣位者为天子之子，其可弭止部落酋长因争夺帝位而发动战争，自不待言。韩愈有言："尧舜之传贤也，欲天下之得其所也；禹之传子也，忧后世争之之乱也……传之人则争，未前定也；传之子则不争，前定也。前定虽不当贤，犹可以守法；不前定而不遇贤，则争且乱。天之生大圣也不数，其

（接上页）将治亳殷，民不欲徙，忧愁怨上，"王命众悉至于庭"，但非征求同意，而是责其违抗王命。而且所召集之"众"不过公卿百官，即如孔颖达之疏，"民不欲徙，由臣不助王劝民，故以下（王命众悉至于庭，王若曰云云以下）多是责臣之辞"（《尚书注疏》卷九《盘庚上》）。《周礼》述乡大夫之职，有"大询于众庶"之言，郑玄注，"大询者询国危，询国迁，询立君。郑司农云，大询于众庶，《洪范》所谓谋及庶人"（《周礼注疏》卷十二。案询国危，询国迁，询立君，见卷三十五"小司寇之职"）。《左传·定公八年》卫侯欲叛晋，朝国人，使王孙贾问焉。是时卫国领土不小，孔子又称其民众之庶（《论语·子路》），何能集合国人于一地？在此四十年以前，即《左传·襄公三十一年》，郑人游于乡校，以论执政，然明请子产毁去乡校，即反对人民议政。依吾人之意，当时所谓大询于众庶，最多不过询及公卿百官，如后代之廷议者。《左传·定公元年》，鲁子家曰"若立君，则有卿士大夫与守龟在"。称卿士大夫即"谋及庶人"，称守龟即"谋及卜筮"。

① 参阅拙著《政治学》第4版22刷，第168、200页。

生大恶也亦不数。传诸人,得大圣,然后人莫敢争;传诸子,得大恶,然后人受其乱……与其传不得圣人,而争且乱,孰若传诸子,虽不得贤,犹可守法。"《韩昌黎文集》卷一《对禹问》)吾人固然反对韩非"舜逼尧,禹逼舜"(《韩非子》第四十四篇《说疑》)之说,而传子在古代社会,可使政局安定,实如韩愈之言。

现在试问禹传位于子,嗣位之子是否长子?不可得而知。是否嫡长子?更无法稽考。周代以前,似无嫡媵之别,晋张恽言,"《尧典》以厘降二女为文,不殊嫡媵,传记以妃夫人称之,明不立正后也"(《晋书》卷二十《礼志中》)。既无嫡媵,其所生之子自无嫡庶之分。① 分别嫡媵嫡庶,似由周始。齐桓公会诸侯于阳谷,曰"无以妾为妻"(《公羊传·僖公三年》),可知周时嫡媵之别甚见严格。

然而此时,国家组织还是很松懈的。所谓天子与后世的帝王不同,不过最强部落的酋长,力足以压服其他部落,各部落乃尊之为共主而已。凡权力能够控制各部落,均是天子,权力不足控制各部落,则各部落独立,霸权又移归于别一个部落酋长。吾人观夏时太康"盘游无度",而为有穷氏后羿所篡,后羿不修民事,又为伯明氏寒浞所杀。寒浞无道,少康复即帝位(参阅《尚书·五子之歌》,《左传·襄公四年》魏绛之言)。由太康至少康,中间尚有两帝(帝仲康及帝相)嗣位(参阅《史记》卷二《夏本纪》)。由此可知所谓太康"失邦"(《尚书·五子之歌》)不过失去霸权,并未失去部落酋长之位。岂但夏代,舜代尧,禹代舜,而"尧子丹朱、舜子商均,皆有疆土"(《史记》卷一《五帝本纪》),即尧舜之后仍为部落酋长。

夏亡商兴,据历史所述,商为契之后裔。契兴于尧舜大禹之际,以佐禹治水有功,封于商,"皇甫谧曰,今上洛商是也"(《史记》卷三《殷本纪》集解)。据顾祖禹研究,商州即晋代的上洛郡,"州东九十里,古商邑,契所封也"(《读史方舆纪要》卷五十四《陕西三·商州》)。"契卒,子昭明立。昭明卒,子相土立……主癸卒,子天乙立,是为成汤。"(《史记》卷三《殷本纪》)由契至汤,"十四世,凡八徙其都"

---

① 《五帝纪》谓"帝喾有四妃,元妃有邰氏女,曰姜嫄,生后稷;次妃有娀氏女,曰简狄,生契;次妃陈丰氏女,曰庆都,生放勋(尧);次妃娵訾氏女,曰常仪,生帝挚"(不可深信)。又谓"帝挚之母于四人中,班最在下,而挚于兄弟最长,得登帝位"(引自《史记》卷一《五帝本纪》正义)。所谓元妃生后稷,此盖周人追述之辞。周有嫡媵之别,故以其始祖后稷之母为元妃。挚于兄弟中是否最长,亦系后人臆测。何况《史记》所载五帝未必为同一族的人。然而帝喾不立后稷,而立帝挚,帝挚又让位于尧,亦可证明当时必无嫡媵之别,诸子亦无嫡庶之分。

《史记》卷三《殷本纪》集解孔安国曰）。契孙相土之时，已由陕西，东迁而至商丘（《史记》卷三《殷本纪》索隐）。商丘属河南省归德府（《读史方舆纪要》卷一《历代州域形势一·唐虞三代》、卷五十《河南五·归德府》商丘县）。汤始治亳，今河南省偃师县西十四里有亳城，汤自商丘迁焉（《读史方舆纪要》卷四十八《河南三·河南府》偃师县）。①"自汤至盘庚，凡五迁都。"（《史记》卷三《殷本纪》集解孔安国曰）"汤自南亳（商丘）迁西亳（偃师县），仲丁迁隞（今河南郑州荥阳县，见《读史方舆纪要》卷四十七《河南二·开封府》郑州荥阳县），河亶甲居相（今河南彰德府安阳县西有相城，见《读史方舆纪要》卷四十九《河南四·彰德府》），祖乙居耿（今山西平阳府蒲州河津县，古耿邑，殷王祖乙尝都此，见《读史方舆纪要》卷四十一《山西三·平阳府》），盘庚渡河，南居西亳（即汤所居之西亳），是五迁也。"（《史记》卷三《殷本纪》正义）西亳别名为殷，《尚书·盘庚上》有"盘庚五迁，将治亳殷"之句，故商又称为殷。案殷商由契至汤，凡八迁（《史记》卷三《殷本纪》），自汤至盘庚又五迁。此种不断迁徙可以发生两种推测：一是殷商本系游牧种族，故无城廓常处。二是代夏以后，虽由游牧改为农耕，但当时铁器尚未发明，在浅耕时代，地力既竭，自当率族移住，改垦新田。由汤而至盘庚，传祚十七，历年三百十五，由于草原地带的环境关系，其放弃游牧而事农耕，可以说是自然之理。所以《商颂·殷武》颂高宗武丁之乐歌，有"稼穑匪解"（《诗经·商颂·殷武》）之言。

汤既代夏而有天下，其王位继承乃一反夏代之父死子继，而采兄终弟及之制。按兄终弟及乃发生于母系社会，母系氏族以母为中心，兄弟一家，父子则否，故多行兄弟相及之法。史谓汤为契之后，契为帝喾次妃有娀氏之女之子。由契至汤皆父死子继，而汤有天下之后，竟然改为兄终弟及（参阅《史记》卷

---

① 商时有三亳，一是南亳，即河南归德府商丘县东南四十里之谷熟城。二是北亳，即河南归德府商丘县东北四十里之蒙城。三是西亳，即河南河南府偃师县之亳城（《读史方舆纪要》卷五十《河南五·归德府》商丘县，参阅卷四十八《河南三·河南府》偃师县）。但商丘县西北尚有亳城（《读史方舆纪要》卷五十《河南五·归德府》商丘县），诸家皆视之为西亳。但盘庚"复居成汤之故居"，而都西亳（《史记》卷三《殷本纪》）。《诗经·商颂·殷武》篇为颂高宗（武丁）之乐歌，中有"彼景山"之言，而景山则在偃师县南二十里（《读史方舆纪要》卷四十八《河南三·河南府》偃师县）。武丁在盘庚之后，武乙之前。武乙才徙朝歌（河南卫辉府淇县东北有朝歌城，见《读史方舆纪要》卷四十九《河南四·卫辉府》淇县）。故西亳当指偃师县之亳城。

三《殷本纪》)。这个问题值得吾人研究。吾人以为《史记》所载由契至汤之世系不尽可信，汤未必为契之后，而契未必为帝喾之子。有娀氏之女行浴，见玄鸟堕其卵取吞之，因孕生契(《史记》同上)。这是神话，而可表示契乃无父之子。这是母系社会的常有现象。依吾人之意，殷之与夏当系两个不同的氏族，而殷到了夏代，当未脱掉母系氏族的习惯。汤崩，遂循过去惯例，王位继承采兄终弟及之制。到了最后四世，即由帝庚丁以后，才确定为父死子继。在此以前，父死子继不是绝无，而只是例外(《史记》同上)。宋为殷商之后，其君位继承最初还是立弟。《礼记》"微子舍其孙腯而立衍"，郑玄注云："微子適子死，立其弟衍，殷礼也。"(《礼记注疏》卷六《檀弓上三》)以后就立子而不立弟，嫡子虽死，亦立嫡孙。盖"废適而更立诸弟子，弟子或争相代立"(《史记·殷本纪》)之故。

固然，汤虽代夏，而夏之遗民尚复怀念故国，故依国有强敌、宜立长君之意，以防夏民之叛变，也许不失为立弟的一个原因。依历史所述，汤之伐桀，确实不是容易的事。在其誓师之时，必曰"非台小子，敢行称乱！有夏多罪，天命殛之"，"夏氏有罪，予畏上帝，不敢不正"(《尚书·汤誓》)。在其凯旋之时，必曰"敢用玄牡，敢昭告于上天神后，请罪有夏"(《尚书·汤诰》)。甚至伊尹还政于太甲之时，还要说"夏王弗克庸德，慢神虐民，皇天弗保"(《尚书·咸有一德》)。此盖夏有天下，四百余年，大禹治水，有大功于民人，后羿所以敢拒太康于河，实因帝启嗣位不过数载，就发生了太康盘游无度之事，王室权威尚未树立之故。少康复兴，传祚十四，经三百余年而至于桀，历时既久，王室遂有权威，复由权威而发生正统观念。正统观念乃基于神权思想，在民智幼稚之时，欲推翻神权思想所维护的王朝，必须利用另一个神权观念，而谓新王朝之建立亦由上帝所命。《诗》云：

　　天命玄鸟，降而生商，宅殷土芒芒。古帝命武汤，正域彼四方。(《诗经·商颂·玄鸟》)

即汤之祖先契乃神祇之子，而汤之有天下亦秉承上帝之命。其所以必将祖先远溯于契者，盖据传说，商祖先之契与夏祖先之禹同是黄帝子孙，本出一

源,这可以缓和夏商两族的感情。兹据传说,将夏商周三代世系列表如次:

三代世系表

黄帝——┬─昌意——帝颛顼——鲧——禹(夏)
　　　└─玄嚣——蟜极——帝喾──┬─契(商)
　　　　　　　　　　　　　　└─后稷(周)

这个世系当然不足为凭,神权观念乃一切原始社会所共有,唯在殷代乃特别浓厚。孔子云:"殷人尊神,率民以事神。"(《礼记》卷五十四《表记》)吾人观商书之中不断地有"天命""上帝""神后"一类之言,就可知道。此盖原始经济完全依靠自然,狂风暴雨的侵袭、大旱洪水的毁残,都可以破坏农作及牧畜,而使人民无法生存。这种风雨水旱都是自然现象,既不是人力所能左右,就不能不推想到人力以外的原因,于是在人类的幼稚心理之中,遂谓冥冥之中必有一个万能的上帝主宰一切。卜辞中有"翌乙卯,帝其命雨","今二月帝不命雨","庚戌贞其降蓑","不雨,帝其莫我"(见董作宾《中国古代文化的认识》),就是雨旱饥馑亦均视为出于上帝之意。他们不能利用知识以控制自然,只有依靠祭祀,以求上帝佑福。社会一切现象均认为上帝创造,于是一切问题亦唯神意是视。武王克殷,访于箕子,箕子作《洪范》,其中有一段话:

> 汝则有大疑,谋及乃心,谋及卿士,谋及庶人,谋及卜筮。汝则从,龟从,筮从,卿士从,庶民从,是之谓大同。身其康强,子孙其逢吉。汝则从,龟从,筮从,卿士逆,庶民逆,吉。卿士从,龟从,筮从,汝则逆,庶民逆,吉。庶民从,龟从,筮从,汝则逆,卿士逆,吉。汝则从,龟从,筮逆,卿士逆,庶民逆,作内吉,作外凶。龟筮共违于人,用静吉,用作凶。(《尚书·洪范》)

这是殷之制度,不是箕子个人的意见。龟、筮乃与君、卿士、庶人各为一个单位,共同决定国之大事,而以三单位之同意为之。龟筮有巨大的决定权,于是与龟筮有关的职业,例如巫卜祝等就成为最高尚的职业。帝太戊之时,巫咸辅王室,"殷复兴,诸侯归之,故称中宗"。帝祖乙立,"殷复兴,巫贤任职",巫贤为巫咸之子(《史记》卷三《殷本纪》)。《尚书》(卷八)《咸有一德》"伊陟赞于巫咸",注引马融曰:"巫,男巫也,名咸,殷之巫也。"男巫而为天子之辅佐,可知殷代神权思想之浓厚。而史祝士卜因与神权有关[①],就成为国家的最高职官。《礼记》(卷四《曲礼下第二》)云:"天子建天官,先六大,曰大宰、大宗、大史、大祝、大士、大卜,典司六典",郑玄注云"此盖殷时制也"。"天子之五官曰司徒、司马、司空、司士、司寇,典司五众",郑玄注云"此亦殷时制也"。六大以祭祀之官为主,五官以军事之官为主,即在殷代,祭祀比之军事尤为重要。古人云:"国之大事唯祀与戎。"(《左传·成公十三年》)吾人观殷代官制,即可知之。

---

① 大祝、大卜与神权有关,固无论矣。至于大史,吾人读《左传·闵公二年》"狄人囚史华龙滑与礼孔,以逐卫人。二人曰,我大史也,实掌其祭"云云,可知当时的史不是后世的史官,而是祭祀之官。《礼记正义》卷四《曲礼》云:"大士非司士及士师、卿士之等者,以其下别有司士、司寇,故知非士师、卿士也。与大祝、大卜相连,皆主神之士,故知神仕也。"

第二节
封建国家的成立及其分裂

数千年来，草原地带不断地引诱游牧民，游牧民入居草原地带之后，因为环境关系，往往放弃游牧生活。上层阶级耽于享乐，而丧失其勇敢的精神，下层阶级改事农耕，而丧失其善战的勇气，于是另一个游牧种族又进来侵略了。殷代传祚六百余年而至于纣，周继之而兴。周与殷不同，似为半农耕半游牧的种族。《史记》谓，周之祖先为弃，弃为后稷，"播时百谷"。子不窋奔于戎狄之间，二传至公刘，"复修后稷之业，务耕种，行地宜"。又九传至古公亶父"复修后稷、公刘之业"，"贬戎狄之俗，而营筑城郭室屋，而邑别居之"（《史记》卷四《周本纪》）。吾人观公刘"复修"后稷之业，古公亶父"复修"后稷公刘之业，"而营筑城郭室屋"，可知古公以前，时而游牧，时而农耕。《诗》谓公刘"度其隰原，彻田为粮"（《诗经·大雅·公刘》），又谓古公"乃疆乃理，乃宣乃亩"（《诗经·大雅·绵》），都可以证明《史记》所言之不伪。古公以后，才纯粹以农耕为业，《史记》云："古公卒，季历立，是为公季，公季修古公遗道……公季卒，子昌立，是为西伯，西伯曰文王，遵后稷、公刘之业。"（《史记》卷四《周本纪》）这个时候，殷纣失政，西伯之子武王便率师伐纣，代殷而有天下。"公季修古公遗道"，而"文王，遵后稷、公刘之业"，即周已以农业立国了。

殷有天下六百余年，孟子云"由汤至于武丁，贤圣之君六七作,天下归殷久矣,久则难变也……纣之去武丁未久也,其故家遗俗,流风善政,犹有存者"(《孟子·公孙丑上》)。在这种情况之下,周欲代殷犹如殷欲代夏,不能不假借神意,既托始于后稷,借以证明殷周同出一源,又以后稷为神祇之子,使殷祖先之契不能专美于前。《诗》云:

时维后稷……诞寘之隘巷,牛羊腓字之。诞寘之平林,会伐平林。诞寘之寒冰,鸟覆翼之。鸟乃去矣,后稷呱矣。(《诗经·大雅·生民》)

但武王伐纣,也和汤之伐桀一样,以为秉承上帝之命。吾人观《尚书》所载,例如"商罪贯盈,天命诛之。予弗顺天,厥罪惟钧"(《泰誓上》),"惟受(纣名)罪浮于桀……天其以予乂民"(《泰誓中》),"上帝弗顺,祝降时丧。尔其孜孜,奉予一人,恭行天罚"(《泰誓下》)。"今予发惟恭行天之罚"(《牧誓》),"予小子……敢祗承上帝,以遏乱略"(《武成》),就可知道。牧野之战,固然殷师"前徒倒戈,攻于后以北",然而还是"血流漂杵"(《尚书·武成》)。流血而可漂杵,可见武王克殷,并非易事,而武王的恐怖政策乃不逊于成吉思汗。孟子曰:"尽信书则不如无书,吾于《武成》取二三策而已。"(《孟子注疏》卷十四上《尽心下》)因孟子之言,而不信"血流漂杵"之事,亦可因《武成》所载,而不信孟子之言。何况周既灭殷,经二代而至康王,尚有"毖殷顽民,迁于洛邑,密迩王室,式化厥训"(《尚书·毕命》)之言,则殷民之欲叛周,周不得不分化其民,徙一部分殷民于雒邑(其余殷民,分鲁公以殷民六族,分康叔以殷民七族,见《左传·定公四年》),更可证明周之代殷而有天下,不是容易的事。①

---

① 神权观念乃一切民族所共有。在远古,每个氏族各有自己供奉的神,故曰"民不祀非族"(《左传·僖公十年》)。两个以上氏族结合为部落,最强氏族的神常成为部落共同崇奉的神。一个部落征服别一个部落,而组织国家,征服者的神又成为全国共同崇奉的主神;被征服者的神则退处于副神的地位,有时且变为凶神。炎帝神农氏,"炎帝氏以火纪,故为火师而火名"(《左传·昭公十七年》)。"仲夏之月……其帝炎帝,其神祝融。"(《礼记注疏》卷十五《月令》)"祝融火神……作配炎帝。"(郭璞纂《山海经图赞·海外南经图赞·南方祝融》)古有五行(木火金水土)之官,其名皆称为正,火正曰祝融(《左传·昭公二十九年》),祝融者炎帝之后(《山海经》第十八《海内经》。但许多古书,例如《史记》卷四十《楚世家》,以祝融为官名,不为人名。居祝融之职即火正之职者,乃颛顼曾孙重黎,非炎帝后裔。其实都是传说)。祝融氏"移风易俗,天下大治"(《路史·前纪》第八卷《禅通纪三》祝诵氏,祝诵氏即祝融氏)。远古农业乃"火耕而(转下页)

周有天下之后，国家的形态又进步了，即由原始国家，进化为封建国家。周自公刘以后，纯粹以农立国。农耕种族不但知土地之有价值，而耕耘土地，又知人力之重要。所以既得天下之后，除分配土地外，又复分配人民。其分配土地之法，《尚书·武成》云："列爵惟五，分土惟三。"照《王制》说：

> 王者之制禄爵，公侯伯子男凡五等……天子之田方千里，公侯田方百里，伯七十里，子男五十里，不能五十里者不合于天子，附于诸侯，曰附庸。（《礼记》卷十一《王制》）

孟子亦说：

> 天子一位，公一位，侯一位，伯一位，子男同一位，凡五等也……天子之制，地方千里，公侯皆方百里，伯七十里，子男五十里，凡四等。不能五十里，不达于天子，附于诸侯，曰附庸。（《孟子·万章下》）

孟子所言者为位，至于爵，则为公侯伯子男五等，而这五等之爵分土惟三，即公侯百里，伯七十里，子男五十里，即孟子之言与《王制》所载者相同。吾人所注意者不是爵是否为五，土是否为三，而是王公卿大夫如何利用其土地。我们知道只有土地，而无耕耘之人，土地没有价值，于是武王乃分原住民以与各国。春秋时，卫祝佗说：

（接上页）水耨"（水神曰玄冥，情况与祝融相似，兹从略），火与农业有很大的关系，所以炎帝以火纪，而祝融则为火正。祭法，"法施于民则祀之，以死勤事则祀之，以劳定国则祀之，能御大灾则祀之，能捍大患则祀之"（《礼记注疏》卷四十六《祭法》）。所以"祝融……死为火神"（《淮南子》卷五《时则训》，高诱注），而"祀为贵神"，即如孔颖达所说："死则皆为贵神。"（《左传注疏·昭公二十九年》）到了后来，祝融由贵神降为"祀于灶"，而为灶神（《左传·昭公二十六年》孔颖达疏）。不但只此而已，东周以后，农具开始用铁，而又知道灌溉之法。火耕只行于南方草莱初辟之地，所以楚国尚以祝融为其远祖。夔子（夔与楚同以祝融为远祖）不祀祝融，楚人让之，不听，遂灭夔，以夔子归（《左传·僖公二十六年》）。在中原之地，情形与此不同。"祝融亦号赤帝"（《路史·前纪》第八卷《禅通纪三》祝诵氏注），"赤帝为火灾"（《路史·后纪》第四卷《炎帝纪下·蚩尤传》注），即由造福于民的贵神，一降而为灶神，再变而为降灾于民的凶神。

昔武王克商，成王定之，选建明德，以蕃屏周……分鲁公以……殷民六族：条氏、徐氏、萧氏、索氏、长勺氏、尾勺氏……而封于少暤之虚。分康叔以……殷民七族：陶氏、施氏、繁氏、锜氏、樊氏、饥氏、终葵氏……而封于殷虚……分唐叔以……怀姓九宗（杜预注云，怀姓唐之余民，九宗一姓为九族）……而封于夏虚。（《左传·定公四年》）

原始国家的组织是极松懈的。征服种族不过依战略上之需要，选择险阻之地，建筑城郭，居住其中，以监视四方原住民。而除征收贡赋之外，其他一切均听原住民自由处理，原住民得依自己的习惯，管理自己的政事，审判自己的诉讼，并决定自己的经济生活。换言之，虽有中央政府，而地方制度仍保留其原有的部落组织，吾人观成王封唐叔于夏墟之时，尚命"启以夏政"（《左传·定公四年》），可知夏亡之后，经过六百余年而至于周，夏之风俗制度尚未改变。武王克殷，"选建明德，以藩屏周"，又将前代遗民分配诸侯，鲁封于少暤之墟，分配以殷民六族；卫封于殷墟，分配以殷民七族；晋封于夏墟，分配以怀姓九宗。原始民或离开原住地，而统治阶级又属于其他种族的人，于是部落制度完全破坏，代之成立者则为封建国家。

武王伐纣不是单用自己军队，而是联合许多友邦。其誓师于孟津之时，曾说"嗟！我友邦冢君……听誓"（《尚书·泰誓上》）；其誓于牧野之时，又说"嗟！我友邦冢君……予其誓"（《牧誓》）。既然借用友邦之力，便不能不承认友邦既得的权利。所以其封建诸侯，除封同姓兄弟例如伯禽封于鲁，异姓功臣例如吕尚封于齐，而友邦冢君仍继续保有其原有土地。例如薛，"夏所封，在周之前"（《左传·隐公十一年》），而到了春秋时代还见存在。然则周如何控制这许多诸侯呢？"昔武王克商，光有天下。其兄弟之国者十有五人，姬姓之国者四十人。"（《左传·昭公二十八年》）这些同姓诸侯形错异姓诸侯之间，犬牙相临，如伯禽封于鲁，以固东方之防；召公封于燕，以固东北之防；唐叔封于晋，康叔封于卫，以固北方之防；叔度封于蔡，以固南方之防。而对于同姓诸侯，又用宗法观念，维系他们。周为大宗，同姓诸侯为小宗；诸侯在其本国又为大宗，而其陪臣则为小宗；陪臣在其采邑又为大宗，除嫡长子外，诸子则为小宗，循此而往，凡是姬姓,莫不以周为大宗。宗周统率姬姓诸侯,姬姓诸侯又统帅姬姓陪臣,姬姓陪臣又统帅其诸子,社会如斯联系起来,透过统治阶级,成为血统团体。所谓"大宗维翰……宗子维城"(《诗经·大雅·板》),就是宗法的目的,也就是封建的基础。

武王崩,太子成王立,成王为武王的嫡长子,于是又奠定了王位的继承必以嫡长子为嗣之制。周自公刘以后,纯粹以农立国,农耕民所重视的乃是土地的耕耘,而耕耘土地需要强壮的劳动力,因此,长子在家族内就有优越的地位。父死,诸弟皆幼,耕耘土地之责必归属于长子,所以农耕种族所建设的国家,多采嫡长子继承之法。其所以长子必限于嫡子者,古代贵族无不多妻,周代有文献可征,《诗·螽斯》之篇美后妃之不妒忌而子孙众多。今以春秋时诸侯之例言之,诸侯除夫人外,尚有媵,又各有伴嫁之侄娣。庄公十九年经"秋,公子结媵陈人之妇于鄄",孔颖达疏:"陈取卫女为妇,鲁使公子结送媵向卫。"关此,《公羊传》(庄公十九年)说:"媵者何?诸侯娶一国,则二国往媵之,以侄娣从。侄者何?兄之子也。娣者何?弟也。"由此可知诸侯娶妇,别有二媵与之偕行,而随妇与媵俱往者又各有侄娣。《公羊传》继着又说:"诸侯一聘九女,诸侯不再娶",因有九女,故不得再娶,亦不必再娶。所谓九女,即夫人一、媵二,此三者又各以侄一、娣一从,合计九人。《公羊传·成公八年》"冬……卫人来媵……录伯姬也",何休《解诂》:"伯姬以贤闻诸侯,诸侯争欲媵之,故善而详录之。"九年二月"伯姬归于宋。夏……晋人来媵……录伯姬也"。这是"二国往媵之"之证。十年五月"齐人来媵……录伯姬也。三国来媵,非礼也"。何休《解诂》:"唯天子娶十二女。"三国来媵,则诸侯一娶,非九女,而是十二女,故云"非礼"。晋公子重耳(文公)由楚至秦,"秦伯(穆公)纳女五人,怀嬴与焉"(《左传·僖公二十三年》)。秦在穆公时代,接受中原文化尚浅,故一嫁就是五女,此亦可以证明诸侯所娶不只一女。这样,诸子继嗣,不免引起争端,故又依其母为妻或为妾①,而定嫡庶之别。立子乃以防酋长争夺帝位,立嫡长

---

① 晋献公娶于贾,无子,烝于齐姜(献公父武公妾),生秦穆夫人及太子申生;又娶二女于戎,大戎狐姬生重耳,小戎子生夷吾。晋伐骊戎,以骊姬归,生奚齐,其娣生卓子(《左传·庄公二十八年》)。由这故事,吾人可以发生一种问题,申生乃献公之私生子,何以立为太子。二戎女与骊姬均不能视为正室,其后献公立骊姬为夫人(见《左传·僖公四年》),奚齐当为嫡子。

子，又以防诸子之争端。周制，立嗣必是嫡长子，郑玄说："周礼，适子死，立适孙为后。"(《礼记注疏》卷六《檀弓上三》)周代妻妾之别甚为严格，而妾之中复分贵贱。《公羊传·隐公元年》"立适以长不以贤，立子以贵不以长"，何休《解诂》："適谓適夫人之子，尊无与敌，故以齿。子谓左右媵及侄娣之子，位有贵贱，又防其同时而生，故以贵也。礼，適夫人无子，立右媵；右媵无子，立左媵；左媵无子，立嫡侄娣；嫡侄娣无子，立右媵侄娣；右媵侄娣无子，立左媵侄娣。"实际制度是否如此，吾人不可得知，而其可防争乱，则为事实。立嗣以嫡，立嫡以长，不但与母系氏族不同，又与游牧种族有殊。在游牧民，诸子之成年者，家长以什物家畜与之，令其离开父母，率家畜就食于别的牧场，只唯少子守父遗产，故游牧种族多采少子继承法。然此只就大体言之，固不能视为普遍的原则。楚到了春秋时代，尚有立少子的遗迹。吾人观楚令尹子上之言"楚国之举，恒在少者"(《左传·文公元年》)，再观晋叔向之言"芈姓有乱，必季实立，楚之常也"(《左传·昭公十三年》)，即可知之。

当时土地过剩，只要农民愿意开辟草莱，就能够获得土地。领主为耕耘土地起见，只有强制留用人民，于是农奴制度便发生了。这种农奴大率属于原住民，即如上文所述，分鲁公以殷民六族，分康叔以殷民七族，分唐叔以怀姓九宗等是。人口稀少，土地过剩，政府要征收赋税，必须强迫人民耕种，晋的占田，北魏隋唐的均田都是其例。而在古代，且将农民束缚于土地之上。孟子说明井田之制，而谓"死徙无出乡"(《孟子·滕文公上》)，《左传》亦有"在礼……民不迁，农不移，工贾不变"(《左传·昭公二十六年》)之语，这都可以证明农民没有迁徙的自由。农民固然可以使用土地，而对于土地乃没有所有权，因之也没有处分权。《王制》有"田里不粥"(《礼记注疏》卷十二《王制》)之言，即谓农民不得处分土地。一方面农民束缚于土地之上，同时农民不得买卖土地，故其状况与欧洲中世的农奴相差无几。

农民不能离开土地，永为农民，而"工贾不变"，也是世守其业，纵是职官亦无例外。《公羊传·隐公三年》有"世卿非礼也"之言，然此乃儒家的理想，并非周之实际制度。吾人观周召二公永辅王室之政，国高二氏永为齐之上卿，就可知道。由于职业的世袭，又发生了各种不同的身份。身份与阶级不同，阶级是经济上的差别，身份是法律上的制度。身份是固定的，阶级尚可以变更。身份的发生最初由种族的不同，即征服民与原住民种族不同，《诗》云："凡周之士，不显亦世。"（《诗经·大雅·文王》）又云："东人之子，职劳不来。西人之子，粲粲衣服。"（《诗经·小雅·大东》）西人就是周人，也就是征服民；东人多系原住民，即被征服民。周人是治人的，原住民是治于人的。由于治人与治于人的区别，就发生政治上各种不同的职业。治人者食于人，治于人者食人，由于食于人与食人的区别，又发生了经济上各种不同的职业。古代各种技能，常由父祖用口传之法，教其子孙，所以职业常守之以世。《周礼》述大司徒之职十有二教，其十曰"以世事教能，则民不失职"。郑玄注："世事谓士农工商之事，少而习焉，其心安焉，因教以能，不易其业。"贾公彦疏："父祖所为之业，子孙述而行之，不失本职，故云以世事教能，则民不失职也。"（《周礼注疏》卷十《大司徒》）若再用法律规定"民不迁，农不移，工贾不变"，即如杜预所注"守常业"（《左传注疏》卷五十二《昭公二十六年》），而成为确定的制度，则"士之子恒为士，工之子恒为工，商之子恒为商，农之子恒为农"（《管子》第二十篇《小匡》），于是身份差别就发生了。唐虞之时，似已发生三种身份，《尚书·尧典》云："克明俊德，以亲九族。九族既睦，平章百姓。百姓昭明，协和万邦，黎民于变时雍。"即当时身份似已分为九族、百姓、黎民三种。九族即贵族，孔颖达疏云："九族谓帝之九族。"百姓似是自由民而得为各种职官者，孔颖达疏云："百姓即百官也。"黎民大约是一般人民而隶属于部落酋长，所以《尧典》必于"协和万邦"之后，继以"黎民于变时雍"之言。由夏而殷，由殷而周，身份差别更臻完成之域，而于政治方面、社会方面，表现为多层的阶级组织。下层阶级对其直接上层阶级有纳税服劳的义务，上层阶级对其直接下层阶级有保护的义务。这种金字塔的组织是以农奴为最低基础。农奴须缴纳地租，维持上层阶级的生活。土地若不直接属于诸侯或天子，则地租归于采邑的领主，采邑的领主得到地租之后，对于诸侯或天子亦有纳贡的义务。在必要时，尚须提供军事上的协助。《孟子·梁惠王上》"百乘之家"，赵岐注云："百乘之家谓大国之卿食采邑，有兵车百乘之赋者也。"固然《公羊传·襄公十五年》"刘者何？邑也。其称刘何？以邑氏也"，何休注云："采邑……所谓采者，不得有其土地人民，采取其租税尔。"但是采邑既有兵车百乘,哪会同战国时代的封君一样,只食其地租税,而不能有其土地人民。子产谓"孔张……子孔之后也,执政之嗣也……有禄于国,有赋于军",杜预注"有禄于国"云"受禄邑",注"有赋于军"云"军出,卿赋百乘"(《左传·昭公十六年》),此即采邑提供军事上协助之证。采邑如此,诸侯对于天子亦然。而天子本身又为上帝的臣,代表民人,祭祀上帝,即对上帝亦有纳贡的义务。这样,上自天子,下至农奴,乃编制为一种极精细的阶级组织。没有一尺土,没有一个人能够逃出这个组织之外。所谓"溥天之下,莫非王土。率土之滨,莫非王臣"(《诗经·小雅·北山》)就是封建社会的法律形式。封建社会的阶级编制,据《左传》言:

> 天有十日,人有十等,下所以事上,上所以共神也。故王臣公,公臣大夫,大夫臣士,士臣皂,皂臣舆,舆臣隶,隶臣僚,僚臣仆,仆臣台。(《左传·昭公七年》)

而因贵有常尊,贱有常辱,十等的人就不能流动,而停止为各种身份。不过十等之别似以职业为标准,若由阶级观点言之,则王公大夫属于贵族,士属于自由民,皂以下则为农奴奴隶之类。贵族是统治阶级,农奴奴隶是被统治阶级,自由民则介在两者之间,理论上可以上升为贵族,也可以下沉为农奴奴隶。

西周时代的士与春秋以后的士不同。前者只是自由农民,也要耕耘土地,以维持一家的生计。土地较广,亦有皂隶助耕。后者则用自己的知识,或开学招生,以得束修,或往事领主,代其治理政事。最初土地的分配有三种形态,一是贵族的领地,二是自由民的私有地,三是农奴的借用地。自由民的土地大率采诸子均分之制,故随年代的进展,土地必将二分、四分、八分,大农变为小农。他们渐感土地过狭,不能养其一家。在地广人稀,人们不甚认识土地之有价值,从而土地尚未开始国有以前,即在"溥天之下,莫非王土"的观念尚未成立以前,一家人口过剩,他们可开垦荒地,以供自己之用。到了领主垄断土地之后,这种方法不能实行了。固然他们可迁移于蛮方未垦之地,但此方法非有政府协助,集体移住,重者有杀身之祸,轻者亦必被俘为奴。所以他们除勇于冒险的少数人之外,只有停留故乡,而将土地奉献领主,再由每个成年男子向领主租用土地,而为其佃农。最初报偿也许有限,后来则须接受农奴的全部义务。于是经济上没落的自由民就与原有农奴没有差别。但自由民之中有的自远祖始,就有较大的土地,只要经营得法,尚得保全其独立的地位。倘若数代单传,而又与别一家无子而只有一女者结婚,则两家土地可合并起来,成为富农,而为农村的殷户。于是自由民之中就发生了上升与下沉的分化作用。下沉者投靠于领主,变为领主的农奴,或受雇于富农,变为富农的佃户。上升者成为农村中的殷户,殷户自己不须耕作,可将其余暇时间研究各种学问。他们的地位渐次高升,跻于统治阶级,如春秋初期,齐之管仲、鲁之曹刿,就是其例。到了战国,他们便代替了贵族,取得政权。

现在试来研究各种领主如何利用土地。封建国家是以土地所有权为基础。全国土地名义上属于天子,《诗》所谓"溥天之下,莫非王土"(《诗经·小雅·北山》),《公羊传》(桓公元年)说"有天子存,则诸侯不得专地也",即指此而言。天子除王畿千里之外,将其土地封给诸侯。天子及诸侯除直辖地外,将其土地封给卿大夫,是为采邑。卿大夫又将土地颁给农奴耕种。其最重要的报偿则为提供劳务,即共耕公田。盖领主的经济乃依靠直辖地的生产,而直辖地的生产又有赖农奴的徭役。《诗》云:

> 雨我公田,遂及我私。(《诗经·小雅·大田》)

这个时期恰恰是农事方忙之时,而农奴也要耕其自己的土地。所幸者公田乃在私田的中央,所以农奴由私宅往耕公田,不必太费时间。孟子说:

> 方里而井,井九百亩,其中为公田。八家皆私百亩,同养公田。公事毕,然后敢治私事。(《孟子·滕文公上》)

所谓"公事毕,然后敢治私事",就是先耕公田,而后才耕私田之意。吾国度量衡皆古小今大,周一亩之地只有唐代以后的三分之一,若与现代的亩比较,更见其小。故以八家之力共耕百亩之公田,就劳力说,尚不艰苦。井田是否方里而井,成为方形,此与所用之犁有关。犁乃掘土以绝草根,故非深耕不可。古代农器重而且钝,掘土必须纵横耕耨,而顾到人之体力,纵耕与横耕所用人力须能相等。于是划分土地就以方形最为适当。有些学者反对方形之说,我们以为周代的犁若未发见,不宜对于井田形式,随便怀疑。兹宜知道的,在人口稀少,土地过剩,而钱币尚未发生以前,划分土地,一部分为公田,一部分为私田,强迫人民耕作公田,而将公田的收获,奉献领主,以代租税,似为一种事实,并非古人想象的事。

农奴除提供劳力,共耕公田之外,还须贡献裳、裘、貂、酒,又须"入执宫功",公事既毕,而后"始播百谷"。《诗》云:

七月流火,九月授衣。一之日觱发,二之日栗烈。无衣无褐,何以卒岁?三之日于耜,四之日举趾。同我妇子,馌彼南亩。田畯至喜。

七月流火,九月授衣。春日载阳,有鸣仓庚。女执懿筐,遵彼微行,爰求柔桑。春日迟迟,采蘩祁祁。女心伤悲,殆及公子同归。

七月流火,八月萑苇。蚕月条桑,取彼斧斨。以伐远扬,猗彼女桑。七月鸣鵙,八月载绩。载玄载黄,我朱孔阳,为公子裳。

四月秀葽,五月鸣蜩。八月其获,十月陨萚。一之日于貉,取彼狐狸,为公子裘。二之日其同,载缵武功。言私其豵,献豜于公。

五月斯螽动股,六月莎鸡振羽。七月在野,八月在宇,九月在户,十月蟋蟀,入我床下。穹窒熏鼠,塞向墐户。嗟我妇子,曰为改岁,入此室处。

六月食郁及薁,七月亨葵及菽。八月剥枣,十月获稻。为此春酒,以介眉寿。七月食瓜,八月断壶,九月叔苴,采荼薪樗。食我农夫。

九月筑场圃,十月纳禾稼。黍稷重穋,禾麻菽麦。嗟我农夫,我稼既同,上入执宫功。昼尔于茅,宵尔索绹,亟其乘屋,其始播百谷。

二之日凿冰冲冲,三之日纳于凌阴。四之日其蚤,献羔祭韭。九月肃霜,十月涤场。朋酒斯飨,曰杀羔羊,跻彼公堂。称彼兕觥,万寿

无疆!"《诗经·国风·七月》)

农奴受了徭赋的压迫,而在身份观念浓厚的时代,他们不但没有反抗的能力,而且没有反抗的意志,固然"肃肃宵征,夙夜在公",亦只有自叹"实命不同"(《诗经·国风·小星》)。今再举《诗经》中数篇为证:

出自北门,忧心殷殷。终窭且贫,莫知我艰。已焉哉!天实为之,谓之何哉! 王事适我,政事一埤益我。我入自外,室人交遍谪我。已焉哉!天实为之,谓之何哉! 王事敦我,政事一埤遗我。我入自外,室人交遍摧我。已焉哉!天实为之,谓之何哉!(《诗经·国风·北门》)

贵族阶级是治人而食于人的。他们无须为衣食之计,孜孜勤劳。"不稼不穑,胡取禾三百廛兮?不狩不猎,胡瞻尔庭有县貆兮?""不稼不穑,胡取禾三百亿兮?不狩不猎,胡瞻尔庭有县特兮?""不稼不穑,胡取禾三百囷兮?不狩不猎,胡瞻尔庭有县鹑兮?"(《诗经·国风·伐檀》)他们将其余闲光阴或消遣于田猎,"既张我弓,既挟我矢。发彼小豝,殪此大兕"(《诗经·小雅·吉日》),其田猎的豪华,可举《诗》为证:

我车既攻,我马既同。四牡庞庞,驾言徂东。 田车既好,四牡孔阜。东有甫草,驾言行狩。 之子于苗,选徒嚣嚣。建旐设旄,搏兽于敖。 驾彼四牡,四牡奕奕。赤芾金舄,会同有绎。 决拾既佽,弓矢既调。射夫既同,助我举柴。 四黄既驾,两骖不猗。不失其驰,舍矢如破。 萧萧马鸣,悠悠旆旌。徒御不惊,大庖不盈。 之子于征,有闻无声。允矣君子,展也大成。(《诗经·小雅·车攻》)

或消遣于享宴,"我有嘉宾,鼓瑟鼓琴。鼓瑟鼓琴,和乐且湛。我有旨酒,以燕乐嘉宾之心"(《诗经·小雅·鹿鸣》)。其享宴的狂欢有如下诗所示:

宾之初筵,温温其恭。其未醉止,威仪反反。曰既醉止,威仪幡幡。舍其坐迁,屡舞仙仙。其未醉止,威仪抑抑。曰既醉止,威仪怭怭。是曰既醉,不知其秩。 宾既醉止,载号载呶。乱我笾豆,屡舞僛僛。是曰既醉,不知其邮。侧弁之俄,屡舞傞傞。既醉而出,并受其福。醉而不出,是谓伐德。饮酒孔嘉,维其令仪。 凡此饮酒,或醉或否。既立之监,或佐之史。彼醉不臧,不醉反耻。式勿从谓,无俾大怠。匪言勿言,匪由勿语。由醉之言,俾出童羖。三爵不识,矧敢多又。(《诗经·小雅·宾之初筵》)

各种阶级生活不同,彼此对比之后,农奴固然自叹"实命不同",而自由农民难免有反抗之意。在民智比较进步之时,要压服人民反抗,单单利用神权,未必有功,最需要的还是武力。武力在神权之上,所以周之官制与殷代不同,殷代大史、大祝、大卜为六大,至周降为下大夫(见《周礼注疏》卷十七《春官·宗伯》),而殷代五官之司徒、司马、司寇、司空,周又升之为六卿(见《尚书·周官》)。巫之地位更见低落,《周礼》载司巫之官,司巫为群巫之长,"若国大旱,则帅巫而舞雩"。郑玄注:"雩,旱祭也……郑司农云,鲁僖公欲焚巫尪(见《左传·僖公二十一年》),以其舞雩不得雨。"(《周礼注疏》卷二十六《司巫》)观官制之变更,可知时代所尚。周又加重刑罚,宰我曾言:"周人以栗,曰使民战栗。"(《论语·八佾》)宰我之言必有根据,周有五刑,本来是"墨罪五百,劓罪五百,宫罪五百,刖罪五百,杀罪五百"(《周礼注疏》卷三十六《司刑》)。经过一百余年之后,天下已定,穆王又命吕侯,依夏代之制,改定刑法,"墨罚之属千,劓罚之属千,剕罚之属五百,宫罚之属三百,大辟之罚其属二百,五刑之属三千"(《尚书·吕刑》)。关此孔颖达云:"周礼……五刑惟有二千五百。此经(《吕刑》)'五刑之属三千',案刑数乃多于周礼……周礼……轻刑少而重刑多,此经……轻刑多而重刑少。变周用夏,是改重从轻也。"(《尚书·吕刑》疏)贾公彦疏云:"夏刑三千,墨劓俱千,至周,减轻刑入重刑,俱五百,是夏刑轻,周刑重。"(《周礼注疏》卷三十六《司刑》疏)班固说:"周秦之敝,罔密文峻。"(《汉书》卷五《景帝纪》赞曰)其所以如此,盖欲"使民战栗",而不敢反抗。

贵族阶级养尊处优,不知稼穑艰难,浸假便轻视劳力,而以劳力为小人之事。所谓"小人农力以事其上"(《左传·襄公十三年》),乃是当时人们所认为当然的事。贵族人数不多,而乃奴役多数的原住民。《诗》云:"商之孙子,其丽不亿。上帝既命,侯于周服。"固然是"天命靡常",而济济殷士"裸将于京",弃其原有的神,来周助祭,何能令其始终"侯服于周"(《诗经·大雅·文王》)。固然国有法律,而在必要之时,尚须利用武力,以保护自己的特权,他们学射御,他们作田猎,无非锻炼身体,而养成冒险勇敢的精神。因之"视死如归",他们便认为是男儿的最高道德。所谓"赳赳武夫,公侯干城"(《诗经·国风·兔罝》),就是这种精神的表现。

此种冒险勇敢的精神常表现于土地与人民的争夺。封建领土固然需要土地,且亦需要人民。有人民而无土地,徒徒增加农产物的消费,有土地而无人民,土地等于无用的长物。所以封建国家的对外政策不但以土地为目标,国内若有土地尚未开垦,且以掳掠敌国人民为目标,执之以为奴隶。奴隶之制由来已久,夏启之《甘誓》、商汤之《汤誓》均有"予则孥戮汝"之句。《甘誓》是对自己军队而誓,《汤誓》是对敌人军队而誓。关于"孥戮"二字,孔安国、孔颖达均有解释(参阅《尚书注疏》卷七《甘誓》、卷八《汤誓》之注疏)。依吾人之意,孥戮二字应分开解释,孥是以罪人之妻子为奴,戮是杀罪人之身,即"孥"字以孙奭对于孟子"罪人不孥",而引用"司厉,男子入于罪隶,女子入于舂槁"之言为最妥(参阅《孟子注疏》卷二上《梁惠王下》)。郑司农说:"今之为奴婢,古之罪人也。故《书》曰予则奴戮汝,《论语》曰箕子为之奴,罪隶之奴也。故《春秋传》曰,裴豹,隶也,著于丹书,请焚丹书,我杀督戎。耻为奴,欲焚其籍也。"(《周礼注疏》卷三十六《司厉》注引,裴豹之事见《左传·襄公二十三年》)周代奴隶乃与牛马货物同视,可以买卖。周礼,"质人,掌成市之货贿、人民、牛马、兵器、珍异,凡卖儥者质剂焉,大市以质,小市以剂"。郑玄注云:"成,平也……主成其平也,人民奴婢也,珍异四时食物。"贾公彦疏云:"此质人若今市平准……古人会聚买卖……质人主为平定之,则有常估,不得妄为贵贱也。"郑玄又谓"质剂者,为之券藏之也。大市,人民马牛之属,用长券。小市,兵器珍异之属,用短券"(《周礼注疏》卷十五《质人》)。奴隶姓名著于丹书,所以文王时代就严禁奴隶逃亡,《左传》"周文王之法曰,有亡荒阅"。杜预注云:"荒,大也。阅,搜也。有亡人,当大搜其众。"所谓亡人,依《左传》前后文意,是指奴隶之逃亡者（《左传·昭公七年》）。奴隶的来源以战争俘虏为最多。《礼记》："天子……出征,执有罪,反……以讯馘告。"孔颖达疏云："谓出师征伐,执此有罪之人,还反而归……讯是生者,馘是死而截耳者。"《左传·僖公二十八年》四月,晋与楚战于城濮,楚师败绩。五月,晋"献楚俘于王"。秋七月,晋师凯旋,"献俘、授馘",杜预注云："授,数也。"即数敌人之耳。昭公十年秋七月,鲁"平子伐莒取郠,献俘"。十七年九月,晋灭陆浑,"献俘于文宫"。《诗》也有:

赫赫南仲,薄伐西戎……执讯获丑,薄言还归。《《诗经·小雅·出车》》
矫矫虎臣,在泮献馘。淑问如皋陶,在泮献囚。《《诗经·鲁颂·泮水》》

《出车》之章明言为"薄伐西戎",《泮水》之章,上文亦有"淮夷攸服"之句。这批捕获的生口都成为战胜者的奴隶。周有五隶,何谓隶？郑玄注云："隶,给劳辱之役者。"五隶,一曰罪隶（郑玄注,盗贼之家为奴者。贾公彦疏,此中国之隶,言罪隶。古者身有大罪,身既从戮,男女缘坐,男子入于罪隶,女子入于舂槁）,二曰蛮隶（郑玄注,征南夷所获）,三曰闽隶（郑玄注,闽南蛮之别）,四曰夷隶（郑玄注,征东夷所获）,五曰貉隶（郑玄注,征东北夷所获）。郑玄说："凡隶众矣"（见《貉隶》注）,其人数之多,单单每隶之中选取善者以为役员（见《罪隶》疏）,就各有一百二十人（《周礼注疏》卷三十四《秋官·司寇》）。五隶所担任的劳役,《周礼》有详细记载,兹不具述,总而言之,即如郑玄所注"隶,给劳辱之役者",而以牧畜及各种卑贱之杂役为主（参阅《周礼注疏》卷三十四《司隶》）。《王制》言："东方曰夷……有不火食者矣。南方曰蛮……有不火食者矣。西方曰戎……有不粒食者矣。北方曰狄……有不粒食者矣。"郑玄注："不火食,地气暖,不为害","不粒食,地气寒,少五谷。"孔颖达疏："有不火食者,以其地气多暖,虽不火食,不为害也","有不粒食者……惟食禽兽……地气寒,少五谷。"（《礼记注疏》卷十二《王制》）其实,不粒食,固如郑孔二氏之言；不火食,则因南方地广人寡,而地气又暖,果实容易成熟,人民不须劳动,饥则采取草木之实而食之。他们生活如此,未必知道耕耘之事,而务农事者又有自由民及农奴。自由民及农奴解放于牧畜及杂役之外，自有余力开垦新地。当然，积时既久，蛮夷之隶亦会知道耕耘之法，而从事于农。

战争需要兵士，不但农奴，就是自由民也有当兵的义务，他们对于战争只有损害，而无利益，请看他们的歌谣：

> 昔我往矣，杨柳依依。今我来思，雨雪霏霏。行道迟迟，载渴载饥。我心伤悲，莫知我哀。（《诗经·小雅·采薇》）

> 昔我往矣，黍稷方华。今我来思，雨雪载涂。王事多难，不遑启居。岂不怀归，畏此简书。（《诗经·小雅·出车》）

何况杨柳依依之时出征，雨雪霏霏之时方归，田园荒芜，而致人民不能养其父母。《诗》云：

> 肃肃鸨羽，集于苞栩。王事靡盬，不能蓺稷黍。父母何怙？悠悠苍天，曷其有所？　肃肃鸨翼，集于苞棘。王事靡盬，不能蓺黍稷。父母何食？悠悠苍天，曷其有极？　肃肃鸨行，集于苞桑。王事靡盬，不能蓺稻粱。父母何尝？悠悠苍天，曷其有常？（《诗经·国风·鸨羽》）

领主却乘自由民战死沙场或负债逃亡之际，侵占了土地，而使农奴耕种。领主土地愈广，地租愈多，地租愈多，领主所能养活的农奴亦愈众。农奴过多，领主又不能不略取尚未开垦的土地，先向蛮方发展，次向中原诸侯进攻，这便是封建社会战争不已的原因。

最初封建诸侯向蛮方扩大领土，对于中央政府是有利的，因为诸侯的领土愈大，其对于中央的土贡亦愈多，所以天子往往放任他们，甚至奖励他们略取未占领的土地，然其结果乃养成尾大不掉之势。到了最后，诸侯竟然侵占了中央的权力，《公羊传》所谓诸侯不得专地（桓公元年），不得专封（僖公元年），不得专讨（宣公十一年）完全破坏。这种运命可以说是一切封建国家所共同的。

何以故呢？国境愈扩大，中央政府对于边疆诸侯，不能不授以较大的权力,使他们镇压叛变或与敌国作战。成王时,"管蔡作乱,淮夷畔周,乃使召康公命太公曰,东至海,西至河,南至穆陵,北至无棣,五侯九伯,实得征之。齐由此得征伐,为大国"(《史记》卷三十二《齐太公世家》,参阅《左传·僖公四年》),其一例也。这样,边疆诸侯就取得了最高军事权与最高行政权。边疆之地需要多数军队,如何供给军队的粮饷,全国租税先集中于中央政府,而后再分配于地方,这唯在货币经济发达的国家才会知道。而在自然经济之时,既无货币,自不能用货币征收租税,于是中央政府只有放任边疆诸侯自由处理其所征收的现物。他们利用这种税收以作军饷,训练一批兵士,最初还是供给中央调遣之用,到了后来,却用军队,占领那未得的土地。他们领土愈大,税收愈多;税收愈多,军队亦愈多。周制,天子六军,大国(公)三军,次国(侯伯)二军,小国(子男)一军(《周礼》卷二十八《夏官·司马》)。晋是侯国,而文公搜于被庐,竟作三军(《左传·僖公二十七年》)。翌年又作三行以御狄,盖避天子六军之名,而实为六军(《左传·僖公二十八年》)。鞌战之后,遂建六军之制(《左传·成公三年》)。兵强马壮,当然更想向外发展。郑子产告晋人曰:"且昔天子之地一圻(方千里),列国一同(方百里),自是以衰。今大国多数圻矣,若无侵小,何以至焉?"(《左传·襄公二十五年》)然而吾人须知发展的机会,边境比之腹地更见容易。春秋时代,如秦、如楚、如齐、如晋均已开疆辟土。秦并西戎,益国十二(《史记》卷五《秦本纪》)。楚并南方夷越,辟地千里(《史记》卷四十《楚世家》)。齐则征服淮夷,成为大国(《史记》卷三十二《齐太公世家》)。晋在献公时代,伐骊戎(据《史记》卷十四《十二诸侯年表》,在晋献公五年,即鲁庄公二十二年),又伐赤狄(《左传·闵公二年》,即晋献公十七年,晋伐东山皋落氏。杜预注,赤狄别种也),其后遂尽取赤狄之地(《左传》宣公十五年及十六年)。至于立国于中原的诸侯则因前后左右均是同僚国家,无法扩大领土,因之数传之后,比之边疆诸侯不免相形见绌。他们希望国力增强,不受边疆诸侯的压迫,遂亦力攻相并,边疆诸侯既见中原诸侯互相攻战,于是也向中原发展。楚灭申、灭息、灭邓(《左传》庄公六年、十四年及十六年),其后更向中原进攻。故云:"汉阳诸姬,楚实尽之。"(《左传·僖公二十八年》)晋亦灭耿、灭霍、灭魏(《左传·闵公元年》)、灭虞、灭虢(僖公五年)。齐则灭纪、灭谭、灭遂(庄公四年、十年及十三年)、灭阳(闵公三年,见经)。秦亦灭梁、灭滑(僖公十九年及三十三年)、灭鄀(文公五年，见经），此不过略举数例而已。于是王畿千里的周就其兵力言，就其财力言，皆不如强大的诸侯了。

每次中央发生王位继承而引起政变之时，每次中央遇到夷狄来侵而需要诸侯勤王之时，边疆诸侯便乘机提出条件，要求许多权力。他们渐渐脱离中央而独立。其距离首都愈远者，独立性亦愈大，国家的主权一一让给他们。他们已经不是天子的屏藩，反而是天子的敌人。最初表现这种态度者则为南方的楚。楚大率是原住民所组织的部落。周成王时承认其为诸侯，封以子男之地。然既立国南方，所以容易开辟疆土，而于周庄王时代，即于鲁桓公时代，楚子熊通自称为王（是为楚武王，见《史记》卷四十《楚世家》），开诸侯称王之先例。陵迟而至战国，七雄无不称王，于是诸侯不但事实上权力在周天子之上，而名号上亦与周天子平等，封建纪律完全破坏，而呈现为列国斗争的局面。

兹宜说明者，封建社会的经济是农业经济，周代农业颇见进步。《诗》云："滮池北流，浸彼稻田。"（《诗经·小雅·白华》）是则西周末年已经注意稻田的灌溉。西门豹引漳水溉邺（《史记》卷二十九《河渠书》），则人工灌溉又发生了。春秋时代，《左传》又有铸铁之记载，昭公二十九年冬晋"遂赋晋国一鼓铁，以铸刑鼎，著范宣子所为刑书焉"。降至战国，农具用铁似已成为普遍的现象，所以孟子有"许子……以铁耕乎"（《孟子·滕文公上》）之言。农业虽然进步，而农民"春耕、夏耘、秋获、冬藏……四时之间，亡日休息"（《汉书》卷二十四上《食货志》），即须将全部劳力集中于农事，无遑顾到别的工作，所以农业发达之后，必有分工，而发生许多手工业。吾人只观孟子与陈相的对话，就可知道。

    陈相见孟子……孟子曰，许子必种粟而后食乎？曰，然。许子必织布而后衣乎？曰，否，许子衣褐。许子冠乎？曰，冠。曰，奚冠？曰，冠素。曰，自织之与？曰，否，以粟易之。曰，许子奚为不自织？曰，害于耕。曰，许子以釜甑爨，以铁耕乎？曰，然。自为之与？曰，否，以粟易之。（《孟子·滕文公上》）

分工愈发达，又发生了交换之事。农民以粟易布，织工以布易粟，但是织工不能用他所织的布直接与农民所产的粟交换。因为农民也许不需要布而需要釜甑,于是为交换方便起见,就需要一种中间的人,这个中间的人就是商人。商人最初不过运贩远方货物,以供领主之用,即专以领主为顾客。领主欲望的满足有恃于商人的运贩,所以领主对于商人往往尽力保护。请看子产述郑桓公的事。

> 昔我先君桓公与商人皆出自周(《正义》云,郑本在周畿内,桓公东迁,并与商人俱)……世有盟誓以相信也。曰:"尔无我叛,我无强贾,毋或匄夺。尔有利市宝贿,我勿与知。"恃此质誓,故能相保以至于今。(《左传·昭公十六年》)

领主需要商人运贩货物,而商人买卖货物,尤其在外国买卖货物,亦需要领主保护,两者利益一致,所以商人常协助领主,防御外国的侵略。秦师过周及滑,"郑商人弦高将市于周,遇之,以乘韦先,牛十二犒师……且使遽告于郑……则束载、厉兵、秣马矣……孟明(秦将)曰,郑有备矣,不可冀也,攻之不克,围之不继,吾其还也"(《左传·僖公三十三年》)。这个历史可以证明商人乃往来各国,运贩远方货物;而对其国家,则有爱护的感情。

而自分工发达之后,不但领主,就是农民也需要商人运贩的货物。商业日益发达,商人为交换便利起见,就定期集合于一定场所,而成立了市场。市场既已发生,复为交换便利起见,需要一种中间的物,这个中间的物,就是货币。何以故呢?农民运了一车米谷,欲与耕牛交换,幸而发见一位牧人,而这位牧人乃不需要米谷,而需要布匹或铁器,这个时候要完成交换行为,至少须经过数次的中间交换。倘若发见一种各人共同爱好的物,以作交换的媒介,则许多麻烦可以避免。这个各人共同爱好的物就是货币。货币发生之后,不论农民,不论牧人,不论织工,不论铁匠,均得将其产物与商人交换货币,有了货币,可在任何时期,取出货币,而与其他货物交换。

中国货币开始于什么时代?历史虽说:"虞夏之币,金为三品,或黄或白或赤,或钱或布或刀或龟贝。"(《史记》卷三十《平准书》太史公曰)但是货币的发生须在交换经济相当进步之后。虞夏之时未必就有货币，纵有货币，也不过龟贝之类，而必没有或黄或白或赤的钱币。史说：

  周景王二十一年，患钱轻，更铸大钱，径一寸二分，重十二铢，文曰大泉五十，肉、好皆有周郭，以劝农，赡不足。《文献通考》卷八《钱币考一》

周景王二十一年即鲁昭公二十八年，时为春秋末季，商业必已相当发达，吾人观一百又三年以前即鲁僖公三十三年郑商人弦高之事，就可推测其一斑。钱币铸造于这个时候，大约可靠。但历史既云"患钱轻"，则在景王二十一年以前，当有其他钱币，唯其铸造于何时，史无明文记载。据吾人之意，必在春秋时代。不过春秋时代还是以物物交换为主。吾人观孔子馈赠门人均用货物，就可知道。例如：

  子华使于齐，冉子为其母请粟。子曰，与之釜。请益。曰，与之庾。冉子与之粟五秉。《论语·雍也》

到了战国时代，钱币似已通行，所以孟子周游列国，国君均用黄金馈赠。

  陈臻问曰，前日于齐，王馈兼金一百而不受，于宋馈七十镒而受，于薛馈五十镒而受。《孟子·公孙丑下》

钱币发生之后，商业更见隆盛，于是市场又进化为都市。都市的繁荣，可以齐之临淄为例。苏秦说：

  临菑之中七万户……临菑甚富而实……临菑之涂，车毂击，人肩摩，连衽成帷，举袂成幕，挥汗成雨，家殷人足，志高气扬。《史记》卷六十九《苏秦传》

五霸七雄都是建都于最繁盛的都市,而使首都成为经济的中心,次再用经济之力控制周围各地,而成为政治的中心。兹将七雄的都市列表如次。

七雄都市表①

国名		都　市
秦		秦文德缪居雍,隙陇蜀之货物而多贾。献公徙栎邑,栎邑北却戎翟,东通三晋,亦多大贾。孝昭治咸阳,四方辐凑并至而会。
三晋	魏	温、轵西贾上党,北贾赵、中山。
	赵	邯郸亦漳河之间一都会也。北通燕涿,南有郑卫。
	韩	宛亦一都会也。
燕		燕(《汉书》卷二十八下《地理志》作蓟,师古曰,蓟县燕之所都也)亦勃碣之间一都会也,南通齐赵,东北边胡,有鱼盐枣栗之饶,北邻乌桓、夫余,东绾秽貉、朝鲜、真番之利。
齐		齐带山海,膏壤千里,宜桑麻,人民多文彩布帛鱼盐,临菑亦海岱之间一都会也。
楚	西楚	江陵故郢都,西通巫巴,东有云梦之饶。
	东楚	吴东有海盐之饶,章山之铜,三江、五湖之利,亦江东一都会也。
	南楚	寿春亦一都会也,而合肥受南北潮,皮革、鲍、木输会也。

这个时候人民的经济生活也开始转变了,在封建社会,农民虽然由领主那里受了土地的分配,然乃束缚于土地之上,一夫受田百亩。照孟子说:

> 一夫百亩,百亩之粪,上农夫食九人,上次食八人,中食七人,中次食六人,下食五人。(《孟子·万章下》)

而据李悝计算,百亩之田不能养活五人。他说:

> 今一夫挟五口,治田百亩,岁收亩一石半,为粟百五十石。除十一之

---

① 本表据《史记》卷一百二十九《货殖传》。

税十五石,余百三十五石。食,人月一石半,五人终岁为粟九十石,余有四十五石。石三十,为钱千三百五十。除社闾尝新、春秋之祠用钱三百,余千五十。衣,人率用钱三百,五人终岁用千五百,不足四百五十。不幸疾病死丧之费及上赋敛,又未与此。此农夫所以常困,有不劝耕之心,而令籴至于甚贵者也。(《汉书》卷二十四上《食货志》)

农民本来贫穷,而自商业发达之后,土地也变成商品,而有商品价值。比方园囿与山陵最初乃开放给农民采樵放牧之用。孟子说:

> 文王之囿方七十里,刍荛者往焉,雉兔者往焉,与民同之。(《孟子·梁惠王下》)

到了园囿和山陵也有商品价值的时候,领主就禁止农民利用。鲁庄公二十八年冬筑微,《穀梁传》云:"山林薮泽之利所以与民共也,虞之非正也。"鲁成公十八年筑鹿囿,《穀梁传》又云:"山林薮泽之利,所以与民共也,虞之非正也。"岂但虞之而已,并且"杀其麋鹿者,如杀人之罪"(《孟子·梁惠王下》)。但是园囿和山陵对于农民乃有很大的用处。农民家畜的食料既然取给于园囿,而其所用的木柴和枯草又须取给于山陵,所以园囿和山陵一旦变为领主的私有财产,不许农民利用,农民便愈益贫穷。农民终岁劳动,而收获乃不足维持一家生计,当然有"不劝耕之心",于是农业日见荒废,农村日益破产,而贵族经济上和财政上都减少了势力。

这个时候农业也受了商品生产的影响,变成商品生产。领主要将生产物运到市场贩卖,便于赢亏计算之下,减少农奴人数,使剩余农产物能够增加起来,于是前此领主不许农民移住,现在则愿意解放农奴,而采用佣农或佃农制度。而诸侯亦废除公田之制,改为税亩,《左传》鲁宣公十四年初税亩,即其一例。何况土地既有商品价值,土地本身也可以买卖,没落的贵族可将土地卖给别人。那些购买土地的人或为都市的商人,或为农村的殷户(自由农民之富有者)。他们不必自己耕作,也不必监督耕作。他们可将土地租给佃农,按期收租。这样一来,不但土地开始私有,劳动形式由农奴变为佣农或佃农,而在农村之中,新兴的地主又代替了领主的地位,而使贵族政治失去经济上的基础。

同时奴隶也开始逃亡。奴隶逃亡,在文王时代已经有了,前已举过"周文王之法曰,有亡荒阅"之事《左传·昭公七年》）。《左传·襄公十年》,郑尉止作乱,"臣妾多逃"。臣妾二字应依郑玄对于《尚书·费誓》"臣妾逋逃"所做的解释,即"役人贱者,男曰臣,女曰妾",所以"臣妾多逃"就是奴隶多逃。这批逃亡的奴隶逃到哪里呢？他们离开贵族的压制剥削,国君则收编之以为职业的军队。战国时,魏有"厮徒十万",司马贞《索隐》云:"厮,养马之贱者,今起之为卒。"《史记》卷六十九《苏秦传》）周时,养马之事是由奴隶为之（见《周礼注疏》卷三十六《蛮隶》及《夷隶》）。奴隶离开贵族的贱役,投靠于国君而为军队,贵族的势力因之减少,国君的权力随之增加,所以国君愿意收纳亡人（见《左传·昭公七年》楚芋尹无宇之事）。这也是封土授民的采邑之制,到了战国,变为分户受租的封君之制的原因。

在这经济转变期间,封建国家的基础也动摇起来了。都市的勃兴可以证明商业的发达,而商业的发达又引起地域的分工,使各地在经济上有互相依赖的关系。司马迁说:

> 夫山西饶材、竹、谷、纑、旄、玉石,山东多鱼、盐、漆、丝、声色,江南出枏、梓、姜、桂、金、锡、连、丹沙、犀、玳瑁、珠玑、齿革,龙门、碣石北多马、牛、羊、旃裘、筋角,铜、铁则千里往往山出棋置,此其大较也。皆中国人民所喜好,谣俗被服饮食奉生送死之具也。故待农而食之,虞而出之,工而成之,商而通之,此宁有政教发征期会哉？《史记》卷一百二十九《货殖传》）

这种经济联系就是国家统一的基础。换言之,列国人民已经没有狭隘的乡土观念。吾人观各国游士,甚至封君,往往朝秦暮楚,孟尝君田文乃齐之宗室,而曾做过秦相,又曾做过魏相,即其最显著之例。经济上固然需要统一,而政治上还是七雄割据。各国都有关市之征,倘令各国均提高外国商品的入口税,而又增加本国特产的出口税,则各国便不能在外国市场,自由贩卖本国的商品;也不能用低廉的价格,大量采购外国的特产。于是列国为开辟市场与取得原料,就不能不用战争的方法,侵略别国的土地。战争一旦开始,为调遣军队与运输军粮,道路的开辟又甚重要。比方秦始皇二十六年并天下,二十七年治驰道,二十八年东行郡县(《史记》卷六《秦始皇本纪》),其间相隔不过一年,倘令战国时代未曾修筑道路,始皇不过对于原有道路加以整理,哪里能够这样迅速成功?何况驰道又甚壮丽,"道广五十步,三丈而树,厚筑其外,隐以金椎,树以青松"(《汉书》卷五十一《贾山传》)呢?战国时代,道路已经开辟,所以车队进退,一旦可以百里。张仪说:

从郑至梁不过百里,从陈至梁二百余里,马驰人趋,不待倦而至。
(《战国策》卷二十二《魏策一》)

交通便利可使列国风俗渐次同化,而由于往来交际,又统一了他们的言语,互通婚姻,复融和了他们的血统,于是种族偏见渐次消灭,代之而发生的则为同胞观念。这种同胞观念乃发生于贵族与士人之间,贵族常随国君参加列国的会盟,而有接触的机会,士人则周游列国,不断地往来交际。反之农民只局蹐于一地之内,他们只能与近邻的人结婚,又只能与近邻的人交际。他们在小地区内,常保存其特殊的习惯与风俗,不易与外界的人同化。由于贵族与士人乡土观念的淡薄,又影响于国际关系。楚在长江南北,春秋时代尚视为蛮夷之国,楚武王说:"我蛮夷也。"(《史记》卷四十《楚世家》)秦在函谷以西,孝公初年各国尚以"夷翟遇之"(《史记》卷五《秦本纪》)。到了后来,秦楚两国常参加中国诸侯的会盟,文化上中原各国亦不视之为蛮戎。降至战国,贵族与士人的乡土观念更见薄弱,秦诱三晋的人来耕秦地,而使秦人应敌于外,而发明这种政策者便是三晋之人的商鞅。当时知识阶级往往离开乡井,周游列国,不问用我者是哪一国,只问哪一国能够用我。助孝公变法图强者是卫人的商鞅,助惠王散六国之合从者是魏人的张仪,助昭王东益地、弱诸侯者是楚人的魏冉与魏人的范雎,助始皇胁韩弱魏、破燕赵、夷齐楚、卒兼六国者是楚人的李斯。知识阶级没有乡土观念，他们所有的是统一观念。

封建国家开始瓦解，整个社会都动摇了，而表现为过渡期的形态。农奴制度快消灭了，贵族政治快没落了，宗法观念快破坏了，一方旧制度、旧习惯、旧思想失去权威，他方新制度、新习惯、新思想尚未确立，人们解放于传统之外，个性遂有自由发展的机会，而得自由思考，自由立论，从而各种学说便在这个时期出现，这是文化转变期的普遍现象，不独吾国为然。但是任何学说都不能离开现实，换言之，任何学说都是对于现实问题，讲求解决之法。各国日寻干戈，争地以战，杀人盈城，争城以战，杀人盈野，和平乃是时代所要求。太史公说明先秦思想，特举六家，即阴阳、儒、墨、名、法、道德(《史记》卷一百三十《太史公自序》)。阴阳家依阴阳四时五行之理，天垂妖象，地见灾符，所以谴告人主，责躬修德，爱抚黎元，为人君者能够爱其臣民，社会自无叛变之事，而可以得到和平(参阅《春秋繁露》有关各篇)。儒家如何呢？孔子著《春秋》，明一统之义(《公羊传·隐公元年》)。一统之法固然注重德教，而亦不忘军事，故说："有文事者必有武备，有武事者必有文备。""冉有为季氏将师，与齐战于郎，克之。季康子曰，子之于军旅，学之乎？性之乎？冉有曰，学之于孔子。"(《史记》卷四十七《孔子世家》)孔子哪会空谈仁政，而鄙弃军事。孔子殁后，儒家分为许多派别，其中最有名的，则为孟轲与荀况。孟轲主张仁义，希望人君"发政施仁"(《孟子·梁惠王上》)，使"天下之民皆悦，而愿为之氓"(《孟子·公孙丑上》)，以便实现天下"定于一"的理想。荀况主张礼义，而尤强调"礼"字。古人之所谓"礼"，"法"常包括在内。他知道在列国割据之时，要谋国家的统一，军事是必要的。荀子书中，有《议兵》一篇，他说："彼仁者爱人，爱人故恶人之害之也。义者循理，循理故恶人之乱之也……彼兵者所以禁暴除害也，非争夺也……是以尧伐驩兜，舜伐有苗，禹伐共工，汤伐有夏，文王伐崇，武王伐纣，此四帝两王皆以仁义之兵行于天下也。"(《荀子》第十五篇《议兵》)天下既定于一，和平便可实现。墨家主张兼爱，墨子说："乱何自起？起不相爱……大夫各爱其家，不爱异家，故乱异家以利其家。诸侯各爱其国，不爱异国，故攻异国以利其国……若使天下兼相爱……视人之室若其室，谁窃？视人身若其身，谁贼？故盗贼亡有，犹有大夫之相乱家、诸侯之相攻国者乎？视人家若其家，谁乱？视人国若其国,谁攻?……国与国不相攻,家与家不相乱,盗贼无有……若此则天下治。"(《墨子》第十四篇《兼爱上》)名家主张正名定分,尸子说:"天下之可治,分成也。是非之可辨,名定也。"(《尸子》卷上《发蒙》)尹文子亦说:"定此名分,则万事不乱也。"(《尹文子·大道上》)盖"名定则物不竞,分明则私不行。物不竞非无心,由名定故无所措其心。私不行非无欲,由分明故无所措其欲"(《尹文子·大道上》)。此即孔子所谓"必也正名乎"(《论语·子路》),"君君,臣臣,父父,子子"(《论语·颜渊》)之意。法家主张富国强兵,用信赏必罚之法,使人民居则尽力于农,出则勇于作战。这种思想商鞅说得最见明显。他说:"民生则计利,死则虑名。名利之所出,不可不审也。利出于地,则民尽力;名出于战,则民致死。入使民尽力,则草不荒;出使民致死,则胜敌。胜敌而草不荒,富强之功可坐而致也。"(《商君书》第六篇《算地》)一国既臻富强之境,自可力征而灭诸侯,使割据变成统一,紊乱变成和平。道家主张清静无为,归于太古生活,"使人复结绳而用之,甘其食,美其服,安其居,乐其俗,邻国相望,鸡犬之声相闻,民至老死不相往来"(《老子》第八十章、《庄子》第十篇《胠箧》)。这样,社会当然和平,而无攘夺之争。由此可知当时学者均知和平之重要,而如何得到和平,除道家主张归于太古社会之外,其他各家大率寄望于人主。自古以来,人主如桀纣者寡,如尧舜者亦寡,大多数均是中庸之君。希望中庸之君负起责任,将纷乱改造为和平,绝难实现。这是吾国政治思想的缺点。而且和平与统一不能分开,统一才有和平,不但吾国如此,就是外国也是一样。而能知道和平须以统一为基础者,只有儒法两家。不过如何实现统一,两家思想未必相同。儒家以为"天无二日,土无二王"(《礼记》卷五十一《坊记》),其最注意的为德教,使"近者说,远者来"(《论语·子路》),由此以达到统一的目的。法家则用刑赏,鼓励人民勤于农战,用武力统一全国。儒家迂而难行,法家的富强思想正是列国君主所希望的。所以百家之中最初跃上政治舞台者,乃是法家。至于儒家,荀派学者亦为列国君主所欢迎。

和平是时代所要求,统一亦为时代所要求,而且吾国北方又有黄河之患。河流延长数千百里,非有统一的政府,施行统一的政策,则列国棋峙,或以邻国为壑,或又独占水利。齐桓公会诸侯于阳谷,以"无障谷"为盟约之一。所谓无障谷是谓"无障断川谷，专水利也"(《公羊传·僖公三年》注)。故为农业经济的水利着想，统一也极必要。在全国需要统一之时，塞外蛮族复乘中原扰乱之际，南下牧马。案"平王之末，周室陵迟，戎逼诸夏，自陇山以东及乎伊洛往往有戎……当春秋时，间在中国"(《后汉书》卷八十七《西羌传》)。"诸戎饮食衣服不与华同，贽币不通，言语不达。"(《左传·襄公十四年》)但在另一方面，统治阶级却常与戎女结婚。晋献公娶二女于戎，大戎狐姬生重耳，小戎子生夷吾。又伐骊戎，以骊姬归，生夷齐，其娣生卓子(《左传·庄公二十八年》)。此四公子均曾即位，而重耳就是五霸之一的晋文公。不但诸侯，就是天子，例如周襄王以狄女隗氏为后(《左传·僖公二十四年》)。所以到了战国中叶，这些小股戎狄均已同化于中原民族，然而漠北又来了另一个蛮族，这个蛮族就是匈奴。

一个民族对内不能自觉为同一民族，对外也不会发生民族意识。春秋时蛮夷猾夏，大率都是统治阶级引其入寇。申侯引犬戎攻杀幽王(《史记》卷四《周本纪》)，颓叔奉子带以狄师伐周(《左传·僖公二十四年》)均其例也。但是一个民族精神上若已统一，则凡遇到外族压迫，民族意识必将油然而生。春秋"内诸夏而外夷狄"(《公羊传·成公十五年》)，战国时代，各国虽然攻战不已，而却很少求助于戎狄，且在兵马倥偬之际，如燕、如赵、如秦又能建筑长城，以防胡马(参阅《史记》卷一百十《匈奴传》)，可知汉人到了此时，民族观念已经代替了种族偏见。

民族观念既已发生，塞外蛮族又来压迫，其结果当然要求民族统一，以挽救民族的危机。统一的方法为何？周自平王东迁以后，王畿狭隘，周在武力上与经济上都已丧失优越的地位，不但不能视为诸侯之中最大的诸侯，而且只可视为诸侯之中最弱的诸侯。王室式微，不能控制诸侯，内则列国攻战，外则蛮夷猾夏。庄王以后，人心已经希望实力较大的诸侯出来领导，只因王室的尊严尚在，任谁都不敢公然推翻，于是人们便退一步，要求强有力的诸侯"兴利除害，诛暴禁邪，匡正海内，以尊天子"(《汉书》卷六十四下《严安传》)。这样，便发生了霸的观念。霸有两个条件，一是尊王，二是攘夷。五霸齐桓、晋文为盛，齐桓之霸，以其伐戎救燕(《左传·庄公三十年》)，伐狄救卫(《左传·僖公二年》)，伐楚责苞茅不入贡于周(《左传·闵公四年》)。晋文之霸，以其伐戎救周，迎纳襄王(《左传·僖公二十五年》)，伐楚救宋，而献楚俘于周(《左传·僖公二十八年》)。霸须尊崇王室，而又不兼并诸侯，所以只可视为割据与统一的过渡办法。但是列国争霸又不是只求虚名而已。"晋主夏盟……范宣子为政，诸侯之币重，郑人病之"（《左传·襄公二十四年》），到了"赵文子为政，令薄诸侯之币，而重其礼"（《左传·襄公二十五年》）。又晋与诸侯同盟于平丘之时，子产争承（杜预注云，承贡赋之次）曰："郑伯男也，而使从公侯之贡，惧弗给也。"（《左传·昭公十三年》）由此可知称霸固有实利。战国以后，强凌弱，众暴寡，诸侯存者不过十余，而强大者只有七国。当时周室式微已久，天子的尊严扫地无存，于是霸的观念又转变为"王"的观念。霸是尊崇周室，王欲推翻周室。霸是利用周室，维持苟安的局面；王欲打垮周室，建设统一的帝国。荀子说："王夺之人，霸夺之与（与谓与国也）……夺之人者臣诸侯，夺之与者友诸侯……臣诸侯者王，友诸侯者霸。"（《荀子》第九篇《王制》）总而言之，封建国家已经分裂，而人心又希望统一，统一之法在春秋时代为霸天下，在战国时代为王天下。

第二章 秦

第一节
统一国家的诞生

春秋时代的霸，到了战国，代之以王。何谓王？我很赞成宋代李觏之言，即"王，天子号也，以安天下为务。霸，诸侯号也，以尊京师为务"（《李直讲文集》卷三十四《常语下》）。总而言之，目的皆希望天下统于一尊，而以儒法两家之思想最为明了。儒家之中，孟子主张仁义；荀子主张礼义，而又不忘兵力。《礼》（《乐记上》）云："乐由中出，礼自外作"，"仁近于乐，义近于礼。"即仁固然在内，而礼乃在于外。他们两人均曾分别王霸，孟子说："以力假仁者霸，霸必有大国。以德行仁者王，王不待大……以力服人者，非心服也，力不赡也。以德服人者，中心悦而诚服也。"（《孟子·公孙丑上》）因为人君如肯"发政施仁，使天下仕者皆欲立于王之朝，耕者皆欲耕于王之野，商贾皆欲藏于王之市，行旅皆欲出于王之涂，天下之欲疾其君者，皆欲赴愬于王。其若是，孰能御之？"（《孟子·梁惠王上》）荀子说："礼者，法之大分"（《荀子》第一篇《劝学》），"夫义者，所以限禁人之为恶与奸者。"（《荀子》第十六篇《强国》）但荀子所注意的非仁义，而是礼义。故云："隆礼贵义者其国治，简礼贱义者其国乱；治者强，乱者弱，是强弱之本也。"（《荀子》第十五篇《议兵》）古人之所谓礼，法常包括在内，法行之得宜，则谓之义。所以荀子又说："义立而王……主之所极然帅群臣而首乡者，则举义志也。如是，则下仰上以义矣，是綦定也。綦定而国定,国定而天下定……天下为一,诸侯为臣,通达之属莫不从服,无它故焉,以济义矣,是所谓义立而王也。"(《荀子》第十一篇《王霸》)反之,"用强者,人之城守,人之出战,而我以力胜之也,则伤人之民必甚矣。伤人之民甚,则人之民恶我甚矣。人之民恶我甚,则日欲与我斗。人之城守,人之出战,而我以力胜之,则伤吾民必甚矣。伤吾民甚,则吾民之恶我必甚矣;吾民之恶我甚,则日不欲为我斗。人之民日欲与我斗,吾民日不欲为我斗,是强者之所以反弱也"(《荀子》第九篇《王制》)。孟荀二人虽然均不承认武力为统一的最良办法。但是吾人研究中外历史,则知统一需要两个条件,一是中心政权,二是强大武力。德国之统一以普鲁士为中心,意大利之统一以萨丁尼亚(Sardinia)为中心。这个中心政权要推翻割据的局面,非有武力不可。汤以百里王,文王以七十里兴,何曾放弃武力。五霸齐桓晋文为盛,春秋时代齐晋最强,然其最强期间并不甚长。齐自桓公死后,内乱时起;晋自文公殁后,政局亦不安定。而且它们两国又墨守封建时代的传统制度,不知选贤与能,以适应时代的需要。何况齐在海岱之间,春秋时代,东滨海,北接燕国,西界鲁卫,南与莒国为邻。此数者皆是小国。齐桓时代,周室尚有尊严,故以管仲之才,亦不敢因利乘便,征服近邻之姬姓诸侯,如鲁、如卫、如燕;只能诛暴禁邪,以尊天子。其后田氏代齐,不能于纵横之日,发愤为雄,而燕齐交战,又复自耗国力。五国既灭,齐遂束手而臣妾于秦。晋据并州之地,其东则太行为之屏障,其西有黄河为之襟带,于北则大漠、阴山为之外蔽,于南则首阳、底柱诸山滨河而错峙,又南则孟津、潼关皆其门户。且越临晋,溯龙门,则泾渭之间可折棰而下。出天井,下壶关,邯郸井陉而东,亦可惟吾所向。晋文复国不久,就能称霸诸侯,固有恃于地理形势。可惜晋文而后,内乱时起。到了三家分晋,而晋之国力遂因分而日弱。陵迟而至战国,七雄除秦之外,楚最强大。而论其地势,楚不能入武关以攻秦,亦不能溯汉水而至汉中。反之,秦之对楚,则如苏代之言,"蜀地之甲,乘船浮于汶,乘夏水而下江,五日而至郢。汉中之甲乘船出于巴,乘夏水而下汉,四日而至五渚。寡人(指秦王)积甲宛东下随,智者不及谋,勇士不及怒,寡人如射隼矣"(《史记》卷六十九《苏秦传》)。形势如斯,楚亦不能与秦抗衡。按在割据时代,哪一个国家可以成为中心政权,而有王天下的资格,要看该国的政治如何,经济如何,而地势如何,亦不失为一个重要条件。秦在关中,四塞以为固,利则出攻,不利则入守。苏秦说:

> 秦四塞之国,被山带渭,东有关河,西有汉中,南有巴蜀,北有代马,此天府也。(《史记》卷六十九《苏秦传》)

范雎亦说:

> 大王之国,四塞以为固,北有甘泉、谷口,南带泾、渭,右陇、蜀,左关、阪……利则出攻,不利则入守,此王者之地也。(《史记》卷七十九《范雎传》)

关中之地膏壤沃野千里,古代有陆海之称。司马迁说:

> 关中自汧、雍以东至河、华,膏壤沃野千里,自虞夏之贡,以为上田……故关中之地于天下三分之一,而人众不过什三,然量其富,什居其六。(《史记》卷一百二十九《货殖传》)

班固亦说:

> 秦地……号称陆海,为九州膏腴。始皇之初,郑国穿渠,引泾水溉田,沃野千里,民以富饶……故秦地天下三分之一,而人众不过什三,然量其富居什六。(《汉书》卷二十八下《地理志》)

自平王东迁雒邑以后,"周室微,诸侯力政,争相并。秦僻在雍州,不与中国诸侯之会盟",尽力向西发展,穆公时代,"益国十二,开地千里,遂霸西戎"(《史记》卷五《秦本纪》)。到了战国,孝公任用商鞅,实行变法,自是而后,秦益富强。在吾国历史上,变法成功者为数甚少,王莽、王安石均告失败。商鞅变法所以成功,乃有三种原因。

1. 商鞅有一贯的思想，即法家思想

法家思想均由人情出发。管子说："夫凡人之情，见利莫能勿就，见害莫能勿避。"(《管子》第五十三篇《禁藏》)商鞅亦说："羞辱劳苦者民之所恶也，显荣佚乐者民之所务也。"(《商君书》第六篇《算地》)人情既有所好，又有所恶，为政之道必须因人之情。人情认为羞辱而最欲避免者，莫如刑罚。人情所认为显荣而最欲取得者，莫如爵禄。所以政府必须悬爵禄以奖有功，设刑罚以戒有罪。管子说："明主之治也，县爵禄以劝其民，民有利于上，故主有以使之。立刑罚以威其下，下有畏于上，故主有以牧之。故无爵禄，则主无以劝民；无刑罚，则主无以威众。故人臣之行理奉命者，非以爱主也，且以就利而避害也。百官之奉法无奸者，非以爱主也，欲以受爵禄而避刑罚也。"(《管子》第六十七篇《明法解》)商鞅亦说："好恶者赏罚之本也。夫人情好爵禄而恶刑罚，人君设二者以御民之志，而立所欲焉。"(《商君书》第九篇《错法》)"秦国之俗贪狼强力，寡义而趋利，可威以刑而不可化以善，可劝以赏而不可厉以名。"(《淮南子》卷二十一《要略》)这种人情，儒家也许视为亡国的现象，而由法家观之，却认为最可借以成事。商鞅变法就是顺乎秦民之情，用严刑以吓之，立重赏以劝之。他说："民勇则赏之以其所欲，民怯则杀之以其所恶，故怯民使之以刑则勇，勇民使之以赏则死。怯民勇，勇民死，国无敌者必王。"(《商君书》第五篇《说民》)而其行使刑赏又有一定法则，不但"赏随功，罚随罪"(《商君书》第二十四篇《禁使》)，"有功于前，有败于后，不为损刑。有善于前，有过于后，不为亏法"(《商君书》第十七篇《赏刑》)，而且刑自大官始，而赏则自细民始。吾人观商鞅刑太子师傅，而赏徙木的人，即可知之。因为刑自大官始，人们必注意其刑；赏自细民始，人们必注意其赏。刑一人，可使千万人增加畏刑的情绪；赏一人，可使千万人增加求赏的情绪。用刑赏以推行政令，这是商鞅变法能够成功的第一理由。

2. 商鞅变法乃有一贯的观念

各种政策均以这个观念为中轴，所以政策之间不会彼此矛盾。孝公时代正是列国开始争王的时代，王是推翻周室，而建设统一的国家。统一与革命不同，革命是推翻腐化的政权，统一是推翻割据的政权。推翻腐化的政权，武力固然必要,而不必利用武力的亦有其例。推翻割据的政权,武力则为万不可缺的工具。因为割据是依靠武力的,打倒武力,只有利用武力。既然利用武力以打倒武力,则胜败之数必取决于武力之大小。在这个观念之下,富国强兵当然必要。商鞅变法就是依这需要,而定下农战政策。所谓农战是谓民居则尽力于农,出则勇于作战。但是人情既有所爱,又有所恶,"农,民之所苦;而战,民之所危也"(《商君书》第六篇《算地》),如何使民甘其所苦,而不避其所危?商鞅以为"非劫以刑,而驱以赏莫可"(《商君书》第二十五篇《慎法》),即"利出于地,则民尽力;名出于战,则民致死。入使民尽力,则草不荒;出使民致死,则胜敌。胜敌而草不荒,富强之功可坐而致也"(《商君书》第六篇《算地》)。他说:"民之外事莫难于战……故欲战其民者……赏则必多,威则必严……民见战赏之多,则忘死;见不战之辱,则苦生。赏使之忘死,而威备之苦生……以此遇敌,是以百石之弩射飘叶也,何不陷之有哉?民之内事莫苦于农……故曰欲农富其国者,境内之食必贵,而不农之征必多,市利之租必重,则民不得无田,无田不得不易其食。食贵则田者利,田者利则事者众。食贵,籴食不利,而又加重征,则民不得无去其商贾技巧,而事地利矣……故为国者,边利尽归于兵,市利尽归于农。边利尽归于兵者强,市利尽归于农者富。故出战而强,入休而富者,王也。"(《商君书》第二十二篇《外内》)他又说:"故吾教令,民之欲利者非耕不得,避害者非战不免。境内之民莫不先务耕战,而后得其所乐,故地少粟多,民少兵强。能行二者于境内,则霸王之道毕矣。"(《商君书》第二十五篇《慎法》)

3. 商鞅变法,法令至为简单

管子说:"君有三欲于民,三欲不节,则上位危。三欲者何也?一曰求,二曰禁,三曰令。求必欲得,禁必欲止,令必欲行。求多者其得寡,禁多者其止寡,令多者其行寡。求而不得,则威日损。禁而不止,则刑罚侮。令而不行,则下凌上。故未有能多求而多得者也,未有能多禁而多止者也,未有能多令而多行者也,故曰上苛则下不听。"(《管子》第十六篇《法法》)商鞅亦说:"圣人明君者非能尽万物也,知万物之要也,故其治国也,察要而已矣。"(《商君书》第三篇《农战》)商鞅变法一本察要的精神,其所改革之事不过数种,而又分为两次进行。第一次在孝公三年。

令民为什伍，而相牧司连坐，不告奸者腰斩，告奸者与斩敌首同赏，匿奸者与降敌同罚。民有二男以上不分异者，倍其赋。有军功者各以率受上爵，为私斗者各以轻重被刑。大小僇力本业耕织，致粟帛多者复其身。事末利及怠而贫者，举以为收孥。宗室非有军功，论不得为属籍。明尊卑、爵秩、等级各以差次，名田宅、臣妾、衣服以家次。有功者显荣，无功者虽富无所芬华。(《史记》卷六十八《商君传》，年代依卷五《秦本纪》)

第二次在孝公十二年。

令民父子兄弟同室内息者为禁。而集小都乡邑聚为县，置令丞，凡三十一县。为田开阡陌封疆，而赋税平。平斗桶权衡丈尺。(《史记》卷六十八《商君传》，年代依卷五《秦本纪》)

商鞅变法果然成功，自是而后，秦在政治上、经济上和军事上，比之六国均站在优越的地位。兹试分别述之。

（一）政治

一个国家要向外发展，必须政局安定，而政局能够安定，又须国家能够统一。周代封建诸侯，以作屏藩，而诸侯之内又有采邑。诸侯分天子之土，受天子之民而治，采邑又分诸侯之土，受诸侯之民而治。到了末世，诸侯独立，成为一个国家，反抗天子；采邑也强大起来，成为一个国家，反抗诸侯。春秋以后，"诸侯僭于天子，大夫僭于诸侯"(《公羊传·昭公二十五年》)，到了末世，竟然发生"阳虎专季氏，季氏专鲁国"(《公羊传·定公八年》)的现象。在这种局势之下，国基何能巩固，政局何能安定。孔子为鲁司寇，必欲毁三桓之城(《史记》卷三十三《鲁世家》，卷四十七《孔子世家》)。商鞅变法，也改采邑为县，每县置令一人，有丞佐之，以代替分土授民之制。

集小都乡邑聚为县，置令丞，凡三十一县。(《史记》卷六十八《商君传》)

这是要集权于中央,而谋国基巩固,政局安定,以便向外发展。但是县之基层组织若不健全,则地方行政不能收到预期的效果,所以商鞅又施行什伍之制。

> 令民为什伍,而相牧司连坐,不告奸者腰斩,告奸者与斩敌首同赏,匿奸者与降敌同罚。(《史记》卷六十八《商君传》)

据司马贞解释,所谓"什伍"是谓"五家为保,十保相连";所谓"牧司连坐"是谓"一家有罪,而九家连举发,若不纠举,则十家连坐";所谓"告奸者与斩敌首同赏"是谓"告奸一人,则得爵一级";所谓"匿奸者与降敌同罚",盖"律,降敌者诛其身,没其家,今匿奸者,言当与之同罚也"(《史记》卷六十八《商君传》索隐)。商鞅曾言"夫刑者所以禁邪也,而赏者所以助禁也"(《商君书》第六篇《算地》)。又说:"王者刑用于将过,则大邪不生;赏施于告奸,则细过不失。治民能使大邪不生,细过不失,则国治,国治必强。"(《商君书》第七篇《开塞》)这就是什伍之制的目的,而在作战之时,效用尤大。什伍之制乃创始于管仲,即:

> 管仲于是制国,五家为轨,轨为之长。十轨为里,里有司。四里为连,连为之长。十连为乡,乡有良人焉。以为军令:五家为轨,故五人为伍,轨长帅之。十轨为里,故五十人为小戎,里有司帅之。四里为连,故二百人为卒,连长帅之。十连为乡,故二千人为旅,乡良人帅之。五乡一帅,故万人为一军,五乡之帅帅之……伍之人祭祀同福,死丧同恤,祸灾共之。人与人相畴,家与家相畴,世同居,少同游,故夜战声相闻,足以不乖;昼战目相见,足以相识。其欢欣足以相死,居同乐,行同和,死同哀,是故守则同固,战则同强。(《国语》卷六《齐语》)

是则什伍亦有助于士兵的作战。秦制"降敌者,诛其身,没其家"(《史记》卷六十八《商君传》索隐),秦用农兵制度,兵是农民,均有家人生产,他们爱惜妻子,已经不敢降敌,若再五家相连,则同伍之人必能互相监察,使人人不敢逃亡,而勇于作战。

（二）经济

秦立国于关中之地，膏壤沃野千里，古代有陆海之称，商鞅在这种环境之下，便定下重农轻商的政策。

> 僇力本业，耕织致粟帛多者复其身。事末利及怠而贫者，举以为收孥。（《史记》卷六十八《商君传》）

国家的经济政策必须适合于国家的经济环境，齐在海滨，故管仲设轻重鱼盐之利；关中号称陆海，为九州膏腴，故商鞅定下以农立国的政策。固然农业生产物必须待商而通之，但是贱买贵卖乃是商人储财的方法，其初也，买于物贱之处，而卖于物贵之处；其次也，买于物贱之时，而卖于物贵之时；其终也，囤积居奇，造成昂贵的市价，而后发售。所以农业固然有靠于商业，而商业发展之后，又复有害于农业，这就是重农之后，必继之以贱商的原因。但是要发展农业，又须农民有勤耕之心。在井田制度之下，土地属于领主，农民不得买卖，就是农民对于土地没有处分权，也就是没有所有权。既然没有所有权，就有不爱惜土地之心，滥用地力，而致生产力日益降低。何况井田之制不宜于人众之时，田广人寡，苟为可也。户口增加，土地不够分配，得田者未必勤，无田者未必惰，勤者欲耕而无田，惰者有田而不勤于稼穑，生产日益减少，社会日益贫穷，故为增加国富起见，不能不从速破坏井田制度。

> 为田开阡陌封疆。（《史记》卷六十八《商君传》）

何谓为田开阡陌封疆，或以"开"为创置建立之意，即秦废井田而置阡陌；或以"开"为破坏划削之意，即除阡陌而废井田，使耕者不以百亩为畔（参阅《大学衍义补》卷十四《制民之产》引朱熹曰）。不问如何解释，总与井田制度之破坏有关。董仲舒说：

> 秦……用商鞅之法,改帝王之制,除井田,民得卖买,富者田连仟伯,贫者亡立锥之地。(《汉书》卷二十四上《食货志》)

其实,春秋时代已有豪强兼并之事。《左传·襄公十年》"初,子驷为田洫,司氏、堵氏、侯氏、子师氏皆丧田焉",杜预注云:

> 洫,田畔沟也。子驷为田洫,以正封疆,而侵四族田。

孔颖达疏云:

> 此四族皆是富家,占田过制。子驷为此田洫,正其封疆,于分有剩,则减给他人,故正封疆而侵四族田也。

四族占田过制,子驷正其封疆,而引起他们作乱,井田制度早已破坏,商鞅不过承认既成的事实,利用权力,促成其破坏而已。

田制既然变更,田赋自应改定,周之田赋,据孟子说:

> 夏后氏五十而贡,殷人七十而助,周人百亩而彻……彻者,彻也助者藉也……《诗》云,雨我公田,遂及我私。惟助为有公田,由此观之,虽周亦助也……方里而井,井九百亩,其中为公田。八家皆私百亩,同养公田,公事毕,然后敢治私事。(《孟子·滕文公上》)

这种税制只能实行于户口稀少、土地国有之时。户口增加,井田破坏,每家不能各受私田百亩,当然不能以共耕公田之法代替纳税。而在农业生产变为商品生产之时,农民对于公田的收获,既不能收为己有,将其运到市场贩卖,遂亦不肯努力耕种。鲁宣公十五年"初税亩",《公羊传》何休注云:"民不肯尽力于公田,故履践案行,择其善亩,谷最好者税取之。"《左传》杜预注云:"公田之法,十取其一,今又履其余亩,复十收其一。故哀公曰,二吾犹不足。"

合这两注观之,大率鲁在宣公时代,公田制度尚未完全破坏,人民既耕公田,又税私田,即须纳什二之税。哀公十二年"用田赋",大约此时豪强兼并,人民失去私田者甚多,而又不肯尽力于公田,遂改用赋法,而废除助耕之制。鲁民稠土狭,井田破坏较早,秦民寡土广,故迟至商鞅变法之时,尚未完全破坏。而商鞅破坏井田之后,也用田赋以代助耕。

  而赋税平。(《史记》卷六十八《商君传》)

《商君传》此句乃续在"为田开阡陌封疆"之后,但据《史记》(卷五)之《秦本纪》,孝公十二年"为田开阡陌",十四年"初为赋",是则"为田开阡陌封疆"与"赋税平"乃是两种独立的变法。秦之田赋多少,历史已无可考。商君既然重农,以为"利出于地,则民尽力"(《商君书》第六篇《算地》),又谓"不农之征必多,市利之租必重"(《商君书》第二十二篇《外内》),则不但理论上不能重赋农民,而国家既有不农之税,又有经商之赋,则在财政上亦无重赋农民的必要。

  井田制度破坏之后,土地可以买卖,土地的生产物也可以买卖,田大小如何,谷轻重如何,苟令度量衡不能统一,则豪强可以上下其手,剥削平民。春秋时代,往往一国之内,度量衡不能统一。例如:

  齐旧四量,豆、区、釜、钟。四升为豆,各自其四,以登于釜,釜十则钟。陈氏三量皆登一焉,钟乃大矣。以家量贷,而以公量收之。(《左传·昭公三年》)

陈氏利用大斗小秤收买人心,当然有人利用大斗小秤盘刮百姓,所以商鞅变法,又设法统一度量衡。

  平斗桶权衡丈尺。(《史记》卷六十八《商君传》)

  封建制度在观念上是以宗法为基础的。在宗法观念之下,个人属于家族,而个人生产之所得亦属于家族共有。《礼》(《礼记》卷一《曲礼上》)云:"父母存……不有私财。"《仪礼》(卷三十《丧服》)云:"异居而同财,有余则归之宗,不足则资之宗。"如是一家之内难免没有仰食别人之徒。商鞅为增加生产起见,使人人均须自食其力,遂破坏大家族制度,强迫人民分家。

> 民有二男以上不分异者,倍其赋。(《史记》卷六十八《商君传》)

最初不过兄弟分家,次又强迫成年的男子与其父母分家。

> 令民父子兄弟同室内息者为禁。(《史记》卷六十八《商君传》)

学者均谓商鞅禁民父子兄弟同室内息,目的在使男女有别。商鞅曾言:"始秦戎翟之教,父子无别,同室而居。今我更制其教,而为其男女之别。"(《史记》卷六十八《商君传》)其实,商鞅此言乃用礼教以文饰其破坏家族之暴政。禁民父子兄弟同室内息必与分家有关。分家是使人人对其自己生活负责,即使人人都肯耕耘,以维持自己的生活。秦自商鞅变法之后,家族主义变为个人主义,纵以父子之亲,其经济也是独立的。贾谊说:

> 秦人家富子壮则出分,家贫子壮则出赘。借父耰锄,虑有德色;母取箕帚,立而谇语。(《汉书》卷四十八《贾谊传》)

更进一步观之,封建社会是宗法社会,国家的构成分子不是个人,而是家族。国家的命令不能直接达于个人,只能透过家族,间接达于个人。家族团结的强弱又与国家团结的强弱成为反比例。质言之,家族的团结愈坚固,国家的团结常随之而松懈。春秋时代,强宗大族对于国家常成为反抗的势力。上述郑国四族反对子驷为田洫,聚众作乱,"攻执政于西宫之朝,杀子驷(时当国,摄君事)、子国(时为司马)、子耳(时为司空),劫郑伯以如北宫"(《左传·襄公十年》),即其例也。强宗大族的势力是以土地为基础,若能粉碎集中的土地所有权,而改造为分散的土地所有权,而后强干弱枝的目的方能达到。商鞅分家就是要铲除封建势力,而使权力集中于政府。

(三) 军事

商鞅曾言:"战,民之所危也。"(《商君书》第六篇《算地》)倘能悬爵禄以诱之,则民不以战为危,且将以战为利。商鞅依此人情,就定了军功之法。爵级之颁给以军功为标准,田宅奴婢之分配以爵级为标准,人民非战,无由取得爵级,没有爵级,便不能取得田宅奴婢。纵是宗室,也不例外。

> 有军功者各以率受上爵……宗室非有军功,论不得为属籍。明尊卑、爵秩、等级各以差次,名田宅、臣妾、衣服以家次。有功者显荣,无功者虽富无所芬华。(《史记》卷六十八《商君传》)

军功之爵分为二十级:

> 爵,一级曰公士,二上造,三簪袅,四不更,五大夫,六官大夫,七公大夫,八公乘,九五大夫,十左庶长,十一右庶长,十二左更,十三中更,十四右更,十五少上造,十六大上造,十七驷车庶长,十八大庶长,十九关内侯,二十彻侯,皆秦制,以赏功劳。(《汉书》卷十九上《百官公卿表》)

斩一首者赐爵一级:

> 商君为法于秦,战斩一首,赐爵一级。(《史记》卷五《秦本纪》集解)

而赏爵一级者,田宅亦随之增加。

> 赏爵一级,益田一顷,益宅九亩。(《商君书》第十九篇《境内》)

斩五首者可以隶役五家。

> 五甲首而隶五家。注引服虔曰,能得着甲者五人首,使得隶役五家也。(《汉书》卷二十三《刑法志》注)

爵至五大夫,可以免除徭役。①

> 五大夫……爵之第九级也,至此以上始免徭役。(《汉书》卷二十四下《食货志》颜师古注曰)

爵至公大夫,令丞与亢礼。

> 秦民,爵公大夫以上,令丞与亢礼。注引应劭曰,亢礼者,长揖不拜。师古曰,亢者当也,言高下相当,无所卑屈,不独谓揖拜也。(《汉书》卷一下《高帝纪》五年)

秦民欲得田宅奴婢,须先得爵;而欲得爵,须有军功;欲得军功,须有对外战争。商鞅说:"民之欲富贵也,共阖棺而后止。而富贵之门必出于兵,是故民闻战而相贺也。"(《商君书》第十七篇《赏刑》)此即商鞅所谓"一赏者,利禄官爵抟出于兵,无有异施也"(《商君书》同上)。"民之所欲万,而利之所出一,民非一则无以致欲……启一门以致其欲"(《商君书》第五篇《说民》),人民闻战相贺,可以说是理之必然。

但是秦既以农立国,又采农兵制度,务外战则农事废,勤耕耘又无遑向外发展。然则如何调和农与战呢?于是商鞅就引诱三晋的人来耕秦地,而使秦民应敌于外。即如杜佑所说:"鞅以三晋地狭人贫,秦地广人寡,故草不尽垦,

---

① 《汉书》卷十九上《百官公卿表》"四不更",颜师古注曰:"言不豫更卒之事也。"师古之说前后不同,故补注引沈钦韩曰:"爵五大夫以上方不豫更徭,颜说非。"但爵名不更,似与更徭有关。

地利不尽出,于是诱三晋之人,利其田宅,复三代无知兵事,而务本于内,而使秦人应敌于外。"(《通典》卷一《田制上》)商鞅说:"秦之所与邻者三晋也,所欲用兵者韩魏也,彼土狭而民众……此其土之不足以生其民也,似有过秦民之不足以实其土也。意民之情,其所欲者田宅也,而晋之无有也,信秦之有余也。必如此,而民不西者,秦士戚而民苦也……今利其田宅,而复之三世,此必与其所欲,而不使行其所恶也,然则山东之民无不西者矣……夫秦之所患者,兴兵而伐,则国家贫;安居而农,则敌得休息,此王所不能两成也……今以故秦事敌,而使新民事本,兵虽百宿于外,竟内不失须臾之时,此富强两成之效也。"(《商君书》第十五篇《徕民》)但是三晋的人既有田宅,而又三代蠲免兵役,秦人哪里愿意呢?前曾说过,军功之法"五甲首而隶五家",秦人出战,能得着甲者五人之首,便能隶役五家。此五家当系三晋的人。秦人为武士阶级,晋人则为佃户,秦人解放于农耕之外,其地位在晋人之上。晋人解放于兵役之外,其安全在秦人之上。双方都有所利,所以秦国采用这个政策之后,"数年之间,国富兵强,天下无敌"(《通典》卷一《田制上》)。

商鞅变法之后,秦之国力遂驾在六国之上。秦最有统一天下的资格,所以各国游士无不入秦,教秦成就帝业。苏秦得《周书阴符》,伏读期年,游说诸侯,最先所至者便是秦,教以"吞天下,称帝而治"之道。到了惠王不用其言,才往说六国,合从拒秦(参阅《史记》卷六十九《苏秦传》)。现在试来观察七国之国力如何?兹据苏秦、张仪之言,列表比较如次。

秦及六国之国力比较表(苏秦张仪时代)

国名	领土	军队	战车	战马	军粮	备 考
秦	秦地半天下	虎贲之士百余万	车千乘	骑万匹	积粟如丘山	《史记·张仪传》《范雎传》说:"奋击百万,战车千乘。"
魏	地方千里	武士二十万苍头二十万奋击二十万厮徒十万	车六百乘	骑五千匹		《史记·苏秦传》据《张仪传》,卒不过三十万。

续表

国名	领土	军队	战车	战马	军粮	备考
韩	地方九百余里	带甲数十万				《史记·苏秦传》据《张仪传》,地不过九百里,卒不过三十万。
赵	地方二千余里	带甲数十万	车千乘	骑万匹	粟支数年	《史记·苏秦传》。
楚	地方五千余里	带甲数十万	车千乘	骑万匹	粟支十年	《史记·苏秦传》。
燕	地方二千余里	带甲数十万	车六百乘	骑六千匹	粟支数年	《史记·苏秦传》。
齐	地方二千余里	带甲数十万			粟如丘山	《史记·苏秦传》。

由此可知秦的国力固然大过六国,但是这句话不是说,一秦之力能够同时打倒六国,而是说一秦之力能够打倒六国中任何一国。换句话说,秦与六国任何一国作战,秦是必胜的,倘令六国联合起来,秦又是必败的。惠文王时代苏秦曾游说六国合从拒秦,其策略如次。

  秦攻楚,齐魏各出锐师以佐之,韩绝其粮道,赵涉河漳,燕守常山之北。秦攻韩魏,则楚绝其后,齐出锐师而佐之,赵涉河漳,燕守云中。秦攻齐,则楚绝其后,韩守成皋,魏塞其道,赵涉河漳、博关,燕出锐师以佐之。秦攻燕,则赵守常山,楚军武关,齐涉勃海,韩魏皆出锐师以佐之。秦攻赵,则韩军宜阳,楚军武关,魏军河外,齐涉清河,燕出锐师以佐之。
(《史记》卷六十九《苏秦传》)

但是秦乃四塞之国,利则出攻,不利则入守,秦可以攻六国,六国不能攻秦,所以合从只是消极的防御同盟,不是积极的攻战同盟。换句话说,合从的目的只是维持现状而已。一方"亲昆弟,同父母,尚有争钱财"(《史记》卷七十《张仪传》),他方六国均感觉维持军备的艰难,而思有所发展,谁愿长养军队,只待秦之来攻。六国的利害不同,因之六国的合从不易,何况"齐楚自恃其强,有并包燕赵韩魏之志,而缓秦之祸。燕赵韩魏自惩其弱,有疑恶齐楚之心,而胁秦之威"(《读史方舆纪要》卷一《历代州域形势一·战国》引林氏曰),所以张仪一旦相秦,用连横以破合从,六国便不能拒秦,且复争相事秦。

秦有兼并六国之势,秦要兼并六国,应先从那一国下手呢?秦地东接魏国,南连楚境,而直接塞秦之路,使其不能东向逐鹿中原者,最初乃是魏国,商鞅说:

> 秦之与魏,譬若人之有腹心疾,非魏并秦,秦即并魏。何者?魏居岭厄之西,都安邑,与秦界河,而独擅山东之利,利则西侵秦,病则东收地……魏往年大破于齐,诸侯畔之,可因此时伐魏,魏不支秦,必东徙。东徙,秦据河山之固,东乡以制诸侯,此帝王之业也。(《史记》卷六十八《商君传》)

故由孝公至惠文君(即惠王),均注其全力,侵略魏地。魏的西境固然与秦为界,而自郑以北,直至上郡,皆筑长城,以防秦军。① 秦欲伐魏,只有向其南部进攻,以迫魏之首都安邑。唯因《史记》各卷所载不同,吾人实难知道秦最初略取的是哪一地。

秦侵略魏地表

地名	《秦本纪》	《六国表》	《魏世家》	《商君传》
安邑	孝公十年,卫鞅为大良造,围魏安邑降之。但下文又云,昭襄王(即昭王)二十一年,司马错攻魏河内,魏献安邑。	孝公十年,卫公孙鞅为大良造,伐安邑降之。但下文又云,昭王二十一年,魏纳安邑及河内。	魏惠王三十一年即秦孝公二十二年,秦用商君,东地至河,安邑近秦,于是徙治大梁。	孝公十年,以卫鞅为大良造,将兵围魏安邑降之。但下文又云,魏惠王使使割河西之地,献于秦以和,而魏遂去安邑,徙都大梁。

---

① 《史记》卷五《秦本纪》"孝公元年,河山以东强国六……楚魏与秦接界,魏筑长城,自郑滨洛以北有上郡,"《正义》云,魏西界与秦相接,南自华州郑县,西北过渭水,滨洛水东岸,向北有上郡鄜州之地,皆筑长城,以界秦境。洛即漆沮水也。

续 表

地名	《秦本纪》	《六国表》	《魏世家》	《商君传》
河东	惠文君九年，渡河取汾阴皮氏。《集解》裴骃案《地理志》云，二县属河东。	惠文君九年，渡河取汾阴皮氏。围焦降之。昭王十七年，魏尽入河东四百里。	魏襄王六年即秦惠文君九年，秦取我汾阴、皮氏、焦。	
阴晋	惠文君六年，魏纳阴晋，阴晋更名宁晋。	惠文公六年，魏以阴晋为和，命曰宁晋。		
河西	惠文君八年，魏纳河西。	惠文君八年，魏入小梁河西地于秦。	魏襄王五年即秦惠文君八年，予秦河西之地。	
上郡	惠文君十年，魏纳上郡十五县于秦。	惠文君十年，围蒲阳降之，魏纳上郡。	魏襄王七年即秦惠文君十年，魏尽入上郡于秦。	

由于上表，吾人可知魏去安邑，徙都大梁，当在秦孝公时代。魏的首都既然东迁，西部各地不免空虚，所以到了秦惠文君时代，就略取魏之河西河东，而与韩赵接壤。前此韩赵以魏为蔽，现在魏反以韩赵为蔽了。这个时候秦固不能深入大梁以灭魏，因为韩若出兵成皋，赵若下兵上党，则秦兵之在魏者将受包围。形势如次，韩便为秦的第二目标，即如范雎所言。

秦韩之地形相错如绣，秦之有韩也，譬如木之有蠹也，人之有心腹之病也。天下无变则已，天下有变，其为秦患者孰大于韩乎？（《史记》卷七十九《范雎传》）

当时与秦交界者尚有楚，战国之初，楚地西以汉中与秦为界，汉中北瞰关中，楚可以利用汉中，进窥秦国。楚衰，汉中又属于秦。汉中之南有巴蜀，"巴蜀亦沃野"（《史记》卷一百二十九《货殖传》）。考之吾国历史，凡取得关中，而不能兼并巴蜀，往往不能统一全国。所以伐蜀灭韩就成为朝臣讨论的问题。惠文君时代由于张仪与司马错的辩论，卒从司马错之言，定下灭蜀之策，"蜀既属秦，秦以益强，富厚轻诸侯"（《史记》卷七十《张仪传》）。

  苴蜀相攻击，各来告急于秦。秦惠王欲发兵以伐蜀，以为道险狭难至，而韩又来侵秦。秦惠王欲先伐韩，后伐蜀，恐不利；欲先伐蜀，恐韩袭秦之敝，犹豫未能决。司马错与张仪争论于惠王之前，司马错欲伐蜀，张仪曰，不如伐韩。王曰，请闻其说。仪曰，亲魏善楚，下兵三川，塞什谷之口，当屯留之道，魏绝南阳，楚临南郑，秦攻新城、宜阳，以临二周之郊，诛周王之罪，侵楚魏之地。周自知不能救，九鼎宝器必出。据九鼎，案图籍，挟天子以令于天下，天下莫敢不听，此王业也。今夫蜀西僻之国，而戎翟之伦也。敝兵劳众不足以成名，得其地不足以为利。臣闻争名者于朝，争利者于市。今三川周室天下之朝市也，而王不争焉，顾争于戎翟，去王业远矣。司马错曰，不然，臣闻之，欲富国者务广其地，欲强兵者务富其民，欲王者务博其德，三资者备，而王随之矣。今王地小民贫，故臣愿先从事于易。夫蜀西僻之国也，而戎翟之长也。有桀纣之乱，以秦攻之，譬如使豺狼逐群羊，得其地足以广国，取其财足以富民，缮兵不伤众，而彼已服焉。拔一国而天下不以为暴，利尽西海而天下不以为贪，是我一举而名实附也，而又有禁暴止乱之名。今攻韩、劫天子恶名也，而未必利也，又有不义之名，而攻天下所不欲，危矣。臣请谒其故，周，天下之宗室也；齐，韩之与国也；周自知失九鼎，韩自知亡三川，将二国并力合谋，以因乎齐赵而求解乎楚魏，以鼎与楚，以地与魏，王弗能止也。此臣之所谓危也，不如伐蜀完。惠王曰，善，寡人请听子。卒起兵伐蜀，十月（《六国年表》在惠王二十二年十月）取之，遂定蜀……蜀既属秦，秦以益强，富厚轻诸侯。（《史记》卷七十《张仪传》）

到了昭襄王之世，范雎为相，复用远交近攻之计。近攻的第一目标则为韩，范雎说：

王不如远交而近攻,得寸则王之寸也,得尺亦王之尺也……今夫韩魏中国之处,而天下之枢也。王其欲霸,必亲中国以为天下枢,以威楚赵。楚强则附赵,赵强则附楚,楚赵皆附,齐必惧矣。齐惧,必卑辞重币以事秦。齐附,而韩魏因可虏也。(《史记》卷七十九《范雎传》)

兹将秦如何略取韩地列表如次:

秦侵略韩地表(据《史记》卷五《秦本纪》)

时代	侵地	备考
武王四年	右丞相甘茂拔宜阳。	此韩之大郡,伐取之,三川路乃通也。(《史记·秦本纪》正义)
昭襄王四十四年四十八年	武安君白起攻韩南郡取之。司马梗北定太原,尽有韩上党。	
庄襄王元年	蒙骜伐韩,韩献成皋、巩。	《六国表》作成皋、荥阳。据《汉书》卷二十八上一,成皋故虎牢,或曰制。《左传·隐公元年》郑庄公曰制严邑也,虢叔死焉,即不欲以险要之制封其弟叔段。巩在军事上亦甚重要,《史记》卷七《项羽本纪》楚遂拔成皋,欲西,汉使兵距之巩,令其不得西。

秦经数世的经营,始皇即位,秦地已甚广大。

庄襄王死,政(秦始皇名)代立为秦王。当是之时,秦地已并巴、蜀、汉中,越宛有郢,置南郡矣。北收上郡以东,有河东、太原、上党郡。东至荥阳,灭二周,置三川郡。(《史记》卷六《秦始皇本纪》)

始皇又于关中开凿河渠,使关中无凶年之患。

韩闻秦之好兴事,欲罢之,毋令东伐,乃使水工郑国间说秦,令凿泾水,自中山西邸瓠口为渠,并北山东注洛三百余里,欲以溉田。中作而觉,秦欲杀郑国。郑国曰,始臣为间,然渠成,亦秦之利也。秦以为然,卒使就渠。渠就,用注填阏之水,溉泽卤之地四万余顷,收皆亩一锺。于是关中为沃野,无凶年,秦以富强,卒并诸侯,因命曰郑国渠。(《史记》卷二十九《河渠书》)

于是灭韩、灭赵、灭魏、灭楚、灭燕、灭齐,而秦遂统一了六国。

秦灭六国表①

国名	灭亡时期	备考
韩	始皇十七年	内史腾攻韩,得魏王安,尽纳其地。
赵	始皇十九年	王翦大破赵军,虏赵王迁,尽取赵地,赵公子嘉奔代,自立为代王。二十五年,王贲灭燕,还攻代,虏代王嘉。
魏	始皇二十二年	王贲攻魏,魏王假降,尽取其地。
楚	始皇二十四年	王翦伐楚,虏楚王负刍,楚亡。
燕	始皇二十五年	王贲攻燕,得燕王喜,燕亡。
齐	始皇二十六年	王贲攻齐,虏齐王建,齐亡。

始皇统一六国之后,惩艾战国,削罢诸侯,分天下为三十六郡。②

秦初并天下……丞相绾等言,诸侯初破,燕齐荆地远,不为置王,毋以填之,请立诸子,唯上幸许。始皇下其议于群臣,群臣皆以为便。廷尉李斯议曰,周文武所封子弟同姓甚众,然后属疏远,相攻击如仇雠,诸侯更相诛伐,周天子弗能禁止。今海内赖陛下神灵,一统皆为郡县,诸子功臣以公赋税重赏赐之,甚足易制。天下无异意,则安宁之术也,置诸侯不便。始皇曰,天下共苦战斗不休,以有侯王。赖宗庙,天下初定,又复立

---

① 本表据《史记》卷六《秦始皇本纪》、卷十五《六国年表》。
② 其后又平百越,置闽中、南海、桂林、象郡,全国凡四十郡。

国,是树兵也,而求其宁息,岂不难哉?廷尉议是。分天下以为三十六郡,郡置守、尉、监。(《史记》卷六《秦始皇本纪》二十六年)

于是中国就由封建国家进化为统一国家了。秦于统一的目标之下,又于军事、经济、文化各方面,实行许多统一的政策。

(一) 军事

秦并六国之后,偃干戈,毁甲兵,示天下不复用。

> 二十六年……秦初并天下……收天下兵聚之咸阳,销以为钟鐻,金人十二,重各千石,置廷宫中。(《史记》卷六《秦始皇本纪》)

讲武之礼罢为角抵。

> 秦始皇既并天下,分为三十六郡,郡置材官……讲武之礼罢为角抵。(《文献通考》卷一百四十九《兵制》)

始皇这种政策是错误的。统治庞大的国家,在交通不发达、民智未进步的时代,必须依靠兵力,派遣军队,驻防各地。固然驻防既久,防地往往变为封地,而发生割据的局面。但是中央政府若能时时调动驻防的军队及其将领,则防军与防地不会发生密切关系,割据局面小无从成立。现在始皇只知讨匈奴,平百越,国内各地连兵器也不储备,所以陈胜一旦起事,斩木为兵,揭竿为旗,秦就无法抵抗,只有解放罪犯与奴隶,组织军队,以与讨秦军相周旋。①

---

① "收天下兵"是收官家兵器,民间私有的兵器似未曾收;否则韩信何能"好带刀剑"(《史记》卷九十二《淮阴侯传》)。陈胜、吴广率九百人往戍渔阳,失期而作乱,贾谊谓其"斩木为兵"(贾子《新书》卷一《过秦上》),而《史记》(《陈涉世家》)、《汉书》(《陈胜传》)均无"斩木为兵"之语。这样,不但民间,就是内地军队也有兵器,即秦所收者只限于六国兵器。《汉书》(卷六十四)《严安传》言秦"坏诸侯之城,销其兵,铸以为钟鐻,示不复用",所谓"销其兵",即销六国的兵器。贾谊之言如其可信,则秦大约为了预防兵卒叛变,凡未到戍所以前,不以兵器授之。

（二）经济

秦为统一国家起见，其所采用的经济政策有下列三种。

1. 度量衡的统一

度量衡的统一乃开始于商鞅时代，但商鞅所统一的不过秦国的度量衡。始皇既并六国，又统一全国的度量衡。

> 二十六年……秦初并天下……一法度衡石丈尺。(《史记》卷六《秦始皇本纪》)

2. 货币的统一

钱币于周景王二十一年开始盛行，而秦采用钱币，则在一百八十余年之后，即在周显王三十三年，秦惠文君二年。

> 惠文王二年，天子贺。行钱。(《史记》卷十五《六国年表》)

惠文君以前不是没有货币，而是没有钱币，因为黄金为币，商鞅变法以前已经有了。吾人观商鞅募民徙木，而予以五十金，即可知之。

> 卫鞅……卒定变法之令……令既具，未布，恐民之不信己，乃立三丈之木于国都市南门，募民有能徙置北门者，予十金。民怪之，莫敢徙。复曰，能徙者予五十金。有一人徙之，辄予五十金，以明不欺。(《史记》卷六十八《商君传》)

惠文君二年，才采用钱币，这种钱币大约一直行到始皇时代。因为始皇九年尚有钱币。

> 九年……长信侯（嫪）毐作乱……败走，即令国中有生得毐，赐钱百万，杀之，五十万。(《史记》卷六《秦始皇本纪》)

但是历史又说：

> 三十七年，复行钱。(《史记》卷十五《六国年表》)

以此推之，大约始皇兼并六国之后，为要统一全国的钱币，不能不着手改铸新币，而在新币尚未铸出以前，又不能不停止旧币的使用。三十七年，新币铸造成功，于是钱币复行于世。秦之货币分为二等，司马迁说：

> 及至秦，中一国之币为二等。黄金以溢名，为上币。铜钱识曰半两，重如其文，为下币。而珠玉、龟贝、银锡之属为器饰宝藏，不为币。(《史记》卷三十《平准书》太史公曰)

这个铜钱，形式和周钱相似。周景王二十一年所铸的钱，径一寸二分，重十二铢，文曰大泉五十(《文献通考》卷八《历代钱币之制》)。秦始皇所铸的钱也是径一寸二分，重十二铢，文曰半两(《史记》卷三十《平准书》索隐)，即秦钱与周钱形式相同，所不同者文字而已。

3. 财富的集中

即将财富集中于首都：

> 二十六年……秦初并天下……徙天下豪富于咸阳十二万户。(《史记》卷六《秦始皇本纪》)

在国基未固之时，中央政府经济上须有控制地方之力，而后国家统一才得维持。陆贽曾说："豪勇之在关中者，与籍于营卫不殊；车乘之在关中者，与列于厩牧不殊；财用之在关中者，与贮于帑藏不殊，有急而须，一朝可聚。"(《陆宣公集》卷十一《论关中事宜状》)但是行之太过，又可使国内发生头重脚轻之弊。政局的安定需要社会的安定，而社会的安定又以中产阶级为基础。十二万户的豪富徙于咸阳，其遗留于各地的将尽是贫穷之家。地方空虚，很容易引起地方的棼乱。始皇死后,一夫夜呼,乱者四应,瓮牖绳枢之子、甿隶之人、迁徙之徒并起而亡秦族。固然民怨虐政,而地方空虚不能不视为原因之一。

(三) 文化

统一的国家需要人民于精神上能够统一,秦为统一人民的精神起见,又采用下列两种政策。

1. 文字的统一

统一的国家须有统一的国语,吾国地大民庶,方言极多,要统一地方方言,不甚容易,所以始皇先从文字的统一着手。

> 二十六年……秦初并天下……书同文字。(《史记》卷六《秦始皇本纪》)

战国时代,言语异声,文字异形,始皇统一天下,李斯乃奏同之。

> 七国田畴异亩,车涂异轨,律令异法,衣冠异制,言语异声,文字异形。秦始皇初兼天下,丞相李斯乃奏同之,罢其不与秦文合者。斯作《仓颉篇》,中车府令赵高作《爰历篇》,太史令胡毋敬作《博学篇》,皆取史籀大篆,或颇省改,所谓小篆者也。(许慎《说文叙》)

秦始皇二十七年统一天下,三十七年崩于沙丘,天下随之大乱,其间相去,十一年而已。许慎说:"丞相李斯乃奏同之。"案始皇二十八年丞相乃是隗状、王绾,即李斯为丞相,最早当在二十九年以后。汉兴,关于文字方面,未闻有何设施,而文字异形之弊就已消灭。始皇如何厉行文字的统一,由此可以知道。这是吾国人民能够自觉为一个民族的基础原因。

2. 私塾的禁止

统一的国家需要统一的思想,荀子曾谓"今诸侯异政,百家异说,则必或是或非,或治或乱"(《荀子》第二十一篇《解蔽》)。韩非亦说:"海内之士,言无定术,行无常议。夫冰炭不同器而久,寒暑不兼时而至,杂反之学不两立而治。今兼听杂学,缪行同异之辞,安得无乱乎?"(《韩非子》第五十篇《显学》)始皇基于这个观念,就从李斯之言,禁止民间设置私塾。

> 丞相李斯曰,五帝不相复,三代不相袭,各以治,非其相反,时变异也……古者天下散乱,莫之能一,是以诸侯并作,语皆道古以害今,饰虚言以乱实,人善其所私学,以非上之所建立。今皇帝并有天下,别黑白而定一尊。私学而相与非法教人,闻令下,则各以其学议之,入则心非,出则巷议,夸主以为名,异取以为高,率群下以造谤。如此弗禁,则主势降乎上,党与成乎下,禁之便。臣请史官非秦记皆烧之;非博士官所职,天下敢有藏《诗》《书》、百家语者,悉诣守尉杂烧之;有敢偶语《诗》《书》者弃市;以古非今者族;吏见知不举者与同罪;令下三十日不烧,黥为城旦。所不去者,医药、卜筮、种树之书;若欲有学法令(徐广曰,一无法令二字),以吏为师。制曰,可。(《史记》卷六《秦始皇本纪》三十四年,参阅卷八十七《李斯传》)

由《始皇本纪》观之,甚似只许人民学习法令。但是徐广既云"一无法令二字",而吾人观《李斯传》,亦无法令二字,则人民所得学者必不限于法令。换言之,秦不是只许人民学习法令,而是禁止人民设立私塾。战国时代百家杂兴,各以自己的学说,批评政府的施设,即如李斯所言,"闻令下,则各以其学议之",思想不统一,始则"异取以为高",终则"党与成乎下",这在国基未固之时,当然有很大的害处。这就是始皇禁私塾的原因,不是单单要愚黔首而已。

第二节
官僚政治的萌芽

周代政治为贵族政治，天子分诸侯以地，授诸侯以民；诸侯又分陪臣以地，授陪臣以民。在领土辽广，而货币尚未通行以前，地方的赋税既不能换为货币，送到中央；中央也不易运输谷帛，以济地方之用，所以只有封茅列土，使受封的人就地征税，以充种种需用。诸侯在其领土之内，陪臣在其采邑之内，政治上是君长，经济上是领主。

最初是诸侯欺陵天子，平王东迁之时，晋郑两国夹辅王室。周桓公说：

> 我周之东迁，晋郑焉依。杜预注云，周幽王为犬戎所杀，平王东徙，晋文侯、郑武公左右王室，故曰晋郑焉依也。（《左传·隐公六年》）

而郑则为王之卿士，秉周之政。

> 郑武公、庄公为平王卿士。杜预注云，卿士，王卿之执政者，言父子秉周之政。（《左传·隐公三年》）

以一国之诸侯，而秉天子之政，权重力大，天子与诸侯之间遂发生了斗争。

郑武公、庄公为平王卿士。王贰于虢（杜预注云，虢，西虢公，亦仕王朝。王欲分政于虢，不复专任郑伯）。郑伯怨王，王曰，无之。故周郑交质，王子狐为质于郑，郑公子忽为质于周。王崩，周人将畀虢公政。四月，郑祭足帅师取温（河内温县）之麦。秋，又取成周（洛阳县）之禾。周郑交恶。（《左传·隐公三年》）

诸侯竟与天子交质，又敢出兵芟践天子之麦禾，诸侯欺陵天子，观此可以知道。到了后来，陪臣又强大起来，而欲欺陵诸侯。鲁在宣公时代，已经"欲去三桓，以张公室"（《左传·宣公十八年》）；昭公时代，"政在季氏三世矣，鲁君丧政四公矣"（《左传·昭公二十五年》），昭公固曾讨伐季氏（《左传·昭公二十五年》），而竟为三桓所败，出奔于齐，而死于异国（《左传·昭公三十二年》）。到了哀公时代，"公患三桓之侈也，欲以诸侯去之。三桓亦患公之妄也，故君臣多间……公欲以越伐鲁，而去三桓"（《左传·哀公二十七年》）。三桓攻公，公奔越，不得复归，国人立其子悼公（《左传·哀公二十七年》杜预注、孔颖达疏），此不过举鲁为例而已。此外如三家分晋、田氏篡齐，贵族阶级已经成为国君的敌人。所以战国时代，国君往往引用庶民，以抵抗贵族。楚悼王以吴起为相，起"废公族疏远者，以抚养战斗之士"，"楚之贵戚尽欲害吴起。及悼王死，宗室大臣作乱，而攻吴起"，射杀之（《史记》卷六十五《吴起传》）。秦孝公以商鞅为相，商鞅变法，令"宗室非有军功，论不得为属籍"，"宗室贵戚多怨望者"（《史记》卷六十八《商君传》）。在这国君压制贵族之际，社会上乃产生了一种士人阶级。前曾说过，春秋末季井田制度渐次破坏，土地成为商品，可以自由买卖，那些购买土地的人或为农村的殷户，或为都市的商人。他们是将土地租给佃农，按期收租，自己则携带田租换来的货币，离开农村，遨游都市。他们的生活已经解决，他们便致力于学术的研究。同时，交通的频繁、人口的移动，一方打破了传统制度，使传统思想失去势力，他方发生了各种社会问题，使人们不能不设法解决。其结果，有识之士遂改变研究的对象。过去研究自然现象，而以天文学为主，现在则研究社会现象，尤其政治现象。因为人们都想利用国家权力，以解决社会问题之故。于是在春秋末叶而至战国时代，便发生了许多学派。孔门四科，受业身通者七十七人（《史记》卷六十七《仲尼弟子传》），鬼谷门下有苏秦和张仪（《史记》卷六十九《苏秦传》、卷七十《张仪传》），荀卿门下有韩非和李斯（《史记》卷六十三《韩非传》、卷八十七《李斯传》）。他们或为商人的子弟，或系地主的家族。孔子门人有子贡，善货殖，家累千金；有樊须，请学稼，又请学圃；有子华，适齐之时，乘肥马，衣轻裘（《史记》卷六十七《仲尼弟子传》）。其出身于没落的贵族的亦有之，"栾、郤、胥、原、狐、续、庆、伯降在皂隶"。杜预注云："八姓，晋旧臣之族也。皂隶，贱官。"（《左传·昭公三年》）这些没落的贵族也常致力于学术的研究。例如孔子为孔父嘉之后（《史记》卷四十七《孔子世家》索隐），孔父嘉则为宋之司马（《左传·桓公二年》）。一方贵族下沉，他方平民上升，两者相向而走，中途相会，终则融和起来，而成为一种新的士人阶级。这个时候，商人操纵城市的经济，地主操纵农村的经济，而贵族仍旧把持政权。士人阶级虽然满腹经纶，而乃没有脱颖而出的机会。他们主张"贤者在位，能者在职"，而要求人君"尊贤使能"，这种口号很快地传布天下，而动摇了贵族政治、门阀政治的基础。

在士人阶级渐次抬头之时，政治亦随社会的进化复杂起来。贵族养尊处优，大部分的光阴乃消耗于田猎与宴会，无遑研究治术，以应付复杂的政治。而诸侯兼并，军旅之事未曾一刻停止，战术由车战进化为马队与步兵之战。车之进退不如马队与步兵之敏捷。"北戎侵郑，郑伯御之，患戎师，曰彼徒我车，惧其侵轶我也。"（《左传·隐公九年》）晋与群狄战于大原之时，魏舒曰，"彼徒我车，所遇又厄……请皆卒，自我始。乃毁车以为行"，卒大败之（《左传·昭公元年》）。观此两事，可知车战乃日在淘汰之中。贵族平时皆高车驷马，令其乘马作战，他们已觉困难，再令其步行作战，他们更不能堪。于是贵族在军队中乃渐被淘汰，列国君主遂趁这个机会，擢用士人，借以剥夺贵族的权力，而建设中央集权的国家，即如范雎所说："擅国之谓王，能利害之谓王，制杀生之威之谓王"，"善治国者乃内固其威，而外重其权。"（《史记》卷七十九《范雎传》）魏文侯以卜子夏、田子方为师，每过段子木之闾必轼，四方贤士多归之。吴起守西河，西门豹守邺，乐羊伐中山（《史记》卷四十四《魏世家》）。燕昭王卑身厚币以招贤者，乐毅自魏往，邹衍自齐往，剧辛自赵往（《史记》卷三十四《燕世家》）。他们或徒步而为相，或白身而为将。苏秦家无负郭田二顷，而佩六国相印（《史记》卷六十九《苏秦传》）。范雎家贫无以自资，秦王乃拜之为相（《史记》卷七十九《范雎传》）。此外尚有许多的例子，不胜枚举。总之，战国时代乃是一个内政外交极复杂的时代，内政如何改革，外交如何运用，贵族未必知道。军队如何训练，作战如何计划，贵族也一概不知，前者须依靠新兴的官僚，后者须依靠新兴的军人，而供给这两种人物的则为士人。士人能够打倒贵族政治，而建设官僚政治，不是没有原因的。

这种官僚政治固然开始于战国时代，而其完成则在于秦。秦本西北方的游牧民族。《史记》虽说，秦为帝颛顼之苗裔（《史记》卷五《秦本纪》），但是秦嬴姓，与其同姓者有郯国，郯国为少皞之后，"少皞挚之立也，凤鸟适至，故纪于鸟，为鸟师而鸟名"（《左传·昭公十七年》），秦之祖先在舜时有大费者，"佐舜调驯鸟兽，鸟兽多驯服"。此后子孙"或在中国，或在夷狄"。商时，大费子孙有孟戏、中衍者，"鸟身人言"，这当然只是图腾，而其与鸟兽有关，则甚显明。周孝王时，孟戏、中衍之子孙名非子者，"好马及畜，善养息之……孝王召使主马于汧渭之间，马大蕃息"，乃赐之秦谷之地，而为附庸。及至犬戎伐周，杀幽王，周避犬戎之难，东迁雒邑，"（秦）襄公以兵送周平王，平王封襄公为诸侯，赐之岐以西之地……襄公于是始国，与诸侯通使聘享之礼"（《史记》卷五《秦本纪》）。由此可知秦的祖先在周孝王时代还是以畜牧为业，而其成立国家，乃在周平王东迁之后。建国既晚，文化又低，而建国之时又适在诸侯开始兼并之际，秦为应付国际环境，常常利用客卿管理政事。李斯说：

> 昔缪公求士，西取由余于戎，东得百里奚于宛，迎蹇叔于宋，来丕豹、公孙支于晋。此五子者不产于秦，而缪公用之，并国二十，遂霸西戎。孝公用商鞅之法，移风易俗，民以殷盛，国以富强，百姓乐用，诸侯亲服，获楚魏之师，举地千里，至今治强。惠王用张仪之计，拔三川之地，西并巴蜀，北收上郡，南取汉中，包九夷，制鄢郢，东据成皋之险，割膏腴之壤，遂散六国之从，使之西面事秦，功施到今。昭王得范雎，废穰侯，逐华阳，强公室，杜私门，蚕食诸侯，使秦成帝业。此四君者皆以客之功，由此观之，

客何负于秦哉!(《史记》卷八十七《李斯传》)

秦既任用客卿,所以注重人才,不尚门第,其大臣出身可列表如次。

秦大臣出身表(据《史记》各本传)

姓名	国籍	出　身
商鞅	魏人	卫之诸庶孽公子。
张仪	魏人	与苏秦俱事鬼谷先生学术,贫无行。
甘茂	楚人	事上蔡史举先生,学百家之说。
魏冉	楚人	秦昭王母宣太后弟。
范雎	魏人	家贫无以自资。
蔡泽	燕人	游学干诸侯,小大甚众,不遇。
吕不韦	韩人	大贾人,往来贩贱卖贵,家累千金。
李斯	楚人	年少时为郡小吏,从荀卿学帝王之术。

秦既任用客卿,不尚门第,所以自始贵族政治的色彩就不如中原诸国浓厚。而自商鞅变法之后,开阡陌,坏井田,贵族政治的基础完全破坏。商鞅又定军功之法,宗室非有军功,论不得为属籍,有功者显荣,无功者虽富,无所芬华。这种改革,一方面可以提高平民的地位,他方面可以剥夺贵族的特权,使政治上的门阀观念因之消灭。而范雎为相,又废穰侯(外戚),逐华阳(宗室),强公室,杜私门,彻底地扫除了外戚和宗室的势力。案军功之爵与公侯伯子男五等之爵不同,五等之爵必有封土,因有封土,就成为世官世禄之制。反之,军功之爵分二十级,其实十八级颇似官阶,只唯彻侯、关内侯才属于爵。

> 郑樵《通志》曰,秦爵二十等,最高彻侯乃得食县,其次关内侯食租税于关内,余十八等,大庶长以下则如吏职焉。马端临《文献通考》说亦相同。大旨悉本之刘劭,盖其时爵与阶不分,故共为二十等。今则彻侯、关内侯当属于爵,而十八级当属于阶。(《历代职官表》卷六十五《世爵世职》)

关内侯虽有侯号,而居京畿,无国邑;彻侯虽有封邑,亦只得食其租税,如

吕不韦为文信侯,食河内洛阳十万户是也(参阅《汉书》卷十九上《百官公卿表·关内侯彻侯》之注及补注)。马端临说:

> 秦爵二十等起于孝公之时,商鞅立此法以赏战功。按古之所谓爵者,皆与之以土地,如公侯伯子男以至附庸及孤卿大夫亦俱有世食禄邑。若秦法,则惟彻侯有地,关内侯则虚名而已,庶长以下不论也。始皇遣王翦击楚,翦请美田宅甚众,曰为大王将,有功终不得封侯。然则秦虽有彻侯之爵,而受封者盖少。考之于史,惟商鞅封商於,魏冉封穰侯,范雎封应侯,吕不韦封文信侯,嫪毐封长信侯。及始皇既称皇帝,东游海上,至琅琊,群臣议颂功德,惟列侯武城侯王离、通武侯王贲、伦侯建成侯赵亥、伦侯昌武侯成、伦侯武信侯冯无择,如是者不数人而已。然鞅、冉、不韦、毐皆身坐诛废,雎虽幸善终,而亦未闻传世,王离以下俱无闻焉。盖秦之法未尝以土地予人,不待李斯建议,而后始罢封建也。(《文献通考》卷二百六十五《封建考》)

到了始皇统一天下,又采李斯之言,绝不以土地封人。

> 廷尉李斯议曰……今海内赖陛下神灵,一统皆为郡县,诸子功臣以公赋税重赏赐之,甚足易制,天下无异意,则安宁之术也,置诸侯不便。始皇曰,天下共苦战斗不休,以有侯王。赖宗庙,天下初定,又复立国,是树兵也,而求其宁息,岂不难哉?廷尉议是。(《史记》卷六《秦始皇本纪》二十六年)

自是而后,封土制度便消灭了,代之而成立者则为官僚政治。官僚政治乃所以代替封茅列土之制,而其成功却需要两种条件,一是交通发达,战国时各国由于军事上的需要,往往建筑公路,以便行军。秦惠文君灭蜀之后,"栈道千里,通于蜀汉"(《史记》卷七十九《蔡泽传》)。当时人君如何注意交通,观此可以知道。到了始皇统一天下,又于全国修筑驰道。

(秦)为驰道于天下，东穷燕齐，南极吴楚，江湖之上，濒海之观毕至。道广五十步，三丈而树，厚筑其外，隐以金椎，树以青松，为驰道之丽至于此。(《汉书》卷五十一《贾山传》)

交通便利，可以缩小国家的幅员，不必封茅列土，使诸侯统治列国，陪臣统治采邑。郡县守令虽为地方长官，但是他们随时可以罢免。尺土一民莫非天子所有，既无土地，又无臣民，陵犯之衅不易发生。不过单单交通便利，官僚政治尚难成立，钱币通行尤为必要。因为有了钱币，中央政府可用金钱雇用官僚，不必再以土地和人民为官吏服劳的代价。战国以来，国君为集中政权，常将采邑改为封君，孟尝君相齐，封万户于薛(《史记》卷七十五《孟尝君传》)，即其例也。封君不是分土授民，而是分户收租，即只能取得该地的租税，不能统治该地的人民，所以封君可以视为采邑与禄俸的过渡形态。春秋之末已有禄俸之制，"卫灵公问孔子，居鲁得禄几何？对曰，奉粟六万。卫人亦致粟六万"(《史记》卷四十七《孔子世家》)。到了战国，各国官阶往往以石为名。例如燕王子哙属国于子之，"收印自三百石吏已上，而效之子之"(《史记》卷三十四《燕世家》)。秦之官阶也以石为名，例如：

十二年，文信侯不韦死，窃葬。其舍人临者，晋人也，逐出之。秦人六百石以上，夺爵，迁。五百石以下，不临，迁，勿夺爵。(《史记》卷六《秦始皇本纪》)

石是权衡之名，而用以权谷之轻重者，以谷为禄，可以视为封君制度进一步的发展。秦之采用钱币，开始于惠文君二年。嫪毐作乱，始皇悬赏立功之士，不是封土，也不是用谷，而是用钱。

九年……长信侯毐作乱……王知之……发卒攻毐……毐等败走，即令国中有生得毐，赐钱百万；杀之，五十万。尽得毐等……皆枭首。(《史记》卷六《秦始皇本纪》)

是则始皇时代钱币必已通行，一方交通发达，同时钱币通行，这就是始皇兼并六国之后，能够不以尺土封人的原因。

官僚政治与世官之制不同，世官之制，公门有公，卿门有卿，贱有常辱，贵有常荣，其擢用职官是父终子继，或兄终弟及，其程序极为简单。反之，官僚政治则须选贤使能，于是如何培养贤能，如何任用贤能，如何考核贤能，就成为问题。

(一) 就培养贤能观之

官僚政治采任免之制，官吏须不断地补充，因之人才就须不断地培养。始皇三十四年焚书。

> 丞相李斯曰……臣请史官非秦记皆烧之。非博士官所职，天下敢有藏《诗》《书》、百家语者，悉诣守尉杂烧之。……令下三十日不烧，黥为城旦。所不去者，医药卜筮种树之书。若有欲学法令（《集解》徐广曰，一无法令二字。卷八十七《李斯传》"若有欲学者，以吏为师"，亦无法令二字），以吏为师。制曰，可。（《史记》卷六《秦始皇本纪》）

然其所焚者不过民间之书。康有为说：

> 按焚书之令但烧民间之书，若博士所职，则《诗》《书》、百家自存。夫政斯焚书之意但欲愚民而自智，非欲自愚。若并秘府所藏、博士所职，而尽焚之，而仅存医药、卜筮、种树之书，是秦并自愚也，何以为国？《史记》别白而言之曰，非博士所职，藏者悉烧。则博士所职，保守珍重，未尝焚烧，文至明也。又云，若有欲学，以吏为师。吏即博士也。然则欲学《诗》《书》六艺者，诣博士受业则可矣。实欲重京师而抑郡国，强干弱支之计耳。（康有为《新学伪经考》卷一《秦焚六经未尝亡缺考》）

三十五年坑儒。

> 侯生、卢生相与谋曰，始皇为人天性刚戾自用……上乐以刑杀为威，天下畏罪持禄，莫敢尽忠。上不闻过而日骄，下慑伏谩欺以取容……于是乃亡去。始皇闻亡，乃大怒曰……卢生等吾尊赐之甚厚，今乃诽谤我，以重吾不德也。诸生在咸阳者，吾使人廉问，或为訞言以乱黔首。于是使御史悉案问诸生，诸生传相告引，乃自除。犯禁者四百六十余人，皆坑之咸阳。（《史记》卷六《秦始皇本纪》）

然其所坑者咸阳诸生四百六十余人而已。康有为说：

> 按秦虽不尚儒术，然博士之员尚七十人，可谓多矣。且召文学甚众，卢生等尊赐甚厚，不为薄也。坑者仅咸阳诸生四百六十余人，诬为妖言，传相告引，且多方士，非尽儒者……伏生、叔孙通即秦时博士，张苍即秦时御史。自两生外，鲁诸生随叔孙通议礼者三十余人，皆秦诸生，皆未尝被坑者。其人皆怀蕴六艺，学通《诗》《书》，逮汉犹存者也。然则以坑儒为绝儒术者，亦妄言也。（康有为《新学伪经考》卷一《秦楚六经未尝亡缺考》）

而除四百六十余人之外，纵在咸阳，亦尚有其他儒生存在。"陈胜起山东，使者以闻，二世召博士诸儒生问曰，楚戍卒攻蕲入陈，于公如何？"（《史记》卷九十九《叔孙通传》）倘咸阳儒生尽坑，何能尚有此"诸儒生"。唯经此次焚坑之后，学者自招门徒之事就禁止了，即始皇只禁私塾，至于官学仍然存在，故云"以吏为师"。既有官学培养人才，官吏自可源源补充，而使官僚政治能够永久维持下去。

（二）就任用贤能观之

秦代举官之法约有三种：

1. 特征

凡士负有盛名者，朝廷可征而用之，例如叔孙通薛人也，秦时以文学征，待诏博士(《史记》卷九十九《叔孙通传》)。

2. 辟除

秦制，内而公卿，外而守令，其掾属皆自辟除，积资察迁，常至显宦，吕不韦辟李斯为舍人，又任以为郎，李斯位至丞相(《史记》卷八十七《李斯传》)，即其例也。

3. 荐举

如穰侯、魏冉举任鄙以为汉中守(《史记》卷七十三《白起传》)，范雎任郑安平为将(《史记》卷七十九《范雎传》)即其例也。荐举有两种限制，一是被荐举人的资格，凡无资产、又无操行者，不得荐举之，吾人观韩信"贫无行，不得推择为吏"(《史记》卷九十二《淮阴侯传》)，即可知之。二是荐举人的责任，凡举人而其人不善者，荐举人与其同罪。例如：

> 范雎为相……号为应侯……(应侯)任郑安平，使击赵。郑安平为赵所围，急，以兵二万人降赵。应侯席稿请罪。秦之法，任人而所任不善者，各以其罪罪之。于是应侯罪当收三族。秦昭王恐伤应侯之意，乃下令国中，有敢言郑安平事者，以其罪罪之。而加赐相国应侯食物日益厚，以顺适其意。(《史记》卷七十九《范雎传》)

(三) 就考核贤能观之

秦有考课之法，以定百官功绩，例如：

> (萧)何乃给泗水卒，史事第一(《索隐》谓课最居第一)。秦御史欲入言征何，何固请，得毋行。(《史记》卷五十三《萧相国世家》)

秦代的课考制度，其详已不可知。吾人所能知的，秦时已有上计制度，《史记》（卷七十九）《范雎传》："昭王召王稽，拜为河东守，三岁不上计。"所谓上计是谓郡守每岁年终之时，条上郡内众事，作成计簿，而报告于中央；中央则根据计簿，对于守令，课其殿最，而行赏罚。王稽荐范雎于昭王，昭王嘉其功，故特许三年不上计。其实上计制度不独秦国有之，《韩非子》有"西门豹为邺令……居期年，上计"（第三十三篇《外储说左下》），又有"李克治中山，苦陉令上计，而入多"（第三十七篇《难二》）之言，则魏在文侯时代，即在秦昭王一百余年以前，已有上计制度了。郡守所作计簿须有真实数据，如垦田多少、户口多少、税收多少，不得徒托空言。这种计簿须具两份，一份保存于御史府，张苍"秦时为御史，主柱下方书"，《索隐》云："方书者……主四方文书也，姚氏以为……主郡上计。"故下文又云："张苍乃自秦时为柱下史，明习天下图书计籍。"（《史记》卷九十六《张丞相传》）另一份则保存于丞相府，沛公至咸阳，"何独先入收秦丞相御史律令图书藏之……汉王所以具知天下厄塞、户口多少、强弱之处、民所疾苦者，以何具得秦图书也"。（《史记》卷五十三《萧相国世家》）。上计乃所以确定地方官的功绩，秦有上计制度，而萧何为泗水卒，"史事第一"，《索隐》"谓课最居第一"，秦有考课制度是很显明的。

官僚政治的目的在使"贤者在位，能者在职"。如何培养贤能，于是有官学；如何任用贤能，于是有征辟荐举；如何鼓励贤能，于是有考课。这三者乃是官僚政治的基本制度，秦开其端，汉发扬之。秦虽二世而亡，其律令制度乃保存于丞相御史两府，刘邦入关，萧何尽收之以为建设的参考。汉能发扬光大官僚政治，其有恃于秦者甚多。

但是秦的官僚政治尚未达到理想之域。唐虞之世，天子之位不传子而传贤。至周，上而天子，下而百官，皆不传贤而传子。秦代，天子之位固然传子，而自宰相以下无不传贤。天子之子不皆贤，可赖宰相传贤以补之；宰相之位不安定，可赖天子传子以补之。即官僚政治是于政府之内，分别两种机关：其一传子，其一传贤。传子者地位安定，传贤者随时更换。政府既能新陈代谢，而中枢又不至发生动摇。这是官僚政治的理想。

官僚政治的理想能够实现，又须有一个前提，即天子高拱于上，事事听受宰相的主张。管子说："有道之君……不言智能聪明。智能聪明者，下之职也。所以用智能聪明者，上之道也。"（《管子》第三十篇《君臣上》）慎子说："君臣之道，臣事事而君无事，君逸乐而臣任劳。臣尽智力以善其事，而君无与焉，仰成而已。故事无不治。"（《慎子·民杂篇》）韩非亦说："明君之道，使智者尽其虑，而君因以断事，故君不穷于智；贤者效其材，君因而任之，故君不穷于能。有功则君有其贤，有过则臣任其罪，故君不穷于名。是故不贤而为贤者师，不智而为智者正。臣有其劳，君有其成功，此之谓贤主之经也。"（《韩非子》第五篇《主道》）即他们三人均主张人主不自操事，不自计虑，一切用人行政委于宰相可矣。

但是宰相贤不贤又由谁决定呢？今日英王不自操事，不自计虑，一切用人行政均由首相负责，而谁为首相则以下议院多数议员之意见为标准。秦无议会之制，选任宰相的权乃属于天子。天子之子不皆贤，则储君即位之后，往往"不知选贤"，而只"选其心之所谓贤"，"燕子哙贤子之而非孙卿，故身死为僇；夫差智太宰嚭而愚子胥，故灭于越"（《韩非子》第三十八篇《难三》）。这样，官僚政治理想的基础便动摇了。固然秦有两种职官以救其弊，一是御史，《史记》（卷六《秦始皇本纪》三十五年）始皇以卢生等诽谤，欲坑儒生之时，曾"使御史悉案问诸生"，可知御史是弹击官邪的。二是博士，《史记》（卷六《秦始皇本纪》二十六年）始皇令丞相、御史大夫议帝号之时，他们须与博士商谈，可知博士是批评政治得失的。不过秦虽置丞相，而在始皇时代，"丞相诸大臣皆受成事，倚办于上"，"博士虽七十人，特备员弗用"（《史记》卷六《秦始皇本纪》三十五年），这样，天子贤明，何必置丞相以辅之，天子愚顽，丞相亦不能匡救天子之失，其甚者，大权且落入丞相之手，二世时代的赵高即是其例。所以秦代官僚政治只做到不世官不封土，至于宰相传贤而不传子的目的不但秦代，即秦以后，均未达到。其所以不能达到者，乃是因为天子不皆贤，而决定宰相贤不贤之权又属于天子之故。

第三节
社会经济的破坏与秦的灭亡

商鞅变法,重农抑商,始皇兼并天下,循而未改,其东行郡县,而至琅邪,曾刻石云:

> 皇帝之功,勤劳本事,上农除末,黔首是富。(《史记》卷六《秦始皇本纪》二十八年)

其对商人,常视为囚徒,令其谪戍边疆。

> 始皇既并天下,北筑长城,南戍五岭,又有骊山、阿房之役。兵不足用,乃至发谪,先发弛刑之类,次发西贾人之类,次发治狱不直者之类,次以隐官刑徒者,次以尝有市籍者,又其次则大父母、父母尝有市籍者。(《文献通考》卷一百四十九《兵制》引山斋易氏曰)

但是农而食之,虞而出之,工而成之,商而通之,乃是自然的分工,农业的进步可以引起商业的发达,政府经济上没有对策,而只从政治上贱商,效果是很差的。固然始皇对于其他企业,不但未曾压迫,而且还加奖励。例如:

>乌氏倮畜牧,及众斥卖,求奇缯物,间献遗戎王。戎王什倍其偿,与之畜,畜至用谷量马牛。秦始皇帝令倮比封君,以时与列臣朝请。而巴寡妇清,其先得丹穴,而擅其利数世,家亦不訾。清,寡妇也,能守其业,用财自卫,不见侵犯。秦皇帝以为贞妇而客之,为筑女怀清台。夫倮鄙人牧长,清穷乡寡妇,礼抗万乘,名显天下,岂非以富邪?《史记》卷一百二十九《货殖传》

唯在吾国古代,人们均欲取得土地,而如司马迁所说:"以末致财,用本守之。"(《史记》卷一百二十九《货殖传》)这样,农村之中就发生了兼并的现象。崔实说:

>始暴秦隳坏法度,制人之财,既无纲纪,而乃尊奖并兼之人。乌氏以牧竖致财,宠比诸侯;寡妇清以攻丹殖业,礼以国宾。于是巧猾之萌遂肆其意,上家累巨亿之资,斥地侔封君之土……故下户踦跔,无所跱足,乃父子低首,奴事富人,躬率妻孥,为之服役。故富者席余而日炽,贫者蹙短而岁踧,历代为虏,犹不赡于衣食,生有终身之勤,死有暴骨之忧。岁小不登,流离沟壑,嫁妻卖子,其所以伤心腐藏、失生人之乐者,盖不可胜陈。(《全后汉文》卷四十六崔实《政论》)

农民失去土地,生活已经困难,董仲舒说:

>秦……用商鞅之法,改帝王之制,除井田,民得卖买,富者田连仟伯,贫者亡立锥之地……小民……或耕豪民之田,见税什五,故贫民常衣牛马之衣,而食犬彘之食。(《汉书》卷二十四上《食货志》)

秦乃毫不顾虑,仍将人力和财力浪费于武功与土木工程。就武功说,秦既北伐匈奴,又南平百越,复西逐诸羌。

秦始皇武功表

种类	史略	结果
伐匈奴	三十二年，燕人卢生使入海还，以鬼神事，因奏录图书曰，亡秦者胡也。始皇乃使将军蒙恬发兵三十万人北击胡，略取河南地。(《史记》卷六《秦始皇本纪》) 三十三年，西北斥逐匈奴，自榆中并河以东，属之阴山，以为三十四县，城河上为塞。(《史记》卷六《秦始皇本纪》)	秦皇帝使蒙恬将兵而攻胡，却地千里，以河为境，地固泽卤，不生五谷。然后发天下丁男以守北河，暴兵露师十有余年，死者不可胜数，终不能逾河而北……又使天下飞刍挽粟，起于黄、腄、琅邪负海之郡，转输北河，率三十钟而致一石。男子疾耕不足于粮饷，女子纺绩不足于帷幕，百姓靡敝，孤寡老弱不能相养，道死者相望，盖天下始叛也。(《汉书》卷六十四上《主父偃传》)
平百越	三十三年，发诸尝逋亡人、赘婿、贾人略取陆梁地，为桂林、象郡、南海，以适遣戍。《集解》引徐广曰，五十万人守五岭。(《史记》卷六《秦始皇本纪》) 闽粤王无诸及越东海王摇者，其先皆越王句践之后也，姓驺氏。秦已并天下，皆废为君长，以其地为闽中郡。(《史记》卷一百十四《东越传》)	秦之时，尝使尉屠睢击越，又使监禄凿渠通道。越人逃入深山林丛，不可得攻。留军屯守空地，旷日持久，士卒劳倦，越乃出击之，秦兵大破，乃发适戍以备之。当此之时，外内骚动，百姓靡敝，行者不还，往者莫反，皆不聊生，亡逃相从，群为盗贼，于是山东之难始兴。(《汉书》卷六十四上《严助传》)
逐诸羌	三十三年，使蒙恬渡河取高阙、阳山、北假，中筑亭障以逐戎人，徙谪实之初县。(《史记·秦始皇纪》)	

人民受征战之苦，有如晁错所说：

> 夫胡貉之地，积阴之处也。木皮三寸，冰厚六尺，食肉而饮酪，其人密理，鸟兽毳毛，其性能寒。杨粤之地，少阴多阳，其人疏理，鸟兽希毛，其性能暑。秦之戍卒不能其水土，戍者死于边，输者偾于道。秦民见行，如往弃市，因以谪发之，名曰谪戍。先发吏有谪及赘婿、贾人，后以尝有市籍者，又后以大父母、父母尝有市籍者，后入闾取其左，发之不顺，行者深怨，有背畔之心。(《汉书》卷四十九《晁错传》)

又如严安所说：

> 秦祸北构于胡，南挂于越，宿兵于无用之地，进而不得退。行十余年，丁男被甲，丁女转输，苦不聊生，自经于道树，死者相望。（《汉书》卷六十四下《严安传》）

就土木工程说，秦既治驰道，又筑长城，复建宫殿。

秦土木工程表

种类	事 略
治驰道	二十七年，治驰道。《集解》引《汉书·贾山传》曰，秦为驰道于天下，东穷燕齐，南极吴楚，江湖之上，滨海之观毕至。道广五十步，三丈而树，厚筑其外，隐以金椎，树以青松。（《史记》卷六《秦始皇本纪》）
筑长城	三十四年，适治狱吏不直者筑长城及南越地。（《史记》卷六《秦始皇本纪》）
建宫殿	三十五年，始皇以为咸阳人多，先王之宫廷小，乃营作朝宫渭南上林苑中。先作前殿阿房，东西五百步，南北五十丈，上可以坐万人，下可以建五丈旗。周驰为阁道，自殿下直抵南山。表南山之颠以为阙。为复道，自阿房渡渭，属之咸阳，以象天极阁道绝汉抵营室也。阿房宫未成，成欲更择令名之，作宫阿房，故天下谓之阿房宫。隐宫徒刑者七十余万人，乃分作阿房宫或作丽山。（《史记》卷六《秦始皇本纪》）

天下初定，理应予民休息，固然许多力役均由刑徒负担，其建筑阿房宫之时，乃用隐宫徒刑者七十余万人。但是伐匈奴、平百越、逐诸羌，治驰道、筑长城、建阿房，这种巨大的武功与土木工程，一方人力不能单单依靠于刑徒，他方财力又须取给于租税。秦代租税，其详已不可考，吾人所能知道的只有田租口赋与盐铁专卖。董仲舒说：

> 至秦……田租口赋、盐铁之利二十倍于古。注引如淳曰，秦卖盐铁贵，故下民受其困也。师古曰，既收田租，又出口赋，而官更夺盐铁之利。率计今人一岁之中，失其资产，二十倍多于古也。（《汉书》卷二十四上《食货志》）

田租税地，口赋税人，二者均有一种假定，假定人民有资产。豪强兼并，小民失去土地，无田而担税者必有其人，所以始皇三十一年举行土地呈报。

始皇三十一年，使黔首自实田。(《文献通考》卷一《历代田赋之制》)

但是贪暴之吏可以上下其手，贫者受鱼肉而吞声，富者务兼并而逋税，所以土地呈报往往有利于豪强而不利于细民。何况口赋税人，有身者就有税，细民贫无立锥之地，而口赋尚须负担。他们因逋税而逃亡，乃是势之必然。于是一切租税遂尽举而转嫁于农民。农民受了租税的压迫，经济已经破产，而如太史公所说："海内之士，力耕不足粮饷，女子纺织不足衣服。"(《史记》卷三十《平准书》太史公曰)而又加之以兵役，农村劳动力减少，农业生产力降低，海内愁怨，理之当然。陈涉起事之时，武臣曾说：

秦为乱政虐刑，以残贼天下，数十年矣。北有长城之役，南有五岭之戍，外内骚动，百姓罢敝，头会箕敛，以供军费，财匮力尽，民不聊生。重之以苛法峻刑，使天下父子不相安。(《史记》卷八十九《陈余传》)

农民破产，豪强又乘农民的困穷，兼并了许多土地，致令社会上只有两个阶级，一是极富，二是极贫，没有中产阶级。董仲舒说：

至秦……富者田连仟伯，贫者亡立锥之地。(《汉书》卷二十四上《食货志》)

但是中产阶级由社会治安观之，甚为重要。管子说："甚富不可使，甚贫不知耻。"(《管子》第三十五篇《侈靡》)董仲舒说："大富则骄，大贫则忧，忧则为盗，骄则为暴。"(《春秋繁露》第二十七篇《度制》)秦无中产阶级，社会安得不乱。这个时候，政治若能清明，尚可相安无事。汉武帝、唐太宗戎军屡动，民亦劳止，而社会不至纷乱者，实因政治清明。秦呢？秦用法家之说，而又不肯忠实遵从法家的主张。法家反对人主察察为明,管子曾谓"侵主……从狙而好小察"(《管子》第五十二篇《七臣七主》)。商鞅以为圣人明君之"治国也,察要而已矣"(《商君书》第三篇《农战》)。韩非亦说:"明君不躬小事。"(《韩非子》第三十五篇《右储说右下》)始皇"躬操文墨,昼断狱,夜理书"(《汉书》卷二十三《刑法志》),"至以衡石量书,日夜有呈,不中呈,不得休息"(《史记》卷六《秦始皇本纪》三十六年)。这种察察为明似是考核名实,其实有悖于君人之道。韩非云:"人主之道,静退以为宝,不自操事,而知拙与巧;不自计虑,而知福与咎。"(《韩非子》第五篇《主道》)又说:"下君尽己之能,中君尽人之力,上君尽人之智。"(《韩非子》第四十八篇《八经》)尽己之能者,自己操事;尽人之力者,自己计虑;尽人之智者,不自操事,不自计虑。盖如慎子所说:"君之智未必最贤于众也,以未最贤而欲以善尽被下,则不赡矣。若使君之智最贤,以一君而尽赡下则劳,劳则有倦,倦则衰,衰则复返于不赡之道也。是以人君自任而躬事,则臣不事事,是君臣易位也,谓之倒逆,倒逆则乱矣。人君苟任臣而勿自躬,则臣皆事事矣。是君臣之顺,治乱之分,不可不察也。"(《慎子·民杂篇》)始皇不明此理,而禁严网密,尤有悖于法家思想。法家固然主张明罚饬法,但是同时又复主张"有道之君贵虚静而重变法"(《韩非子》第二十篇《解老》)。而秦乃网密文峻,"连相坐之法,造参夷之诛,增加肉刑大辟,有凿颠、抽胁、镬亨之刑"(《汉书》卷二十三《刑法志》)。此种作风乃原于商鞅思想。商鞅固然主张"赏随功,罚随罪"(《商君书》第二十四篇《禁使》),然赏之目的乃以济刑罚之穷。他说:"夫刑者所以禁邪也,而赏者所以助禁也。"(《商君书》第六篇《算地》)即赏不是用以奖励有功,而是用以奖励告奸(参阅《史记》卷六十八《商君传》)。他说:"故善治者,刑不善而不赏善……赏善之不可也,犹赏不盗。"(《商君书》第十八篇《画策》)商君重刑而轻赏,所以他说:"王者刑九赏一,强国刑七赏三,削国刑五赏五。"(《商君书》第四篇《去强》)又说:"治国刑多而赏少(乱国赏多而刑少),故王者刑九而赏一,削国赏九而刑一……刑用于将过,则大邪不生。赏施于告奸,则细过不失。治民能使大邪不生,细过不失,则国治,国治必强。"(《商君书》第七篇《开塞》)由此可知商鞅思想与其说是法治,不如说是刑治。秦自孝公以后,历代君主深受商鞅思想的影响,始皇也不例外。所以王翦才说:"为大王将,有功终不得封侯。"(《史记》卷七十三《王翦传》)而侯生、卢生亦说："始皇为人,天性刚戾自用,乐以刑杀为威。"(《史记》卷六《秦始皇本纪》三十五年)这种刑治思想乃基于观念的错误。李斯说："商君之法,刑弃灰于道者。夫弃灰薄罪也,而被刑重罚也。彼唯明主为能深督轻罪,夫罪轻且督深,而况有重罪乎？故民不敢犯也。"(《史记》卷八十七《李斯传》)尹文子说："老子曰,民不畏死,如何以死惧之。凡人民之不畏死,由刑罚过。刑罚过,则民不赖其生。生无所赖,视君之威末如也。刑罚中,则民畏死,畏死由生之可乐也。知生之可乐,故可以死惧之。此人君之所宜执,臣下之所宜慎。"(《尹文子·大道下》)何况轻罪而受重刑,则民若因一时过失而犯法禁,势必不顾生死,铤而走险。"丽山之徒数十万人"(《史记》卷九十一《黥布传》),"高祖以亭长为县送徒郦山,徒多道亡"(《史记》卷八《高祖本纪》)。秦代囚犯之多,而囚犯冒险逃亡,观此二事,略可知道。

上好刑杀,吏就因刑杀以为奸,秦代吏禄甚薄。

> 夫薄吏禄以丰军用,缘于秦征诸侯,续以四夷。(《后汉书》卷七十九《仲长统传》损益篇)

他们受了生活的压迫,只有侵渔百姓,百姓受了虐政的压迫,往往离开本土,逃亡四方。例如,萧何、曹参对沛公说："愿君召诸亡在外者,可得数百人。"颜师古注云：

> 时苦秦虐政,赋役烦多,故有逃亡辟吏。(《汉书》卷一上《高帝纪》秦二世元年)

固然"劳罢者不得休息,饥寒者不得衣食,亡罪而死刑者无所告诉,人与之为怨,家与之为仇"(《汉书》卷五十一《贾山传》),然而人民却不能革命。革命是一种巨大艰难的工作。革命群众须有相当的组织,又须有相当的余暇和能力,以致力于革命运动。中国人民以农民为最多,而受虐政压迫最甚的又是农民。但农民散居各地,不能团结起来,而每天又从事于过劳的工作,既无余暇以修养自己的能力,又无余暇以致力于革命运动。他们无法推翻现在的社会,他们只想脱离现在的社会,投身于罪犯之中,不断地增加罪犯的人数。

> 奸邪并生，赭衣塞路，囹圄成市，天下愁怨，溃而叛之。(《汉书》卷二十三《刑法志》)

> 民愁无聊，亡逃山林，转为盗贼，赭衣半道，断狱岁以千万数。(《汉书》卷二十四上《食货志》)

农村之内，一半劳动力征发从军，一半劳动力沦为囚徒，结果就影响到社会的生产力，而使米价日渐高涨。

> 三十一年，米石千六百。(《史记》卷六《秦始皇本纪》)

最受米价压迫的则为游士和流民。他们不是生产阶级，经济上没有作用。但是他们人数若增加到一定程度，对于社会的治乱又有很大的关系。国家对于他们，必须设法救济。怎样救济？吾国古代有两种制度：一是官僚制度，以收罗游士；二是军队制度，以收罗流民。这两种政策若不采用，或用之不得其法，势必引起社会的扰乱。秦兼并六国之后，焚书坑儒，已经引起儒生的反感，又复堕名城，杀豪杰，士之秀异者散而归田亩，试问他们哪肯槁项黄馘，老死于布褐，于是游士便为反秦的一个势力。同时秦应付流民的方法也不适当。自井田破坏之后，农民失去土地者为数不少，他们不能依耕种以谋生，而城市之内又没有工厂收容他们。这个时候，苟肯采用募兵制度，他们尚可投身于军队之中，维持生计。但秦乃采用农兵之制，社会上充斥着许多流民，秦不设法救济，而乃征发农民从军。农民出征，田园荒芜，幸而及瓜而代，而田园已经不能耕耘，而只有沦为流民。流民人数日益增加，便成为反秦的另一个势力。

游士和流民受了米价的压迫，而贫穷又是社会的普遍现象，人心思乱，理之当然。但是始皇虽为暴君，而仍不失为一位英主，其专制魔力确能压服了民众的灵魂，使他们不敢反抗。人民悲观至极，竟然失去胆量，失去自信力，自视为软弱无能的动物。他们只希望有个万能的神出来拯救他们。而拯救的方法则为秦亡或始皇死。所以始皇末年社会上乃传播秦亡或始皇死的图谶。此盖人心思乱,故乃假托神怪,以惑乱人心。

  三十二年……燕人卢生使入海还,以鬼神事,因奏录图书曰,亡秦者胡也。(《史记》卷六《秦始皇本纪》)

  三十六年……有坠星下东郡,至地为石,黔首或刻其石曰,始皇帝死而地分。(同上)

  三十六年……使者从关东夜过华阴平舒道,有人持璧遮使者曰,为吾遗滈池君,因言曰,今年祖龙死。使者问其故,因忽不见,置其璧去。使者奉璧具以闻。始皇……使御府视璧,乃二十八年行渡江所沈璧也。(同上)

三十七年七月,秦始皇果然死于沙丘了。这是多么欢愉的消息。而继统的二世又复庸懦,庸懦的人终日都在恐怖之中。他要避免恐怖,每欲示强,不愿见弱于人,由是就做出种种不正当的行为。

  二世与赵高谋曰,朕年少,初即位,黔首未集附。先帝巡行郡县以示强,威服海内。今晏然不巡行,即见弱,毋以臣畜天下。春,二世东行郡县……四月,二世还至咸阳……复作阿房宫,外抚四夷,如始皇计。(《史记》卷六《秦始皇本纪》二世元年)

懦君很容易变成暴主,凡怕别人杀我,我必先杀别人,以杀止杀,造成恐怖的空气,使人不敢反抗。怕一人,杀一人;怕万人,杀万人;怕天下,杀天下,这是懦君的策略,二世并不例外。最初所杀的是大臣与宗室。

  二世……乃阴与赵高谋曰,大臣不服,官吏尚强,及诸公子必与我争,为之奈何……乃行诛大臣及诸公子。(《史记》卷六《秦始皇本纪》二世元年)

其次所杀的则为无辜的人民。

> 胡亥……立为二世皇帝……法令诛罚，日益刻深，群臣人人自危，欲畔者众……刑者相半于道，而死人日成积于市，杀人众者为忠臣。(《史记》卷八十七《李斯传》)

这样，人民又失望了。前已引过尹文子之言："老子曰，民不畏死，如何以死惧之。凡民之不畏死，由刑罚过。刑罚过，则民不赖其生。生无所赖，视君之威未如也。刑罚中，则民畏死；畏死，由生之可乐也。知生之可乐，故可以死惧之。此人君之所宜执，臣下之所宜慎。"(《尹文子·大道下》)二世不知此理，奇迹已成泡影，只有革命方能脱离现世的苦痛。然而革命民众须有相当的组织，而在秦代，有组织的民众只唯戍卒。他们是罪犯，均有反秦之心，他们是兵士，受过军事训练，所以最初揭竿而起的，不是豪族，也不是平民，而是戍卒陈胜与吴广。

> 二世元年……七月，戍卒陈胜等反故荆地。(《史记》卷六《秦始皇本纪》)

人类均有服从权威的习惯，社会秩序能够维持，完全依靠于人类服从权威的习惯。革命是以破坏旧的社会秩序而建设新的社会秩序为目的。但是要破坏旧的社会秩序，须先推翻旧的权威。怎样推翻，揭其阴私是一个方法，这样，陈胜就宣传二世少子，不当继统了。拉拢名流也足以张大声势，这样，陈胜又诈称公子扶苏与世世为楚将的项燕了。不过这个方法只能推翻旧的权威，要建立新的权威，在民智幼稚的时代，尚须利用神权，说明新权威的建立乃是出于天意。这样，陈胜又利用鱼书狐鸣了。

> 陈胜者阳城人也，字涉。吴广者阳夏人也，字叔。陈涉少时，尝与人佣耕……二世元年七月，发闾左适戍渔阳，九百人屯大泽乡。陈胜、吴广皆次当行，为屯长。会天大雨，道不通，度已失期，失期法皆斩。陈胜、吴广乃谋曰，今亡亦死，举大计亦死，等死，死国可乎？陈胜曰，天下苦秦久矣。吾闻二世少子也，不当立，当立者乃公子扶苏。扶苏以数谏故，上使

外将兵。今或闻无罪,二世杀之。百姓多闻其贤,未知其死也。项燕为楚将,数有功,爱士卒,楚人怜之。或以为死,或以为亡。今诚以吾众诈自称公子扶苏、项燕,为天下唱,宜多应者。吴广以为然,乃行卜。卜者知其指意,曰足下事皆成有功,然足下卜之鬼乎?陈胜、吴广喜,念鬼,曰此教我先威众耳。乃丹书帛曰陈胜王,置人所罾鱼腹中。卒买鱼烹食,得鱼腹中书,固以怪之矣。又间令吴广之次近所旁丛祠中,夜篝火,狐鸣呼曰,大楚兴,陈胜王。卒皆夜惊恐。旦日,卒中往往语,皆指目陈胜……陈胜……乃诈称公子扶苏、项燕,从民欲也。(《史记》卷四十八《陈涉世家》)

专制君主所恃以统治人民者乃是恐怖。由恐怖建立权威,用权威维持政权。陈胜发难之后,社会秩序动摇了,人民恐怖减少了,皇帝权威扫地了,于是天下云集响应,各地人民均起来作倒秦运动。

山东郡县少年苦秦吏,皆杀其守尉、令丞反,以应陈涉,相立为侯王,合从西乡,名为伐秦,不可胜数也。(《史记》卷六《秦始皇本纪》二世元年)

当此时,诸郡县苦秦吏者,皆刑其长吏,杀之以应陈涉。(《史记》卷四十八《陈涉世家》)

此际最感觉痛快者当系儒生。司马迁说:

陈涉之王也,而鲁诸儒持孔氏之礼器,往归陈王,于是孔甲为陈涉博士,卒与涉俱死。陈涉起匹夫,驱瓦合适戍,旬月以王楚,不满半岁竟灭亡。其事至微浅,然而缙绅先生之徒负孔子礼器往委质为臣者,何也?以秦焚其业,积怨而发愤于陈王也。(《史记》卷一百二十一《儒林传》)

始皇二十六年兼并六国,三十七年死于沙丘,翌年陈胜起事于大泽,天下莫不响应。"家自为怒,人自为斗,各报其怨,而攻其仇,县杀其令丞,郡杀其守尉。"(《史记》卷八十九《陈余传》)计秦统一天下,不及一十五载,天下大乱,六国后裔无不乘机而起,自立为王。而平民之起事者亦用六国国号,或引兵隶属于六国之下,于是中国的统一又暂时变为分裂。

秦末豪杰起事表

称号	姓名	起事年月	史　略
张楚王	陈胜	二世元年七月	二世元年七月,发闾左适戍渔阳,九百人屯大泽乡。陈胜、吴广皆次当行,为屯长。会天大雨,道不通,度已失期,失期法当斩。陈胜、吴广乃召令徒属曰,公等遇雨,皆已失期,失期当斩。藉弟令毋斩,而戍死者固十六七。且壮士不死即已,死即举大名耳,王侯将相宁有种乎? 徒属皆曰,敬受命。乃诈称公子扶苏、项燕,从民欲也。袒右,称大楚,行收兵,比至陈,乃入据陈。陈涉自立为王,号为张楚,以广为假王,监诸将,以西击荥阳。吴广围荥阳,弗能下。秦令少府章邯免郦山徒、人奴产子生,悉发以击楚大军,尽败之。将军田臧等谋曰,我围荥阳城,弗能下,秦军至,必大败。不如少遗兵,足以守荥阳,悉精兵迎秦军。今假王骄,不知兵权,不可与计,非诛之,事恐败。因相与矫王令,以诛吴广,献其首于陈王,自以精兵西迎秦军于敖仓。与战,田臧死,军破。章邯进兵击楚军,尽破之。二世二年十二月,陈王之汝阴,还至下城父,其御庄贾杀以降秦。陈胜虽已死,其所置遣侯王将相竟亡秦,由涉首事也。(《史记》卷四十八《陈涉世家》)
武信君	项梁	二世元年九月	项籍者下相人也,字羽。其季父项梁,梁父即楚将项燕。项氏世世为楚将,封于项,故姓项氏。秦二世元年七月,陈胜等起大泽中。其九月,项梁杀会稽守,遂举吴中兵,使人收下县,得精兵八千人。二世二年端月,广陵人召平为陈王徇广陵,未能下。闻陈王败走,秦兵又且至,乃渡江矫陈王命,拜梁为楚王上柱国。曰江东已定,急引兵西击秦。项梁乃以八千人渡江而西。六月,项梁闻陈王已死,乃求楚怀王孙心民间,为人牧羊,立以为楚怀王,都盱台。项梁自号武信君,引兵攻亢父,大败秦于东阿,遂追秦军,至定陶。九月,秦悉起兵益章邯,击楚军,大破之定陶,项梁死,怀王恐,从盱台之彭城。(《史记》卷七《项羽本纪》)
沛公	刘邦	二世元年九月	高祖沛丰邑中阳里人,为泗水亭长。秦二世元年七月,陈胜等起大泽中。九月,沛父老率子弟共杀沛令,迎刘邦,立为沛公。二年四月,沛公闻项梁在薛,从骑百余往见之。项梁益沛公卒五千人。项梁死,章邯渡河,北击赵,围巨鹿城。楚怀王乃以宋义为上将军,项羽为次将,范增为末将,北救赵,令沛

续表

称号	姓名	起事年月	史　略
			公西略地入关。与诸将约,先入定关中者王之。沛公引兵西。三年八月,袭攻武关破之,遂先诸侯至霸上,秦王子婴降,沛公遂西入咸阳,与父老约法三章,余悉除去秦法,诸吏人皆案堵如故。秦人大喜,唯恐沛公不为秦王。(《史记》卷八《高祖本纪》)
楚王	襄强	二世元年八月	陈胜初起时,令符离人葛婴将兵徇蕲以东,八月,葛婴至东城,立襄强为楚王。九月,婴闻陈胜已立为王,因杀襄强,还报。至陈,陈王诛杀葛婴。(《史记》卷四十八《陈涉世家》)
	景驹	二世二年端月	陈王初立时,陵人秦嘉等将兵围东海。二世二年端月,秦嘉等闻陈王军破出走,乃立景驹为楚王,军彭城东,欲距项梁。四月梁进兵击秦嘉,并其军,景驹走死梁地。(《史记》卷七《项羽本纪》、卷四十八《陈涉世家》)
	楚怀王孙心	二世二年六月	项梁既并秦嘉军,引兵入薛,闻陈王已死,召诸将会薛计事。居鄛人范增往说项梁立楚之后。二世二年六月,项梁求楚怀王孙心民间,为人牧羊,立以为楚怀王,都盱台。九月,章邯破杀项梁于定陶,以为楚地兵不足忧,乃渡河击赵,大破之,围巨鹿,怀王恐,徙都彭城,以宋义为上将军,项羽为次将,范增为末将,救赵。二世三年十一月,项羽杀宋义,诸将共立为上将军。十二月,大破秦军于巨鹿。八月,沛公攻破武关;十月,西入咸阳。汉元年十二月,项羽攻破函谷关,引兵西屠咸阳,杀秦王子婴,乃尊怀王为义帝,分天下,立诸将为侯王。汉之元年四月,诸侯各就国,项羽使人徙义帝长沙郴县。汉二年十月,项羽阴令衡山王、临江王击杀义帝于江中。(《史记》卷七《项羽本纪》)
赵王	武臣	二世元年八月	二世元年七月,陈胜起大泽中,自立为王,号张楚,以其所善陈人武臣为将军,张耳、陈余为左右校尉,北略赵地。张耳者大梁人也,少时为魏公子无忌客。陈余者亦大梁人也,好儒术,父事张耳,两人相与为刎颈交。秦灭魏,闻此两人魏之名士也,购求有得张耳千金,陈余五百金。张耳、陈余乃变姓名,俱之陈,为里监门以自食。二世元年八月,武臣至邯郸,自立为赵王,以陈余为大将军,张耳为右丞相,使韩广略燕,李良略常山,张黡略上党。二世二年十一月,李良既定常山,赵王复使良略太原,道逢赵王姊,过之不礼,良怒,遣人杀王姊,将兵击邯郸,杀武臣,进兵击陈余,陈余败李良,李良走归章邯。(《史记》卷八十九《张耳陈余传》)

续表

称号	姓名	起事年月	史　略
魏王	魏咎	二世元年九月	魏咎魏时封宁陵君。秦灭魏，为家人。陈胜之王也，咎往从之。二世元年九月，立为魏王，在陈，不得归国。陈王使魏人周市徇魏地，魏地已下，欲立周市为魏王，市辞不受，迎魏咎于陈。二世二年十一月，陈王乃遣咎归国。章邯已破陈王，乃进兵击魏王于临济，六月，破杀周市，咎自烧死。（《史记》卷九十《魏豹传》）
齐王	田儋	二世元年九月	田儋者狄人也，故齐王田氏族也。儋从弟田荣，荣弟田横，皆豪，宗强，能得人。二世元年九月，陈王使周市略定魏地，北至狄，田儋杀狄令，自立为齐王，发兵以击周市，周市军还去，田儋因率兵东略定齐地。秦将章邯围魏王咎于临济，魏王请救于齐，齐王田儋将兵救魏。二世二年六月，章邯大破魏军，杀田儋于临济下。儋弟田荣收儋余兵，走东阿。七月，齐人闻王田儋死，乃立故齐王建之弟田假为齐王。田荣之走东阿，章邯追围之。八月，项梁闻田荣之急，乃引兵击破章邯军东阿下，章邯走而西，项梁因追之。而田荣怒齐之立假，乃引兵归，逐齐王假，立田儋子市为齐王，荣相之，田横为将，平齐地。（《史记》卷九十四《田儋传》）
燕王	韩广	二世元年九月	二世元年八月，武臣自立为赵王，遣故上谷卒史韩广将兵北徇燕地。燕故贵人豪杰谓韩广曰，楚已立王，赵又已立王。燕虽小，亦万乘之国也，愿将军立为燕王。九月，韩广乃自立为燕王。（《史记》卷四十八《陈涉世家》）
韩王	韩公子成	二世二年六月	项梁之立楚怀王也，燕齐赵魏皆已前王，唯韩无有后，张良乃说项梁曰，君已立楚后，而韩诸公子横阳君成贤，可立为王，益树党。项梁使良求韩成，立以为韩王。（《史记》卷五十五《留侯世家》、卷九十三《韩王信传》）

在群雄蜂起之时，二世的生活如何呢？常居禁中，公卿希得朝见，事皆决于赵高。

赵高说二世曰，先帝临制天下久，故群臣不敢为非，进邪说。今陛下富于春秋，初即位，奈何与公卿廷决事，事即有误，示群臣短也。天子称朕，固不闻声。于是二世常居禁中，与高决诸事。其后公卿希得朝见。

(《史记》卷六《秦始皇本纪》二世二年)①

最初,四方叛乱,不过人民苦于赋役而已。

> 右丞相去疾、左丞相斯、将军冯劫进谏曰,关东群盗并起,秦发兵诛击,所杀亡甚众,然犹不止。盗多,皆以戍漕转作事苦。赋税大也,请且止阿房宫作者,减省四边戍转。(《史记》卷六《秦始皇本纪》二世二年)

而二世乃欲"肆意极欲"(《史记》卷六《秦始皇本纪》二世二年),而又厌闻寇盗之事。

> 谒者使东方来,以反者闻二世。二世怒,下吏。后使者至,上问。对曰,群盗郡守尉方逐捕,今尽得,不足忧。上悦。(《史记》卷六《秦始皇本纪》二世元年)

于是叛乱蔓延,不可收拾。而秦在始皇时代,又已销毁甲兵,示天下不复用,郡县无备,天下遂以大乱。到了乱事扩大,秦欲下动员之令,已经晚了,只有解放囚犯,令其出征。

> 陈涉所遣周章等将西至戏,兵数十万。二世大惊,与群臣谋曰奈何?少府章邯曰,盗已至,众强,今发近县不及矣。郦山徒多,请赦之,授兵以击之。二世乃大赦天下。(《史记》卷六《秦始皇本纪》二世二年)

乱事日炽,秦又发关中之卒以击之。

> 盗贼益多,而关中卒发东击盗者毋已。(《史记》卷六《秦始皇本纪》二世二年)

---

① 《史记》卷八十七《李斯传》,赵高乃说二世曰云云,二世"乃不坐朝廷,见大臣,居禁中。赵高常侍中用事,事皆决于赵高"。

关中空虚,于是反秦军队遂定应敌之策,分两路进军,一路救赵,以掣关外秦军,一路入关,以捣秦的根据地。

> 章邯已破项梁军……乃渡河,北击赵,大破之……围之巨鹿城……(楚)怀王乃以宋义为上将军,项羽为次将,范增为末将,北救赵;令沛公西略地入关。(《史记》卷八《高祖本纪》)

项羽救赵,大破秦军于巨鹿,消灭了秦的主力军。

> 怀王召宋义……以为上将军,项羽为……次将,范增为末将,救赵。诸别将皆属宋义,号为卿子冠军。行至安阳,留四十六日不进……项羽晨朝上将宋义,即其帐中斩宋义头……怀王因使项羽为上将军……项羽已杀卿子冠军,威震楚国,名闻诸侯,乃遣当阳君、蒲将军将卒二万渡河,救巨鹿,战少利。陈余复请兵,项羽乃悉引兵渡河,皆沈船,破釜甑,烧庐舍,持三日粮,以示士卒必死,无一还心。于是至则围王离,与秦军遇,九战,绝其甬道,大破之,杀苏角,虏王离。涉间不降楚,自烧杀。当是时楚兵冠诸侯,诸侯军救巨鹿下者十余壁,莫敢纵兵。及楚击秦,诸将皆从壁上观。楚战士无不一以当十,楚兵呼声动天,诸侯军无不人人惴恐,于是已破秦军,项羽召见诸侯将,入辕门,无不膝行而前,莫敢仰视。项羽由是始为诸侯上将军,诸侯皆属焉。(《史记》卷七《项羽本纪》)①

而守关的军队,纪律又甚废弛,刘邦遂得入关,于是秦祚因之而亡。

> 沛公……乃用张良计,使郦生、陆贾说秦将,啖以利,因袭攻武关破

---

① 据《史记》卷六《秦始皇本纪》二世三年,"章邯等将其卒围巨鹿,楚上将军项羽将楚卒往救巨鹿。章邯等战数却,二世使人让邯,邯恐,使长史欣(司马欣)请事,赵高弗见,又弗信。欣恐,亡去。高使人捕追,不及。欣见邯曰,赵高用事于中,将军有功亦诛,无功亦诛。项羽急击秦军,虏王离,邯等遂以兵降诸侯"。

之。(《史记》卷八《高祖本纪》)

沛公将数万人已屠武关……(赵)高恐二世怒,诛及其身,乃……诛二世……立二世之兄子公子婴为秦王……子婴遂刺杀高……子婴为秦王四十六日,楚将沛公破秦军,入武关,遂至霸上,使人约降子婴。子婴即系颈以组,白马素车,奉天子玺符,降轵道旁。沛公遂入咸阳,封宫室府库,还军霸上。居月余,诸侯兵至,项籍为从长,杀子婴及秦诸公子宗族。遂屠咸阳,烧其宫室,虏其子女,收其珍宝货财,诸侯共分之……秦竟灭矣。(《史记》卷六《秦始皇本纪》二世三年)

第四节
秦的政治制度

第一项　中央官制

周之官制,内而中央,外而地方,均采世官之制,而以贵族任之。这些贵族或为外戚,或为宗室,除国内发生政变之外,他们不会失掉政权。秦先排除宗室的势力,商鞅设军功之法,"宗室非有军功论,不得为属籍"《史记》卷六十八《商君鞅传》);次又排除外戚的势力,范雎为相,"废穰侯(外戚),逐华阳(宗室),强公室,杜私门"《史记》卷八十七《李斯传》),而使人主"内固其威,而外重其权"《史记》卷七十九《范雎传》)。自是而后,国家权力遂集中于君主,而如范雎所说:

> 夫擅国之谓王,能利害之谓王,制杀生之威之谓王。(《史记》卷七十九《范雎传》)

到了始皇统一天下,定都咸阳,遂于这个观念之下,"建皇帝之号,立百官之职"《汉书》卷十九上《百官公卿表》)。中央用官僚以代替贵族,地方用郡县以代替封建。

现在先从皇帝说起。秦以前,元首或称皇,或称帝,或称王。周天子称王,诸侯僭号亦称王。战国时代诸侯已不满意王号,周赧王二十七年,秦昭王称西帝,齐愍王称东帝(《史记》卷十五《六国表》),月余齐秦各复归帝为王(《史记》卷五《秦本纪》、卷四十六《田敬仲完世家》)。始皇统一天下,亦以王号不能表示天子之尊,乃建皇帝之号,合皇与帝而为一。

> 二十六年……秦初并天下。令丞相、御史曰……寡人以眇眇之身,兴兵诛暴乱,赖宗庙之灵,六王咸伏其辜,天下大定。今名号不更,无以称成功,传后世,其议帝号。丞相绾(王绾)、御史大夫劫(冯劫)、廷尉斯(李斯)等皆曰,昔者五帝地方千里,其外侯服夷服,诸侯或朝或否,天子不能制。今陛下兴义兵,诛残贼,平定天下,海内为郡县,法令由一统,自上古以来未尝有,五帝所不及。臣等谨与博士议曰,古有天皇,有地皇,有泰皇,泰皇最贵。臣等昧死上尊号,王为泰皇,命为制,令为诏,天子自称曰朕。王曰,去泰著皇,采上古帝位号,号曰皇帝,他如议。制曰可。
> (《史记》卷六《秦始皇本纪》)

这个皇帝称号有三种意义,一是至尊之意,蔡邕说:"皇帝至尊之称。"(《独断上》)至尊就是最高,既云最高,一国之内宜只有一位皇帝。用现代话来说,皇帝乃是最高主权者,所谓"天无二日,土无二王"(《史记》卷八《高祖本纪》六年),就是表示这个意义,这是国家统一的基础观念。二是集权之意,皇帝既是最高主权者,皇帝自有决定一切国务的权,范雎说:"善治国者乃内固其威,而外重其权。"(《史记》卷七十九《范雎传》)李斯亦说:"主独制于天下而无所制也。"(《史记》卷八十七《李斯传》)这就是中国二千年来专制政治的基础观念。三是盛德之意,蔡邕说:"皇者煌也,盛德煌煌,无所不照。帝者谛也,能行天道,事天审谛,故称皇帝。"(《独断上》)天道温慈惠和,皇帝"父天母地"(《独断上》),理应体天之德,爱其子民,不然,天命不佑,皇帝将失其位,这就是后世仁政的基础观念。自秦始皇改称皇帝之后,二千年来,不问统一或偏安,人主必称为皇帝。只唯南北朝时,周孝闵帝夺取西魏的帝位之时,改称天王(《周书》卷三《孝闵帝纪》)。但是明帝继统之后,又于武成元年八月改天王称皇帝(《周书》卷四《明帝纪》)。除此之外,历代君主未有不称皇帝的。

一切权力集中于皇帝,皇帝不能以一人之力治理万机,于是又建百官之职。秦之官制,其详已不可考,汉袭秦制,汉官而为秦官,举其要者可列表如次。

秦中央官制表①

官名	职业	重要的属官
相国丞相	掌丞天子,助理万机	《通典》(卷二十一《侍中》)云:侍中本丞相史也,使五人,往来殿内东厢奏事,故谓之侍中。
太尉	掌武事	
御史大夫	掌副丞相	《晋书》(卷二十四)《职官志》云:"御史中丞本秦官也",《通典》(卷二十四《侍御史》)云:"侍御史于周为柱下史,老聃尝为之。秦时张仓为御史,主柱下方书,亦其任也。"即秦于御史大夫之下,亦置御史中丞及侍御史。《汉书》(卷十九上)《百官公卿表》云:"监御史秦官,掌监郡。"《通典》(卷二十四《监察侍御史》)则谓"初秦以御史监理诸郡,谓之监御史"。
前后左右将军	皆掌兵及四夷	
奉常	掌宗庙礼仪	博士掌通古今,员多至数十人。
郎中令	掌宫殿掖门户	《唐六典》(卷八《谏议大夫》)云:秦谏大夫属郎中令,无常员,多至数十人,掌论议。秦亦有郎。《史记》卷八十七《李斯传》,李斯为吕不韦舍人,不韦贤之,任以为郎,是其例也。汉制,郎掌守门户,出充车骑,无常员,多至千人,而属于光禄勋,即郎中令。秦制大约亦然。
卫尉	掌宫门卫屯兵	
太仆	掌舆马	
廷尉	掌刑辟	
典客	掌诸归义蛮夷	

① 本表除已注明出处外,均根据《汉书》卷十九上《百官公卿表》。

续表

官名	职业	重要的属官
宗正	掌亲属	
治粟内史	掌谷货	
少府	掌山海池泽之税,以给共养	《通典》(卷二十二《尚书省》)云:"秦时,少府遣吏四人,在殿中主发书,谓之尚书。尚犹主也。"
中尉	掌缴循京师	
将作少府	掌治宫室	
典属国	掌蛮夷降者	
主爵中尉	掌列侯	

吾国中央官制,秦汉以后,无时不在变化之中,而其变化的特质则为天子的近臣(汉时称之为内朝官或中朝官)转变为国家的大臣(汉时称之为外朝官)。天子畏帝权傍落,惧大臣窃命,欲收其权为己有,常用近臣以压制大臣。历时既久,近臣便夺取了大臣的职权,因之大臣乃退处于备员的地位,而近臣却渐次变为大臣。近臣一旦演变为大臣,天子又欲剥夺其权,而更信任其他近臣。这样,由近臣而大臣,演变不已,而吾国中央官制遂日益复杂起来。

周制,天子六卿,诸侯三卿,皆以贵族任之。除国内发生政变之外,贵族可以安流平进,坐至公卿。固然《公羊传》说"世卿非礼也"(隐公三年及宣公十年),然宋的鱼氏乃世为左师以听政(《左传·僖公九年》),齐的国高亦世为上卿(《左传·僖公十二年》杜预注)。此外如鲁的三桓、晋的六卿、郑的七穆,无不世袭其官。他们不屑竭智尽力,以邀恩宠,而又专利害,制杀生,而擅国权。春秋时代人主为了抵抗贵族,已经信任寒人,寄以腹心之任。但是门第之见尚存,寒人不能一跃而登公卿之位,因之人主只能任用他们为侍卫左右的近臣,管理机要,参断帷幄。积时既久,国家权力便渐次归于他们之手,而近臣就代替公卿的地位。秦制,中央职官最高者有丞相、太尉及御史大夫,三者最初都是人主的近臣。

就丞相说,相乃诸侯朝聘会盟之时辅导行礼的官。《左传》定公十年,公会齐侯于夹谷,孔丘相。杜预注云:"相,会仪也。"即如章太炎所说:"相者宾赞之官,故在人主左右。"(《检论》卷七《官统上》)春秋时代朝聘会盟甚为重要,礼仪周到可以促进两国的亲善。"齐国庄子来聘,自郊劳至于赠贿,礼成而加之以敏。臧文仲言于公曰,国子为政,齐犹有礼,君其朝焉。臣闻之,服于有礼,社稷之卫也。"(《左传·僖公三十三年》)反之,礼仪错误,又常引起纠纷,甚且化玉帛为干戈。"邾文公之卒也,公使吊焉,不敬。邾人来讨,伐我南鄙。"(《左传·文公十四年》)而朝聘之时,双方往往赋诗以言志,此际若不明诗之意义,便无从作答。晋公子重耳(文公)返国,由楚之秦,秦穆公享之。"子犯曰,吾不如衰(赵衰)之文也,请使衰从。公子赋河水,公赋《六月》。赵衰曰,重耳拜赐。公子降拜稽首,公降一级而辞焉。衰曰,君称所以佐天子者命重耳,重耳敢不拜。"(《左传·僖公二十三年》)更不知何者可以接受,何者应该拒绝。"穆叔如晋,报知武子之聘也。晋侯享之,金奏《肆夏》之三,不拜;工歌《文王》之三,又不拜;歌《鹿鸣》之三,三拜。韩献子使行人子员问之……对曰,三《夏》天子所以享元侯也,使臣弗敢与闻。《文王》两君相见之乐也,臣不敢及。《鹿鸣》君所以嘉寡君也,敢不拜嘉?《四牡》君所以劳使臣也,敢不重拜?《皇皇者华》……臣获五善,敢不重拜?"(《左传·襄公四年》)而会盟之时,言辞尤为重要。郑子产就是以善于辞令而见称于列国的。叔向曾说:"辞之不可以已也如是夫。子产有辞,诸侯赖之,若之何其释辞也。"(《左传·襄公三十一年》)晋会诸侯于平丘,"子产、子大叔相郑伯以会……及盟,子产争承,曰郑伯男也,而使从公侯之贡,惧弗给也,敢以为请……自日中以争,至于昏,晋人许之。既盟,子大叔咎之曰,诸侯若讨,其可渎乎?子产曰,晋政多门,贰偷之不暇,何暇讨?国不竞亦陵,何国之为"(《左传·昭公十三年》)。是则言辞之外,尚须知道列国的国情,而后才敢坚决提出自己的主张。所以当时国君常以习礼仪、善辞令、长交际、有学识的人为相。而相既在人主左右,辅导行礼,故凡遇有重大问题发生之时,人主不免与其商量,令其贡献意见。这样,相就由辅导行礼之官,参知政事,渐变而总理国政了。然其地位尚非百官之长。齐桓公以管仲为相,管仲固然总理齐之国政,而其官品只是下卿,齐之上卿仍是国高二氏。"齐侯使管夷吾平戎于王,使隰朋平戎于晋,王以上卿之礼享管仲。管仲辞曰,臣贱有司也,有天子之二守国、高在……管仲受下卿之礼而还。"杜预注云:"国子、高子皆上卿也。"(《左传·僖公十二年》)固然春秋时代总百揆者多称为相,其实乃如顾炎武所说:"三代之时,言相者皆非官名。原注云,《荀子》言孙叔敖相楚,《传》止言为令尹。《淮南子》言子产为郑国相,《传》止言执政。惟襄公二十五年崔杼立景公而相之,庆封为左相,则似真以相名官者。"(《日知录》卷二十四《相》,参阅《左传·襄公二十五年》)唯自庆封诛崔氏而当国(《左传·襄公二十七年》),高鲍之徒又攻逐庆封(《左传·襄公二十八年》)之后,又恢复旧制。所以景公疾,欲立少子荼为太子,仍授命于国惠子与高昭子(《左传·哀公五年》),即齐之上卿在春秋末期还是国高二氏。到了战国,君权日益增大,贵族日益没落,人主常任用士人,以抑制贵族,于是相之地位渐次提高,不但实质上,而且名义上均是一国最高行政长官。其正式以丞相名官者,似以秦为首。"武王二年,初置丞相,樗里疾、甘茂为左右丞相。"(《史记》卷五《秦本纪》)此外,赵魏似亦有丞相之官。《赵策》(《战国策》卷二十《赵策三》):"建信君曰,文信侯(吕不韦)之于仆也,甚无礼……仆官之丞相(使为丞相官属),爵五大夫。文信侯之于仆也,甚矣其无礼也。"《魏策》(《战国策》卷二十三《魏策二》)苏代曰:"莫如太子之自相。是三人(张仪、薛公、犀首)皆以太子为非固相也,皆将务以其国事魏,而欲丞相之玺。"由此可知丞相之制固然创始于秦,而在战国时代,置丞相的又不以秦为限。

就太尉说,何谓尉?应劭说:"自上安下为尉,武官悉以为称。"(《汉书》卷十九上《百官公卿表》注)周制"王六军,大国三军,次国二军,小国一军,军将皆命卿"(《周礼》卷二十八《夏官司马》)。古代军事与政事没有截然划分。天子寄军政于六卿,诸侯亦然。那个时候贵族平时为卿而主政,战时为将而主军。晋国之例甚为显明。晋文公蒐于被庐,而作三军;郤縠将中军,郤溱佐之;狐毛将上军,狐偃佐之;栾枝将下军,先轸佐之(《左传·僖公二十七年》),"晋以中军为尊"(《左传·僖公二十七年》孔颖达疏),而将中军者则为正卿而主政,例如晋蒐于董之时,赵盾将中军,《传》云"宣子(宣赵盾谥)于是乎始为国政"(《左传·文公六年》)。郤缺言于赵宣子曰,"子为正卿,以主诸侯,而不务德,将若之何"(《左传·文公七年》)。此皆可以证明在晋国,凡将中军的,平时皆主政而为正卿。齐之上卿为国高二氏,吴伐齐,战于艾陵,齐国书将中军,高无平将上军,宗楼将下军(《左传·哀公十一年》),也是以卿为将。他们出身于贵族,养尊处优,社会幼稚,固然能够居则主政,出则主军;社会进步,他们便不能应付复杂的战术。庄公时代,鲁与齐战于长勺,曹刿曾说:"肉食者鄙,未能远谋。"庄公用曹刿之计,卒败齐师(《左传·庄公十年》)。到了战国,车战又进步为马队与步兵之战,于是贵族在军事上更被淘汰,代之出来领率军队的则为平民出身的武官,如孙武、吴起等是。他们最初不过人主的军事参谋,居则侍卫左右,出则从征作战。当时武官均称为尉,一方人主要抑制贵族,他方贵族又耽于享乐,不能为国干城,于是讨伐征战之事遂委托于尉,而尉就由侍从的武官变为国家的军官,其地位最高的称为国尉,至汉改称为太尉。王先谦说:

《始皇纪》,十年以尉缭为秦国尉。《正义》,若汉太尉之比,然则太尉秦称国尉欤?《白起传》,起为国尉。(《汉书》卷十九上《百官公卿表》补注)

就御史大夫说,御史掌记事文书。赵王与秦王会于渑池,蔺相如从,"秦王饮酒酣曰,寡人窃闻赵王好音,请奏瑟。赵王鼓瑟。秦御史前书曰,某年月日秦王与赵王会饮,令赵王鼓瑟。蔺相如前曰,赵王窃闻秦王善为秦声,请奉盆缶秦王,以相娱乐。秦王怒,不许。相如曰,五步之内,相如请得以颈血溅大王矣。于是秦王不怿,为一击缶。相如顾召赵御史书曰,某年月日秦王为赵王击缶"(《史记》卷八十一《蔺相如传》)。由这故事,可知御史乃记事之官,而又侍从人主左右,所以两君相会,均得临时各命御史书其事。御史既掌记事,而有似于史官,孔子曰"董狐古之良史也,书法不隐"(《左传·宣公二年》)。书法不隐,可使乱臣贼子惧,而有肃正纲纪之效。所以淳于髡虽然能饮一石,而御史在前,则"恐惧俯伏而饮,不过一斗径醉矣"(《史记》卷一百二十六《淳于髡传》)。御史既在人主左右,记载百官言动,由其书法,而致监察之意,于是人主遂寄以耳目之任,令其监察内官。"张丞相苍者,秦时为御史,主柱下方书",《索隐》云:"方书者方板,谓小事书于板也。或曰,主四方文书也。姚氏以为下云'明习天下图书计籍,主郡上计',则方书为四方文书者是也。"《史记》卷九十六《张丞相传》)御史既主四方文书,自能知道四方政情,因之人主又令其监察外官。御史既为人主的耳目,监察内外群官,遂渐次变为弹击官邪的司宪之官。至秦,置大夫以为御史之率。始皇称帝以前,已有御史大夫冯劫(《史记》卷六《秦始皇本纪》二十六年)。到了秦并天下,厘定官制,御史大夫遂与丞相、太尉成为中央最高职官。

据《汉书》(卷十九上)《百官公卿表》所载。

> 相国、丞相皆秦官,金印紫绶,掌丞天子助理万机。秦有左右。
> 太尉秦官,金印紫绶,掌武事。
> 御史大夫秦官,位上卿,银印青绶,掌副丞相。

世人多谓丞相掌政事,太尉掌军事,御史大夫掌监察,即采用三权分立之制。固然分权制度可以实行于民主国,也可以实行于专制国。民主国的分权乃预防政府的专制,而保护人民的自由;专制国的分权则预防大臣的跋扈,而维护君主的权威。但是吾国古代分权乃与今日分权不同,今日分权是将同一事项的管辖权分为数种:例如租税,制定租税法者为立法机关;征收租税者为行政机关;而审判有关租税事项之案件者则为司法机关。反之,吾国古代的分权不是权力的分立,而是事项的分配,犹如今日行政权分为内政、外交、财务、国防等等。何况吾人读《史记》一书,太尉之官似不常设,秦昭王时,白起为国尉,《正义》:"言太尉。"(《史记》卷七十三《白起传》)始皇十年,以尉缭为秦国尉,《正义》:"若汉太尉之比。"(《史记》卷六《秦始皇本纪》)除此两人之外,国尉之官固未尝见。始皇"尽并天下,王氏、蒙氏功为大"(《史记》卷七十三《王翦传》),而王氏父子(王翦、王贲)、蒙氏祖孙(蒙骜、蒙恬)均未曾做过国尉。始皇统一天下之后,更未见国尉之官,是则国尉是否常设,颇有问题。至于御史大夫,《汉书·百官公卿表》既云"掌副丞相",而国家大事例如议帝号之类,御史大夫又得与议(参阅《史记》卷六《秦始皇本纪》二十六年),则御史大夫固不能视为纯粹的监察官,纵有纠举非法之权,亦不过掌副丞相,弹击官邪,而维持官纪而已。准此而观,丞相一职固是助理万机。李斯说:

臣为丞相,治民三十余年矣。逮秦地之狭隘,先王之时,秦地不过千里,兵数十万。臣尽薄材,谨奉法令,阴行谋臣,资之金玉,使游说诸侯。阴修甲兵,饰政教,官斗士,尊功臣,盛其爵禄。故终以胁韩、弱魏、破燕赵、夷齐楚,卒兼六国,虏其王,立秦为天子,罪一矣。地非不广,又北逐胡貉,南定百越,以见秦之强,罪二矣。尊大臣,盛其爵位,以固其亲,罪三矣。立社稷,修宗庙,以明主之贤,罪四矣。更克画,平斗斛度量,文章布之天下,以树秦之名,罪五矣。治驰道,兴游观,以见主之得意,罪六矣。缓刑罚,薄赋敛,以遂主得众之心,万民载主,死而不忘,罪七矣。

(《史记》卷八十七《李斯传》)

李斯此言固然是自吹其功,其为丞相并没有三十年之久。大约他在未为丞相以前,最初以客卿资格,其次以九卿(廷尉)资格,说服丞相而决定政策。然而吾人由此亦可推测万般政策固由丞相决定。这种制度乃出于法家思想。商鞅说:"故圣人明君者非能尽万物也,知万物之要也。故其治国也,察要而已矣。"(《商君书》第三篇《农战》)李斯之师荀况之言更为明显,他说:"主好要则百事详,主好详则百事荒。君者论一相……相者论列百官之长,要百事之听,以饰朝廷臣下百吏之分,度其功劳,论其庆赏,岁终,奉其成功,以效于君。当则可,不当则废。故君人劳于索之,而休于使之。"(《荀子》第十一篇《王霸》)荀况之门人韩非,即李斯之同学,亦说:"明君之道,使智者尽其虑,而君因以断事,故君不穷于智。贤者敕其材,君因而任之,故君不穷于能。""人主之道,静退以为宝,不自操事,而知拙与巧;不自计虑,而知福与咎……故群臣陈其言,君以其言授其事,事以责其功。功当其事,事当其言,则赏。功不当其事,事不当其言,则诛。"(《韩非子》第五篇《主道》)复说:"下君尽己之能,中君尽人之力,上君尽人之智。"(《韩非子》第四十八篇《八经》)尽己之能者自己操事,尽人之力者自己计虑,尽人之智者不自操事,不自计虑,即不表示自己的才智。这就是慎子所说:"君臣之道,臣事事而君无事,君逸乐而臣任劳。臣尽智力以善其事,而君无与焉,仰成而已,故事无不治。"(《慎子·民杂篇》)但丞相是否有此大权,乃以天子之性格为标准,孝公时代的商鞅已经是言无不从、计无不听了。昭王时代的范雎、二世时代的赵高固有很大的权限。

　　范雎既相秦……天下之事皆决于相君。(《史记》卷七十九《范雎传》)
　　李斯已死,二世拜赵高为中丞相,事无大小,辄决于高。(《史记》卷八十七《李斯传》)

始皇时代事事均由皇帝决定,丞相只受成事。

　　侯生、卢生相与谋曰,始皇为人天性刚戾自用……丞相诸大臣皆受成事,倚办于上。(《史记》卷六《秦始皇本纪》三十五年)

事实固然如斯,而在法律上,丞相固是佐天子、理万机之官。因之,天子昏庸,难免太阿倒持,而发生权臣专擅之事,二世时代的赵高就是其例。所以秦初置丞相之时,乃设左右二相,使其互相牵制。

　　(秦武王)二年,初置丞相,樗里疾、甘茂为左右丞相。(《史记》卷五《秦本纪》)

此后左右丞相见于史上者只在始皇兼并六国之后,最初是隗状、王绾(《史记》卷六《秦始皇本纪》二十八年),其次是李斯、冯去疾(《史记》卷六《秦始皇本纪》三十七年)。秦以左为尊,所以左丞相乃位在右丞相之上。其只置一相者,有时尚有尊崇宰臣起见,特称丞相为相国,其见于历史者有魏冉(《史记》卷七十二《穰侯传》)、范雎(《史记》卷七十九《范雎传》)、吕不韦(《史记》卷八十五《吕不韦传》)三人。吕不韦之例最可证明相国乃比丞相为尊。

　　庄襄王元年,以吕不韦为丞相……庄襄王即位三年薨。太子政立为王,尊吕不韦为相国。(《史记》卷八十五《吕不韦传》)

然所尊者不过名号而已。至于权限,相国与丞相并无轩轾。丞相若以宦者任之,则称为中丞相。秦汉两代阉人称为中人,故凡某种职官任用宦者之时,多于该官名之上加一"中"字。"李斯已死,二世拜赵高为中丞相,事无大小,辄决于高"《史记》卷八十七《李斯传》),即其例也。

丞相总百揆,而分治天下之事者则为群卿,如奉常、郎中令等是。《吕氏春秋》(卷十九《离俗览》之八《举难》)说:"相也者,百官之长也。"因为丞相为百官之长,不以一职为官名,所以不贵察察为明。《吕氏春秋》说:"夫相大官也,处大官者不欲小察,不欲小智。"(卷一《孟春纪》之四《贵公》)他只可"总纲纪",使"卿大夫各得任其职"(《汉书》卷四十《王陵传》)。但是丞相虽总纪纲,而秦尚有博采众议之事。国家大事常令群臣讨论,始皇二十六年,丞相王绾等请立诸子为王,三十四年,博士淳于越又以为请,始皇均下其议于群臣,此际除公卿外,常令博士参加。"博士秦官,掌通古今。"(《汉书》卷十九上《百官公卿表》)始皇时代博士有七十人之多(《史记》卷六《秦始皇本纪》三十四年)。秦初并天下,令丞相、御史议帝号,他们讨论之后,丞相绾、御史大夫劫、廷尉斯等上奏始皇,必谓"臣等谨与博士议曰云云"(《史记》卷六《秦始皇本纪》二十六年)。陈胜起山东,使者以闻,二世亦召博士诸儒生议其如何(《史记》卷九十九《叔孙通传》)。唯在专制时代,凡事合于天子之意者,纵令多数人反对,亦常为天子所采纳,即最后决定权属于天子,不是属于会议。

第二项　地方官制

秦的地方官制在吾国历史上不失为一个伟大的改革。周代封建诸侯,以作屏藩。秦既兼并天下,就废诸侯,置郡县,以加强国家的统一。

秦遂并兼四海,以为周制微弱,终为诸侯所丧,故不立尺土之封,分天下为郡县。(《汉书》卷二十八上一《地理志》)

其实,郡县制度乃开始于春秋时代,其来源可分两种:一是灭别国以为县,如楚子伐陈,遂入陈,因县陈(《左传·宣公十一年》)。二是分采邑以为县,如晋分祁氏田为七县,羊舌氏田为三县(《左传·昭公二十八年》),即其目的均在于破坏封土制度,而谋建设中央集权的国家。但是春秋时代县大而郡小,故赵简子说:"克敌者,上大夫受县,下大夫受郡。"(《左传·哀公二年》)战国时代郡大而县小,故甘茂说:"宜阳大县也,名曰县,其实郡也。"(《史记》卷七十一《甘茂传》)由此可知郡县之制不是创始于始皇,更不是始皇兼并六国之后,一举而将封建改造为郡县。顾炎武说:

《汉书·地理志》言,秦并兼四海,以为周制微弱,终为诸侯所丧,故不立尺土之封,分天下为郡县,荡灭前圣之苗裔,靡有孑遗。后之文人祖述其说,以为废封建,立郡县,皆始皇之所为也。以余观之殆不然。《左传》僖公三十三年,晋襄公以再命,命先茅之县赏胥臣。宣公十一年,楚子县陈。十二年,郑伯逆楚子之辞曰,使改事君,夷于九县。十五年,晋侯赏士伯以瓜衍之县。成公六年,韩献子曰,成师以出,而败楚之二县。襄公二十六年,蔡声子曰,晋人将与之县,以比叔向。三十年,绛县人或年长矣。昭公三年,二宣子曰,晋之别县不惟州。五年,蕢启疆曰,韩赋七邑,皆成县也。又曰,因其十家九县,其余四十县。十年,叔向曰,陈人听命而遂县之。二十八年,晋分祁氏之田以为七县,分羊舌氏之田以为三县。哀公十七年,子谷曰,彭仲爽申俘也,文王以为令尹,实县申息。《晏子春秋》,昔我先君桓公予管仲狐与谷,其县十七。《说苑》,景公令吏致千家之县一于晏子。《战国策》,智过言于智伯曰,破赵则封二子者各万家之县一。《史记·秦本纪》,武公十年,伐邽冀戎,初县之。十一年,初县杜、郑。《吴世家》,王余祭三年,予庆封朱方之县,则当春秋之世,灭人之国者固已为县矣。《史记》,吴王发九郡兵伐齐,范蠡对楚王曰,楚南塞厉门而郡江东。甘茂对秦王曰,宜阳大县,名曰县,其实郡也。春申君言于楚王曰,淮北地边齐,其事急,请以为郡便。《匈奴传》言,赵武灵王置云中、雁门、代郡,燕置上谷、渔阳、右北平、辽西、辽东郡以拒胡。又言魏有河西上郡,以与戎界边。则当七国之世,而固已有郡矣。吴起为西河守,冯亭为上党守,李伯为代郡守,西门豹为邺令,荀况为兰陵令,城浑说楚新城令,卫有蒲守,韩有南阳假守,魏有安邑令。苏代曰,请以三万户之都封太守,千户封县令。而齐威王朝诸县令长七十二人,则六国之未入于秦,而固已先为守令长矣。故史言乐毅下齐七十余城,皆为郡县。而齐愍王遗楚怀王书曰,四国争事秦,则楚为郡县矣。张仪说燕昭王曰,今时赵之于秦犹郡县也。安得谓至始皇而始罢侯置守邪?《传》称禹会诸侯,执玉帛者万国,至周武王,仅千八百国。春秋时见于经传者百四十余国,又并而为十二诸侯,又并而为七国。此固其势之所必至,秦虽欲复古之制,一一而封之,亦有所不能,而谓罢侯置守之始于秦,则儒生不通古今之见也。(《日知录》卷二十二《郡县》)

然据赵翼研究,郡县之制固然不是由秦始皇创始,却是由秦创始。他说:

《史记》,秦武公十年,伐邽冀戎,初县之;十一年,初县杜郑。按秦武公十年乃周庄王九年、鲁庄公六年……则列国之置县莫先于此……惟《国语》管仲对齐桓有十乡为县之说,齐桓与秦武同时,则齐与秦之置县,未知孰先孰后。然考之管子书,但有轨里连乡邑率之类,无所谓县者,则《国语》所云十乡为县之说,或后人追记之讹,而齐桓时尚无县制,则置县之自秦武始,更不待辩也。《国语》,晋惠公许赂秦穆公以河外列城五,曰君实有郡县,其时列国俱未有此名,而秦先有之,尤为明证。自后列国之有县,盖皆因秦制而仿之。秦楚相近,故楚之设县亦最早。庄王伐郑,郑伯肉袒牵羊以逆,有夷于九县之语。又庄王灭陈,杀夏征舒,因县陈,则秦武公置县后,不久楚亦设县也。秦晋相近,故晋之设县亦较先,如分祁氏、羊舌氏之田为县是也。然皆在秦武公后,则不得谓设县不自秦始也。惟设郡之始,秦不经见。惠文君十三年,秦取汉中地,始置汉中郡,而惠文十年,魏已纳上郡,是魏有郡在前,秦有郡在后。故吴师道谓,或者山东诸侯先变古制,而秦效之。然据晋惠公所云君自有郡县之语,在鲁僖九年,则有郡亦莫先于秦,不得谓设郡不自秦始也。(《陔余丛考》卷十六《郡县》)

战国时代虽有郡县之制,同时又保有封建制度。其废除封建,而将全国改造为郡县,乃开始于商鞅。当时秦在关中,领土不大,无庸采用二级制度,所以商鞅置县而不设郡。到了始皇兼并天下,又从李斯之言,分天下为三十六郡。

> 二十六年……秦初并天下……丞相绾等言,诸侯初破,燕齐荆地远,不为置主,毋以填之,请立诸子,唯上幸许。始皇下其议于群臣,群臣皆以为便。廷尉李斯议曰,周文武所封子弟同姓甚众,然后属疏远,相攻击如仇雠,诸侯更将诛伐,周天子弗能禁止。今海内赖陛下神灵,一统皆为郡县,诸子功臣以公赋税重赏赐之,甚足易制。天下无异意,则安宁之术也,置诸侯不便。始皇曰,天下共苦战斗不休,以有侯王,赖宗庙,天下初定,又复立国,是树兵也,而求其宁息,岂不难哉?廷尉议是,分天下以为三十六郡。(《史记》卷六《秦始皇本纪》)

次平百越,复置四郡。

> 始皇初并天下,惩艾战国,削罢诸侯,分天下为三十六郡。于是兴师逾江,平取百越,又置闽中、南海、桂林、象郡,凡四十郡。(《晋书》卷十四《地理志》)

郡均隶之以县,即采郡县二级制度。郡置守、尉、监。

> 二十六年,秦初并天下……分天下以为三十六郡,郡置守、尉、监。(《史记》卷六《秦始皇本纪》)

即如王鸣盛所说,每郡置一监、一守、一尉。

> 秦变封建为郡县,恐其权重,故每郡但置一监、一守、一尉,此上别无

统治之者。(《汉书》卷十九上《百官公卿表》补注)

京师之地不置守，而置内史以治之。

> 内史周官，秦因之，掌治京师。(《汉书》卷十九上《百官公卿表》)

所谓京师不是单指咸阳，汉分内史之地为三辅，可知幅员甚大。秦始皇帝十七年，内史腾攻韩灭之(《史记》卷六《秦始皇本纪》)。六国之中，韩最先亡，是则秦置内史，乃在兼并六国以前。内史之地有否尉监，史无明文。汉三辅皆有都尉(参阅《汉书》卷十九上《百官公卿表·主爵中尉》补注引钱大昭曰)，而在设置刺史以前，惠帝三年遣御史出监，最初是监三辅(见《汉官解诂》)。以此推之，内史之地大率也同各郡一样，置有尉监。

守尉监之职掌为何？《汉书》(卷十九上)《百官公卿表》云：

> 监御史秦官，掌监郡。
> 郡守秦官，掌治其郡，秩二千石。有丞⋯⋯秩六百石。
> 郡尉秦官，掌佐守典武职甲卒，秩比二千石。有丞，秩亦六百石。

关于郡之官制应讨论者有二，一是守与尉之关系如何？马端临说：

> 按自秦置三十六郡，而郡官有守有尉有丞。然考之西汉百官表，称郡守掌治郡，秩二千石，有丞，秩六百石。郡尉掌佐守典武职，秩比二千石，有丞，秩亦六百石。是守尉皆二千石，而俱有丞以佐之。尉之尊盖与守等，非丞掾以下可拟也。(《文献通考》卷六十三《郡尉》)

守二千石，尉比二千石，就官秩说，尉固降守一级，不宜视为"尉之尊盖与守等"。尉之尊果与守等，则守尉应该各得独立行使职权。换言之，守治民，尉主兵，秦之制度应是军民分治。然而《汉书》既云"郡尉掌佐守"，则郡尉主兵，不过辅佐郡守管理兵事而已。何况秦既每郡均置守尉，倘若军民分治，则郡守不宜有将兵之事。而据历史所载，不但守可将兵，而监在必要时亦得将兵。例如：

> 沛公……还守丰……秦泗川监平（文颖曰，秦时御史监郡。平，名也）将兵围丰，二日，出与战，破之。命雍齿守丰，引兵之薛，泗川守壮（如淳曰，壮，名也）败于薛，走至戚，沛公左司马得泗川守壮，杀之。（《史记》卷八《高祖纪》）

在泗川郡之内有守有监，守监均曾将兵，而尉却不之见，这值得吾人注意。"秦始皇既并天下，分为三十六郡，郡置材官；聚天下兵器于咸阳，铸为钟鐻；讲武之礼，罢为角抵"（《文献通考》卷一百四十九《兵制》），则尉之职掌为何，颇有问题。南海有尉任嚣，吾人观其病且死，召龙川令赵佗，告以南海东西数千里，可以立国，而使佗行南海尉事，权力之大，似南海有尉而无守。《索隐》引《十三州记》云："大郡曰守，小郡曰尉。"（《史记》卷一百十三《南越尉佗传》）当时郡之大小乃以户口为标准，南海幅员虽广，而户口甚稀。泗川郡主兵者不见尉，南海郡主政者不见守，《十三州记》所言似有根据。

二宜讨论者则为监，苏林说："秦时无刺史，以御史监郡。"（《史记》卷五十三《萧相国世家》集解引苏林曰）所以监又称监御史。《汉书》（卷十九上《百官公卿表》）云："监御史秦官，掌监郡。"即其证也。但《通典》（卷二十四《监察侍御史》）则说："初秦以御史监理诸郡，谓之监御史。"是则监御史又称为"监察史"。御史乃御史大夫的属官，其派至各郡监察者，乃遥隶于御史府。秦制，每郡固然均置一监，而监却不是长在该郡，而是每岁还京奏事一次。《汉书》（卷三十九）《萧何传》：

> 萧何……为沛主吏掾……秦御史监郡者与从事辨之。何乃给泗水卒史事，第一。秦御史欲入言征何，何固请，得毋行。补注引沈钦韩曰，汉刺史岁一奏事京师，秦法当然。

由这故事,可知监御史因为监郡,当其还京奏事之时,对于郡内胥吏,有推荐于朝廷的权。不过监御史的职权又似不以监察为限。例如:

> 秦之时尝使尉屠睢(郡尉姓屠名睢)击越,又使监禄(监御史名禄)凿渠通道。(《汉书》卷六十四上《严助传》)

凿渠通道乃行政的事,而秦乃令监御史为之,可知监御史的职掌固然以监郡为主,而在必要之时,尚可依天子的命令,兼管行政。这与西汉刺史只以六条问事,不预郡县事者似不相同。

县置令长,万户以上为令,不及万户为长,皆于郡守的指挥监督之下,掌治其县。县之下为乡亭,乡置三老有秩啬夫游徼,亭置亭长。

> 县令、长皆秦官,掌治其县,万户以上为令……减万户为长……大率十里一亭,亭有长(补注,王先谦曰续志亭有亭长,以禁盗贼)。十亭一乡,乡有三老、有秩、啬夫、游徼。三老掌教化,啬夫职听讼,收赋税(《补注》钱大昭曰,时乡户不满五千者不置有秩,但以啬夫一人总理之,表不言有秩所掌,与啬夫同)。游徼徼循禁贼盗。县大率方百里,其民稠则减,稀则旷,乡、亭亦如之,皆秦制也。(《汉书》卷十九上《百官公卿表》)

即乡尚有行政区之性质,亭有亭长,以禁盗贼,则亭当为警察区。乡亭以下有否组织,《汉书·百官公卿表》未曾说及。商鞅变法,令民为什伍,五家为保,十家相连,一家有罪,而九家连举发,若不纠举,则十家连坐(《史记》卷六十八《商君传》)。始皇兼并六国,什伍之制有否推行于天下,史无明文。兹宜注意者,什伍之制只能实行于农业社会,农民安土重迁,左右邻舍均所熟悉,令其互相纠察,行之匪难;又只能用以检举罪犯,倘若赋以行政上的职权,势不能不增设许多机关,机关林立,经费增加,而又无法精选人才,结果必定失败。隋文帝时,"苏威奏请五百家置乡正,使治民,简辞讼"(《资治通鉴》卷一百七十七隋文帝开皇九年)。李德林以为"天下不过数百县,于六七百万户内,铨选数百县令,犹不能称其职,乃欲于一乡之中,选一人能治五百家者,必恐难得"。文帝不从李德林之言,竟置乡正。翌年(开皇十年)果然发见乡正"党与爱憎,公行货贿",文帝乃令废之(《隋书》卷四十二《李德林传》)。观此故事,可知秦制,亭只是警察区,乡虽为行政区,而乡户乃在五千上下,比之隋代五百户置一乡正,掌治民者,高明多了。

第三章 西 汉

第一节
刘项之争与统一国家的再建

秦虽统一六国,始皇一死,豪杰又复群起亡秦。秦亡之后,项羽最强,乃剖裂天下,以王诸侯,自立为西楚霸王,王九郡,都彭城。

项羽……已破秦军……由是始为诸侯上将军,诸侯皆属焉……行略定秦地,函谷关有兵守关,不得入。又闻沛公已破咸阳,项羽大怒,使当阳君等击关。项羽遂入,至于戏西……项羽引兵西屠咸阳,杀秦降王子婴,烧秦宫室,火三月不灭,收其货宝妇女而东……乃尊怀王为义帝……分天下,立诸将为侯王……自立为西楚霸王,王九郡,都彭城。汉之元年四月,诸侯罢戏下,各就国。项羽出之国,使人徙义帝……长沙郴县……阴令衡山、临江王击杀之江中。

(《史记》卷七《项羽本纪》)

项羽分王十八王表

旧地	王号	姓名	辖地	都邑	备考
秦地	汉王	刘邦	汉中、巴蜀	南郑	怀王与诸将约,先入定关中者王之。沛公先破秦,入咸阳,当王。项羽、范增疑沛公之有天下,又恶负约,恐诸

续表

旧地	王号	姓名	辖地	都邑	备考
					侯叛之,乃立沛公为汉王。而三分关中,王秦降将以距塞汉王。参阅《史记》卷七《项羽本纪》、卷八《高祖本纪》。
	雍王	章邯	咸阳以西	废邱	陈涉起事,二世令章邯免骊山徒、人奴产子,悉发以击楚军,大败之。二世益遣长史司马欣、都尉董翳佐章邯击盗,杀陈涉于城父,破项梁于定陶,灭魏咎于临济。章邯乃北渡河,围赵王歇于巨鹿,项羽将兵救赵,章邯等战数却。二世使人让邯,司马欣见邯曰,赵高用事于中,将军有功亦诛,无功亦诛。章邯遂以兵降。项羽入关,立章邯为雍王。汉元年八月,汉王引兵袭雍,章邯走废邱,遂定雍地,置河上(左冯翊)、渭南(京兆)、中地(右扶风)、陇西、北地五郡。二年六月,汉引水灌废邱,废邱降,章邯自杀。参阅《史记》卷六《秦始皇本纪》、卷七《项羽本纪》、卷八《高祖本纪》。
	塞王	司马欣	咸阳以西	栎阳	长史司马欣曾为栎阳狱掾。项梁尝坐事,系栎阳狱,乃向蕲狱掾曹咎取书与司马欣,以故得赦。项羽以其有德于项梁,故立欣为塞王。汉元年八月,欣降汉,置河南郡。参阅《史记》卷七《项羽本纪》、卷八《高祖本纪》、《汉书》卷一《高帝纪上》。
	翟王	董翳	上郡	高奴	都尉董翳劝章邯降楚,故项羽立之为翟王。汉元年八月,翳降汉,置上郡。参阅《史记》卷七《项羽本纪》、《汉书》卷一《高帝纪上》。
魏地	西魏王	魏豹	河东	平阳	魏豹兄咎,故魏时封为宁陵君,陈胜之起王也,咎往从之。魏地已下,陈王立咎为魏王。章邯已破陈王,乃进兵击杀魏咎于临济。豹亡走楚,楚怀王予豹数千人,复徇魏地,下魏二十余城,立为魏王。项羽封诸侯,欲有梁地,乃徙豹于河东,为西魏王。汉元年,汉王定三秦,渡临晋,豹以国属焉,遂从击楚于彭城。汉王败,豹又畔汉。八月,汉王遣韩信击魏;九月,虏之,定魏地,置河东、太原、上党三郡。参阅《史记》卷九十《魏豹传》、卷七《项羽本纪》。

续 表

旧地	王号	姓名	辖地	都邑	备 考
	殷王	司马卬	河内	朝歌	赵将司马卬定河内,数有功,故项羽立之为殷王。汉二年三月,汉王将兵下河内,虏殷王卬,置河内郡。参阅《史记》卷七《项羽本纪》、卷八《高祖本纪》。
韩地	韩王	韩公子成（郑昌）	故韩地	阳翟	项梁立韩公子横阳君成为韩王,项梁败死,成奔怀王。项羽封诸王,以韩王成无功,不遣就国,更以为列侯。及闻汉欲略韩地,乃令郑昌为韩王,以距汉。汉二年十月,汉王使韩襄王孽孙信击韩,郑昌降,汉乃立信为韩王。(《史记》卷九十三《韩王信传》、卷七《项羽本纪》)
	河南王	申阳	河南	洛阳	瑕邱申阳者张耳嬖臣也,先下河南郡,迎楚河上,故项羽立申阳为河南王。汉二年十月,申阳降汉,置河南郡。参阅《史记》卷七《项羽本纪》、卷八《高祖本纪》。
赵地	代王	赵歇	代		陈涉以其故所善陈人武臣为将军,张耳、陈余为左右校尉,北略赵地,武臣自立为赵王。武臣既死,张耳、陈余求得赵歇,立为赵王。章邯引兵围巨鹿,陈余领兵在外,张耳数使人召余,余自度兵少,不敢前,耳大怒。项羽破章邯军,赵王歇、张耳得出巨鹿,与余相见,责让余,由是有隙。项羽立诸侯,以张耳素贤,又从入关,乃分赵,立耳为常山王,而徙赵王歇为代王。汉二年十月,陈余引兵袭常山王耳,耳败走,降汉,汉王厚遇之。陈余迎赵王歇还赵,复为赵王。赵王德余,立以为代王。汉三年十月,汉王遣韩信、张耳击赵,斩陈余,杀赵王歇。四年十一月,汉立张耳为赵王。(《史记》卷八十九《张耳陈余传》、卷七《项羽本纪》)
	常山王	张耳	赵地	襄国	
楚地	九江王	英布		六	英布秦时为布衣,坐法黥,论输丽山,率其曹偶亡之江中,为群盗。陈涉之起也,布往见番阳令吴芮,与其众叛秦,吴芮以女妻之。布闻项梁定会稽,西渡淮,乃以兵属梁。梁西击景驹、秦嘉军,布常冠军。项梁败死,项羽破秦军,降章邯,楚军常胜,功冠诸侯,以布数以少败众也。项羽封诸将,立布为九江王。齐王田荣叛楚,项羽往击齐,征兵九江,布称病不往。汉之

续表

旧地	王号	姓名	辖地	都邑	备考
					败楚彭城，布又称病不佐楚。项王由是怨布，数使使者诮让召布，布愈恐，不敢往。汉三年，汉王使随何说布畔楚归汉。项羽攻破布军，收九江兵，尽杀布妻子。四年七月，汉王立布为淮南王。(《史记》卷九十一《黥布传》)
	衡山王	吴芮		邾	吴芮，秦时番阳令也。天下之初叛秦也，芮亦举兵以应诸侯，及项羽相王，以芮率百越佐诸侯，从入关，故立芮为衡山王。(《史记》卷七《项羽本纪》)
	临江王	共敖		江陵	义帝柱国共敖将兵击南郡，功多，故项羽立敖为临江王。汉三年七月，敖薨，子尉嗣立为王。五年十二月，汉遣卢绾、刘贾击庐尉，置南郡。(《史记》卷七《项羽本纪》、卷八《高祖本纪》)
燕地	辽东王	韩广	辽东	无终	武臣既立为赵王，使韩广略燕。韩广至燕，燕人因立广为燕王。章邯围赵王歇于巨鹿，燕王韩广使其将臧荼救赵，因从入关，项羽乃分燕为二国，臧荼为燕王，徙韩广为辽东王。韩广不肯徙，汉元年八月，臧荼杀韩广，并其地。(《史记》卷八十九《张耳陈余传》、卷七《项羽本纪》、卷八《高祖本纪》)
	燕王	臧荼	燕地	蓟	
齐地	胶东王	田市		即墨	田儋者，故齐王田氏族也。儋从弟田荣，荣弟田横皆豪，宗强，能得人。陈涉之初起王楚也，田儋遂自立为齐王，章邯围魏王咎于临济，齐王田儋将兵救魏，章邯大破魏军，杀田儋。齐人闻儋死，乃立故齐王建之弟田假为齐王。田荣怒齐之立假，乃引兵归击，逐齐王假，立田儋子市为齐王。章邯兵益盛，项梁使人告赵、齐，发兵共击章邯，田荣不肯出兵，章邯果败杀项梁，项羽由是怨荣。羽既降章邯，西灭秦，立诸侯王，乃徙田市为胶东王。齐将田都从共救赵，因入关，故立都为齐王。故齐王建孙田安，项羽方渡河救赵，安下济北数城，引兵降项羽，羽立安为济北王。荣以负项梁不肯助楚攻秦，故不得王。汉元年五月，田荣发兵拒击田都，都亡走楚。六月，田荣杀田市，又攻杀田安，自立为齐王，尽并三齐之地。二年正月，项羽北
	齐王	田都		临淄	

续表

旧地	王号	姓名	辖地	都邑	备 考
	济北王	田安		博阳	伐齐,田荣败走平原,平原民杀之。四月,荣弟横收齐散兵,得数万人,立荣子广为王。是时刘项相拒于荥阳,田横乘间收齐城邑。四年十一月,韩信引兵袭齐,虏齐王广。田横闻广死,自立为王,灌婴又击败之,遂平齐地。汉灭项羽,田横与其徒属五百余人亡入海上。汉祖遣使召横,横诣雒阳,未及三十里,自杀。五百人闻横死,亦皆自杀。(《史记》卷九十四《田儋传》、卷七《项羽本纪》)

诸侯互相攻战,最后分为两个集团,一是项羽集团,二是刘邦集团。在陈胜发难之时,曾利用两种观念以收揽人心:一是鱼书狐鸣,即利用神权观念;二是诈称公子扶苏、项燕,即利用门第观念。由陈胜之假借项燕名义,可知项氏一家固为当时民望所悬。所以陈胜一死,项梁即为讨秦军的领袖。及至项梁战死于定陶之后,项羽由于巨鹿一战,又执诸侯的牛耳。即项羽能够领袖群雄,一半由于善战,一半由于门第。刘邦与项羽不同,他不过泗水一位亭长。秦末,他知天下将乱,常常假托神怪,以提高自己的身价。例如:

> 高祖……隐于芒砀山泽岩石之间。吕后与人俱求,常得之。高祖怪问之。吕后曰,季所居,上常有云气,故从往,常得季。高祖心喜。沛中子弟或闻之,多欲附者矣。(《史记》卷八《高祖本纪》)

高祖所居,上有云气,只唯吕后见之。吕后说了之后,沛中子弟多欲附者矣。国家将乱,利用神权,以取得人民拥护,在民智幼稚之时,常有极大的效用。所以陈胜起义之后,沛县父老杀了沛令,"皆曰,平生所闻刘季诸珍怪当贵……乃立季为沛公"(《史记》卷八《高祖本纪》),这是刘邦发迹之由。最初刘邦似是依附项梁,其能脱颖而出,成为一方领袖,乃在于义帝遣其入关。

> 怀王……与诸将约,先入定关中者王之……项羽……愿与沛公西入

关。怀王诸老将皆曰,项羽为人僄悍猾贼……诸所过无不残灭……不如更遣长者,扶义而西,告谕秦父兄。秦父兄苦其主久矣。今诚得长者往,毋侵暴,宜可下。今项羽僄悍,(今)不可遣。独沛公素宽大长者,可遣。卒不许项羽,而遣沛公。(《史记》卷八《高祖本纪》)

刘项二人出身不同。"项氏世世为楚将,封于项,故姓项氏"《史记》卷七《项羽本纪》),即属于贵族阶级。刘邦乃沛县平民,"及壮,试为吏,为泗水亭长"(《史记》卷八《高祖本纪》)。观其平生行动,有似于流氓,而为缙绅之士所不齿。在吾国历史上,凡争天下者或为贵族,如杨坚、李世民等是;或为流氓,如刘裕、朱元璋等是。贵族有所凭借,便于取得权力。流氓无所顾忌,勇于冒险。至于士大夫们只能攀龙附凤,因人成事。盖知识愈高,顾虑愈多,而丧失冒险的精神。我们只看萧何、曹参,就可知道。

(沛)父老乃率子弟共杀沛令,开城门,迎刘季,欲以为沛令。刘季曰……此大事,愿更相推择可者。萧(何)曹(参)等皆文吏,自爱,恐事不就,后秦种族其家,尽让刘季。诸父老皆曰,平生所闻刘季诸珍怪当贵……乃立季为沛公。(《史记》卷八《高祖本纪》)

刘项两人的性格亦异。①

高祖……仁而爱人,喜施,意豁如也,常有大度,不事家人生产作业。(《史记》卷八《高祖本纪》)

项王见人恭谨,言语呕呕,人有病疾,涕泣分食饮,至使人有功,当封爵,刻印刓,忍不能予。(《汉书》卷三十四《韩信传》)

---

① 《史记》卷九十二《淮阴侯传》:"项王为人恭敬慈爱,言语呕呕……"项羽所过残虐,谓其慈爱,未必适当,故不引《史记》,而引《汉书》。

这两种不同的性格便决定了刘项胜败的运命。在两雄角逐之际,势力的大小乃以游士肯否归附为标准。刘邦豪爽,豪爽的人必不惜高位重金以宠人。试看王陵、郦食其之言。

> 王陵对曰,陛下使人攻城略地,所降下者因以予之,与天下同利也。(《史记》卷八《高祖本纪》五年五月)

> (郦生)曰,汉王降城,即以侯其将,得赂即以分其士,与天下同其利,豪英贤才皆乐为之用。(《史记》卷九十七《郦生传》)

始皇既并天下,堕名城,杀豪杰,民之秀异者散而归田亩,刘邦尽网罗之以为己用。其谋臣战将除张良五世相韩,张苍为秦御史之外,尽是瓮牖绳枢之子、氓隶之人,而迁徙之徒。试看下列的表。

高祖功臣出身表

姓名	出 身
韩信	家贫无行,不得推择为吏,又不能治生为商贾,常从人寄食。(《汉书》卷三十四《韩信传》)
彭越	常渔巨野泽中为盗。(《汉书》卷三十四《彭越传》)
英布	坐法黥,论输骊山,乃率其曹耦,亡之江中为群盗。(《汉书》卷三十四《英布传》)
萧何	以文无害为沛主吏掾。秦御史监郡者与从事辨之。何乃给泗水卒史事。(《汉书》卷三十九《萧何传》)
曹参	秦时为狱掾。(《汉书》卷三十九《曹参传》)
张良	大父相韩昭侯、宣惠王、襄哀王,父相厘王、悼惠王,五世相韩。(《汉书》卷四十《张良传》)
陈平	少时家贫,邑中有大丧,平家贫侍丧,以先往后罢为助。(《汉书》卷四十《陈平传》)
王陵	为县豪。(《汉书》卷四十《王陵传》)
周勃	以织薄曲为生,常以吹箫给丧事。(《汉书》卷四十《周勃传》)
樊哙	以屠狗为事。(《汉书》卷四十一《樊哙传》)

续 表

姓名	出 身
夏侯婴	为沛厩司御。(《汉书》卷四十一《夏侯婴传》)
灌婴	睢阳贩缯者也。(《汉书》卷四十一《灌婴传》)
张苍	秦时为御史,主柱下方书。(《汉书》卷四十二《张苍传》)
郦食其	家贫落魄,无衣食业,为里监门。(《汉书》卷四十三《郦食其传》)
叔孙通	秦时以文学征,待诏博士。(《汉书》卷四十三《叔孙通传》)

项羽如何呢?项羽恭谨。恭谨的人往往不易信人。且看王陵、郦食其之言。

> 王陵对曰,项羽妒贤嫉能,有功者害之,贤者疑之。战胜而不予人功,得地而不予人利,此所以失天下也。(《史记》卷八《高祖本纪》五年五月)
>
> (郦生)曰,项王……于人之功无所记,于人之罪无所忘。战胜而不得其赏,拔城而不得其封,非项氏莫得用事。为人刻印,刓而不能授,攻城得赂,积而不能赏。天下畔之,贤才怨之,而莫为之用。(《史记》卷九十七《郦生传》)

既然不易信人,势只有任用家人亲戚,寄以腹心之任。郦食其已经谓其"非项氏莫得用事"。陈平亦说:

> 项王不能信人,其所任爱,非诸项即妻之昆弟,虽有奇士不能用。(《史记》卷五十六《陈丞相世家》)

势力的大小以游士肯否归附为标准,而最后胜负又取决于民众的向背。义帝与诸将约,先入关者王之,而又不遣项羽,而遣刘邦,即因项羽残暴,刘邦宽大(《史记》卷八《高祖本纪》)。刘邦入关之时,除秦苛法,与父老约法三章。

> 汉元年十月,沛公兵遂先诸侯至霸上……召诸县父老豪杰曰,父老

苦秦苛法久矣，诽谤者族……吾与诸侯约，先入关者王之，吾当王关中，与父老约法三章耳，杀人者死，伤人及盗抵罪。余悉除去秦法，诸吏人皆案堵如故。凡吾所以来，为父老除害，非有所侵暴，无恐……乃使人与秦吏行县乡邑告谕之，秦民大喜，争执牛羊酒食献飨军士。沛公又让不受曰，仓粟多，非乏，不欲费人。人又益喜，唯恐沛公不为秦王。(《史记》卷八《高祖本纪》)

而萧何又收秦的律令图书，刘邦能够知道何地应攻，何地应守，何者应兴，何者应革，就是因为萧何得到档案，足供参考。

沛公至咸阳……(萧)何独先入收秦丞相、御史律令图书藏之……汉王所以具知天下厄塞、户口多少强弱之处，民所疾苦者，以何具得秦图书也。(《史记》卷五十三《萧相国世家》)

项羽呢？韩信曾谓："项王所过无不残灭者，天下多怨，百姓不亲附，特劫于威强耳。名虽为霸，实失天下心。"(《史记》卷九十二《淮阴侯传》)其入关中，竟然屠烧咸阳，收其货宝妇女而东。

(项羽)闻沛公已破咸阳……使当阳君等击关，项羽遂入……引兵西屠咸阳，杀秦降王子婴，烧秦宫室，火三月不灭，收其货宝妇女而东。(《史记》卷七《项羽本纪》)

游士离开项羽，民众离开项羽，项羽失败已经决定了。而项羽又有三种失策，促其灭亡。

第一，项羽击破秦军之后，剖裂天下，封诸将为侯王。计其所封的人不是秦的降将，便是战国的封建贵族，其由游士出身者寥寥无几。始皇既并天下，坠名城，杀豪杰，士之秀异者散而归田亩。天下一乱，游士乘势奋起，他们的目的在于瓜分赋税。天下未定，而即剖裂疆土，以封诸人，游士毫无所得，岂

肯甘心,势将如张良所说:

> 且天下游士离其亲戚,弃坟墓,去故旧,从陛下游者徒欲日夜望咫尺之地。今复六国,立韩魏燕赵齐楚之后,天下游士各归事其主,从其亲戚,反其故旧坟墓,陛下与谁取天下乎?(《史记》卷五十五《张留侯世家》)

何况受封的又因封地善丑不同,愤愤然有不平之心。陈余曾说:

> 项羽为天下宰不平。今尽王故王于丑地,而王其群臣诸将善地。(《史记》卷七《项羽本纪》、卷八十九《陈余传》)

结果,有功未得封与受封不满意的果然互相攻杀,霸王之威扫地无存。封建不能作为屏藩,反而引起内讧,项羽疲于奔命,给予刘邦以可乘的机会,这是项羽最大的失策。

第二,关中带河阻山,土地肥沃,进可以攻,退可以守,所谓金城千里,天府之国。韩生曾劝项羽定都关中。

> 人(《汉书》卷三十一《项籍传》为韩生)或说项王曰,关中阻山河四塞,地肥饶,可都以霸。项王见秦宫室皆以烧残破,又心怀思欲东归,曰富贵不归故乡,如衣绣夜行,谁知之者。(《史记》卷七《项羽本纪》)

项羽不居关中,而都彭城,三分关中,王秦降将,付托失人,何能"距塞汉王"(《史记》卷七《项羽本纪》)。且看韩信之言。

> 且三秦王为秦将,将秦子弟数岁矣,所杀亡不可胜计,又欺其众,降诸侯,至新安,项王诈坑秦降卒二十余万,唯独邯、欣、翳得脱。秦父兄怨此三人,痛入骨髓。今楚强以威王此三人,秦民莫爱也。(《史记》卷九十二《淮阴侯传》)

同时又立刘邦为汉王。最初项羽只将巴蜀给予刘邦,其后又听项伯之言,给以汉中之地。

> 汉元年正月,沛公为汉王,王巴蜀……汉王亦因令良厚遗项伯,使请汉中地。项王乃许之,遂得汉中地。(《史记》卷五十五《留侯世家》)

汉中北瞰关中,南蔽巴蜀。三国时,刘备得汉中,说道:"曹公虽来,无能为也。"(《蜀志》卷二《先主传》建安二十四年)黄权亦说:"若失汉中,则三巴不振。"(《蜀志》卷十三《黄权传》)由此可知欲保巴蜀,须守汉中,既守汉中,又得进窥秦陇。刘邦入关之际,秋毫无所犯,秦民唯恐刘邦不为秦王,刘邦自可因利乘便,传檄而定三秦。

> (韩信)曰……大王之入武关,秋毫无所害,除秦苛法,与秦民约法三章耳。秦民无不欲得大王王秦者……大王失职入汉中,秦民无不恨者。今大王举而东,三秦可传檄而定也。于是汉王……遂听信计……举兵东出陈仓,定三秦。(《史记》卷九十二《淮阴侯传》)

秦形胜之国,可以高屋建瓴之势,控制关东(参阅《史记》卷八《高祖本纪》六年田肯之言)。而建国于中原,与秦地接壤者又是魏豹(西魏王)、司马卬(殷王)、郑昌(韩王)、申阳(河南王)碌碌无能之辈,何能距塞汉王,阻其出关?何况项羽本人又立国于西楚之地,鞭长莫及。自难进兵魏地,守武关,杜函谷,塞临晋,而防夏阳。项羽以第一防线托之秦民共怨的降将,以第二防线托之碌碌无能的诸侯,项羽的战略已经失败。所以刘邦一旦出关,便势如破竹,取河南,略韩魏,降赵代,定燕齐,而与楚军相距于荥阳、成皋之间。

第三,两军相战,进至相持不决之际,最重要者乃是军粮。楚汉相距于荥阳、成皋之间约有三年之久。这个时候萧何留守关中,不断地转漕给军。

> (萧)何守关中……计户口转漕给军,汉王数失军遁去,何常兴关中

卒,辄补缺……汉与楚相守荥阳数年,军无见粮,萧何转漕关中,给食不乏。(《史记》卷五十三《萧相国世家》)

而巴蜀更是沃野,可以供给军粮。

巴蜀……给军食。(《史记》卷五十三《萧相国世家》)

此后"蜀汉之粟方船而下"(《史记》卷九十七《郦生传》),接济刘邦军粮,刘邦以逸待劳,这是项羽在战略上不如刘邦之处。何况秦始皇兼并六国,各地均置仓庾,其中贮粮最多者乃是荥阳邻近的敖仓。荥阳春秋时为郑之制邑,地势险要,郑庄公不欲以封共叔段,曰"制岩邑也,虢叔死焉"(《左传·隐公元年》)。吴楚反时,大将军窦婴屯荥阳,周亚夫曰:"吾据荥阳,荥阳以东无足忧者。"(《汉书》卷三十五《吴王濞传》)可知该地之重要。而敖仓之粟到了汉代,尚为兵家必争之物。英布反时,薛公曾谓:"据敖仓之粟,塞成皋之口,胜败之数未可知也。"(《史记》卷九十一《黥布传》)七国作乱,桓将军亦劝吴王,"疾西据雒阳武库,食敖仓粟,阻山河之险,以令诸侯,虽无入关,天下固已定矣"(《汉书》卷三十五《吴王濞传》)。项羽拔荥阳,既不能坚守敖仓,又不能焚毁敖仓,而乃拱手以让刘邦。刘邦得到敖仓,既可以解决军粮问题,又可以减少关中人民的负担,刘邦经济上已经得到胜利。试看郦食其之言。

汉王数困荥阳、成皋,计欲捐成皋以东,屯巩、洛以拒楚。郦生因曰……王者以民人为天,而民人以食为天。夫敖仓天下转输久矣,臣闻其下乃有藏粟甚多。楚人拔荥阳,不坚守敖仓,乃引而东,令适卒分守成皋,此乃天所以资汉也……愿足下急复进兵,收取荥阳,据敖仓之粟,塞成皋之险,杜大行之道,距蜚狐之口,守白马之津,以示诸侯,效实形制之势,则天下知所归矣……上曰善,乃从其画,复守敖仓。(《史记》卷九十七《郦生传》)

刘邦坚守荥阳、成皋,一方用游击战术,断绝项羽的粮道①。

  当此时彭越将兵居梁地,往来苦楚兵,绝其粮食。(《史记》卷八《高祖本纪》四年)
  汉王三年,彭越常往来为汉游兵击楚,绝其后粮于梁地。(《史记》卷九十《彭越传》)

同时深沟固壁,以待楚兵之惫,即如随何所说:

  汉王……守成皋、荥阳,下蜀、汉之粟,深沟壁垒,分卒守徼乘塞,楚人还兵,间以梁地,深入敌国八九百里,欲战则不得,攻城则力不能,老弱转粮千里之外。楚兵至荥阳、成皋,汉坚守而不动,进则不得攻,退则不得解,故曰楚兵不足恃也。(《史记》卷九十一《黥布传》)

  问题果然严重,胜算在握,项羽不能不委曲媾和,予刘邦以休息的机会;战事方酣,项羽不能持久作战,予刘邦以致命的打击。反之,刘邦因有谋臣策士,深知用兵之法。《六韬》(第二十六篇《军势》)云:"无恐惧,无犹豫。用兵之害,犹豫最大,三军之灾,莫过狐疑。善战者见利不失,遇时不疑。失利后时,反受其殃。"项羽有许多机会,均因犹豫狐疑,而致失去良机。《孙子》(第七篇《军争》)云:"善用兵者避其锐气,击其惰归……以佚待劳,以饱待饥。"刘邦当项羽兵力方盛之时,常坚壁不战,而避其锐气。一旦看到项羽兵罢食绝,引兵东归,就击其惰归,急起进攻。垓下一战,项羽全军覆没,使刘邦成就了帝业。

  项王……与汉俱临广武而军……是时汉兵盛食多,项王兵罢食绝……项王乃与汉约,中分天下,割鸿沟以西者为汉,鸿沟而东者为楚……项王已约,乃引兵解而东归。汉欲西归,张良、陈平说曰……楚兵

---

① 据《汉书》卷三十四《韩信传》,"信使人请汉王,南绝楚之粮道"。

罢食尽,此天亡楚之时也,不如因其机而遂取之……汉王听之……乃追项王……项王军壁垓下,兵少食尽,汉军及诸侯兵围之数重……项王自度不得脱……乃自刎而死。(《史记》卷七《项羽本纪》)

在刘项角逐之际,刘邦称王,韩信、彭越、英布等亦称王,即名义上刘邦与诸侯无所区别。项羽既死,刘邦就由诸侯推戴而即皇帝之位。

五年……正月,诸侯及将相相与共请尊汉王为皇帝。汉王曰,吾闻帝贤者有也,空言虚语非所守也,吾不敢当帝位。群臣皆曰,大王起微细,诛暴逆,平定四海,有功者辄裂地而封为王侯。大王不尊号,皆疑不信。臣等以死守之。汉王三让,不得已曰,诸君必以为便,便国家。甲午乃即皇帝位汜水之阳。(《史记》卷八《高祖本纪》)

蔡邕云:"皇帝至尊之称。"(《独断上》)至尊就是最高,既云最高,一国之内当然只有一位皇帝。于是秦亡之后,混乱的局面恢复为统一的国家。

最初高祖定都洛阳,后从刘敬、张良之说,迁都咸阳,更名咸阳为长安①。

娄敬曰……成周洛邑……天下之中也……有德则易以王,无德则易以亡……且夫秦地被山带河,四塞以为固,卒然有急,百万之众可具也。因秦之故,资甚美膏腴之地,此所谓天府者也。陛下入关而都之,山东虽乱,秦之故地可全而有也。夫与人斗,不搤其亢,拊其背,未能全其胜也。今陛下入关而都,案秦之故地,此亦搤天下之亢而拊其背也。高帝问群臣,群臣皆山东人,争言……不如都周(成周洛邑)。上疑未能决。及留侯明言入关便,即日车驾西都关中。(《史记》卷九十九《刘敬传》)

刘敬说高帝曰,都关中。上疑之。左右大臣皆山东人,多劝上都雒阳,雒阳东有城皋,西有殽黾,倍河向伊雒,其固亦足恃。留侯曰,雒阳虽

---

① 据《史记》卷二十二《汉兴以来将相名臣年表》,五年入都关中,六年更名咸阳曰长安。

有此固,其中小,不过数百里,田地薄,四面受敌,此非用武之国也。夫关中左殽函,右陇蜀,沃野千里,南有巴蜀之饶,北有胡苑之利,阻三面而守,独以一面东制诸侯。诸侯安定,河渭漕挽天下,西给京师。诸侯有变,顺流而下,足以委输,此所谓金城千里、天府之国也。刘敬说是也。于是高帝即日驾,西都关中。(《史记》卷五十五《留侯世家》)

洛阳处天下之中,为四战之地,古来欲取天下者,洛阳在所必争;欲守天下者,洛阳也宜控制。周定都镐京,而经营洛邑,镐京、洛邑同为王畿之地。汉虽定都长安,而以三河为司隶,洛阳亦受中央的直接统治。南北朝时王懿曾言:"洛阳既陷,则虎牢不能独全,势使然也。"(《宋书》卷四十六《王懿传》)虎牢就是荥阳(《左传·隐公元年》杜注)。周亚夫说:"吾据荥阳,荥阳以东无足忧者。"(《汉书》卷三十五《吴王濞传》)汉由关中控制三河,再由洛阳控制洛阳以东,汉家基础稳定,不能不归功于刘敬的建议。

第二节
王国势力的摧毁与中央集权的完成

楚汉分争之际,高祖要收罗人才,常以城邑封其功臣。天下既定,又由功臣拥戴,而即皇帝之位。天下是功臣打得的,帝号是功臣劝进的,所以高祖不能不承认既成的事实,对其功臣,大者封王,小者封侯。

> 汉兴,序二等。《集解》韦昭曰,汉封功臣,大者王,小者侯也。(《史记》卷十七《汉兴以来诸侯王年表》)

即汉代初年虽置郡县,而郡县之外又有藩国。藩国分为两种。一是王国,二是侯国。王国分土授民,侯国封户受租。王国无异于周代的诸侯,侯国则等于战国的封君。兹将汉代初年异姓诸侯王列表如次。

汉初异姓诸侯王表

国号	姓名	封地	都邑	备 考
楚	韩信	淮北	下邳	韩信始为布衣时,贫无行,不得推择为吏,又不得治生为商贾,常从人寄食,人多厌之者。及项梁渡淮,信仗剑从之。项梁败,又属项羽,羽以为郎中。汉王入蜀,信亡楚归汉,拜为治粟都尉。信度上不我用,即亡,萧何追还之,因荐于汉王,拜为大将军,问以计策。信陈项羽可图、三秦易

续 表

国号	姓名	封地	都邑	备 考
				并之计。汉王大悦,遂听信策,举兵东出陈仓,平定三秦。二年,出关,灭河南而并韩地,令信击魏,降魏豹,伐殷,虏司马卬。三年,进击赵代,斩陈余,获赵王歇。四年,降燕,引兵击齐,虏齐王广,汉因立信为齐王。五年,项羽死,高祖徙信为楚王,王淮北,都下邳。六年,有人告信谋反,上用陈平计,伪游云梦,信迎谒,因执之,至雒阳,赦为淮阴侯,分楚地为二国,刘交为楚王,刘贾为荆王。十一年,代相陈豨反,高祖自将往征,信在长安,欲发兵袭宫,吕后使武士缚信,斩之。(《汉书》卷三十四《韩信传》)
韩	韩王信	太原郡三十一县	马邑	汉二年,汉立韩襄王之孙信为韩王,王韩故地,都阳翟,竟从破项羽。六年,以太原郡三十一县为韩国,治马邑。是年匈奴入寇,围信,信以马邑降匈奴。七年,上自往击信,信亡走匈奴,高祖乘胜追北,至平城,上白登,为匈奴所围七日,用陈平秘计得出。自是信常为匈奴将兵,往来为边。十一年,信复与匈奴入寇,汉使柴将军击斩信。(《汉书》卷三十三《韩王信传》)
燕	臧荼 卢绾	燕故地又并有辽东	蓟	臧荼故封燕王,又并有辽东地,都蓟。汉二年,韩信欲东击齐,遣使于燕,燕遂以国属汉。五年七月,臧荼反,高祖自将征之,九月,虏荼,立卢绾为燕王,仍都蓟。卢绾,丰人也,与高祖同里,生同日,壮又相爱。高祖已定天下,欲王卢绾,及臧荼灭,遂立绾为燕王。十一年,陈豨反代地,高祖自将往征。十二年,陈豨降将言豨反时,卢绾使人之豨所阴谋。高祖使使召绾,绾称病不行。会高祖疾甚,乃令樊哙击绾,绾与数千人居塞下候伺,幸上疾愈,自入谢。高祖崩,绾亡入匈奴。汉立高祖子建为燕王。绾居胡中,岁余死。(《汉书》卷三十四《卢绾传》)
梁	彭越	魏故地	定陶	彭越常渔巨野泽中为盗。陈胜起,泽间少年相聚百余人,往从越,乃行略地,收诸侯散卒,得千余人。项羽入关,王诸侯,还归。彭越众万余人,无所属。汉乃使人赐彭越将军印,使下济阴以击楚,大破楚军。汉二年,汉王东击楚,彭越将其兵三万余人归汉外黄。汉王乃拜越为魏相国(时魏豹以国属汉),擅将兵,略定梁地。越居梁地,常往来苦楚兵,绝其粮食。五年,项羽死,高祖以越数破楚军,乃以魏故地封之,号曰梁王,都定陶。

续表

国号	姓名	封地	都邑	备　考
				十一年,陈豨反,高祖自往击之,征兵于梁。梁王称病,使使将兵诣邯郸,高祖怒。会有人告越谋反,高祖掩捕梁王,赦以为庶人,立子恢为梁王,徙越于蜀之青衣,西至郑,逢吕后,越泣涕言亡罪。吕后与俱至雒阳,令其舍人告越复谋反,遂夷越宗族。(《汉书》卷三十四《彭越传》)
赵	张耳	赵故地	襄国	汉四年,汉立张耳为赵王,王赵地,都襄国,五年薨,子敖嗣。敖尚高祖长女鲁元公主为王后。七年,高祖从平城过赵,不礼赵王。八年,赵相贯高等耻上不礼其王,阴谋弑上。九年,贯高谋逆发觉,上逮捕高,并捕赵王下狱,以赵王不知其谋,废为宣平侯,立子如意为赵王。(《汉书》卷三十二《张耳传》)
淮南	英布	故九江王地	六	英布故封九江王,汉四年,汉因其故封,改为淮南王,仍都六。五年,布举兵与汉共击楚,破之垓下,项王死。十一年,高后诛韩信,又诛彭越,布大恐,阴令人部聚兵候伺,旁郡警急,其臣贲赫乘传诣长安,言布谋反有端。布族赫家,举兵反。十二年,高祖自将击布,破之,即立子长为淮南王。布走江南,至番阳,为番阳人所杀。(《汉书》卷三十四《英布传》)
长沙	吴芮		临湘	吴芮故封衡山王,项羽侵夺其地,谓之番君。汉灭羽,更封芮为长沙王,都临湘。五年七月,薨,子臣嗣立为王,传四世,至差,无子,国除。(《汉书》卷三十四《吴芮传》)

异姓诸王割据各地,足为汉家之患。高祖恐其生变,次第扑灭之,以其土地分封子弟。末年又刑马为盟,非刘不王,自是而后,封王者限于同姓,无功者异姓也不得封侯①。

---

① 《汉书》卷十八《外戚恩泽侯表》:"誓曰,非刘氏不王,若有亡功非上所置而侯者,天下共诛之。"所以"高后欲立诸吕为王,问(右丞相王)陵。陵曰,高皇帝刑白马而盟曰,非刘氏而王者,天下共击之。今王吕氏,非约也"(《汉书》卷四十《王陵传》)。景帝欲侯王信,丞相周亚夫曰,"高帝约,非刘氏不得王,非有功不得侯。不如约,天下共击之。今信虽皇后兄,无功侯之,非约也"(《汉书》卷四十《周亚夫传》)。

>高祖末年,非刘氏而王者,若无功上所不置而侯者,天下共诛之。
>(《史记》卷十七《汉兴以来诸侯王年表》)

最初同姓为王者共有九国。①

>高祖子弟同姓为王者九国,唯独长沙异姓……为燕、代国……为齐、赵国……为梁、楚、吴、淮南、长沙国。(《史记》卷十七《汉兴以来诸侯王年表》)

汉初同姓诸侯王表②

国名	王名	亲属	辖地	都邑	始封	七国乱前之变迁
齐	肥	高祖子	七十三县	临淄	高祖六年从田肯言,立子肥为齐王。	惠帝二年,齐悼惠王肥献城阳郡,以为鲁元公主汤沐邑。高后元年(时悼惠王已薨,子哀王襄嗣位),割齐之济南郡,立兄子吕台为吕王。六年,割齐之琅琊郡,立营陵侯刘泽(高祖从祖昆弟)为琅琊王。文帝元年,尽以城阳济南琅琊还齐,徙琅琊王泽为燕王。二年(时齐哀王薨,子文王则嗣),割齐之城阳郡,而立朱虚侯刘章(齐悼惠王子)为城阳王,又割齐之济北郡,立东牟侯刘兴居(齐悼惠王子)为济北王(三年反,兵败自杀,国除)。十五年,齐文王薨,无子,文帝分齐为齐、济北、济南、淄川、胶西、胶东六国,尽立齐悼惠王子六人为王。景帝三年,济南、淄川、胶西、胶东四国,同吴楚反。

---

① 长沙王吴芮四传至吴差,文帝后七年差薨,无子,国除。故《汉书》卷十三《异姓诸侯王表》云:"讫于孝文,异姓尽矣。"

② 本表根据《汉书》各本传及有关各表。

续表

国名	王名	亲属	辖地	都邑	始封	七国乱前之变迁
楚	交	高祖同父弟	淮西三十六县		高祖六年,楚王韩信废为淮阴侯,分其地为荆楚二国,立弟交为楚王。	高后元年,分楚地,立张偃为鲁王。偃高后外孙,故赵王敖子。文帝元年废除。楚元王交再传至孙戊,于景帝三年反。
荆（吴）	贾	高祖从父兄	淮东五十三县	吴（广陵）	高祖六年,楚王韩信废为淮阴侯,分其地为荆楚两国,立从父兄贾为荆王。	高祖十一年,淮南王英布反,东击荆,贾与战,为布军所杀。上患吴会稽轻悍,无壮王以填之。诸子幼,乃立兄喜子濞为吴王,王故荆地,景帝三年反。
淮南	长	高祖少子	淮南王英布地	寿春	高祖十一年,淮南王英布反,布亡,即立子长为淮南王。	文帝六年,淮南厉王长无道,废死,淮南为郡。十二年,徙城阳王喜（城阳景王章子）为淮南王。十六年,复以喜为城阳王,分淮南为淮南、衡山、庐江三国,尽立淮南厉王子三人为王。
燕	建	高祖子	燕王卢绾地	蓟	燕王卢绾亡后,十二年,立子建为燕王。	高后七年,燕灵王建薨,高后使人鸩杀其子,而立吕通为燕王。文帝元年,徙琅琊王泽为燕王。
赵	如意	高祖子	赵王张敖地	邯郸	高祖九年,赵王张敖废为宣平侯,徙代王如意为赵王。	惠帝元年,吕太后鸩杀赵隐王如意,徙淮阳王友为赵,是为赵幽王。高后元年,分赵地,置常山国,立惠帝后宫子为王。七年,征赵幽王友至长安,幽死之,徙梁王恢为赵王,是为赵共王。共王自杀,高后立兄子吕禄为赵王。文帝元年,常山归赵,立幽王友子遂为赵王,而取赵之河间,立遂弟辟强为河间王。景帝三年,赵王遂同吴楚反。

续表

国名	王名	亲属	辖地	都邑	始封	七国乱前之变迁
代	喜	高祖兄	五十三县	代	高祖六年立。	高祖七年，匈奴攻代，代王弃国，立子如意为代王。九年，如意徙为赵王。十年，陈豨反。十一年，讨平之，立子恒（文帝）为代王。文帝入即位，二年，分代地，立子武为代王，参为太原王。四年，徙代王武为淮阳王，参为代王尽得故地。
梁	恢	高祖子	分梁王彭越地，又益以东郡	睢阳	高祖十一年，梁王彭越诛，分梁地，立子恢为梁王。	高后七年，赵幽王友死，徙梁王恢王赵，恢自杀，高后立兄子吕产为梁王，而割梁济川郡，立惠帝后宫子为济川王。文帝二年，立少子楫为梁王，是为梁怀王。十一年，薨，无后，徙淮阳王武王梁，是为梁孝王。
淮阳	友	高祖子	分梁王彭越地，又益以颍川郡	陈	高祖十一年，梁王彭越诛，分梁地，立子友为淮阳王。	惠帝元年，赵隐王如意死，徙淮阳王友王赵，淮阳为郡。高后元年，立惠帝后宫子为淮阳王。文帝即位，淮阳为郡。四年，复置淮阳国，徙代王武王淮阳。十一年，又徙为梁王，淮阳为郡。景帝二年，又置淮阳国，立子余为淮阳王。

王国之地甚大。

藩国大者夸州兼郡，连城数十。（《汉书》卷十四《诸侯王表》）

诸侯王在其领土之内有许多权限，第一为行政权。

藩国官室百官，同制京师。（《汉书》卷十四《诸侯王表》）
诸侯王高祖初置，金玺盭绶，掌治其国。有太傅辅王，内史治国民，中尉掌武职，丞相统众官，群卿大夫都官如汉朝。《补注》王先谦曰，汉初立诸王,因项羽所立诸王之制,其官职,傅为太傅,相为丞相,又有御史大夫及诸卿,皆秩二千石,百官皆如朝廷。(《汉书》卷十九《百官公卿表上》)

除丞相外,群卿众官皆由诸侯王自除。①

> 诸侯得自除御史大夫群卿以下众官,如汉朝,汉独为置丞相。(《汉书》卷三十八《高五王传》赞曰)

群卿众官既由诸侯王自除,汉所置者只有丞相,何能依丞相以控制百官,由百官之控制,而控制藩国的政治?所以不久之后,跋扈的诸侯王便逐汉所置丞相,而自除之。②

> 薄昭……予厉王书,谏数之曰……汉法,二千石缺,辄言汉补,大王逐汉所置,而请自置相、二千石。皇帝骫天下正法,而许大王甚厚。(《汉书》卷四十四《淮南厉王长传》)

诸侯王"掌治其国",而群卿众官又由诸侯王自置,所以汉初王国的行政权属于诸侯王。

> 汉兴,诸侯王皆自治民聘贤。(《汉书》卷五十一《邹阳传》)
> 往者,诸侯王断狱治政。(《汉书》卷八十六《何武传》)

第二为财政权,诸侯王在其领土之内,得征收赋税。

---

① 即如王先谦所云:"国家唯为置丞相,其御史大夫以下,皆自置之。"(《汉书》卷十九《百官公卿表上》补注)
② 由薄昭之书固然可以知道文帝屈法,许厉王自除丞相。而依汉法,二千石缺,似亦由皇帝补之。《汉书》卷三十八《齐悼惠王传》云:"始悼惠王得自置二千石。"此固可以反证二千石本来是由皇帝任命的。这与上述《高五王传》赞所谓"汉独为置丞相",似有矛盾。其应如何解释,当考。

> （十二年）三月，诏曰，吾立为天子，帝有天下，十二年于今矣……其有功者，上致之王，次为列侯，下乃食邑，而重臣之亲或为列侯，皆令自置吏，得赋敛。（《汉书》卷一《高帝纪下》）

一切赋税均归诸侯王所有，未曾缴入中央的仓廪府库。中央每年漕运关东之粟以济朝廷之用，不过数十万石。

> 汉兴……山川、园池、市肆、租税之入，自天子以至封君汤沐邑，皆各为私奉养，不领于天子之经费（师古曰，言各收其所赋税以自供，不入国朝之仓廪府库也）。漕转关东粟以给中都官，岁不过数十万石。（《汉书》卷二十四《食货志上》）

到了后来，有野心的诸侯王且得铸钱煮盐，收其利以供国用，同时又市惠于民，免其赋税。

> （吴王）濞盗铸钱，煮海水为盐，以故无赋，国用富饶……其居国，以铜盐故，百姓无赋，卒践更辄与平贾。（《汉书》卷三十五《吴王濞传》）

第三为军事权，郡国的兵本来属于中央。

> 郡国之兵，其制则一，有列郡，有王国，有侯国。郡有守，有都尉，都尉佐太守典武。其在王国，则相比郡守，中尉比都尉。侯国有相，秩比天子令长。每岁郡守尉教兵，则侯国之相与焉。侯国之兵既属之郡，而王国之兵亦天子所有……防微杜渐，皆所以尊京师也。（《文献通考》卷一百五十《兵制》引易氏曰）

非有天子的虎符，不得调发。

郡国之兵，必有虎符，而后可发。(《文献通考》卷一百五十六《郡国兵》)

诸吕作乱，齐王与中尉魏勃阴谋发兵，魏勃绐齐相召平曰，"王欲发兵，非有汉虎符验也"(《汉书》卷三十八《齐悼惠王肥传》)。武帝建元三年，闽越举兵围东瓯，东瓯告急于汉，上曰"吾新即位，不欲出虎符发兵郡国，乃遣助(严助)以节发兵会稽"(《汉书》卷六十四上《严助传》)，即其例也。所谓虎符，据沈钦韩说：

> 以铜为符，铸虎为饰，中分之，颁其右，而藏其左，起军旅时，则出以合中外之契。(《汉书》卷六十四上《严助传》补注)

固然《史记》(卷十《文帝纪》)、《汉书》(卷四《文帝纪》)均云：文帝二年九月初，与郡国守相(《汉书》作郡守)为铜虎符。关此胡三省说：

> 既有初字，则前此未有铜虎符也。召平、魏勃事在前，何缘有铜虎符。(《汉书》卷三十八《齐悼惠王传》补注)

但是战国时代信陵君曾窃得虎符，而发晋鄙之军。

> (侯嬴)曰，嬴闻晋鄙之兵符常在王卧内，而如姬最幸，出入王卧内，力能窃之……公子诚一开口请如姬，如姬必许诺，则得虎符，夺晋鄙军，北救赵，而西却秦，此五霸之伐也。(《史记》卷七十七《魏公子传》)

可知虎符之制由来已久，并不是始自汉文帝二年。《史记》《汉书》所以有"初"字者，大率因为文帝二年才以铜为之。魏勃只云虎符，不云铜虎符，胡三省未曾注意铜字，故有"召平、魏勃事在前，何缘有铜虎符"之言。

汉代初年虽然利用虎符，使诸侯王不得擅自调动军队。但诸侯王在其领土之内，既有其土地，又有其人民，又有其财赋，中央鞭长莫及。而掌武事的中尉又由诸侯王自置，诸侯王当然可以利用行政权和财政权，控制军队，使其

变为藩国的私兵。一旦发生变乱,不但能够调动军队,且又能够组织军队,而作叛上的事。例如:

> 七国之发也,吴王悉其士卒,下令国中曰,寡人年六十二,身自将。少子年十四,亦为士卒先。诸年上与寡人同,下与少子等,皆发。(发)二十余万人。(《汉书》卷三十五《吴王濞传》)

第四为纪年权。统一的国家须有统一的纪年。换言之,中央须有颁正朔的权。汉初,王国各自纪年,不用天子的年号,顾炎武说:

> 汉时诸侯王得自称元年。《汉书·诸侯表》,楚王戊二十一年孝景三年,楚王延寿三十二年地节元年之类是也……又考汉时不独王也,即列侯于其国中亦得自称元年。《史记·高祖功臣侯年表》,高祖六年平阳懿侯曹参元年,孝惠六年靖侯窋元年,孝文后四年简侯奇元年是也。(《日知录》卷二十《年号当从实书》)

赵翼亦说:

> 三代诸侯各自纪年……至汉犹然。《史记》诸侯王世家,纪年不用帝号,而仍以诸侯王之年纪事。如《楚元王传》,元王子戊二十一年,景帝之三年也。又《梁孝王传》,十四年入朝,二十二年孝文帝崩,二十四年入朝,二十五年复朝,最后云梁共王三年景帝崩,是转以侯国岁年,记天子之事矣。(《廿二史札记》卷二《汉时诸王国各自纪年》)

诸侯王有此四种权限,所以西汉初年王国的地位无异于周的诸侯。在惠帝吕后之时,诸侯王因"吕后为人刚毅,佐高祖定天下,所诛大臣多吕后力"(《史记》卷九《吕后本纪》),当然不敢有所动作,而户口减耗,财政困难,亦不能有所动作。楚汉分争之际,丁壮苦军旅,老弱罢转饷,项羽既亡,天下户口比之秦时减耗不少。例如：

> 高帝南过曲逆，上其城，望室屋甚大，曰壮哉县！吾行天下，独见雒阳与是耳。顾问御史，曲逆户口几何？对曰，始秦时三万余户，间者兵数起，多亡匿，今见五千余户。(《汉书》卷四十《陈平传》)

古者国之强弱贫富乃以户口多寡为标准，多则田垦而税增，丁多而役众。户口锐减，中央与地方均感觉财政困难。

> 汉兴，接秦之弊，诸侯并起，民失作业，而大饥馑。凡米石五千，人相食，死者过半……天下既定，民亡盖臧，自天子不能具醇驷，而将相或乘牛车。(《汉书》卷二十四《食货志上》)

因之，不问中央或地方无不设法增加户口，并培养人民的担税能力。其法则为与民休息，为政多尚无为。在中国，最能了解黄老主义，而又能应用于政治之上者莫如西汉初年的君臣。《老子》云："道常无为，而无不为，侯王若能守之，万物将自化。"(《老子》第三十七章)《史记正义》云："无为者清净也，无不为者生育万物也。"(《史记》卷一百三十《太史公自序》)侯王能够清静无为，社会自会进步，而如《老子》所云："为无为，则无不治。"(《老子》第三章)"周秦之敝，罔密文峻，而奸轨不胜"(《汉书》卷五《景帝纪》赞曰)，而六国兼并，继以刘项之争，大乱之后，人民均欲休息乎无为。即在西汉初年，人民所希望于政府者不是积极的建设，而是消极的休息。因为建设太多，法令必因之烦碎，赋税必因之加重。《老子》云："法令滋章，盗贼多有。"(《老子》第五十七章)又云："民之饥，以其上食税之多，是以饥。"(《老子》第七十五章)法令简单，赋税减省，则"民乐其业"，而"畜积岁增，户口浸息"(《汉书》卷二十三《刑法志》)了。所以《老子》又说："我无为而民自化，我好静而民自正，我无事而民自富，我无欲而民自朴。"(《老子》第五十七章)黄老主义用于大乱之后，功效甚大，其宗旨与欧洲十八世纪之自由放任思想有些相似，并不是说全国上下嬉戏遨游，无所事事。

西汉初年藩国诸侯无不拊循其民。

> 孝惠、高后时,天下初定,郡国诸侯各务自拊循其民。(《汉书》卷三十五《吴王濞传》)

拊循方法则依黄老主义。例如:

> 孝惠元年……以(曹)参为齐丞相。……天下初定,悼惠王富于春秋。参尽召长老诸先生,问所以安集百姓。而齐故诸儒以百数,言人人殊,参未知所定。闻胶西有盖公,善治黄老言,使人厚币请之。既见盖公,盖公为言治道贵清静,而民自定,推此类具言之。参于是避正堂舍,盖公焉。其治要用黄老术,故相齐九年,齐国安集,大称贤相。(《汉书》卷三十九《曹参传》)

中央亦然。

> 孝惠、高后之时,海内得离战国之苦,君臣俱欲无为,故惠帝拱己,高后女主制政不出房闼,而天下晏然,刑罚罕用,民务稼穑,衣食滋殖。(《汉书》卷三《高后纪》赞曰)
>
> 当孝惠、吕后时,百姓新免毒蠚,人欲长幼养老。萧曹为相,填以无为,从民之欲,而不扰乱,是以衣食滋殖,刑罚用稀。及孝文即位,躬修玄默,劝趣农桑,减省租赋。而将相皆旧功臣,少文多质,惩恶亡秦之政,论议务在宽厚……吏安其官,民乐其业,畜积岁增,户口浸息。(《汉书》卷二十三《刑法志》)

武帝初年,黄老之言还有势力。

> (窦)太后好黄老之言,而魏其(窦婴,时为丞相)、武安(田蚡,时为太

尉)、赵绾(时为御史大夫)、王臧(时为郎中令)等务隆推儒术,贬道家言,是以窦太后滋不说魏其等。及建元二年……窦太后……罢逐赵绾、王臧等,而免丞相、太尉。(《史记》卷一百七《魏其武安侯传》)

在黄老主义之下,一方劝课农桑,而尤注意田租之减少,借以培养税源。

汉兴……天下既定……上(高祖)于是约法省禁,轻田租,什五而税一,量吏禄,度官用,以赋于民。(《汉书》卷二十四上《食货志》)

文帝十二年,赐农民今年租税之半。(《汉书》卷四《文帝纪》)

文帝十三年,除民之田租。(《汉书》卷四《文帝纪》)

景帝二年,令民半出田租,三十而税一。(《汉书》卷二十四上《食货志》)

同时讲求生殖政策,以谋户口的蕃息,就是一方对于产子者免其徭役。

高帝七年十二月,诏民产子,复勿事二岁。(《汉书》卷一下《高祖纪》)

他方对于不嫁者增其口税。

(惠帝)六年冬十月辛丑……女子年十五以上至三十不嫁,五算。注引应劭曰……欲人民繁息也。汉律,人出一算,算百二十钱。(《汉书》卷二《惠帝纪》)

数十年休养生聚,国民经济渐次复兴,而王国也日益富裕起来,例如侯国,初封之时,"大侯不过万家,小者五六百户";景帝时代,"列侯大者至三四万户,小国自倍,富厚如之"(《汉书》卷十六《高惠高后孝文功臣表》)。列侯如斯,王国也是一样,例如:

齐临菑十万户,市租千金,人众殷富,巨于长安。(《汉书》卷三十八《齐悼

惠王传》)

诸侯王富厚之后,"小者淫荒越法,大者睽孤横逆"(《汉书》卷十四《诸侯王表》),而如贾谊所说:

> 诸王虽名为臣……虑亡不帝制而天子自为者,擅爵人,赦死罪,甚者或戴黄屋,汉法令非行也。(《汉书》卷四十八《贾谊传》)

于是中央与王国就发生了冲突。其冲突除政治原因之外,尚有经济原因。王国羡慕中央的财富,要开拓疆土,占领中央的府库;中央渴想王国的财产,要统一海宇,没收王国的蓄藏。各种危机就由此发生。文帝时代贾谊已经提议分封。贾谊说:

> 欲天下之治安,莫若众建诸侯而少其力。力少则易使以义,国小则亡邪心。令海内之势如身之使臂,臂之使指,莫不制从。诸侯之君不敢有异心,辐凑并进而归命天子,虽在细民,且知其安……割地定制,令齐、赵、楚各为若干国,使悼惠王、幽王、元王之子孙毕以次各受祖之分地,地尽而止,及燕、梁它国皆然……一寸之地,一人之众,天子亡所利焉……地制一定,宗室子孙莫虑不王,下无倍畔之心,上无诛伐之志……卧赤子天下之上而安,植遗腹,朝委裘,而天下不乱……陛下谁惮,而久不为此?

(《汉书》卷四十八《贾谊传》)

只因文帝是由功臣迎立,功臣势力甚大,文帝不能不倚仗同姓诸侯,牵制功臣,所以未曾施行贾谊之计。后来功臣死亡将尽,遂依贾谊之策,分齐为六,淮南为三[①]。

[①] 分齐为六者,谓分为齐、济北、济南、淄川、胶西、胶东也。城阳早已分封,故只言六国。分淮南为三者,谓分为淮南、衡山、庐江也。二者均在文帝十六年。

> 齐文王薨,亡子。文帝思贾生之言,乃分齐为六国,尽立悼惠王子六人为王。又……分淮南为三国,尽立厉王三子以王之。(《汉书》卷四十八《贾谊传》)

景帝时代,晁错又建削地之义。晁错说:

> 昔高帝初定天下,昆弟少,诸子弱,大封同姓……齐七十余城……楚四十余城……吴五十余城。封三庶孽,分天下半……今削之亦反,不削之亦反。削之,其反亟祸小;不削,反迟祸大。(《汉书》卷三十五《吴王濞传》)

景帝从错之计,实行削地,而引起七国(吴、楚、济南、淄川、胶西、胶东、赵)之反。七国除赵之外,均在东方,西有梁及淮南、淮阳阻其进攻汉郡。当时淮南分为三国,无不附汉。

> 吴楚七国反,吴使者至淮南,王欲发兵应之。其相曰,王必欲应吴,臣愿为将。王乃属之。相已将兵,因城守,不听王而为汉……吴使者至庐江,庐江王不应……至衡山,衡山王坚守无二心。(《汉书》卷四十四《淮南厉王长传》)

而淮阳王余又为景帝之子,梁王武复为景帝之同母弟,两人均不愿叛汉而附吴楚,这是七国叛变不能成功的原因。贾谊说过,"梁足以扞齐赵,淮阳足以禁吴楚"(《汉书》卷四十八《贾谊传》),就当时的形势说,七国欲逐鹿中原,不是由梁进兵,便须由赵进攻。但是梁王坚守睢阳,使吴楚的兵不敢西向。

> 吴楚七国反,先击梁棘壁,杀数万人。梁王城守睢阳,而使韩安国、张羽等为将军,以距吴楚。吴楚以梁为限,不敢过而西。(《汉书》卷四十七《梁孝王武传》)

赵为七国之一,其他与王畿相接。吴楚之兵若能越齐至赵,疾趋河内,则进可以据雒阳,而窥关中;退可以守荥阳,而食敖仓之粟。但是七国战术与此不同,吴楚忙于攻梁,梁既坚守睢阳;济南、淄川、胶西、胶东四国忙于攻齐,而汉又遣栾布救齐,故均不能发兵助赵。赵王欲待吴楚俱进,而郦寄之兵已至邯郸城下。

> 吴楚反,(赵王)遂与合谋起兵……发兵住其西界,欲待吴楚俱进……汉使曲周侯郦寄击之,赵王城守邯郸,相距七月。(《汉书》卷三十八《赵幽王友传》)

这个时候,汉又遣窦婴屯荥阳,监齐赵兵,而命周亚夫击吴楚。亚夫出武关,抵雒阳,过荥阳,至昌邑,坚壁不战,而使轻骑偷袭吴楚后路,绝其粮道,于是吴楚败散,七国之乱遂平。

乱事既平,景帝又实行下列各种政策,以削弱诸侯王的权力。

一是剥夺诸侯王的行政权。景帝中五年,令诸侯王不得复治国,天子为置吏(《汉书》卷十九上《百官公卿表》)。王国官吏本来除丞相外,均由诸侯王自除。吴楚乱后,先剥夺其置二千石的权,《汉书》(卷五十二)《韩安国传》,梁王以至亲,故得自置相二千石,可知二千石应由中央任命。次又只许诸侯王自置吏四百石以下。《汉书》(卷四十四)《衡山王赐传》注引汉仪注"吏四百石已下,自除国中",即其证也。而诸侯王之不奉法者,吏二百石以上,亦由中央任命。例如《衡山王赐传》,内史言王不直,有司请逮治衡山王,上不许,为置吏二百石以上,注引如淳曰:"以王之恶,天子皆为置。"

二是减黜诸侯王的官吏。汉初,藩国百官同制京师。(《汉书》卷十四《诸侯王表》)景帝中五年,改丞相曰相,省御史大夫、廷尉、少府、宗正、博士官、大夫、谒者、郎诸官,长丞皆损其员。(《汉书》卷十九上《百官公卿表》)

三是分封诸侯王的土地。赵分为六,即分为赵及河间、广川、中山、常山、清河六国。梁分为五,即分为梁及济阴、济川、济东、山阳五国。①

---

① 见《史记》卷十七《汉兴以来诸侯王年表》,《集解》引徐广曰。《汉书》卷十四《诸侯王表》,亦有赵分为六,梁分为五之言。但师古之注误以武帝时所封之国名为景帝时分封之国名。赵分为六完成于景帝中四年,梁分为五乃景帝中六年之事。

但是诸侯王拥地尚广,例如吴楚乱平之后,梁孝王武尚有四十余城,多大县(《汉书》卷四十七《梁孝王武传》),因之他的生活亦不免于僭越。

(梁孝王武)得赐天子旌旗,从千乘万骑,出称警,入言跸,拟于天子。招延四方豪桀,自山东游士莫不至。(《汉书》卷四十七《梁孝王武传》)

所以武帝时代,主父偃又提议推恩分封。主父偃说:

古者诸侯地不过百里,强弱之形易制。今诸侯或连城数十,地方千里,缓则骄奢,易为淫乱,急则阻其强而合从,以逆京师。今以法割削,则逆节萌起,前日晁错是也。今诸侯子弟或十数,而适嗣代立,余虽骨肉,无尺地之封,则仁孝之道不宣。愿陛下令诸侯得推恩,分子弟,以地侯之。彼人人喜得所愿,上以德施,实分其国,必稍自销弱矣。(《汉书》卷六十四上《主父偃传》)

主父偃之说即贾谊众建诸侯之意。然众建是由上令而行之,推恩则本下情而行之,所以一经武帝采用,诸侯王的子弟无不人人自喜,嫡嗣虽欲反对,势有所不能。于是前之夸州兼郡、连城数十者,现在大国不过十余城,小侯不过数十里,诸侯王的势力完全摧毁。

天子……使诸侯得推恩,分子弟国邑……诸侯稍微,大国不过十余城,小侯不过数十里,上足以奉贡职,下足以供养祭祀,以蕃辅京师。而汉郡八九十,形错诸侯间,犬牙相临,秉其厄塞地利,强本干、弱枝叶之势。(《史记》卷十七《汉兴以来诸侯王年表》)

王国已经削弱,而朝廷又定了许多制度,压迫王国。例如:

宗室不宜典三河。(《汉书》卷三十六《刘歆传》)

> 初汉制，王国人不得在京师。(《汉书》卷七十一《彭宣传》)
>
> 诸侯国人不得宿卫。(《汉书》卷七十一《彭宣传》)

此皆出于防微杜渐之意。自是而后，诸王便和列侯一样，唯得衣食租税，不与政事，而贫者且乘牛车。

> 诸侯惟得衣食租税，不与政事。至于哀平之际，皆继体苗裔，亲属疏远，生于帷墙之内，不为士民所尊，势与富室亡异。(《汉书》卷十四《诸侯王表》)
>
> 自吴楚诛后，稍夺诸侯权……其后诸侯唯得衣食租税，贫者或乘牛车。(《汉书》卷三十八《高五王传》赞曰)

王国地位降与郡同，中央集权遂告成功。

第三节
列侯的没落与官僚政治的成立

汉承秦制,固然"尊君抑臣"(《史记》卷二十三《礼书》)。但是高祖起自匹夫,其登帝位是由功臣拥戴,功臣宿将心常鞅鞅。吕后说:

诸将故与帝为编户民,北面为臣,心常鞅鞅。

(《汉书》卷一下《高帝纪》)

高祖为了安慰他们,不能不割裂疆土,封为列侯。列侯是爵之最高者,《表》云:"爵一级曰公士……十九关内侯,二十彻侯……避武帝讳,曰通侯,或曰列侯。"颜师古注关内侯曰:"言有侯号,而居京畿,无国邑。"(《汉书》卷十九上《百官公卿表》)如淳谓"列侯出关就国,关内侯但爵耳"(《汉书》卷三《高后纪》八年)。高祖十二年,诏言列侯"自置吏,得赋税"(《汉书》卷一下《高帝纪》)。可知当初列侯不但食户税,且得治其吏民。文帝二年,"令列侯之国",其目的乃在于外放丞相周勃(《汉书》卷四《文帝纪》二年及三年)。而到了武帝初年,列侯还是"皆不欲就国"(《汉书》卷五十二《田蚡传》)。此盖"列侯所食县曰国"(《汉书》卷十九上《百官公卿表》),"就国"不过为百里之宰,且须受郡守的监督,所以列侯事实上均在京师,而与藩国不同。藩国封土授民,列侯分户受租。诸王在外,列侯在内,乃以收牵制之效。列侯在朝廷内颇有势力。吕后崩殂,诸吕犹豫不敢发乱,即因畏惧列侯。

> 当是时,诸吕用事擅权……畏高帝故大臣绛、灌等,未敢发。(《史记》卷九《吕后纪》)

诸吕既诛,同姓之中朱虚侯刘章之功最伟,其兄齐王襄不得入承大统,为天子的乃是代王恒(文帝),也是由于列侯决定。

> 吕禄、吕产欲作乱……朱虚侯章……首先斩吕产,太尉勃(周勃)等乃尽诛诸吕……大臣议欲立齐王,皆曰母家驷钧(齐王舅)恶戾,虎而冠者也。访以吕氏故,几乱天下,今又立齐王,是欲复为吕氏也。代王母家薄氏君子长者,且代王高帝子,于今见在最为长,以子则顺,以善人则大臣安。于是大臣乃谋迎代王。(《汉书》卷三十八《高五王传》)

最初代王不敢入京,到了冯翊之后,还令人先至长安观变,既知大臣之有诚意,然后入京师就位。

> 丞相陈平、太尉周勃、朱虚侯刘章等……使人迎代王。郎中令张武等议,皆曰,汉大臣皆故高帝时将,习兵事,多谋诈,其属意非止此也,特畏高帝、吕太后威耳。今已诛诸吕,新喋血京师,以迎大王为名,实不可信。愿称疾无往,以观其变。中尉宋昌进曰……方今高帝子独淮南王与大王,大王又长,贤圣仁孝闻于天下,故大臣因天下之心而欲迎立大王,大王勿疑也。代王……计犹豫未定……乃遣太后弟薄昭见太尉勃,勃等具言所以迎立王者。昭还报曰,信矣,无可疑者。代王……乘六乘传,诣长安,至高陵止,而使宋昌先之长安观变。昌至渭桥,丞相以下皆迎。昌还报,代王乃进至渭桥。群臣拜谒称臣……遂即天子位。(《汉书》卷四《文帝纪》)

观此故事,可知列侯势力之大。汉在武帝以前,丞相必以列侯任之。

先是汉常以列侯为丞相。(《汉书》卷五十八《公孙弘传》)

丞相代表列侯，统宰百揆，借以牵制天子的专擅，所以西汉虽是君主政治，而在武帝以前，却不是君主专制，而是天子与列侯的共和政治。

高惠吕后文景时代丞相表①

时代	姓名	侯号	
高祖	萧何	酂侯	佐高祖平定天下，功第一，高祖六年封侯。
惠帝	萧何		
	曹参	平阳侯	以军功，高祖六年封侯。
	王陵	安国侯	以军功，高祖六年封侯。
	陈平	曲逆侯	出奇计，定天下，高祖六年封侯。
吕后	陈平		
	审食其	辟阳侯	侍吕后、孝惠入楚，高祖六年封侯。
文帝	周勃	绛侯	以军功，高祖六年封侯。
	陈平		
	灌婴	颍阴侯	以军功，高祖六年封侯。
	张苍	北平侯	为郡国守相有功，高祖六年封侯。
	申屠嘉	故安侯	从高祖击项羽，文帝元年封关内侯，及为丞相，因故邑，封为故安侯。
景帝	申屠嘉		
	陶青	开封侯	父陶舍以军功，高祖十一年封开封侯，十二年舍薨，青嗣。
	周亚夫	条侯	周勃子，文帝十一年勃薨，子胜之嗣，十六年坐杀人死，国除。文帝后二年乃择勃子亚夫，封为条侯。
	刘舍	桃侯	父刘襄本项氏，项羽死，赐姓刘氏，高祖十一年封侯，文帝十年襄薨，舍嗣。
	卫绾	建陵侯	以击吴楚军，景帝六年封侯。

① 本表见《汉书》各本传及有关各表。

续表

时代	姓名	侯号	
武帝	窦婴	魏其侯	以扞破吴楚七国功,景帝三年封侯。
	许昌	柏至侯	祖许盎以军功,高祖七年封侯,文帝元年盎薨,禄嗣,十五年禄薨,昌嗣。
	田蚡	武安侯	以皇太后同母弟,景帝后三年封侯。
	薛泽	平棘侯	祖薛欧以军功,高祖六年封广平侯,高后元年欧薨,山嗣,文帝后三年山薨,泽嗣。景帝中三年有罪免,中五年泽复封为平棘侯。
	公孙弘	平津侯	据《汉书》卷十八《外戚恩泽表》,元朔三年弘封为平津侯。据《汉书》卷十九《百官公卿表》,元朔五年弘为丞相。是则封侯在先,为相在后也。此与《公孙弘传》所言者殊。大率《外戚恩泽表》所载之元朔三年乃元朔五年之误。

列侯衣租食税,固然与诸侯王不同,不能成为反抗中央的势力,而其势却可以迫主。列侯所食的租税以户税为主,每户一岁二百。①

秦汉之制,列侯封君食租税,岁率户二百。千户之君则二十万,朝觐聘享出其中。(《汉书》卷九十一《货殖传》)

最初大侯不过万家,小侯五六百户。文景之世,流民既归,户口亦息,列侯大者有三四万户,小者亦增加一倍。

汉兴……八载而天下乃平,始论功而定封……时大城名都,民人散亡,户口可得而数,裁什二三。是以大侯不过万家,小者五六百户……逮文景四五世间,流民既归,户口亦息,列侯大者至三四万户,小国自倍,富

---

① 据钱大昕研究,"列侯封户虽有定数,要以封界之广狭,定租入之多寡,不专以户数为定也"。见《汉书》卷八十一《匡衡传》补注。

厚如之。（《汉书》卷十六《高惠高后文功臣表》）

他们生活无须依靠国家的禄俸，因之他们无须仰承朝廷的鼻息，俨然成为一个势力，足以对抗天子。文帝即位之初，即设法减少列侯迫主之势。例如：

> 二年冬十月……诏曰……今列侯多居长安，邑远，吏卒给输费苦，而列侯亦无由教训其民。其令列侯之国，为吏及诏所止者，遣太子。（《汉书》卷四《文帝纪》）
>
> 三年十一月……诏曰……前日诏遣列侯之国，辞未行。丞相朕之所重，其为遂（朕）率列侯之国，遂免丞相勃，遣就国。（《汉书》卷四《文帝纪》）

但是物盛必衰，一方列侯数传之后，不知祖先立业之艰难，难免骄奢淫逸。

> 子孙骄逸，忘其先祖之艰难。（《汉书》卷十六《高惠高后文功臣表》）
>
> 宗室有土，公卿大夫以下争于奢侈，室庐车服僭上亡限。（《汉书》卷二十四上《食货志》）

同时农村之中，发生兼并的现象，土地渐次集中起来。

> 于是罔疏而民富，役财骄溢，或至并兼豪党之徒以武断于乡曲。（《汉书》卷二十四上《食货志》）

土地兼并，农民流亡，税户因之减少，列侯的户税自亦随之减少。列侯入不敷出，只有借债。但是借债只能挽救一时之急，接着而来的则为更甚的贫穷。这个时候又有吴楚之乱，中央政府为了讨伐吴楚，乃使列侯从军，令其赍粮而出，列侯贫穷，又须借债，其息十倍。

吴楚兵之起,长安中列侯封君行从军旅,赍贷子钱家。子钱家以为关东成败未决,莫肯予。唯母盐氏出捐千金贷,其息十之。三月,吴楚平。一岁之中,则母盐氏息十倍,用此富关中。(《汉书》卷九十一《货殖传》)

乱事平定之后,不但藩国失去势力,便是列侯也更贫穷。列侯经济上既然破产,便不能不依靠朝廷的禄俸和赏赐,以维持一家的生活。生活既然依靠朝廷,于是政治上又须忍受皇帝的压迫。武帝时候常假酎金之名,褫夺列侯的爵。

(元鼎五年)九月,列侯坐献黄金酎祭宗庙不如法,夺爵者百六人。注引如淳曰,《汉仪》注,诸侯王岁以户口酎黄金于汉庙,皇帝临受献金。金少不如斤两,色恶,王削县,侯免国。(《汉书》卷六《武帝纪》)

或委以太常之职,而乘机以罪废之。

汉自武帝以后,丞相无爵者乃封侯,其次虽御史大夫亦不以爵封为间。唯太常一卿必以见侯居之,而职典宗庙园陵,动辄得咎。由元狩以降,以罪废斥者二十人,意武帝阴欲损侯国,故使居是官以困之尔。(《容斋随笔》卷七《汉晋太常》)

计武帝之世,或因树功异域,或因推恩分封,封侯者固然不少,而皆不旋踵就被褫爵夺地。

孝武之时,侯者虽众,率是不旋踵而褫爵夺地。方其外事四夷,则上遵高帝非功不侯之制,于是以有功侯者七十五人,然终帝之世失侯者已六十八人,其能保者七人而已。及其外削诸侯,则采贾谊各受其祖之分封之说,于是以王子侯者一百七十五人,然终帝之世失侯者已一百一十三人,其能保者五十七人而已。外戚恩泽侯者九人,然终帝之世失侯者已六人,其能保者三人而已。(《文献通考》卷二百六十七《西汉功臣侯》)

列侯失去势力,于是政治上又发生了一个变化,前此有功者方得封侯,封侯者方得为相。现在任谁都可以为相,而为相之后,任谁都得封侯了。即前此须有功而后封侯,封侯而后得为相,现在可以先为相而后封侯。丞相一职解放于列侯之外,政治更脱掉了贵族的色彩。

至乎孝武,元功宿将略尽……公孙弘自海濒而登宰相,于是宠以列侯之爵……自是之后,宰相毕侯矣。(《汉书》卷十八《外戚恩泽侯表》)

公孙弘……元朔中……为丞相。先是汉常以列侯为丞相,唯弘无爵,上于是下诏曰……封丞相弘为平津侯,其后以为故事,至丞相封,自弘始也。(《汉书》卷五十八《公孙弘传》)

列侯没落,趁此机会攫取官位的则为士人。当春秋战国贵族政治开始崩溃之时,社会上产生了一种人,称为士。他们利用知识以维持自己的生活,又利用知识以取得社会上和政治上的势力,而与土地贵族利用地租以维持自己的生活,又依靠门阀以取得社会上和政治上的势力者,当然不同。他们产生于春秋末季,派别甚多,而其思想均欲治国平天下。治国平天下是政治家的任务,而在古代,人们要用自己的才干,实行治国平天下的抱负,必须取得政权。孔席不暇暖,墨突不得黔,他们如何努力取得政权,观此可以知道。不过春秋时代,士之人数尚少,他们出仕容易,所以在《论语》之中,孔子门人未曾以仕为问题,只唯子张一人才学干禄(《论语·为政》)。到了战国时代,士之人数渐多,由是就发生了生存竞争,而令他们注意到仕的问题,所以在《孟子》之中,孟子门人喜欢问仕,而孟子且以仕为君子的职业。

周霄问曰,古之君子仕乎?孟子曰,仕。传曰,孔子三月无君,则皇皇如也,出疆必载质。公明仪曰,古之人三月无君则吊。三月无君则吊,不以急乎？曰，士之失位也，犹诸侯之失国家也……亦不足吊乎？出疆必载质，何也？曰，士之仕也，犹农夫之耕也。农夫岂为出疆，舍其耒耜哉？《孟子·滕文公下》）

孟子岂但以仕为君子的职业，且又以仕为君子解决生活的方法。

孟子曰，仕非为贫也，而有时乎为贫。（《孟子·万章下》）

士之中有一派称为儒生，他们最初不甚得意，仲尼菜色陈蔡，孟轲困于齐梁，比之苏秦、张仪、范雎、李斯徒步而为相，孙膑、吴起、乐毅、廉颇白身而为将，当然不可同日而语。秦虽破坏贵族政治，而代以官僚政治，但始皇所任用者均是刑名之徒，儒生常受压迫。儒生要分享政权，势非推翻秦室不可。所以陈胜以戍卒发难，儒生即属望甚殷。

陈涉之王也，鲁诸儒持孔子礼器往归之，于是孔甲为涉博士，卒与俱死。陈涉起匹夫，驱适戍以立号，不满岁而灭亡，其事至微浅，然而缙绅先生负礼器往委质为臣者，何也？以秦禁其业，积怨而发愤于陈王也。（《汉书》卷八十八《儒林传序》）

汉兴，高祖奋身于陇亩之中，本来不知庠序之教，而攻城争地，需要斩将搴旗之士，儒生没有用处，所以高祖轻视儒生。

沛公不喜儒，诸客冠儒冠来者，沛公辄解其冠，溺其中。（《汉书》卷四十三《郦食其传》）

例如：

郦生踵军门上谒……使者入通，沛公方洗，问使者曰，何如人也？使

者对曰,状貌类大儒,衣儒衣,冠侧注。沛公曰,为我谢之,言我方以天下为事,未暇见儒生也。(《史记》卷九十七《郦生传》)

(叔孙)通降汉王。通儒服,汉王憎之,乃变其服,服短衣,楚制。汉王喜。(《汉书》卷四十三《叔孙通传》)

天下既定,虽然下诏求贤,并谓"贤士大夫有肯从我游者,吾能尊显之"(《汉书》卷一下《高祖纪》,十一年二月诏)。然而高祖所要求的大率是权术之徒,对于儒生不甚欢迎。

(陆)贾时时前说称诗书。高帝骂之曰,乃公居马上得之,安事诗书?贾曰,马上得之,宁可以马上治乎……高帝不怿,有惭色。(《汉书》卷四十三《陆贾传》)

到了群臣饮酒争功,拔剑击柱,高祖知儒者难与进取,可与守成,遂愿借重儒生,而令叔孙通及其弟子制定朝仪(《汉书》卷四十三《叔孙通传》)。朝仪制定之后,高祖遂能赏识儒生,复因赏识儒生,而愿崇拜孔子,这个过程是必然的。

十二年……十一月……过鲁,以大牢祠孔子。(《汉书》卷一下《高祖纪》)

但是天下初定,"尚有干戈,平定四海,亦未皇庠序之事也"(《汉书》卷八十八《儒林传》序)。所以儒生在政治上尚无势力,叔孙通虽为九卿之一(奉常即太常),而其弟子不过为郎。孝惠、吕后之时,公卿尽是武将功臣。

孝惠、高后时,公卿皆武力功臣。(《汉书》卷八十八《儒林传》)

文帝时代,公卿还是军吏。

汉兴二十余年,天下初定,公卿皆军吏。(《汉书》卷四十二《任敖传》)

而文帝又好刑名之言。

> 孝文本好刑名之言。(《汉书》卷八十八《儒林传序》)

景帝之世,功臣死亡殆尽。但是景帝本来不好儒生,其所引进者大率是申韩之徒,或是黄老之流。

> 及至孝景,不任儒,窦太后又好黄老术,故诸博士具官待问,未有进者。(《汉书》卷八十八《儒林传序》)

吾人观《汉书》所载,文帝时有贾谊,景帝时有晁错。他们两人最肯发表政见,谊虽远谪,错虽被诛,而两人政见大率为文景二帝所采择施行。贾谊曾在河南守吴公门下,吴公故与李斯同邑,而尝学事焉(《汉书》卷四十八《贾谊传》)。晁错学申商刑名于轵张恢生所(《汉书》卷四十九《晁错传》),所以班固说:"贾谊、晁错明申韩。"(《汉书》卷六十二《司马迁传》)此皆可以证明文景时代,朝廷所欢迎的乃是法家学说。

到了武帝时代,中央政府一方削弱藩国而完成国家的统一,他方压迫列侯而提高天子的权力。在这时期,又想讨伐四夷,使国家不受外敌的压迫,于是遂需要一种学说,来证明新政治之合理。而最合时代之需要者则为儒家的学说。秦是变法时代,因为儒生不师今而学古,恐其惑乱黔首,故凡有偶语《诗》《书》弃市,以古非今者族(《史记》卷六《秦始皇本纪》三十四年)。但自叔孙通制定朝仪之后,汉家天子已经知道儒家之不足畏,而且可以利用。武帝要完成伟大的事业,就想利用儒家学说。孔子著《春秋》,尊王攘夷,尊王是谋国家的统一,攘夷是谋国家的独立。孔子说:"微管仲,吾其披发左衽矣。"管仲相桓公,霸诸侯,平戎定襄王之位,伐楚责包茅不入贡于周,即实行尊王攘夷的政策,所以孔子称之。孟子说:"定于一。"这个"一"字可以解释为一人,一人就是天子。儒家学说既是这样,所以汉时学者常常利用《春秋》一书,以说明天子的威权。《春秋》隐公元年有"元年春王正月"之言,《公羊传》说:"何言乎王正月？大一统也。"(《公羊传·隐公元年》)何谓一统？《春秋繁露》说："一统乎天子。"(第十六篇《符瑞》)一统乎天子就是集权于天子之意。儒家学说一经解释，既然适合于当时政治环境的需要，其受武帝欢迎，理之当然。这样，儒家便打倒了百家。请看董仲舒的对策。①

> 春秋大一统者，天地之常经，古今之通谊也。今师异道，人异论，百家殊方，指意不同，是以上亡以持一统，法制数变，下不知所守。臣愚以为诸不在六艺之科、孔子之术者，皆绝其道，勿使并进。邪辟之说灭息，然后统纪可一，而法度可明，民知所从矣。(《汉书》卷五十六《董仲舒传》)

武帝"卓然罢黜百家，表章六经"(《汉书》卷六《武帝纪》赞曰)，经学独占了学术的市场，跟着儒生就渐渐跃上政治舞台了。

> 窦太后崩，武安君田蚡为丞相，黜黄老、刑名百家之言，延文学儒者以百数，而公孙弘以治《春秋》为丞相封侯，天下学士靡然乡风矣……自此以来，公卿大夫士吏彬彬多文学之士矣。(《汉书》卷八十八《儒林传序》)

统一的政治常常要求思想的统一，韩非云："夫冰炭不同器而久，寒暑不兼时而至，杂反之学不两立而治。今兼听杂学谬行同异之辞，安得无乱乎？"(《韩非子》第五十篇《显学》)秦始皇禁私学，"无先王之语，以吏为师"(《韩非子》第四十九篇《五蠹》、《史记》卷六《秦始皇本纪》三十四年)，目的就是要统一思想。但是始皇只

---

① 董仲舒对策之年，《汉书》卷六《武帝纪》，建元元年"冬十月，诏丞相、御史、列侯、中二千石、二千石、诸侯相，举贤良方正直言极谏之士"，未提到对策。元光元年五月，诏贤良曰："朕闻……贤良明于古今王事之体，受策察问，咸以书对，著之于篇，朕亲览焉。"于是董仲舒、公孙弘等出焉。司马光著《资治通鉴》将董仲舒对策之事载在建元元年。后代学者疑而未定，可参阅《汉书》卷六《武帝纪》元光元年补注及卷五十六《董仲舒传》补注，其所以引起学者争论，盖与《董仲舒传》所说"仲舒对策，推明孔氏，抑黜百家，立学校之官，州郡举茂材孝廉，皆自仲舒发之"数语有关。案建元五年置五经博士，元光元年冬十一月初令郡国举孝廉各一人，此皆在元光元年五月董仲舒对策之前。汉在武帝太初元年始用夏正，以春正月为岁首，在此以前，以冬十月为岁首，故元光元年十一月乃在同年五月之前。

要求思想的统一，而又不能拿出一个中心思想，以作思想的准绳，所以我们在历史上只看见始皇摧残思想，未曾看见始皇指导思想。武帝的目的是和始皇一样，而其方法却比始皇高明，用儒家以罢黜百家，就是用仁义以推翻纵横权诈之说，试问谁能反对。其实武帝何曾实行孔孟主义，更何曾重视儒生。案汉儒与宋儒不同，宋儒注重正心诚意，而主张为政之道以"格君心"为本。程颐说："治道从本而言，惟是格君心之非，正心以正朝廷，正朝廷以正百官。"（引自《近思录》卷八《治国平天下之道》）汉儒注重治国平天下之术，对于人主私人生活不甚苛求。贾谊说："人主之行，异布衣。布衣者饰小行，竞小廉，以自托于乡党邑里。人主者，天下安、社稷固不耳"（《新书》卷一《益壤》），"故大人者不怵小廉，不牵小行，故立大便，以成大功。"（《新书》同上）而且当时四夷未宾，制度多阙，上方欲用文武，求之如弗及。故曾下诏征求跅弛之士，待以不次之位。

   （元封五年）诏曰，盖有非常之功，必待非常之人，故马或奔踶而致千里，士或有负俗之累而立功名。夫泛驾之马、跅弛之士亦在御之而已。其令州郡察吏民有茂材异等，可为将相及使绝国者。（《汉书》卷六《武帝纪》）

儒生不过董仲舒（治《春秋》，位至国相）、公孙弘（治《春秋》杂说，位至丞相）、儿宽（治《尚书》，位至御史大夫）三人，而三人又皆"明习文法，以经术润饰吏事"（《汉书》卷八十九《循吏传序》）。按君主所恃以治天下者为刑赏，而如梅福所说："爵禄束帛者天下之砥石，高祖所以厉世摩钝也。"（《汉书》卷六十七《梅福传》）刑赏可以应用，而不可公开主张。口谈仁义，而行用刑赏，所以汉家制度是杂用王霸的。宣帝说：

   汉家自有制度，本以霸王道杂之，奈何纯任德教，用周政乎？（《汉书》卷九《元帝纪》）

儒生虽然有参加政治的机会，而西汉初年得官的须有一种资格，即资产十万以上。景帝末年改为四万。

（景帝后二年）五月，诏曰，今訾算十以上乃得宦，廉士算不必众。有市籍不得宦，无訾又不得宦，朕甚愍之。訾算四得宦，亡令廉士久失职，贪夫长利。（《汉书》卷五《景帝纪》）

按汉代租税有一种称为訾算。服虔云：

訾万钱，算百二十七也。（《汉书》卷五《景帝纪》后二年注引服虔曰）

十算就是十万。应劭云：

十算，十万也。（《汉书》卷五《景帝纪》后二年注引应劭曰）

何以汉代规定资产十万以上方得为宦，汉文帝曾言：

百金，中人十家之产也。（《汉书》卷四《文帝纪》赞曰）

所谓百金乃黄金百斤。

秦以一镒为一金，汉以一斤为一金。（《史记》卷三十《平准书》注引臣瓒曰）

《汉书》云：

黄金重一斤，直钱万。（《汉书》卷二十四下《食货志》）

所以十金十万便是中产之家，中产之人方得为宦，盖如应劭所云：

古者疾吏之贪，衣食足知荣辱，限訾十算乃得为吏。十算，十万也。

(《汉书》卷五《景帝纪》后二年注应劭曰)

然而因此，出身贫穷之家的士就没有为宦的资格了。据姚萧说：

> 此所云宦谓郎也。汉初，郎须有衣马之饰，乃得侍上，故以訾算。张释之云，久宦减仲之产，卫将军青令舍人具鞍马、绛衣、玉具剑是也。汉之士进，大抵郎侍及仕州郡及卿府辟召三途，郎乃宦于皇帝者也。无訾不得宦于皇帝，自可仕郡县及卿府也……应（劭）谓限訾十算乃得为吏，不悟此制不通行于凡吏也。(《汉书》卷五《景帝纪》后二年补注)

但据何焯之言，郎官所以须有訾产，乃因：

> 郎官宿卫亲近，欲其有所顾忌，重于犯法。(《汉书》卷五十七上《司马相如传》补注)

自武帝擢用儒生，"开东阁，延贤人与谋议"(《汉书》卷六十四上《严助传》)之后，大率景帝所定"訾算四得官"之限制也已撤销。朱买臣家贫，常艾薪樵，卖以给食，诣阙上书，武帝即拜为中大夫。(《汉书》卷六十四上《朱买臣传》)主父偃家贫，假贷无所得，上书阙下，朝奏，暮召入见，而为侍中。(《汉书》卷六十四上《主父偃传》)此尚就一般官吏言之，至于郎，固然有訾者得拜为郎①。

> 司马相如……以訾为郎。师古曰……以家财多，得拜为郎也。(《汉书》卷五十七上《司马相如传》)

而为郎者却不需要有訾。例如：

---

① 文帝时，张释之以訾为骑郎。如淳曰，汉法，訾五百万，得为常侍郎。见《汉书》卷五十《张释之传》。

> 翟方进……家世微贱……至京师受经，母……织屦以给，以射策甲科为郎。(《汉书》卷八十四《翟方进传》)

所以姚鼐又云：

> 至武帝建学校、举孝廉后，则郎不必訾算而后登。(《汉书》卷五《景帝纪》后二年补注)

列侯没落，而为宦者又不需要资产资格，宦路公开，儒生有出身的机会。宣帝"虽不甚用儒，然于通经者未尝不加劝诱，亦武帝家法也"(《汉书》卷八《宣帝纪》元康元年补注引何焯曰)。元帝"少而好儒，及即位，征用儒生，委之以政"(《汉书》卷九《元帝纪》赞曰)。自是而后，儒生遂成为政治上的唯一候选人，利禄之徒欲进身于政界，亦唯从事读经。班固云：

> 自武帝立五经博士，开弟子员，设科射策，劝以官禄，讫于元始，百有余年，传业者浸盛，支叶蕃滋，一经说至百余万言，大师众至千余人，盖禄利之路然也。(《汉书》卷八十八《儒林传》赞曰)

政治离开了列侯，离开了资产，固然选才之法未必尽美尽善，而官僚政治却因之完成。

第四节
民族的发展

自周平王东迁之后，中原王朝常受漠北蛮族的压迫。这不是因为中原王朝文弱，而是因为中华文化进步。何以说呢？中原王朝到了周代，完全进化为农耕民族，而漠北民族还是游牧民族。农耕民族与游牧民族接壤比邻，农耕民族常是保守的，而游牧民族则倾向于侵略。因为由农耕民族观之，在农事方忙之时，当然不愿放弃耕地，而去夺取荒地。文物制度既然进步，则蛮荒货物必不会引起他们的兴趣，而一旦发生战争，耕稼乏人，牺牲甚大，农耕民族爱好和平，是理之当然的。反之，游牧民族则逐水草而居，他们没有城廓，为了防御其他民族的袭击，常常练习攻战，生活已经养成好战的性癖，而文化又甚幼稚，看到近邻的农耕民族财物丰富，当然发生羡慕的情绪，他们喜欢侵略，可以说是一种天性。

由三代而至秦汉，为吾国北方大患者都是匈奴。所谓山戎、猃狁、荤粥都是匈奴的别称。匈奴所以能够欺陵中原，据《史记》所载，一是性格上的原因，即汉族以农耕为业，希望和平，匈奴从事游牧，不畏攻战。

匈奴……随畜牧而转移……逐水草迁徙，毋城郭常处耕田之业……其俗，宽则随畜，因射猎禽兽为生业，急则人习战攻以侵犯，其天性也。（《史记》卷一百

十《匈奴传》)

> （中国）力耕桑以求衣食，筑城郭以自备，故其民急则不习战功，缓则罢于作业。（同上）

二是经济上的原因，即汉人以匈奴之地为无用，而匈奴则爱好汉人之财物。

> 匈奴地泽卤，非可居也。（同上）
> 匈奴……嗜汉财物。（同上）

两种民族生活不同，因之发生战争之际，在汉族方面，战败不能远遁，战胜不敢深入。在匈奴方面，战胜可驱其牧畜，入食中原美草，战败则如鸟兽之散，使中国难于追击。秦时李斯已经说过：

> （秦始皇）欲攻匈奴。李斯谏曰，不可。夫匈奴无城郭之居、委积之守，迁徙鸟举，难得而制。轻兵深入，粮食必绝；运粮以行，重不及事。得其地不足以为利，得其民不可调而守也。《汉书》卷六十四上《主父偃传》）

文帝时晁错亦说：

> 胡人衣食之业不着于地，其势易以扰乱边竟。何以明之？胡人食肉饮酪，衣皮毛，非有城郭田宅之归居，如飞鸟走兽于广野，美草甘水则止，草尽水竭则移。以是观之，往来转徙，时至时去，此胡人之生业，而中国之所以离南亩也。（《汉书》卷四十九《晁错传》）

唯在武力上匈奴并不比汉朝为强，晁错以为匈奴有三长技，汉朝有五长技。晁错此言不过欲破除汉人畏惧匈奴的心理而已。《三略》《中略》）云："无使辩士谈说敌美，为其惑众。"盖如《尉缭子》（第五篇《攻权》）所说："夫民无两畏也，畏我侮敌，畏敌侮我。见侮者败，立威者胜。"中华自战国以后，历受匈奴侵略。秦始皇只能筑万里长城,以防胡骑南下。汉高祖往击匈奴,而竟受围于白登,有七日之久。故为振作民气起见,不能不高唱胡不如我。晁错之言如次:

> 今匈奴地形技艺与中国异,上下山阪,出入溪涧,中国之马弗与也。险道倾仄,且驰且射,中国之骑弗与也。风雨罢劳,饥渴不困,中国之人弗与也。此匈奴之长技也。若夫平原易地,轻车突骑,则匈奴之众易挠乱也。劲弩长戟,射疏及远,则匈奴之弓弗能格也。坚甲利刃,长短相杂,游弩往来,什伍俱前,则匈奴之兵弗能当也。材官驺发,矢道同的,则匈奴之革笥木荐弗能支也。下马地斗,剑戟相接,去就相薄,则匈奴之足弗能给也。此中国之长技也。以此观之,匈奴之长技三,中国之长技五。
> (《汉书》卷四十九《晁错传》)

中国所以还受匈奴侵略者,实因国力消耗于内战。春秋战国时代正是中国内乱最剧烈的时代。中国疲于内战,无遑顾到边疆问题,所以戎狄乘间而入。但是始皇统一天下之后,中国不但不受匈奴之压迫,反而能够压迫匈奴。只因始皇讨伐匈奴,其动机在恐"亡秦者胡也",所以对付匈奴的政策乃是消极的防御,不是积极的进攻。换言之,始皇将匈奴驱逐出一定境界之后,就停止进攻,唯筑万里长城,防其来寇,并没有犁庭扫穴,一举而剿灭之。所以始皇死后,天下分崩,匈奴又乘隙而入。

> 秦灭六国,而始皇帝使蒙恬将十万之众北击胡,悉收河南地,因河为塞,筑四十四县城临河,徙适戍以充之……匈奴单于曰头曼,头曼不胜秦,北徙。十余年而蒙恬死,诸侯畔秦,中国扰乱,诸秦所徙适戍边者皆复去。于是匈奴得宽,复稍度河南,与中国界于故塞……冒顿自立为单于……灭东胡王……西击走月氏,南并楼烦、白羊河南王。悉复收秦所使蒙恬所夺匈奴地者……侵燕代。是时汉兵与项羽相距,中国罢于兵革,以故冒顿得自强,控弦之士三十余万。(《史记》卷一百十《匈奴传》)

汉兴,接秦之敝,经济崩溃,财政穷困,当然没有能力对付匈奴。而匈奴既夺取河南之地,遂由河南地,进窥关中。此际汉的政策,一是徙民关中,以巩固关中的国防。这是刘敬建议的。

> 高帝罢平城归……使(刘)敬往结和亲约。敬从匈奴来,因言匈奴河南白羊、楼烦王,去长安近者七百里,轻骑一日一夕可至。秦中新破,少民,地肥饶,可益实。夫诸侯初起时,非齐诸田、楚昭屈景莫与。今陛下虽都关中,实少人,北近胡寇,东有六国强族,一日有变,陛下亦未得安枕而卧也。臣愿陛下徙齐诸田、楚昭屈景、燕魏韩赵后,及豪杰名家,且实关中。无事可以备胡,诸侯有变,亦足率以东伐,此强本弱末之术也。上曰善,乃使刘敬徙所言关中十余万口。(《汉书》卷四十三《娄敬传》)

即徙民以实关中,不但要强干弱支,且欲以备胡骑来侵。二是募民实边。桑弘羊说:"缘边之民处寒苦之地,距强胡之难,烽燧一动,有没身之累。故边民百战,而中国恬卧者,以边郡为蔽扦也……边境强,则中国安,(中)国安则晏然无事,何求而不默(得)也?"(《盐铁论》第十六篇《地广》)欲求边境之强,必须繁殖边境的户口,边境户口稀少,则草不尽垦,地利不尽出,一旦外寇来侵,容易给敌人略取。汉时人民均有当兵的义务,边疆户口增加,就是边疆军队增加,所以移民实边,在经济上与国防上均有极大的利益。这种政策是晁错向文帝建议的。

> 错复言……曰……今使胡人数处转牧,行猎于塞下,或当燕代,或当上郡、北地、陇西,以候备塞之卒。卒少则入,陛下不救,则边民绝望,而有降敌之心。救之少发则不足;多发,远县才至,则胡又已去;聚而不罢,为费甚大;罢之则胡复入,如此连年,则中国贫苦而民不安矣。陛下幸忧边境,遣将吏发卒以治塞,甚大惠也。然令远方之卒守塞一岁而更,不知胡人之能,不如选常居者,家室田作,且以备之。以便为之高城深堑,具蔺石,布渠答。复为一城其内,城间百五十步。要害之处,通山之道,调

立城邑毋下千家，为中周虎落，先为室屋，具田器，乃募罪人及免徒复作令居之。不足，募以丁奴婢赎罪及输奴婢欲以拜爵者。不足，乃募民之欲往者，皆赐高爵，复其家，予冬夏衣廪食，能自给而止。郡县之民得买其爵，以自增至卿。其亡夫若妻者，县官买予之。人情非有匹敌，不能久安其处。塞下之民，禄利不厚，不可使久居危难之地。胡人入驱，而能止其所驱者，以其半予之，县官为赎其民。如是，则邑里相救助，赴胡不避死，非以德上也，欲全亲戚，而利其财也。此与东方之戍卒不习地势而心畏胡者，功相万也。以陛下之时，徙民实边，使远方无屯戍之事，塞下之民，父子相保，亡系虏之患，利施后世，名称圣明，其与秦之行怨民相去远矣。上从其言，募民徙塞下。（《汉书》卷四十九《晁错传》）

两种政策只是巩固国防而已，并不能够与匈奴以积极的打击，所以自高祖而至景帝，七十余年之中，匈奴之祸不绝于史。

武帝以前匈奴为患汉朝表①

时代	事　略
高祖时	是时汉初定，徙韩王信于代，都马邑。匈奴大攻围马邑，韩王信降匈奴。匈奴得信，因引兵南逾句注，攻太原，至晋阳下。高祖自将兵往击之，至平城，冒顿纵精兵三十余万骑，围高帝于白登七日。高祖乃使使间厚遗阏氏，阏氏乃谓冒顿曰，两主不相困，今得汉地，单于终非能居之。冒顿乃开围一角，于是高皇帝从解角直出，得与大军合。而冒顿遂引兵去，汉亦引兵罢。
孝惠、吕后时	孝惠、吕后时，冒顿浸骄，乃为书使使遗高后曰，孤偾之君生于沮泽之中，长于平野牛马之域，数至边境，愿游中国。陛下独立，孤偾独居，两主不乐，无以自虞，愿以所有，易其所无。高后报书曰，单于不忘敝邑，赐之以书，敝邑恐惧。退日自图，年老气衰，发齿堕落，行步失度，单于过听，不足以自污。敝邑无罪，宜在见赦。窃有御车二乘，马二驷，以奉常驾。

---

① 本表依《汉书》卷九十四上《匈奴传》。

续表

时代	事　略
文帝时	孝文即位,三年夏,匈奴右贤王入居河南地为寇,文帝遣丞相击右贤王,右贤王走出塞。六年,冒顿死,子老上单于立。十四年,匈奴单于十四万骑入朝那萧关,杀北地都尉卬,虏人民畜产甚多。文帝大发车骑往击胡,单于留塞内月余,汉逐出塞即还,不能有所杀。匈奴日以骄,岁入边,杀略人民甚众,云中、辽东最甚,郡万余人,汉甚患之。后四年,老上单于死,子军臣单于立。岁余,匈奴大入上郡、云中,所杀略甚众。
景帝时	终景帝世,时时小入寇边,无大寇。

此际中国几乎束手无策,只能利用和亲政策,讨好匈奴。和亲政策也是刘敬建议的。

高帝罢平城归……当是时冒顿单于兵强,控弦四十万骑,数苦北边。上患之,问敬。敬曰,天下初定,士卒罢于兵革,未可以武服也……陛下诚能以適长公主妻单于,厚奉遗之,彼知汉女送厚,蛮夷必慕,以为阏氏,生子必为太子……冒顿在,固为子婿;死,外孙为单于,岂曾闻(外)孙敢与大父亢礼哉?可毋战以渐臣也……高帝曰,善……取家人子为公主,妻单于,使敬往结和亲约。(《汉书》卷四十三《娄敬传》)

这种政策由现代人观之,固然认为幼稚,而自高祖以后,武帝以前,汉家天子确是不断地利用和亲政策,以救边境的危急。

(惠帝)三年春……以宗室女为公主,嫁匈奴单于。(《汉书》卷二《惠帝纪》)

老上稽粥单于初立,文帝复遣宗人女翁主为单于阏氏。(《汉书》卷九十四上《匈奴传》)

(景帝)五年……遣公主嫁匈奴单于。(《汉书》卷五《景帝纪》)

早在文帝初年,贾谊就依《春秋》大义,谓"匈奴侵甚侮甚,遇天子至不敬也。为天子患,至无已也。以汉而岁致金絮缯彩,是入贡职于蛮夷也。顾为戎人诸侯也,势即卑辱,而祸且不息,长此何穷!陛下胡忍以帝皇之号持居此宾?窃料匈奴之众,不过汉一千石大县,以天下之大,而困于一县之正,甚窃为执事羞之"(《新书》卷四《势卑》)。但在文帝时代,王国将次叛乱,汉固不能用其全力对付匈奴,所以只得用和亲政策,暂时以救边疆之急。然而和亲政策未必就有效果。匈奴固然贪汉的嫁妆,而出塞公主未必就为阏氏,其所生的子做了单于之后,又未必不敢与大父抗礼,所以由高祖而至景帝,中国不断地和亲,匈奴不断地寇边。班固曾言:

> 和亲之论发于刘敬,是时天下初定,新遭平城之难,故从其言,约结和亲,赂遗单于,冀以救安边境。孝惠、高后时,遵而不违,匈奴寇盗不为衰止,而单于反以加骄倨。逮至孝文,与通关市,妻以汉女,增厚其赂,岁以千金,而匈奴数背约束,边境屡被其害……此则和亲无益,已然之明效也。(《汉书》卷九十四下《匈奴传》赞曰)

和亲不能解决问题,结果只有诉于武力。《司马法》(第一篇《仁本》)云:"杀人安人,杀之可也。以战去战,虽战可也。"汉代人士崇法家学说,以为政治尤其国际政治是以力为基础的。"力多则人朝,力寡则朝于人。"(《韩非子》第五十篇《显学》)桑弘羊说:"汉之有匈奴,譬若木之有蠹,如人有疾,不治则浸以深","匈奴贪狼,因时而动,乘可而发,飙举电至,而欲以诚信之心、金帛之宝,而信无义之诈,是犹亲跖、跷而扶猛虎也。"(《盐铁论》第四十七篇《世务》)何况"匈奴不当汉家之巨郡"(《盐铁论》第五十二篇《论功》),中国若肯举兵讨伐,必易成功,这是他要增加中国的自信力,与晁错所说"匈奴有三长技,中国有五长技",完全相同。但是伟大的军事行动须有充足的财政准备,而充足的财政准备又须有健全的经济基础。武帝时代,承数世之休养生聚,国民经济已经复兴,而国家财政亦甚丰裕。

至武帝之初,七十年间国家亡事,非遇水旱,则民人给家足。都鄙廪庾尽满,而府库余财,京师之钱累百巨万,贯巧而不可校。太仓之粟陈陈相因,充溢露积于外,腐败不可食。(《汉书》卷二十四上《食货志》)

兵力如何呢?

汉初,兵民不甚分,如冯唐谓吏卒皆家人子弟,起田中从军。而《后汉·礼仪志》谓罢遣卫士,必劝以农桑。由是观之,兵农尚未分。(《文献通考》卷一百五十《兵制》引章氏曰)

民多则兵多,民少则兵寡。汉兴,接秦之敝,户口锐减,当然不能抵抗控弦之士三十余万的匈奴。孝惠、文景休养生聚,流民既归,户口亦增,计其增加之数约三四倍,那么,军队之额当然加多,而足与匈奴相见于疆场之上。何况汉采农兵之制,民年二十三至五十六为正卒,一岁赴京师为南北军之兵,一岁在郡国为材官、骑士、楼船。其余归住田舍,以待番上调发。到了年达五十六,才得免为庶人。

民年二十三为正,一岁以为卫士,一岁为材官骑士,习射御骑驰战阵……水家为楼船,亦习战射行船……年五十六,老衰,乃得免为民就田。(《汉官仪》卷上)

又随地土之宜,加以训练。

高祖命天下郡国选能引关蹶张、材力武猛者,以为轻车、骑士、材官、楼船,常以立秋后讲肄课试,各有员数,平地用车骑,山阻用材官,水泉用楼船。(《汉官仪》卷上)

每岁九月讲武,称为都试。

以九月都试日。《补注》齐召南曰,案都试日即讲武日也……汉制常以秋行都试,《韩延寿传》最详。(《汉书》卷八十四《翟方进传》)

所以就战斗力说,汉兵一人可敌胡兵五人,最少也能以一敌三。陈汤说:

胡兵五而当汉兵一。何者?兵刃朴钝,弓弩不利。今闻颇得汉巧,然犹三而当一。(《汉书》卷七十《陈汤传》)

于是从前只求和亲,冀以救安边境者,现在则和战成为朝臣讨论的问题了。大抵文臣主和,武将主战。班固说:

缙绅之儒则守和亲,介胄之士则言征伐。(《汉书》卷九十四下《匈奴传》赞曰)

非常之事本来不能决定于庙堂之上,而如陈汤所言:"国家与公卿议,大策非凡所见,事必不从。"(《汉书》卷七十《陈汤传》)最后于王恢与韩安国一场辩论(参阅《汉书》卷五十二《韩安国传》)之后,就由武帝决定讨伐,以报昔日之耻。马邑开衅,战事发生。

武帝即位……汉使马邑人聂翁壹,间阑出物与匈奴交易,阳为卖马邑城以诱单于。单于信之,而贪马邑财物,乃以十万骑入武州塞。汉伏兵三十余万马邑旁……单于既入汉塞,未至马邑百余里,见畜布野而无人牧者,怪之……时雁门尉史……知汉谋……具告单于。单于大惊曰,吾固疑之,乃引兵还……自是后,匈奴绝和亲……往往入盗于边,不可胜数。(《汉书》卷九十四上《匈奴传》)

于是怎样讨伐匈奴,又成为重要问题。按匈奴所恃以侵陵中国者,实因地方

荒凉。地方荒凉,一方胡兵出没无常。韩安国(《汉书》卷五十二《韩安国传》)说:

> 匈奴轻疾悍亟之兵也,至如猋风,去如收电,畜牧为业,弧弓射猎,逐兽随草,居处无常,难得而制。

他方汉兵运粮不易。王莽时严尤说:

> 边既空虚,不能奉军粮……计一人三百日食,用糒十八斛,非牛力不能胜。牛又当自赍食,加二十斛,重矣。胡地沙卤,多乏水草,以往事揆之,军出未满百日,牛必物故且尽,余粮尚多,人不能负……辎重自随,则轻锐者少,不得疾行,虏徐遁逃,势不能及;幸而逢虏,又累辎重,如遇险阻,衔尾相随,虏要遮前后,危殆不测。(《汉书》卷九十四下《匈奴传》)

所以讨伐匈奴,行必为战备,止必坚营垒,而最重要者则为占领匈奴的根据地,使匈奴无所凭依。匈奴之地东接朝鲜,西连西域,其所凭依之地与汉相接而最重要者,乃是河南地。河南地肥饶,匈奴以之为牧场,可以供给粮食。战事开始,汉遣大将军卫青七出塞,经数次苦战之后,夺取了河南地。

> 元朔……二年……春正月……遣将军卫青、李息出云中,至高阙(师古曰,在朔方之北),遂西至符离(师古曰,幕北塞名也),获首虏数千级,收河南地。(《汉书》卷六《武帝纪》)

并依主父偃之建议,改置朔方郡,徙民以实之。

> (主父)偃盛言朔方地肥饶,外阻河,蒙恬筑城以逐匈奴,内省转输戍漕,广中国灭胡之本也……遂置朔方,本偃计也。(《汉书》卷六十四上《主父偃传》)

> 元朔……二年……春正月……收河南地,置朔方、五原郡……夏,募

民徙朔方十万口。(《汉书》卷六《武帝纪》)

匈奴退出河南地之后，汉又更进一步，自云中、定襄，向北进兵，夺取阴山。阴山在战略上极其重要，草木茂盛，匈奴依阻其中，既有隐蔽，又能治作弓矢，来出作寇。而为汉略取之后，汉军登高一望，胡骑出没，踪迹皆见。于是匈奴只有逾大碛而居其北。匈奴失去阴山之后，每过阴山，未尝不痛哭流涕，可知阴山的价值。侯应说：

> 臣闻北边塞至辽东，外有阴山（《补注》沈钦韩曰，自阴山而北，皆大碛，碛东西数千里，南北亦数千里，无水草，不可驻牧。中国得阴山，乘高一望，寇出没踪迹皆见，必逾大碛，而居其北，去中国益远，故阴山为御边要地。阴山以南即为漠南，彼若得阴山，则易以饱其力而内犯，此秦汉唐都关中，必逾河而北守阴山也），东西千余里，草木茂盛，多禽兽，本冒顿单于依阻其中，治作弓矢，来出为寇，是其苑囿也。至孝武世，出师征伐，斥夺此地，攘之于幕北，建塞徼，起亭隧，筑外城，设屯戍以守之，然后边境得用少安。幕北地平，少草木，多大沙，匈奴来寇，少所蔽隐，从塞以南，径深山谷，往来差难。边长老言匈奴失阴山之后，过之未尝不哭也。(《汉书》卷九十四下《匈奴传》)

复由陇西北地向西进兵，过焉支，逾祁连，而达河西。焉支、祁连美水草，宜牧畜，匈奴失去两山，也至为惋惜。

> 山在张掖、酒泉二界上，东西二百余里，南北百里，有松柏五木，美水草，冬温夏凉，宜畜牧。匈奴失二山，乃歌云，亡我祁连山，使我六畜不蕃息；失我燕支山，使我嫁妇无颜色。(《史记》卷一百十《匈奴传》注引西河旧事)

重要的根据地均已占领，于是遂用屯田政策，以便长期抗战。盖如《孙子》(第二篇《作战》)所说："因粮于敌，故军食可足也。国之贫于师者远输，远输则百姓贫。"屯田即因粮于敌,而免远输之害。①

> (汉)令大将军青、票骑将军去病……击匈奴……匈奴远遁,而幕南无王庭。汉度河,自朔方以西至令居,往往通渠置田官,吏卒五六万人,稍蚕食,地接匈奴以北。(《汉书》卷九十四上《匈奴传》)

屯田乃对付蛮族的最好政策。武帝用兵闽越之时,淮南王安曾言:

> 今以兵入其地……必雉兔逃入山林险阻,背而去之,则复相群聚;留而守之,历岁经年,则士卒罢倦,食粮乏绝,男子不得耕稼种树,妇人不得纺绩织纴。丁壮从军,老弱转饷,居者无食,行者无粮。民苦兵事,亡逃者必众,随而诛之,不可胜尽,盗贼必起。(《汉书》卷六十四上《严助传》)

匈奴善骑射,来去迅速,汉朝若待匈奴来攻,才召大军往御,不但边境已受其祸,而汉军到着之时匈奴已经轻骑往遁,汉军凯旋之后,匈奴又复卷土重来。我来彼去,我去彼来,军队疲于奔命,必为敌寇所乘。但是汉朝若为预防起见,驻兵边境,则运粮艰难,费用巨大,国家财政又将因之穷匮。于是就发明了屯田政策,军队驻屯边疆,无事耕田,有事荷戈,用军队自己的收获,以供给军队之用,这是古代长期作战的良好方法。

在长期作战之中,成功失败全看哪一方财政充足。匈奴之地稍肥饶者尽给中国占领,其所恃外援而已。匈奴之地东连朝鲜,西接西域,南与南羌交界。刘歆虽说:"孝武皇帝……东伐朝鲜,起玄菟、乐浪,以断匈奴之左臂。"(《汉书》卷七十三《韦玄成传》)按朝鲜来降为元封二年之事,在此以前,吾人读《史记》及《汉书》之《匈奴传》及《朝鲜传》,并未发见朝鲜与匈奴勾结之事,所以匈

---

① 据《资治通鉴》,此系元狩四年之事。此后,朔方以东如上郡、西河,令居以西,由敦煌至盐泽,皆有屯田。《汉书》卷二十四下《食货志》:"而上郡、朔方、西河、河西开田官,斥塞卒六十万人戍田之。"卷九十六上《西域传》:"于是自敦煌西至盐泽,往往起亭,而轮台、渠犁皆有田卒数百人,置使者校尉领护,以给使外国者。"

奴最重要的外援只唯南羌与西域。刘歆云:"孝武皇帝……西伐大宛,并三十六国,结乌孙,起敦煌、酒泉、张掖,以鬲婼羌,裂匈奴之右肩。"(《汉书》卷七十三《韦玄成传》)兹试分别述之。

汉为隔绝胡羌,必须夺取河西之地,遂遣骠骑将军霍去病六出塞,击匈奴右地,取河西,列置四郡,《史记》(卷一百十《匈奴传》)"西置酒泉郡,以隔绝胡与羌通之路",即谓此也。所谓四郡乃酒泉、武威、张掖、敦煌。酒泉、武威设置于元朔二年(《汉书》卷六《武帝纪》),元鼎六年分武威、酒泉地,置张掖、敦煌郡(《汉书》卷六《武帝纪》)。南羌亦系游牧民族。

> 婼羌(《补注》王先谦曰,羌种繁多,单言婼羌,知当时为诸羌首帅)……随畜逐水草,不田作。(《汉书》卷九十六上《西域传》)

财政上不能援助匈奴,而只能与匈奴勾结,扰乱边境。自汉开河西、置四郡之后,胡羌交通塞绝,彼此不相闻问,匈奴要与南羌交通,须绕道而行。《汉书》(卷六十九)《赵充国传》"匈奴使人至小月氏,传告诸羌曰,羌人为汉事苦,张掖、酒泉本我地,地肥美,可共击居之",即其证也。西域诸国与南羌不同,多土著,有城郭,财政上虽能援助匈奴:

> 西域诸国大率土著,有城郭田畜,与匈奴、乌孙异俗,故皆役属匈奴,匈奴……赋税诸国,取富给焉。(《汉书》卷九十六上《西域传》)

但国小民寡,军事上对于匈奴,不能有所协助。

> 西域诸国各有君长,兵众分弱,无所统一,虽属匈奴,不相亲附。匈奴能得其马畜旄罽,而不能统率,与之进退。(《汉书》卷九十六下《西域传》赞曰)

汉至西域有南北两道,南道出阳关,从楼兰(即鄯善);北道出玉门,从车师。楼兰、车师均是小国,当汉之孔道,而可以遮止汉之西进。楼兰"国中有伊循城,其田肥美",可以"屯田积谷",车师亦然,"单于大臣皆曰,车师地肥美,近匈奴,使汉得之,多积谷,必害人国,不可不争也"(《汉书》卷九十六下《西域传》)。所以汉欲经营西域,以折匈奴之右肩,须先征服两国。武帝元封三年,赵破奴将兵数万,虏楼兰王,遂破车师(《汉书》卷九十六上《西域传》,参阅卷五十五《赵破奴传》)。两国既通,遂于西域诸国之中,择其户口较多,兵力较强,而又与匈奴有隙者,与其共击匈奴。最初汉所注意的乃是大月氏。

> 大月氏……户十万,口四十万,胜兵十万人……大月氏本行国也,随畜移徙,与匈奴同俗。控弦十余万,故强轻匈奴。本居敦煌、祁连间,至冒顿单于攻破月氏,而老上单于杀月氏,以其头为饮器,月氏乃远去,过大宛,西击大夏而臣之……大夏本无大君长,城邑往往置小长,民弱畏战,故月氏徙来,皆臣畜之。(《汉书》卷九十六上《西域传》)

大月氏既与匈奴有隙,所以汉欲远交大月氏共击匈奴。但大月氏移住于大夏之后,地肥饶,安乐,无报仇之心。

> 大月氏王……既臣大夏而居,地肥饶,少寇,志安乐,又自以远汉,殊无报胡之心。(《史记》卷一百二十三《大宛传》)

于是汉又转移目标,欲与乌孙结合。

> 乌孙国……户十二万,口六十三万,胜兵十八万八千八百人……不田作种树,随畜逐水草,与匈奴同俗……最为强国。故服匈奴(师古曰,故谓旧时也,服属于匈奴也),后盛大,取羁属,不肯往朝会。东与匈奴,西北与康居,西与大宛,南与城廓诸国相接。(《汉书》卷九十六下《西域传》)

乌孙既是大国,又与匈奴接壤,复不肯朝事匈奴,于是武帝就依张骞之言,以翁主嫁给乌孙。

张骞言乌孙本与大月氏共在敦煌间,今乌孙虽强大,可厚赂招,令东居胡地,妻以公主,与为昆弟,以制匈奴……汉元封中,遣江都王建女细君为公主以妻焉。(《汉书》卷九十六下《西域传》,参阅卷六十一《张骞传》)

乌孙虽然和亲,汉在西域尚未曾充分表示其威力,楼兰、车师不过小国而已。夷狄之性诚如韩安国所说:"可以威服,不可以仁畜。"(《汉书》卷五十二《韩安国传》)汉要屈服西域诸国,使它们脱离匈奴的关系,只有表示自己的威力,而表示威力之机会则为讨伐大宛。大宛亦西域之一大国。①

大宛在匈奴西南……其俗土著,耕田,田稻麦……有城郭屋室。其属邑大小七十余城,众可数十万。(《史记》卷一百二十三《大宛传》)

大宛有善马,"马汗血,言其先天马子也"(《汉书》卷九十六上《西域传》)。汉胡战争,马队极其重要。文帝时,晁错已经提议奖励养马,"令民有车骑马一匹者复卒三人,车骑者天下武备也"(《汉书》卷二十四上《食货志》)。景帝中四年又"禁马高五尺九寸以上,齿未平,不得出关"(《汉书》卷五《景帝纪》)。武帝时,元朔年间,大将军卫青击胡,汉军士马死者十余万(《汉书》卷二十四下《食货志》),"天子为伐胡,故盛养马,马之往来食长安者数万匹"(《汉书》卷二十四下《食货志》)。而元狩年间,大将军卫青、骠骑将军霍去病击胡,军马死者十余万匹(《汉书》卷二十四下《食货志》)。数次讨伐匈奴,"汉马死者十余万匹,匈奴虽病,远去,而汉马亦少,无以复往"(《汉书》卷九十四上《匈奴传》)。元狩五年,"天下马少,平牡马匹二十万",一马竟值二十万,盖如如淳所云:"欲使人竞畜马。"(《汉书》卷六《武帝纪》)元鼎末,"车骑马乏,令封君以下至三百石吏以上,差出牝马天下亭"(《汉书》卷二十四下《食货志》)。然而马之生产不及马之消费,而良种既战死于沙场之上,

---

① 据《汉书》卷九十六上《西域传》,大宛国,户六万,口三十万,胜兵六万人。

则改良马种实为要务。《汉书》(卷五十五)《卫青传》:"自青围匈奴后十四岁而卒(《补注》王先谦曰,元狩四年至元封五年十四岁),竟不复击匈奴,以汉马少。"武帝既知大宛有善马,遂遣使者往购,而宛王竟然攻杀汉使,取其财物。于是天子遂命贰师将军李广利率师伐宛,前后四年,宛人杀其王降。

> 宛王以汉绝远,大兵不能至……攻杀汉使,取其财物。于是天子遣贰师将军李广利将兵,前后十余万人伐宛,连四年(《补注》徐松曰,伐宛始于太初元年秋至四年春乃斩宛王),宛人斩其王毋寡首,献马三千匹,汉军乃还。(《汉书》卷九十六上《西域传》,参阅卷六十一《李广利传》)

由是西域震惧,莫不遣使贡献。

> 自贰师将军伐大宛之后,西域震惧,多遣使来贡献。(《汉书》卷九十六上《西域传》)

匈奴军事上失去外援,财政上失去接济,元封元年天子亲至朔方,勒兵十八万骑,遣使者告单于曰:"南越王头已县于汉北阙下,今单于能,即前与汉战,天子自将兵待边;即不能,亟南面而臣于汉,何但远走亡匿于幕北寒苦无水草之地为?"壮哉斯言!"单于终不肯为寇于汉边……数使使好辞甘言,求和亲"(《汉书》卷九十四上《匈奴传》),武帝遂筑受降城(太初元年)以待匈奴来降,并下诏曰(太初四年):

> 高皇帝遗朕平城之忧,高后时单于书绝悖逆。昔齐襄公复九世之仇,《春秋》大之。(《汉书》卷九十四上《匈奴传》)

匈奴虽未来降,然已不能为害中国,而中国沿边各郡又有燧火候望,匈奴寇边没有利益,于是战国以来北方外患遂见减少。

汉边郡燧火候望精明，匈奴为边寇者少利。(《汉书》卷九十四上《匈奴传》)

武帝不但讨伐匈奴，且又四出征伐，开辟领土几及一倍，兹试略举如次。

（一）元鼎六年，遣伏波将军路博德、楼船将军杨仆攻南粤，以其地为儋耳、珠崖、南海、苍梧、郁林、合浦、交趾、九真、日南九郡。(《汉书》卷九十五《南粤传》，参阅卷六《武帝纪》)

（二）元鼎六年，遣中郎将郭昌、卫广等平西南夷，以为武都、牂柯、越嶲、沈黎、文山五郡。元封二年，又遣中郎将郭昌、卫广平西南夷未服者，以为益州郡。(《汉书》卷九十五《西南夷传》，参阅卷六《武帝纪》)

（三）元封元年，遣横海将军韩说、楼船将军杨仆击东粤，东粤人杀其王降，遂徙其民于江淮之间，东越地遂虚。(《汉书》卷九十五《闽粤传》，参阅卷六《武帝纪》)

（四）元封三年，遣楼船将军杨仆、左将军荀彘击朝鲜，朝鲜人杀其王降，以其地为真番、临屯、乐浪、玄菟四郡。(《汉书》卷九十五《朝鲜传》，参阅卷六《武帝纪》)

但是匈奴虽然不敢寇边，而其态度尚甚骄倨。

单于知汉军劳倦……遣使遗汉书云，南有大汉，北有强胡。胡者，天之骄子也，不为小礼以自烦。今欲与汉闓大关，取汉女为妻，岁给遗我蘖酒万石、稷米五千斛、杂缯万匹，它如故约，则边不相盗矣。(《汉书》卷九十四上《匈奴传》)

然而匈奴的骄倨不过外强中干而已。中国固然劳倦，匈奴亦甚罢耗，兼以"连雨雪数月，畜产死，人民疫病，谷稼不孰"(《汉书》卷九十四上《匈奴传》)。侯应说："夷狄之情，困则卑顺，强则骄逆，天性然也。"(《汉书》卷九十四下《匈奴传》)所以到了昭帝时代，匈奴常有和亲之意。

武帝崩。前此者,汉兵深入穷追二十余年,匈奴孕重堕殰,罢极苦之。自单于以下常有欲和亲计……匈奴……兵数困,国益贫……欲和亲而恐汉不听,故不肯先言,常使左右风汉使者。然其侵盗益希,遇汉使愈厚,欲以渐致和亲,汉亦羁縻之。(《汉书》卷九十四上《匈奴传》)

一个民族合则强,分则弱,这是必然之理,西羌所以易制,因为种各有豪,自相杀伐,每有仇雠,往来相报。赵充国云:

　　羌人所以易制者,以其种自有豪,数相攻击,势不一也。(《汉书》卷六十九《赵充国传》)

到了汉开河西,列置四郡,以隔绝胡羌交通,汉的势力侵入西羌之时,汉人欺其弱小,往往侵盗他们的畜产妻子。

　　西羌保塞,与汉人交通,吏民贪利,侵盗其畜产妻子,以此怨恨,起而背畔,世世不绝。(《汉书》卷九十四下《匈奴传》)

宣帝时代西羌解仇结盟,欲与匈奴结合,攻击敦煌,以断绝汉与西域交通之路。

　　初,武帝开河西四郡,隔绝羌与匈奴相通之路,斥逐诸羌,不使居湟中地。及帝即位……先零与诸羌种豪二百余人解仇、交质、盟诅……遣使至匈奴藉兵,欲击鄯善、敦煌以绝汉道。(《资治通鉴》卷二十五汉宣帝元康四年)

于是匈奴之患又将发生,而讨伐西羌便成为解决匈奴问题的先决条件。西羌也是游牧民族,出入山林之中,派兵往讨,羌即远遁,若随而入,羌又据前险,守后厄,以绝汉之粮道。

> （赵）充国……以为……欲轻引万骑,分为两道出张掖,回远千里。以一马自佗负三十日食,为米二斛四斗、麦八斛,又有衣装兵器,难以追逐。勤劳而至,虏必商军进退,稍引去,逐水草,入山林。随而深入,虏即据前险,守后厄,以绝粮道,必有伤危之忧。(《汉书》卷六十九《赵充国传》)

所以讨伐西羌,只有用兵屯田,坐待其弊,即如赵充国所说:"吏士万人留屯以为武备,因田致谷。"既可省运输之费,而"排折羌虏,令不得归肥饶之地",又可以"贫破其众"。"屯田内有亡费之利,外有守御之备"(《汉书》卷六十九《赵充国传》),这是对付蛮族的最好政策。结果,西羌果然屈服,遂置金城属国,以处降羌。

> （神爵）二年……夏五月,羌虏降服……置金城属国以处降羌。(《汉书》卷八《宣帝纪》)

这个时候匈奴也发生了内乱,最初分立为五单于,即:

> 呼韩邪单于……屠耆单于……呼揭单于……车犁单于……乌藉单于凡五单于。(《汉书》卷九十四下《匈奴传》)

五单于互相攻杀,虽然最后均为呼韩邪单于所兼并,但是不久又分为三单于。

> 呼韩邪单于遂复都单于庭,然众裁数万……闰振单于在西边……郅支单于在东边。(《汉书》卷九十四下《匈奴传》)

郅支击杀闰振,进攻呼韩邪,呼韩邪款塞入朝,郅支恐汉袭击,遁往康居,于是匈奴臣服,降为汉之属国。①

> （甘露）二年……冬十二月……匈奴呼韩邪单于款五原塞,愿奉国珍朝三年正月……匈奴呼韩邪单于稽侯狦来朝,赞谒称藩臣而不名……郅支单于远遁,匈奴遂定。（《汉书》卷八《宣帝纪》）

西汉政府能够降服蛮夷,而建设亚洲大帝国,乃有种种原因,并不是徒恃兵强马壮而已。西汉天子最能运用黄老哲学。在国力疲惫之时,不惜谦辞交欢,妻之以公主,赠之以金缯。吾人观吕后报书冒顿,文帝赐书赵佗,即可知之。但是谦辞交欢,不过延长危机的暴发而已。在危机尚未暴发以前,倘不知奋发图强,亦难免亡国之祸,南宋政府即其一例。汉与南宋不同,国力不足以对抗强敌,必不空喊胡祸,使胡人有所警戒,而是一方交欢,一方准备。有交欢而不准备,国必亡;有准备而不交欢,国必危。吾人观"文帝中世,赫然发愤,遂躬戎服,亲御鞍马,从六郡良家材力之士,驰射上林,讲习战阵"（《汉书》卷九十四下《匈奴传》赞曰）,就可知道此中消息。到了国力充足,方才改变前此交欢的态度,而不惜乘机开衅,马邑诱敌,即其明证。老子云:"将欲取之,必固与之。"（《老子》第三十六章）高惠文景是"必固与之"的时代,及武帝即位,方是"将欲取之"的时代。"柔弱胜刚强"（《老子》第三十六章）只能实行于国力不足以抵抗强敌之时,而不宜永久以为立国的政策。国力不足以抵抗强敌,又应服膺"坚强者死之徒,柔弱者生之徒"（《老子》第七十六章）的道理。"高皇后尝忿匈奴,群臣庭议,樊哙请以十万众横行匈奴中,季布曰哙可斩也,妄阿顺指,于是大臣权书遗之",即因中国"疮痍未瘳"（《汉书》卷九十四下《匈奴传》,参阅卷三十七《季布传》）。力不足则容忍,力有余则进攻。《三略》《中略》云:"能柔能刚,其国弥光;能弱能强,其国弥彰;纯柔纯弱,其国必削;纯刚纯强,其国必亡。"汉家天子深知此中道理,而用以对付蛮夷。

---

① 元帝时,陈汤进兵康居,斩郅支。呼韩邪且喜且惧,自言愿婿汉氏以自亲。元帝以后宫良家子王嫱字昭君赐单于,单于欢喜。见《汉书》卷九十四下《匈奴传》。

一般士大夫又重功名而轻生死,即如主父偃所说:"丈夫生不五鼎食,死则五鼎亨(师古曰,谓被镬亨之诛)耳。"(《汉书》卷六十四上《主父偃传》)晁错为御史大夫,建削地之议,其父以晁氏有灭族之忧,自往阻之。错曰:"固也,不如此,天子不尊,宗庙不安。"(《汉书》卷四十九《晁错传》)这种公而忘私、国而忘家的精神,乃是政治上所最需要的。国家用人亦喜激昂奋发之士,而厌谨慎软弱之徒。"尹赏疾病且死,戒其诸子曰,丈夫为吏正,坐残贼免,追思其功效,则复进用矣。一坐软弱不胜任免,终身废弃,无有赦时。其羞辱甚于贪污坐赃,慎毋然。"(《汉书》卷九十《尹赏传》)李广免为庶人,受辱于霸陵尉,居无何,匈奴入辽西,"上乃拜广为右北平太守,广请霸陵尉与俱,至军而斩之,上书自陈谢罪。上报曰,将军者国之爪牙也。《司马法》曰,登车不式,遭丧不服,振旅抚师,以征不服,率三军之心,同战士之力,故怒形则千里竦,威振则万物伏,是以名声暴于夷貊,威棱憺乎邻国。夫报忿除害,捐残去杀,朕之所图于将军也,若乃免冠徒跣,稽颡请罪,岂朕之指哉"(《汉书》卷五十四《李广传》)。胡建不过试署为军正之丞而已,以监军御史为奸,令走卒斩之,上奏用法有疑。"制曰,《司马法》曰,国容不入军,军容不入国,何文吏也。三王或誓于军中,欲民先成其虑也;或誓于军门之外,欲民先意以待事也;或将交刃而誓,致民志也,建又何疑焉?"(《汉书》卷六十七《胡建传》)在这种士气与政风之下,当然人人皆有冒险之心,一旦出使外国,遂敢便宜行事。例如:

汉使立功绝域表

时代	姓名	事　略
昭帝	傅介子	傅介子出使大宛,因楼兰、龟兹数反复,不诛,无以惩戒。介子过龟兹,诛匈奴使者,至楼兰,刺杀楼兰国王,持其首归。(《汉书》卷七十《傅介子传》)
宣帝	常惠	常惠使乌孙,因龟兹贵人姑翼嗾其王杀校尉赖丹,未伏诛,遂发诸国兵,攻龟兹。龟兹出姑翼送惠斩之。(《汉书》卷七十《常惠传》)
宣帝	冯奉世	奉世持节送大宛诸国使者,至伊修城,知莎车杀汉所置莎车王万年,并杀汉使者,以其国属匈奴,以为不急击,则莎车国强,其势难制,必危西域,遂以节发诸国兵万五千人,拔其城。莎车王自杀,传首长安。(《汉书》卷七十九《冯奉世传》)

续 表

时代	姓名	事　略
元帝	陈汤	郅支单于杀汉使,夺康居之地。陈汤时为西域副校尉,矫制发城郭诸国兵,攻单于城,破之。郅支被刽创死,斩其首,并斩阏氏太子名王以下千五百余级。(《汉书》卷七十《陈汤传》)

上述四人皆不烦一夫之役,不开府库之藏,而能立功于万里之外,其魄力之大固有过人之处。此盖汉家天子喜枭俊禽敌之臣,对于出使异域之人又许其便宜行事,所谓"《春秋》之义,大夫出疆,有可以安国家,则颛之可也"(《汉书》卷七十九《冯奉世传》)。但是我们要注意的,昭帝时傅介子、宣帝时常惠固然因功封侯,而冯奉世立功莎车,少府萧望之谓其"奉使有指,而擅矫制违命,发诸国兵,虽有功效,不可以为后法",遂不受封爵之赏(《汉书》卷七十九《冯奉世传》)。陈汤诛杀郅支,丞相匡衡谓其"擅兴师矫制,幸得不诛,如复加爵土,则后奉使者争欲乘危徼幸,生事于蛮夷,为国招难,渐不可开",其后虽因宗正刘向抗议,赐爵关内侯,食邑三百户。然而成帝即位,匡衡复奏汤颛命蛮夷,不宜处位,汤竟以此免官(《汉书》卷七十《陈汤传》)。萧匡两人均由射策甲科出身,望之"名儒",匡衡"经学绝伦"(均见《汉书》卷八十一《匡衡传》),而竟不明《春秋》之义。成哀以后,士气日益消沉,虽然不是五经之罪,而后儒曲解五经,未必不是原因之一。

西汉政府对付蛮夷是有一套政策的。吾人依《汉书》所记,似可归纳为三种:一是未战前的政策,二是交战中的政策,三是征服后的政策。兹试分别述之。

(一) 未战前的政策

两个民族斗争,若能破坏对方的经济,枯槁对方的知识,摧毁对方的斗志,虽然未战于疆场之上,而吾人之有胜算已操左券。破坏敌人的经济是贫化政策,枯槁敌人的知识是愚化政策,摧毁敌人的斗志是腐化政策。汉对这三种政策虽然幼稚,或已实行,或已设计。

1. 贫化政策

赵充国讨伐西羌之时，请用兵屯田，"贫破其众"，这就是贫化政策之一。吕后时，"有司请禁粤关市铁器"，又"出令曰，毋予蛮夷外粤金铁田器；马牛羊即予，予牡，毋与牝"（《汉书》卷九十五《南粤传》）。即欲蛮族不能用铁深耕，予牡勿予牝，令其牧畜不能蕃息。

2. 愚化政策

元帝时，"东平王求史记、诸子，汉不与之，以史记多兵谋，诸子杂诡术也。东平王汉之懿戚，尚不予征战之书"（《新唐书》卷一百四《于休烈传》，参阅《汉书》卷八十《东平思王传》），则其对于蛮族，不欲与以叙述纵横权谲、谋略奇策、地形厄塞之书，可想而知。这固然只是吾人的推测，然而吾人观晁错匈奴有三长技、中国有五长技之言，而匈奴的长技又限于马能驰险，人能耐劳；中国的长技则为坚甲利刃以及各种战术（《汉书》卷四十九《晁错传》）。彼之所长者为天然的物，我之所长者乃智慧的产品。中国不欲匈奴知道甲刃如何制造，用兵如何诡诈，可想而知。

3. 腐化政策

文帝时，贾谊请施五饵以系匈奴。何谓五饵？"赐之盛服车乘，以坏其目；赐之盛食珍味，以坏其口；赐之音乐妇人，以坏其耳；赐之高堂邃宇、府库奴隶，以坏其腹；于来降者，上以召幸之相娱乐，亲酗而手食之，以坏其心，此五饵也。"（《汉书》卷四十八《贾谊传》赞曰注引贾谊书，参阅贾谊《新书》卷四《匈奴》）此种腐化政策虽如班固所言，"其术固以疏矣"（同上）。然而吾人观单于好汉缯絮食物，中行说警告单于曰"匈奴人众不能当汉之一郡，然所以强者，以衣食异，无卬于汉。今单于变俗，好汉物，汉物不过什二，则匈奴尽归于汉矣。其得汉絮缯以驰草棘中，衣袴皆裂弊，以视不如旃裘坚善也，得汉食物皆去之，以视不如重酪之便美也"（《汉书》卷九十四上《匈奴传》）。可知五饵政策未必为书生之见。其实，五饵政策实出于《六韬》。《六韬》（第十七篇《三疑》、第十五篇《文伐》亦有同一主张）云："凡攻之道，必先塞其明，而后攻其强，……淫之以色，啖之以利，养之以味，娱之以乐。"越王句践之能灭吴，何尝不是应用五饵，以塞夫差之明？

（二）交战中的政策

两国作战，计莫良于减少敌人的兵力，而欲减少敌人的兵力，一宜造成敌人孤立之势，防止敌人与外国同盟，于是有远交近攻之策。二宜鼓动敌国发生内乱，而使其自相攻击，于是有分化政策。三宜嗾使一个戎狄攻击别一个戎狄，于是有以夷伐夷之计。

1. 远交近攻

当武帝讨伐匈奴之时，匈奴之俗，"一国之政犹一体也"（《汉书》卷九十四上《匈奴传》），而外又有西域各国供给赋税。武帝既知大月氏与匈奴积有仇恨，又知乌孙不肯往朝匈奴，遂遣使者往使两国，盖欲结合两国以困匈奴。扬雄云："往者图西域，制车师，置城廓都护三十六国，费岁以大万计者，岂为康居、乌孙能逾白龙堆而寇西边哉？乃以制匈奴也。"（《汉书》卷九十四下《匈奴传》）匈奴失去外援，于是国势日蹙，终而款塞称臣。

2. 分化政策

贾谊有言："欲天下之治安莫如众建诸侯而少其力，力少则易使以义，国小则无邪心。"（《汉书》卷四十八《贾谊传》）国内如此，国外亦然。武帝时，"儿单于立，汉遣两使，一人吊单于，一人吊右贤王，欲以乖其国"（《汉书》卷九十四上《匈奴传》）。到了匈奴分立，呼韩邪款塞来朝，汉宠以殊礼，郅支亦遣使奉献，汉遇之甚厚（《汉书》卷九十四下《匈奴传》），此皆出于分化它们之意。宣帝时，西羌作乱，赵充国以为"羌人所以易制，以其种自有豪，数相攻击，势不一也"，"宜遣使者敕视诸羌，毋令解仇"（《汉书》卷六十九《赵充国传》），亦不欲它们统一。至于分西域三十六国为五十五余国，盖如周寿昌所说："匈奴分为五单于，而匈奴遂衰，西域分为五十五国，而西域遂弱，此亦众建而小其力之义也。"（《汉书》卷九十六上《西域传》补注）

3. 以夷制夷

晁错云："以蛮夷攻蛮夷，中国之利也。"（《汉书》卷四十九《晁错传》）但行之不得其策，则一个蛮夷灭亡，别一个蛮夷将更强大，宋以金灭辽，以元灭金，终则为元所灭,即其一例。汉代最大的敌人乃是匈奴,武帝讨伐匈奴,收复河南之地,开河西,列置四郡,皆用本国兵力,未曾假手于人。匈奴既弱,于是才利用蛮夷以攻击蛮夷,其所利用与所攻击者又尽是小国。小国本来容易控制,以小国攻小国,只有消耗两国的国力,不会养成尾大不掉之势,所以行之有百利而无一害。本来战争一旦开始,往往因为安全起见,军事的发展没有止境。得了河南之地,不能不取得阴山;得了河西,不能不西出盐泽,以通西域。既已达到西域,则为保全中国元气起见,只有中国出钱,蛮夷出力,这便是西汉以夷制夷的根本方针。

(三) 征服后的政策

武帝讨伐四夷,不是单单表示中国的威力而已,战国以来,匈奴之祸不绝于史,中国若不出师讨伐,后人哪得安全,既然出师讨伐,自有劳民之事,此中道理武帝是深知的。

> 上……谓大将军青曰,汉家庶事草创,加四夷侵陵中国,朕不变更制度,后世无法;不出师征伐,天下不安;为此者不得不劳民。若后世又如朕所为,是袭亡秦之迹也。(《资治通鉴》卷二十二汉武帝征和二年)

扬雄曾云:

> 且夫前世岂乐倾无量之费,役无罪之人,快心于狼望之北哉?以为不一劳者不久佚,不暂费者不永宁,是以忍百万之师以摧饿虎之喙,运府库之财填庐山之壑而不悔也。(《汉书》卷九十四下《匈奴传》)

而既已劳民了,自应利用,使后代子孙能够世享其利。唐太宗征服四夷,而有天可汗之号,然其对于征服地不过羁縻之而已,并未曾改造为中国的版图。武帝与太宗不同,他为久远之计,每征服一地,就将其地改为郡县。例如取河南地，置朔方郡，取河西置武威、酒泉、张掖、敦煌四郡，定越地，置南海、苍梧等九郡，平西南夷，置武都、牂柯等六郡，降朝鲜，置乐浪、临屯等四郡。而改为郡县之后，或徙蛮族于腹地，使其同化于汉族。

> 元封元年……东越杀王余善降。诏曰，东越险阻反覆，为后世患，迁其民于江淮间。遂虚其地。（《汉书》卷六《武帝纪》，参阅卷九十五《闽粤王传》）

或移汉人于蛮疆，而使其同化蛮族，例如①：

> （元朔）二年……收河南地，置朔方、五原郡……夏，募民徙朔方十万口。（《汉书》卷六《武帝纪》）
>
> 南越……至武帝元鼎五年，遂灭之，分置九郡，交趾刺史领焉……凡交趾所统，虽置郡县，而言语各异，重译乃通。人如禽兽，长幼无别。项髻徒跣，以布贯头而着之。后颇徙中国罪人，使杂居其间，乃稍知言语，渐见礼化。（《后汉书》卷八十六《南蛮传》）

元朔二年战争方才开始，元狩四年天下户口尚未减耗，故能实行两次大规模的移民。元鼎中，户口减少，南粤反，西羌侵边，已经赦天下囚徒从军，而尚感"边兵不足"，故齐相卜式有"愿父子死南粤"之言（《汉书》卷二十四下《食货志》）。在这情况之下，所以降朝鲜，置四郡，不能实行移民政策。而匈奴、西羌又是游牧民族，居无常处，随畜移徙。匈奴自战国以来，乃称雄于漠北，自视甚高。败北之时，犹遗汉帝书云："胡者天之骄子也。"（《汉书》卷九十四上《匈奴传》）呼韩邪与郅支相争，欲称臣入朝事汉，诸大臣皆曰不可，以为"战死，壮士所有也，今兄弟争国，不在兄则在弟，虽死，犹有威名，子孙常长诸国，奈何乱先古之制，臣事于汉，卑辱先单于，为诸国所笑"（《汉书》卷九十四下《匈奴传》）。其

---

① 元狩四年冬，徙贫民于关以西及充朔方以南新秦中，七十余万口，衣食皆仰给于县官，数岁贷与产业，使者分部护，冠盖相望，费以亿计。（《汉书》卷二十四下《食货志》）

生活与中国不同,其民族意识又甚强烈,故不能徙之腹地。而中国户口减耗,复不能移汉民于匈奴领域,于是遂置属国以处降胡。即"分徙"降胡于沿边各郡,因其故俗,而属于汉,故言属国(参阅《史记》卷一百十一《卫青传》)。例如元狩二年,匈奴昆邪王杀休屠王,并将其众合四万余人来降,一方汉以其地为武威、酒泉郡,同时又"分置"降胡于安定、上郡、天水、张掖、五原各郡之内(《汉书》卷六《武帝纪》,参阅补注)。又如宣帝神爵二年置金城属国以处降羌,五凤三年置西河、北地属国以处匈奴降者(《汉书》卷八《宣帝纪》),均其例也。后汉时段颎曾言:"昔先零作乱,赵充国徙令居内……始服终叛,至今为鲠。"(《后汉书》卷九十五《段颎传》)范晔不察,亦依段颎之言,而谓"先零侵边,赵充国迁之内地……贪其暂安之势,信其驯服之情,计日用之权宜,忘经世之远略,岂夫识微者之为乎"(《后汉书》卷一百十七《西羌传》论曰)。据王应麟研究,"以《地理志》考之,神爵二年金城置破羌、允街二县,盖处降羌之地。羌在湟河之南,而汉地在湟河之北……或以充国迁先零内地为非,而不知金城非内地也。不得不为充国辩"(《汉书》卷六十九《赵充国传》补注)。即王应麟以为赵充国击破先零之后,并不是迁他们于内地,而是将其地改为破羌、允街二县,以处降羌。当时降羌人数多少,史无记载。然而吾人须知武帝对于降胡四万余众,乃"分"徙于五郡之内(见《史记》卷一百十一《卫青传》),分其众乃以弱其力,其深思远虑值得赞扬。

最后尚须一言者,汉虽降服四夷,而边防并不懈怠。汉代人民均有当兵的义务,而每年又须戍边三日,这称为繇戍。但各人绝不能往戍三日即还,因之行者可以往戍一岁,而不行者则出钱三百入官,官以给戍者。

> 天下人皆直戍边三日……律所谓繇戍也……不可人人自行三日戍,又行者当自戍三日,不可往便还,因便住一岁一更。诸不行者,出钱三百入官,官以给戍者。(《汉书》卷七《昭帝纪》元凤四年注引如淳曰)

这种三日戍边的义务是人人都有的,虽丞相之子亦不能免。

> 天下人皆直戍边三日……律所谓繇戍也。虽丞相子亦在戍边之调。

(《汉书》卷七《昭帝纪》元凤四年注引如淳曰)

宣帝时,盖宽饶为司隶校尉,"子常步行,自戍北边",关此,沈钦韩说[1]:

> 如淳曰,虽丞相子亦在戍边之调,宽饶以贫故不能雇人。(《汉书》卷七十七《盖宽饶传》补注)

穷边之地,千里萧条,寒风裂肤,豺狼为邻,比之内郡,百物阜殷,士忕温饱,不啻天壤。所以汉制,凡在边郡为吏,三岁一更。例如段会宗由杜陵令迁骑都尉而都护西域,三岁更尽还,拜为沛郡太守。所谓"三岁更尽还",如淳解释云:

> 边吏三岁一更。(《汉书》卷七十《段会宗传》)

由千石之县令迁为比二千石之骑都尉,以都护西域,三岁,即还为二千石之郡守。由县令经骑都尉迁郡守,其间所历不过三年。此固由于段会宗有过人之才,而汉代县爵禄以厉世摩钝,确是其根本原因。晁错云:"人情莫不欲寿……莫不欲富……莫不欲安……莫不欲逸,情之所忌,不以强人;情之所欲,不以禁民。"(《汉书》卷四十九《晁错传》)边隅之地,日有飘穷之虑,永无休暇之娱,欲使人们去亲族,舍园庐,与豺狼为邻伍,以战斗为嬉游,非有重赏,鲜克有功。武帝能够辟地建功,为汉世宗,亦此之故。

---

[1] 司隶校尉秩二千石,谷月百二十斛。宽饶本来家贫,又以奉钱之半以给吏民为耳目言事者,故贫,不能雇人。

第五节
民穷财匮与武帝末年及昭宣时代的复兴工作

武帝即位之初,"都鄙廪庾尽满,而府库余财,京师之钱累百巨万,贯朽而不可校,太仓之粟陈陈相因,充溢露积于外,腐败不可食"(《汉书》卷二十四上《食货志》)。到了外事四夷,国用增加,我们只看漕运一事,就可知道。高祖时"漕转山东粟以给中都官,岁不过数十万石"(《汉书》卷二十四上《食货志》)。武帝元光中,增加为百余万石(《汉书》卷二十九《沟洫志》),其后又增加为二百万石(《汉书》卷二十四下《食货志》)。国用增加,财政渐次困穷,"府库并虚","不足以奉战士"(《汉书》卷二十四下《食货志》),终又"财匮,战士颇不得禄矣"(《汉书》卷二十四下《食货志》)。然而战争既已开始,又不能中途停止,于是怎样挽救财政危急,就成为当时重要问题。汉代租税可大别为四种:

(一)财产税

1. 田租

古代财产以土地为主,因之田租遂为财产税的主干。汉兴,经济崩溃,财政穷困,国家为培养税源起见,高祖时,"轻田租,什五而税一"(《汉书》卷二十四上《食货志》),其后似有改变,惠帝即位,"减田租,复十五税一"(《汉书》卷二《惠帝纪》，邓展曰，中间废，今复之也)。文帝十二年，"赐农民今年租税之半"，即三十税一。十三年，"除田之租税"(《汉书》卷四《文帝纪》)，自是而后，人民不纳田租有十三年之久。景帝二年才"令人民半出田租，三十而税一也"(《汉书》卷二十四上《食货志》)。这个三十税一，通西汉一代，纵在武帝财匮之时，亦未变更。盖有鉴于晁错之言："民贫则奸邪生，贫生于不足，不足生于不农，不农则不地著，不地著则离乡轻家，民如鸟兽，虽高城深池，严法重刑，犹不能禁也。"(《汉书》卷二十四上《食货志》)

2. 訾算

田租乃课税于农耕，倘只征收田租，则资产阶级之不购置土地者，可以逃税，甚不合于公平原则。所以汉时又有訾算，即"訾万钱，算百二十七也"(《汉书》卷五《景帝纪》后二年注引服虔曰)。换言之，每万钱，纳税一百二十七。汉时，"岁万息二千"(《汉书》卷九十一《货殖传》)。万钱一年生息二千，二千之中纳税一百二十七，约合十五而税一。在田租十五税一之时，訾算与田租大体一致，到了田租三十税一，訾算比之田租高约一倍。此盖訾算大率课税于商贾，而汉代又采轻商重农政策之故。

(二) 人头税

这种租税最不合于公平原则，盖有身者就有税，不问各人之担税能力如何。汉代人头税有下列三种：

1. 算赋

高祖四年，初为算赋(《汉书》卷一上《高帝纪》)。所谓算赋乃是"民男女年十五以上至五十六，出赋钱，人百二十为一算，以给车马"(《汉旧仪》卷下)。唯贾人与奴隶倍算(《汉书》卷二《惠帝纪》六年注引应劭曰)，即每人须出钱二百四十。奴隶倍算，乃重课资产阶级；贾人倍算，则出于贱商政策之意。惠帝六年，令"女子年十五以上至三十不嫁，五算"(《汉书》卷二《惠帝纪》)，盖大乱之后，户口减耗，故用重税强迫妇女结婚，使民庶繁息。

2. 口钱

所谓口钱，《汉旧仪》（卷下）云："民年七岁以至十四岁，出口钱，人二十三。二十钱以食天子，其三钱者，武帝加口钱，以补车骑马。"即人头税课于民年十五至五十六者称为算赋；课于民年七岁至十四岁者称为口钱，本来是每人二十，武帝时增加三钱，共二十三。但据《汉书》（卷七十二《贡禹传》），禹上言："口钱起武帝征伐四夷，重赋于民。民产子三岁，则出口钱，故民重困，至于生子辄杀，甚可悲痛，宜令儿七岁去齿，乃出口钱（年二十乃算）……天子下其议，令民产子七岁乃出口钱，自此始。"是则口钱乃开始于武帝时代，并不是武帝只加三钱。民年三岁即出口钱，其改为七岁，乃元帝以后的事。口钱到底始于何时，本书不拟多所考证。但不问三岁也好，七岁也好，十四岁以下，人民无劳动能力，而乃出钱二十（三），这对于贫民是极不利的。

3. 献赋

高祖十一年二月，"令诸侯王通侯及郡各以口数率，人岁六十三钱以给献费"（《汉书》卷一下《高帝纪》）。关此，有两种解释：沈钦韩曰，案此，于一算之外，复岁取六十三钱也（《汉书》卷一下《高帝纪》十一年补注），即算赋之外又有献赋。马端临云："据四年，算赋减其半也。"（《文献通考》卷十《历代户口丁中赋役》）即一百二十减少为六十三。唯吾人观十一年二月之诏，中有"欲省赋甚，今献未有程，吏或多赋以为献，而诸侯王尤多，民疾之"（《汉书》卷一下《高帝纪》）之言。既云"欲省赋甚"，又云"民疾之"，所以沈钦韩之说未必正确。既云"今献未有程"，又云"吏或多赋以为献"，则其目的在令郡国所献有一定金额，可想而知，所以马端临之说亦有问题。吾人以为献赋不是另外一种人头税，而是限制郡国每岁所收算赋献纳于中央者，每人以六十三钱为限，不必多献。即汉代的人头税只有算赋与口钱两种。

（三）免役税

汉时免役税称为更赋，欲知更赋之内容，不可不知汉代的兵役法。民年二十三开始服役，一年赴京师为卫士（南北军之兵），一年在郡国为材官、骑士、楼船,习射御、骑驰、战阵、行船。五十六老衰,乃得免为庶人。

> 民年二十三为正,一岁而以为卫士,一岁为材官、骑士,习射御、骑驰、战阵……水处为楼船,亦习战射行船……年五十六老衰,乃得免为民,就田里。(《汉旧仪》卷下)

即汉民服役凡三十三年,除一年为卫士,一年为材官、骑士、楼船之外,其余均在田舍,以待番上调发。但每年须服役一月,自往服役者称为卒更。不往服役,月出钱二千,自以与代役者称为践更。又每年复须戍边三日,其不往戍,出钱三百入官,官以给戍者,称为过更。

> 更有三品,有卒更,有践更,有过更。古者正卒无常人,皆当迭为之,一月一更,是谓卒更也。贫者欲得顾更钱者,次直者出钱雇之,月二千,是谓践更也。天下人皆直戍边三日,亦名为更,律所谓繇戍也。虽丞相子亦在戍边之调。不可人人自行三日戍,又行者当自戍三日,不可往便还,因便住一岁一更,诸不行者出钱三百入官,官以给戍者,是谓过更也。(《汉书》卷七《昭帝纪》元凤四年注引如淳曰)

由此可知更赋共有两种:一是践更,月出钱二千雇人,在内地服役。二是过更,出钱三百入官,由官雇人,在边疆服役三天。即汉代人民自二十三岁至五十六岁,除一年为卫士,一年为材官、骑士、楼船之外,尚有三十一年之服役。凡自己不往服役,每年须纳免役税二千三百。但此二千三百,官不自私,乃以给代役之人。

(四) 户税

《汉书》(卷九十一)《货殖传》云:"秦汉之制,列侯封君食租税,岁率户二百。"即每户一岁须出钱二百,以与列侯封君。但是土地有以封人者,有不以封人者。马端临说:"然则地土之不以封者,县官(天子)别赋之欤,抑无此赋也。"(《文献通考》卷十《历代户口丁中赋役》)这确实不失为一个问题。倘若土地之以封者有赋,不以封者无赋,实有反于租税的公平原则。到底如何,当考。

西汉财用之司本有两所,大司农为官库,少府为天子之私藏,即如颜师古所言:"大司农供军国之用,少府以养天子也。"(《汉书》卷十九上《百官公卿表·少府》注)租税由大司农掌之,山泽陂池之税由少府掌之。

> 少府掌山泽陂池之税,名曰禁钱,以给私养,自别为藏。少者,小也,故称少府……大用由司农,小用由少府,故曰小藏。(《汉官仪》卷上)

> 王者以租税为公用,山泽陂池之税以供王之私用。(《汉官仪》卷上)

当时租税及山泽陂池之税共有多少呢?

> 汉之百姓赋敛,一岁为四十余万万,吏奉用其半,余二十万万藏于都内(大司农属官有都内令丞),为禁财。少府所领园池作务之八十三万万以供常赐。(《汉书》卷十九上《百官公卿表·治粟内史》补注引桓谭《新论》)

在平时,每年税收足供军国之用。到了讨伐四夷,"赋税既竭,不足以奉战士"(《汉书》卷二十四下《食货志》),于是天子遂出私藏以充国用。吾人观孔仅之言,即可知之。他说:

> 山海,天地之藏,宜属少府,陛下弗私,以属大农佐赋。(《汉书》卷二十四下《食货志》)

私藏本来只有少府一所,武帝元鼎二年置水衡都尉,本来是掌上林苑(《汉书》卷十九上《百官公卿表》),但是其属有均输、钟官、辨铜三令丞;元鼎四年,令水衡铸三官钱(《汉书》卷二十四下《食货志》),于是水衡遂不专管上林苑,而是同少府一样为天子之私藏(《文献通考》卷二十三《历代国用》)。宣帝本始三年春,"以水衡钱为平陵徙民起第宅",注引应劭曰:"水衡与少府皆天子私藏耳。县官公作当仰给司农,今出水衡钱,言宣帝即位为异政也。"(《汉书》卷八《宣帝纪》)哀帝时,毋将隆奏言:"大司农钱自乘舆不以给共养,共养劳赐一出少府,盖不以本臧给末用,不以民力共浮费,别公私示正路也。"(《汉书》卷七十七《毋将隆传》)西汉时代国家财政与皇室经费有别,私藏可以移为公用,而公库不宜移为供养。武帝出私藏以供国用,这固然是武帝的善政,然亦足证明当时财政的困难。于是如何解决财政困难,就成为对外战争的重要问题。

(一) 节约运动

外战与内乱不同,内乱可以破坏生产力,而使整个社会因之贫穷。外战乃交兵于边境或敌国领土之上,国内生产力虽然原则上不受影响,唯因国用增加,常令社会发生另一种变动。商贾因乘机射利而愈富,平民因物价腾贵而愈贫。富者奢侈,贫者流亡,这是必然的结果。在生产力幼稚之时,奢侈就个人经济说,是浪费金钱;就国民经济说,是浪费物资。浪费物资可以提高物价,而使社会愈益贫穷,百姓愈益流亡,于是朝廷为平抑物价起见,不能不提倡节约。例如:

> 公孙弘以宰相,布被,食不重味,为下先,然而无益于俗,稍务于功利矣。(《汉书》卷二十四下《食货志》)

但是多数人民本来没有浪费的资格,政府纵不提倡节约,他们自己亦知节约。而富者若不将节约所余的金钱捐输国家,则金钱将累积于富人。富人受了节约的限制,只有投资于土地之上,于是节约便"无益于俗",而且加甚土地集中的弊害。所以武帝又下令"贾人有市籍及家属皆无得名田,以便农,敢犯令,没入田货",即"一人有市籍,则身及家内皆不得有田也"(《汉书》卷二十四下《食货志》及注引师古曰)。又"遣博士分行郡国,举兼并之徒、守相为利者"(《汉书》卷二十四下《食货志》)。然而经济上的变动往往不是政治上的权力所能抑止。平民已穷,只有出卖田宅,而能购买田宅者,唯有商贾。不许商贾购买田宅,平民只有借债以救一时之急。借债须出利息,于是贫者愈贫,而流民也增加了。

(二) 献金运动

外战固然消费不少金钱,而在古代,金钱不是流出外国,而是流到民间。不过流到的地方不是一般平民,而是少数乘机射利的人。他们若肯输财助国,财政困难可以暂时解决。所以武帝又用奖励方法,使他们捐出金钱,然而百姓莫肯捐输。

> 是时富豪皆争匿财,唯卜式数求入财以助县官。天子乃超拜式为中郎,赐爵左庶长,田十顷,布告天下,以风百姓……百姓终莫分财佐县官。(《汉书》卷二十四下《食货志》)

富豪皆争匿财,平民无力捐输,献金运动又失败了。何况讨伐匈奴乃是长期的战争,长期战争须有长期的财政计划。献金运动纵能成功,亦只能暂时挽救财匮而已。

(三) 征收新税

元光元年,马邑开衅,战事于兹开始,六年初算商车,元狩四年初算缗钱(《汉书》卷六《武帝纪》),即用赋税的方法强制富豪捐出金钱,以助外战之用。据历史所载,算商车之法是①:

> 非吏比者、三老、北边骑士,轺车一算(师古曰,比,例也,身非为吏之例,非为三老,非为北边骑士,而有轺车,皆令出一算)。商贾人轺车二算,船五丈以上一算。(《汉书》卷二十四下《食货志》)

---

① 一算若干钱,详下注。

算缗钱之法是①：

> 诸贾人末作贳贷卖买,居邑贮积诸物,及商以取利者,虽无市籍,各以其物自占,率缗钱二千而算一,诸作有租及铸(如淳曰,以手力自作而卖之者),率缗钱四千算一。(《汉书》卷二十四下《食货志》)

是则两种赋税皆以课豪富尤其商贾为目的。这在"商贾滋众,贫者畜积无有,皆仰县官",而"豪富皆争匿财"(《汉书》卷二十四下《食货志》)之时,不失为一种良好的税法。但是赋税有转嫁的作用,课税于豪富商贾,行之不得其法,往往结果与预期相反,而转嫁于贫穷的消费者。这是理财者所应注意的。

(四) 实行专卖

战争需要兵器甚多,铁的价格不免腾贵,而盐又是人民的生活必需品。武帝时代商人以盐铁致富者为数不少,于是武帝为增加税收并抑制豪富起见,就实行盐铁专卖。

> (元狩中)兵连而不解……县官大空,而富商贾……冶铸鬻盐,财或累万金,而不佐公家之急,黎民重困……于是以东郭咸阳、孔仅为大农丞,领盐铁事……敢私铸铁器鬻盐者,釱左趾,没入其器物。(《汉书》卷二十四下《食货志》)

兼以战争之时军粮是必要的,运输不便,"率十锺致一石"(《汉书》卷二十四下《食货志》),而农民又征发从军,粮食的生产不免因之减少。武帝为调度军粮,不能不统治粮食的浪费。汉时浪费粮食最多者当为酿酒。试看文帝后元

---

① 一算若干钱,《补注》王先谦曰:"算百二十钱,解详《高纪》。"按汉代之算共有两种,一是资产税,即所谓訾算,《汉书》卷五《景帝纪》后二年,注引服虔曰:"訾万钱,算百二十七也。"二是人头税,即所谓赋算,《汉书》卷一上《高帝纪》四年注引如淳曰:"《汉仪》注,民年十五以上至五十六,出赋钱,人百二十为一算。"算商车及算缗钱都是财产税,王先谦以为算百二十钱,未必适当。

年之诏。

> （文帝）后元年……春三月……诏曰……以口量地，其于古犹有余，而食之甚不足者，其咎安在？无乃百姓之从事于末以害农者蕃，为酒醪以靡谷者多，六畜之食焉者众与？《汉书》卷四《文帝纪》

文帝时代已以酿酒为粮食缺乏的原因之一，所以武帝便禁止民间制酒，而将酤酿改为国营。

> （天汉）三年春二月……初榷酒酤。注引应劭曰，县官自酤榷卖酒，小民不复得酤也。《汉书》卷六《武帝纪》

榷酒酤之目的不在于增加收入，而在于防止粮食的浪费，这在粮食缺乏时代，不能不说是一种应急的措施。

（五）发行皮币

在"赋税既竭，不足以奉战士"《汉书》卷二十四下《食货志》之时，滥发钱币，固是一时救急之策，然其结果可以引起通货膨胀，而致物价日益腾贵。武帝一方要解决财政困难，同时又须预防通货膨胀，于是就发行一种皮币。皮币不通行于民间，只通行于朝廷，而强迫列侯宗室购买之。

> 县官大空……于是天子与公卿议，更造钱币以澹用，而摧浮淫并兼之徒。是时禁苑有白鹿……乃以白鹿皮方尺，缘以缋，为皮币，直四十万。王侯宗室朝觐聘享，必以皮币荐璧，然后得行。《汉书》卷二十四下《食货志》

算商车、算缗钱皆以课豪富尤其商贾为主，而王侯宗室不与焉。故为担税公平起见，特发行皮币，使王侯宗室购买，即皮币不是货币，而只是一种捐输。

（六）鬻爵卖官

秦时已有鬻爵之制，始皇四年，"百姓内粟千石，拜爵一级"《史记》卷六《秦始皇本纪》）。汉承秦制，惠帝元年，令"民有罪，得买爵三十级，以免死罪"《汉书》卷二《惠帝纪》）。文帝时晁错又提议鬻爵，并予以合理的说明，文帝从错之言，鬻爵遂成为确定的制度。

> 晁错复说上曰……方今之务，莫若使民务农而已矣。欲民务农，在于贵粟；贵粟之道，在于使民以粟为赏罚。今募天下入粟县官，得以拜爵，得以除罪。如此，富人有爵，农民有钱，粟有所渫。夫能入粟以受爵，皆有余者也；取于有余，以供上用，则贫民之赋可损，所谓损有余补不足，令出而民利者也。顺于民心，所补者三：一曰主用足，二曰民赋少，三曰劝农功……爵者，上之所擅，出于口而亡穷；粟者，民之所种，生于地而不乏。夫得高爵与免罪，人之所甚欲也。使天下入粟于边，以受爵免罪，不过三岁，塞上之粟必多矣。于是文帝从错之言，令民入粟边，六百石爵上造，稍增至四千石为五大夫，万二千石为大庶长，各以多少级数为差。《汉书》卷二十四上《食货志》）

景帝时，"上郡以西旱，复修卖爵令，而裁其贾以招民"《汉书》卷二十四上《食货志》）。人民买爵不但是名誉而已。凡爵至第九级之五大夫，可免徭役《汉书》卷二十四下《食货志》注师古曰），而犯罪之时又得以爵赎罪，而减免罪刑，上述惠帝元年之诏即其明证。因此之故，人民无不愿意买爵。武帝时又卖武功爵。

> 武功爵（原注，《茂陵中书》有武功爵，一级曰造士，二级曰闲舆卫，三级曰良士，四级曰元戎士，五级曰官首，六级曰秉铎，七级曰千夫，八级曰乐卿，九级曰执戎，十级曰政戾庶长［应作左庶长］，十一级曰军卫）级十七万，凡直三十余万金（此数必有误，见《补注》）。诸买武功爵官首者试

补吏,先除(《补注》,或解云,官首爵第五位,稍高,故得试为吏,先除用);千夫如五大夫(师古曰,五大夫,旧二十等爵之第九级也。至此以上,始免徭役……千夫者,武功十一等爵之第七也,亦得免役);其有罪又减二等;爵得至乐卿(师古曰,乐卿者,武功爵第八等也。言买爵唯得至第八也)。(《汉书》卷二十四下《食货志》)

兵革屡动,爵可以蠲免徭役,所以人民买爵者甚多,而致征发之士日益减少。

兵革数动,民多买复及五大夫、千夫,征发之士益鲜。(《汉书》卷二十四下《食货志》)

有钱的人能够买爵的都已买爵了,爵的销路停止,于是武帝又发售不花本钱的商品,即卖官。

令吏得入谷补官,郎至六百石。《补注》引沈钦韩曰,前此鬻爵,高者复除而已,此乃直任职也。(《汉书》卷二十四下《食货志》)

然而黄霸入财为官,不署右职,只补左冯翊二百石卒史(《汉书》卷八十九《黄霸传》),由此可知武帝虽然卖官,而政府亦轻其为人,官位高低固不可以入财多少为标准,所以卖官虽是一种弊政,而在西汉时代,流弊并不甚大。

在上述各种解决财政困难的办法之中,流弊最大的莫如算缗钱。所谓缗钱"是储钱也"(《汉书》卷六《武帝纪》元狩四年注引臣瓒曰),当时没有银行制度,也没有经济调查,何知人民储钱多少,只有令民自占,然而人民争匿其缗。元鼎二年十一月,"令民告缗者,以其半与之"(《汉书》卷六《武帝纪》,参阅卷二十四下《食货志》),固然政府"得民财物以亿计,奴婢以千万数,田大县数百顷,小县百余顷,宅亦如之",然而"商贾中家以上"大抵破产了(《汉书》卷二十四下《食货志》)。而民储钱有税,他们何肯勤劳,更何肯储蓄勤劳所得的金钱,"民偷,甘食好衣,不事畜臧之业"（《汉书》卷二十四下《食货志》），于是财政的破产又促成了国民经济的衰颓。

同时在元鼎四年令上林三官铸五铢钱以前，货币颇见混乱。秦时铜钱文曰半两，径寸二分，重十二铢（《汉书》卷二十四下《食货志》。《史记》卷三十《平准书》索隐，顾氏案，《古今注》云，秦钱半两，径寸二分，重十二铢。孟武按，一两二十四铢，今重十二铢，故称半两）。"汉兴，接秦之敝，恐尚用秦钱。"（《汉书》卷二十四上《食货志》补注引周寿昌曰）到了天下既定，遂改革币制，兹试列表如次。

汉货币变迁表

名称	时代	备考
荚钱	高祖时	《汉书·食货志下》，汉兴，以为秦钱重，难用，更令民铸荚钱。《史记·平准书》，索隐案，《古今注》云，荚钱重三铢，钱谱云，文为汉兴。
八铢	高后二年	《汉书·高后纪》，二年秋八月，行八铢钱。应劭曰，本秦钱，质如周钱，文曰半两，重如其文，即八铢也。汉以其太重，更铸荚钱，民患其太轻，至此复行八铢钱。孟武以为秦钱半两，重十二铢，高后二年所行之钱，重只八铢。《汉书·律历志》云，二十四铢为两，秦钱半两，重如其文，是八铢非秦之半两也。《汉书补注·食货志下》，叶德辉云，秦钱或有重八铢者。
五分	高后六年	《汉书·高后纪》，六年六月，行五分钱。应劭曰，所谓荚钱者。荚钱重三铢，此云五分，应劭之言不知有何根据。
四铢	文帝五年	《汉书·文帝纪》，五年夏四月，除盗铸钱令，更造四铢钱。应劭曰，文帝以五分钱太轻小，更作四铢钱，文亦曰半两。《汉书·食货志下》，孝文五年，为钱益多而轻，乃更铸四铢钱，其文为半两，除盗铸钱令，使民放铸。钱币许民铸造，何能全国一致，所以贾谊谏曰，又民用钱，郡县不同，或用轻钱，百加若干，或用重钱，平称不受。法钱不立，吏急而一之乎，则大为烦苛，而力不能胜。纵而弗呵乎，则市肆异用，钱文大乱，苟非其术，何乡而可哉？
三铢	武帝建元元年	《汉书·武帝纪》，建元元年春二月，行三铢钱。师古曰，新坏四铢钱，造此钱也。《汉书·食货志下》，自孝文更造四铢钱，民亦盗铸，不可胜数，钱益多而轻，物益少而贵，县官令销半两钱（文帝之四铢钱，文曰半两），更铢三铢钱，重如其文，盗铸诸金钱，罪皆死，而吏民之犯者不可胜数。

续表

名称	时代	备考
半两	武帝建元五年	《汉书·武帝纪》,建元五年春,罢三铢钱,行半两钱。师古曰,又新铸作也。
五铢	武帝元狩五年	《汉书·武帝纪》,元狩五年春三月,罢半两钱,行五铢钱。《汉书·食货志下》,有司言三铢钱轻,轻钱易作奸诈,乃更请郡国铸五铢钱,周郭其质,令不可得摩取鋊。孟武案,此五铢钱,乃许郡国铸造者。
赤仄	武帝元鼎二年	《汉书·食货志下》,郡国铸钱,民多奸铸,钱多轻,而公卿请令京师铸官赤仄,一当五,赋官用,非赤仄,不得行。如淳曰,赤仄以赤铜为其郭也。《史记·平准书》作铸钟官赤侧,赤侧即赤仄。《汉书补注·食货志下》,周寿昌曰,《史记索隐》,钟官掌铸赤仄之钱,当时赤仄甫行,严防私铸,直以官赤仄呼之。
三官	武帝元鼎四年	《汉书·食货志下》,赤仄钱贱,民巧法用之,不便又废。于是悉禁郡国毋铸钱,专令上林三官铸。钱既多,而令天下非三官钱不得行,诸郡国前所铸钱皆废销之,输入其铜三官,而民之铸钱益少,计其费不能相当,唯真工大奸乃盗为之。《汉书补注·食货志下》,齐召南曰,三官钱即水衡钱也。据《百官表》,水衡都尉掌上林,其属有均输、钟官、辨铜三令丞。《盐铁论》曰,废天下诸钱,而专命水衡三官作,即言此事。孟武案,三官亦重五铢。五铢为郡国所铸,质劣;三官为中央所铸,质佳,故三官亦称为五铢钱。《食货志下》,自孝武元狩五年三官初铸五铢钱,至平帝元始中,成钱二百八十亿万余云,其一证也。但水衡都尉诸官置于元鼎二年,见《百官表》,则元狩五年铸五铢者不是三官,而是郡国,是不能不辨。赤仄铸于张汤自杀之岁。汤死在元鼎二年,其后二岁又废赤仄,而令三官铸钱,此《食货志》所明言也。故赤仄乃铸于元鼎二年,三官铸于元鼎四年。

三官所铸五铢钱,质好,除真工大奸外,不能盗铸,这对于稳定物价,颇有功效。元鼎四年以后,钱币没有改变,而王莽篡汉之后,人心思汉,犹云:"五铢当复。"(《后汉书》卷四十三《公孙述传》)汉民爱护五铢,从而爱护刘汉,货币与民心向背有密切关系,观此可以知道。

"武帝征伐四夷,师出三十余年,天下户口减半"(《汉书》卷二十七中之下《五行志》),而人心尚不思乱,固然因为"不出师征伐,天下不安"(武帝语,见《资治通鉴》卷二十二汉武帝征和二年),而拓地过半,国威远及四裔,人民由于民族的自尊心,亦愿意忍受暂时的苦痛。何况户口减半,生产力稍稍提高,便可与消费力保持均衡,而使社会复归于安定。武帝末年悔征伐之事,封丞相为富民侯,用赵过代田之法,以增加农业生产力,谋经济的复兴。

  武帝末年悔征伐之事,乃封丞相为富民侯。下诏曰,方今之务,在于力农。以赵过为搜粟都尉。过能为代田,一亩三甽。岁代处,故曰代田,古法也……一岁之收常过缦田亩一斛以上,善者倍之。(《汉书》卷二十四上《食货志》)

既谓古法,当然不是赵过发明。《周礼》:"不易之地,家百亩;一易之地,家二百亩;再易之地,家三百亩。"郑玄注引郑司农云:"不易之地,岁种之,地美,故家百亩。一易之地,休一岁,乃复种,地薄,故家二百亩。再易之地,休二岁,乃复种,故家三百亩。"(《周礼注疏》卷十《大司徒》)即上地年年佃之;中地年年休百亩,佃百亩;下地,年年休二百亩,佃百亩。地力既得休息,故每亩生产量常过缦田一斛以上,其善者且过缦田二斛以上。但是此法只能行于地广人稀之处。武帝末年,"天下户口减半",代田能够实行,职此之故。

而继统的昭帝又复"委任霍光,光知时务之要,轻徭薄赋,与民休息"(《汉书》卷七《昭帝纪》赞曰)。盖大战之后黄老的无为主义还是有用处的。吾人观武帝时代的漕运六百万石,到了昭帝时代,即减少为三百万石(《汉书》卷七《昭帝纪》元凤二年),由国用的减少,可知其与民休息之状。"海内虚耗,户口减半"(《汉书》卷七《昭帝纪》赞曰),即又回归到文帝时代"以口量地,其于古犹有余"(《汉书》卷四《文帝纪》后元年春三月诏)的现象,代田行之得法,自可增加收获。此时,户口蕃息不但不成粮食消耗之累,而户口锐减,野不加辟,既有害地尽其利,又有害国家税收,这样,增加户口就有必要了。案户口减少,除人民战死于沙场之外,尚有两种原因:一因民畏口钱,"生子辄杀"(《汉书》卷七十二《贡禹传》),所以昭帝元凤四年令毋收四年五年口赋,元平元年又减口赋钱什三(《汉书》卷七《昭帝纪》),宣帝五凤三年亦减天下口钱(《汉书》卷八《宣帝纪》)。二因民畏赋役,逃亡出乡。所以宣帝地节三年诏流民还乡者,且勿算事(师古曰,不出算赋及给徭役),甘露二年减民算三十(师古曰,一算减钱三十也,见《汉书》卷八《宣帝纪》)。其结果也,"昭帝时,流民稍还,田野益辟,颇有蓄积"(《汉书》卷二十四上《食货志》)。宣帝时,"用吏多用贤能,百姓安土,岁数丰穰,谷至石五钱"(《汉书》卷二十四上《食货志》)。于是国民经济又复兴了,而国家财政亦甚充足。吾人观元帝时代,府库余财之多,就可知道。

孝元皇帝奉承大业,温恭少欲,都内钱四十万万,水衡钱二十五万万,少府钱十八万万。(《汉书》卷八十六《王嘉传》)

然而问题并未完全解决,荀子有言:"亡国富筐箧,实府库。筐箧已富,府库已实,而百姓贫,夫是之谓上溢而下漏。"(《荀子》第九篇《王制》)武帝初年,"府库余财",而民亦"人给家足"(《汉书》卷二十四上《食货志》)。昭宣以后如何呢?于此,我们不能不一述汉代的商业资本。

第六节
农业社会的崩溃与王莽改革的失败

　　武帝讨伐四夷,海内虚耗,经昭宣二代的复兴工作,社会又复安定,然而问题并未完全解决。外战虽与内乱有殊,然其结果往往相似。内战可以断绝商路,而破坏商业。商业一旦破坏,全国便失去经济上的联系。但是农民之剩余农产物必待商人运贩。商路断绝,农业便自然地由商品生产改变为自给自足的生产。换言之,农产物既不能运贩于市场,而贮藏过久,又复败坏,试问农民何必力耕,当然只求收获能够供给一家之用。反之,外战不会破坏商业,反而商人得以乘机牟利。商人虽然蓄积了资本,但社会的贫穷、消费力的低落,又令商人不愿投资于工业,使农业社会进展为商工业社会,而依"以末得之,以本守之"的方法,将资本投于土地之上。于是农村之内发生了兼并的现象,多数农民失去土地,沦为流民,而各种社会问题就发生了。

　　社会问题的发生常由于物价腾贵,这是吾国历史上常见之事。而最能操纵市场价格的莫如商业资本,西汉初年已经发生这种现象。

> 汉兴,以为秦钱重难用,更令民铸荚钱。黄金一斤。而不轨逐利之民蓄积余赢以稽市物,痛腾跃,米至石万钱,马至匹百金。(《汉书》卷二十四下《食货志》)

农民不免受了影响,农民贱卖贵买,结果只有破产。汉代租税以田租算赋为主,农民破产,流落四方,可以减少政府的税收,所以政府对于商业资本常取敌对的态度。高祖时代,商人不得衣丝乘车。

  天下已平,高祖乃令贾人不得衣丝乘车,重税租以困辱之。(《汉书》卷二十四下《食货志》,参阅卷一下《高帝纪》八年三月令)

惠帝吕后时代,虽弛商贾之禁,而商人尚不得为官吏。

  孝惠高后时,为天下初定,复弛商贾之律,然市井子孙亦不得仕为吏。(《汉书》卷二十四下《食货志》)

只因商业的利益甚大,汉时,谚有"以贫求富,农不如工,工不如商,刺绣文不如倚市门"(《汉书》卷九十一《货殖传》)之语,所以商人虽然受了压迫,而商业还是逐年繁荣。而高祖平定海内之后,继以孝惠吕后的清静无为,予民休息。农业生产力的发达可以发生剩余农产物的贩卖,而剩余农产物的贩卖又可以促成商业的隆盛。兼以海内统一,没有关税的障碍,所以巨商大贾就有活跃的机会。

  汉兴,海内为一,开关梁,弛山泽之禁,是以富商大贾周流天下,交易之物莫不通,得其所欲。(《史记》卷一百二十九《货殖传》)

文景时代商人愈益富裕,不但破坏不得衣丝乘车的禁令,且又因其富厚,交通王侯。

  而商贾大者积贮倍息,小者坐列贩卖,操其奇赢,日游都市,乘上之急,所卖必倍。故其男不耕耘,女不蚕织,衣必文采,食必粱肉,亡农夫之苦,有仟伯之得。因其富厚,交通王侯,力过吏势,以利相倾;千里游敖,

冠盖相望,乘坚策肥,履丝曳缟。(《汉书》卷二十四上《食货志》)

到了武帝之世,商人势力愈益雄厚,又破坏了不得仕宦为吏的禁令,而出来参加政治。例如东郭咸阳是盐商,孔仅是铁商,桑弘羊是贾人之子,而均做过大官巨吏。

于是以东郭咸阳、孔仅为大农丞,领盐铁事,而桑弘羊贵幸。咸阳,齐之大鬻盐,孔仅,南阳大冶,皆致产累千金……弘羊,洛阳贾人之子,以心计,年十三侍中。故三人言利事析秋毫矣。(《汉书》卷二十四下《食货志》)

其后复因盐铁专卖,凡以盐铁起家的,均举之为吏。

使仅(孔仅)、咸阳(东郭咸阳)乘传举行天下盐铁,作官府,除故盐铁家富者为吏,吏益多贾人矣。(《汉书》卷二十四下《食货志》)

商人踏上政治舞台之后,商业资本愈益横行。政府的措施,商人无不先知,武帝问张汤曰:"吾所为,贾人辄知,益居其物,是类有以吾谋告之者。"(《汉书》卷五十九《张汤传》)这可以证明商人因其富厚,而与官僚勾结之事。举明显之例言之,成哀间,罗裒訾致千余万,举其半数,赂遗曲阳侯王根、定陵侯淳于长,依其权力,赊贷郡国,人莫敢负(《汉书》卷九十一《货殖传》,见《程郑传》)。前已说过农业有靠于商业之运贩,但商业发达到一定程度之后,又往往破坏农村的安定。文帝时晁错曾言:

今农夫五口之家,其服役者不下二人,其能耕者不过百亩,百亩之收不过百石,春耕夏耘,秋获冬臧,伐薪樵,治官府,给徭役。春不得避风尘,夏不得避暑热,秋不得避阴雨,冬不得避寒冻,四时之间,亡日休息。又私自送往迎来,吊死问疾,养孤长幼在其中。勤苦如此,尚复被水旱之灾,急政暴虐,赋敛不时,朝令而暮改。当具有者半贾而卖,亡者取倍称之息,于是有卖田宅、鬻子孙以偿责者矣。而商贾大者积贮倍息,小者坐列贩卖,操其奇赢,日游都市,乘上之急,所卖必倍。故其男不耕耘,女不蚕织,衣必文采,食必粱肉;亡农夫之苦,有仟伯之得。因其富厚,交通王侯,力过吏势,以利相倾;千里游敖,冠盖相望,乘坚策肥,履丝曳缟。此商人所以兼并农人,农人所以流亡者也。(《汉书》卷二十四上《食货志》)

元帝时贡禹亦说:

> 商贾求利,东西南北各用智巧,好衣美食,岁有十二之利,而不出租税。农夫父子暴露中野,不避寒暑,捽草杷土,手足胼胝,已奉谷租,又出槀税,乡部私求,不可胜供。故民弃本逐末,耕者不能半,贫民虽赐之田,犹贱卖以贾,穷则起为盗贼,何者? 末利深而惑于钱也。(《汉书》卷七十二《贡禹传》)

何以"有者半贾而卖,亡者取倍称之息",何以"贫民虽赐之田,犹贱卖以贾"? 农民要吃盐,要以铁耕,还要缴纳租税,这一切都是要用货币的。农民所有的是米谷,不是货币。农民要取得货币,须将米谷卖给商人,商人则乘农民的穷急,贱价以购米谷;又乘农民的需要,高价以贩盐铁。农民受了商人的剥削,单单耕田,不能维持一家的生计,结果,健壮的男子均出外做工,土地的耕耘则委于老弱的妇女。农业渐渐离开商品生产的领域,而变为家计的一部。换言之,农业不以贩卖为目的,而以生产一家所需要的食粮为使命,于是农业生产力愈降低,而农村也渐次破坏。

在这种情况之下,农民的生活当然困苦,万一凶年歉收,一家的生计就无法维持,只有向财主借债,等到丰年之时,再把债务还清。但是财主所有的不是货物,而是货币;农民所借的也不是货物,而是货币。即农民将借来的货币购买生活必需品,以维持一家的生计。这样一来,则是农民于货币的价值最低廉的时候借了货币,而于货物的价格最昂贵的时候买了货物;更于货币的价值最昂贵的时候还了货币,而于货物的价格最低廉的时候卖了货物。所以农民愈益贫穷,弄到结果,竟然不能偿清债务,而须"卖田宅,鬻子孙,以偿责者矣"。

农民卖田宅以偿债,由是商人及地主就兼并了土地。他们怎样利用土地？租给佃农耕种。例如:

（宁成）乃贳贷陂田千余顷,假贫民,役使数千家……致产数千万。《汉书》卷九十《宁成传》）

汉代田租是很轻的,只三十取一。这种税制在小农还保持独立地位之时,固然是一种德政。但是小农一旦没落为佃户,则只有利于地主。因为佃户要纳十分之五佃租于地主,地主只纳三十分之一的田租于政府,所以轻税薄敛不过增加地主的财产,而使地主更可利用余财,兼并其他土地。且看王莽之令。

汉氏减轻田租,三十而税一,常有更赋,罢癃咸出,而豪民侵陵,分田劫假,厥名三十,实什税五也。（《汉书》卷二十四上《食货志》）

农民鬻子孙以偿债,由是商人及地主又增加了不少的奴隶,张安世有家童七百人（《汉书》卷五十九《张安世传》）,王商的私奴以千数（《汉书》卷八十二《王商传》）,史丹的僮奴以百数（《汉书》卷八十三《史丹传》）,卓王孙有僮客八百人（《汉书》卷九十一《货殖传》）。他们如何利用奴隶？除家庭劳动之外,又使其从事生产劳动。例如:

（张安世）家童七百人,皆有手技作事,内治产业,累积纤微,是以能殖其货。（《汉书》卷五十九《张安世传》）

奴隶既然从事生产劳动,自由劳动者要想得到职业,更困难了。所以不久自由劳动者也没落为奴隶。奴隶人数的增加就是自由民人数的减少,自由民人数的减少又使国家感觉劳动力的缺乏。武帝末年已经奖励人民将奴隶捐给国家。

> （武帝）乃募民能入奴婢得以终身复，为郎增秩。（《汉书》卷二十四下《食货志》）

到了这个时候，单单政治上的改革已无效果，尚须施行社会政策，以解决大众的贫穷问题。武帝以前，政府对于鳏寡孤独及贫不能自存者，均曾予以救济。而水旱之年，对于灾民及流民往往不吝赈恤，一是给予生活资料，二是供给生产工具，三是减免田租逋税。武帝以后，社会问题日益严重，单单赈恤已经没有用处，所以由武帝而至哀帝，又施行下述各种政策。

第一是贱商政策。商业可以发生土地的兼并，汉代政府是知道的，所以当大众开始贫穷的时候，政府又开始压迫商人。武帝元鼎年间，不许商人有田。

> 贾人有市籍，及家属，皆无得名田，以便农。敢犯令，没入田货。（《汉书》卷二十四下《食货志》）

哀帝时代又禁止商人为吏。

> （哀帝即位）六月，诏曰……有司条奏……贾人皆不得名田为吏，犯者以律论……（《汉书》卷十一《哀帝纪》）

但是战国以来，地域的分工已使商人对于货物的流通，成为必不可缺的人物。政府经济上没有对策，只从政治上抑制商人，未必就有效果。晁错在文帝时代已经说到，"今法律贱商人，商人已富贵矣；尊农夫，农民已贫贱矣"（《汉书》卷二十四上《食货志》），则在商人操纵社会经济、踏上政治舞台之后，乃欲加以抑制，其不成功，理之当然。

第二是盐铁专卖。农民要吃盐,盐是商人运贩的;农民要以铁耕,铁也是商人运贩的。商人操纵盐铁的价格,便可大发其财,秦汉时代商人以盐铁致富者为数不少(参阅《汉书》卷九十一《货殖传》),所以武帝就实行盐铁专卖。盐铁专卖固然因为干戈日滋,府库并虚,欲收盐铁之利,以奉师旅之费。但是此外尚有一个重要原因,即欲抑制商人。

  令意总一盐、铁,非独为利入也,将以建本抑末,离朋党,禁淫侈,绝并兼之路也。(《盐铁论》第六篇《复古》)

但是盐铁专卖之后,结果并不良好。因为盐铁既归政府专卖,其价格就成为独占价格,国家用人不当,若用苦盐恶铁,以高价发售,人民亦不得不买。

  郡国多不便县官作盐铁,器苦恶(师古曰,盐既味苦,器又脆恶),贾贵,或强令民买之。(《汉书》卷二十四下《食货志》)

而恶劣的铁器更有害于农事。

  农,天下之大业也;铁器,民之大用也。器用便利,则用力少而得作多,农夫乐事劝功。用不具,则田畴荒,谷不殖,用力鲜,功自半。器便与不便,其功相什而倍也。县官鼓铸铁器,大抵多为大器,务应员程,不给民用。民用钝弊,割草不痛,是以农夫作剧,得获者少,百姓苦之矣。(《盐铁论》第三十六篇《水旱》)

所以汉代学者多反对盐铁专卖,元帝初元五年罢盐铁官,永光三年盐铁又收归国家专卖(《汉书》卷九《元帝纪》)。盐铁所以必由国家专卖者,盖如御史大夫桑弘羊所说:

  匈奴背叛不臣,数为寇暴于边鄙,备之则劳中国之士,不备则侵盗不止。先帝哀边人之久患,苦为虏所系获也,故修障塞,饬烽燧,屯戍以备之。边用度不足,故兴盐、铁,设酒榷,置均输,蕃货长财,以佐助边费。今议者欲罢之,内空府库之藏,外乏执备之用,使备塞乘城之士饥寒于边,将何以赡之?罢之,不便也。(《盐铁论》第一篇《本议》)

第三是均输平准。据《盐铁论》(第一篇《本议》)所载御史大夫桑弘羊之言,其办法如次:

> 往者,郡国诸侯各以其方物贡输,往来烦杂,物多苦恶,或不偿其费。故郡国置输官以相给运,而便远方之贡,故曰均输。开委府于京师,以笼货物。贱即买,贵则卖。是以县官不失实,商贾无所贸利,故曰平准。

桑弘羊之言不甚明了,所谓均输,据孟康解释:

> 均输,谓诸当所有输于官者,皆令输其地土所饶,平其所在时贾,官更于他处卖之。输者既便,而官有利也。(《汉书》卷十九上《百官公卿表·治粟内史》注引孟康曰)

所谓平准,据《汉书》所载:

> 大农诸官尽笼天下之货物,贵则卖之,贱则买之。如此,富商大贾亡所牟大利,则反本,而万物不得腾跃。故抑天下之物,名曰平准。(《汉书》卷二十四下《食货志》)

即均输平准都是用以平定物价,使商人不能操纵。用更明显的话来说,均输是令各地进贡货物于政府之时,进贡该地生产过多的货物,以抬高该项货物的价格,再由政府运至缺乏这个货物的地方,尽量抛售,以减低这个货物的价格。平准是令各地官府于物价低廉的时候,尽量购买进来,使物价不会过低;

再于物价昂贵的时候,尽量贩卖出去,使物价不会过高。

均输平准都是武帝时代桑弘羊设计的。元狩中,弘羊为大司农丞,置均输以通货物,即各地须输"其地土所饶","官更于他处卖之",辗转运贩,而输于京师,这种政策乃以"便远方之贡"。问题所在似是"输其地土所饶",而致发生流弊。盖地饶沙糖者,农人及女工须纳沙糖,如是,他们就不能不卖其所有,而买其所无,众人争购沙糖,沙糖之价便随之提高了。所以《盐铁论》(第一篇《本议》)中,文学才说:

> 古者之赋税于民也,因其所工,不求所拙。农人纳其获(获),女工效其功(织)。今释其所有,责其所无。百姓贱卖贵买货物,以便上求。间者,郡国或令民作布絮,吏(恣)留难,与之为市。吏之所入,非独齐、阿之缣,蜀、汉之布也,亦民间之所为耳。行奸卖平,农民重苦,女工再税,未见输之均也。

元封元年,桑弘羊又置平准,由大司农尽笼天下货物,贵则卖之,贱则买之,使"富商大贾无所牟大利",最初成绩甚佳,"民不益赋,而天下用饶"(《汉书》卷二十四下《食货志》),但是不久之后,官僚又利用官府的权力,从中渔利,所以《盐铁论》(第一篇《本议》)中,文学又说:

> 县官猥发,阖门擅市,则万物并收。万物并收,则物腾跃。腾跃,则商贾侔利。自市,(侔利自市)则吏容奸。豪吏富商积货储物以待其急,轻贾奸吏收贱以取贵,未见准之平也。

第四是常平仓的设置。李悝曾说:"籴甚贵伤民,甚贱伤农,民伤则离散,农伤则国贫,故甚贵与甚贱,其伤一也。"(《汉书》卷二十四上《食货志》)常平仓就是为解决这个问题而设置的。其法是:丰年的时候,政府增价收买米谷,使谷价不致因过贱而伤农;凶年的时候,政府减价出卖米谷,使谷价不致因过贵而伤民。常平仓与平准不同,常平仓单单调节谷价,平准则调节一切货物的价格,这个方法是宣帝时代耿寿昌建议的。

> 宣帝即位……岁数丰穰，谷至石五钱，农人少利，时大司农中丞耿寿昌以善为算能商功利得幸于上……遂白令边郡皆筑仓，以谷贱时增其贾而籴，以利农，谷贵时减贾而粜，名曰常平仓。民便之。(《汉书》卷二十四上《食货志》)

但是这个计划在土地兼并之后，实行起来，却有许多流弊。因为贫农虽在丰年，也没有多余的谷可以出卖，他们所以必须粜谷，乃欲换取货币，以供纳税还债及购买日常用品之用。富农虽有多余的谷，而他们却不必急于出售，他们可待价而沽，以取厚利。何况商业资本平时已经控制了农村，大熟之年商人很容易用贱价向农民买谷，囤积起来，不许常平仓籴去储存。大饥之年常平仓虽用贱价粜谷，而囤积最大分量的商人和富农若袖手旁观，不肯放粜，坐待仓谷将尽之时，乘机抬价，则常平仓虽然设置，亦复无补于事。所以元帝初元五年，又罢常平仓(《汉书》卷九《元帝纪》)。

第五是限田。土地兼并造成了大众的贫穷，武帝时代董仲舒已经提议限田。他说：

> 秦……用商鞅之法，改帝王之制，除井田，民得卖买，富者田连仟伯，贫者亡立锥之地……小民安得不困……汉兴，循而未改。古井田法虽难卒行，宜少近古，限民名田，以澹不足，塞并兼之路……然后可善治也。

(《汉书》卷二十四上《食货志》)

但是当时土地乃集中于官僚及商人之手，商人不过用经济手段，兼并土地；而官僚尤其王公且用政治手段，兼并土地。例如：

> (衡山王赐)数侵夺人田，坏人冢以为田。有司请逮治衡山王，上不许。(《汉书》卷四十四《衡山王赐传》)

案武帝所以"不许",似有不得已的苦衷。衡山王之事是在元光六年(《衡山王赐传》),主父偃提议推恩分封之实行则在元朔二年(据《资治通鉴》)。诸侯王势力尚大,故武帝只能剥夺其行政权,凡吏二百石以上均由中央任命(《衡山王赐传》)。何况天子本身就是最大的地主,虽然常将公田假与贫民(例如宣帝地节元年三年、元帝初元元年永光元年),而到了哀帝时代,还能一举而赐董贤田二千余顷(见《汉书》卷八十六《王嘉传》)。汉世田多在官,天子的利害本与地主一致,而王公大臣又多是大地主,何肯赞成董仲舒的建议而实行之。最后武帝只有压制商人,不许商人名田。

贾人有市籍,及家属,皆无得名田,以便农。敢犯令,没入田货。(《汉书》卷二十四下《食货志》)

然而无补于事。成帝时,张禹"内殖货财,及富贵(为丞相),多买田至四百顷,皆泾渭溉灌,极膏腴上贾"(《汉书》卷八十一《张禹传》)。官僚如斯兼并土地,所以哀帝时,师丹又提议限田。

哀帝即位,师丹辅政,建言:古之圣王莫不设井田,然后治乃可平。孝文皇帝承亡周乱秦兵革之后,天下空虚,故务劝农桑,帅以节俭。民始充实,未有并兼之害,故不为民田及奴婢为限。今累世承平,豪富吏民訾数巨万,而贫弱俞困……宜略为限。(《汉书》卷二十四上《食货志》)

哀帝听了师丹之言,诏令群臣讨论,丞相孔光、大司空何武联名拟了一个草案。

天子下其议。丞相孔光、大司空何武奏请诸侯王、列侯皆得名田国中。列侯在长安,公主名田县道,及关内侯、吏民名田皆毋过三十顷……期尽三年,犯者没入官。(《汉书》卷二十四上《食货志》,参阅卷十一《哀帝纪》)

这种限田一见之下，就可知道其不公平，然而最初破坏限田法令的却是哀帝自己。

(哀帝)赐贤(董贤)二千余顷，均田之制从此堕坏。(《汉书》卷八十六《王嘉传》)

而一般贵戚宠臣亦极力反对，于是限田制度便无法推行。

时田宅(奴婢)贾为减贱，丁傅用事，董贤隆贵，皆不便也。诏书且须后，遂寝不行。(《汉书》卷二十四上《食货志》)

第六是私奴隶人数的限制。汉代奴隶有官私二种：贫而不能自养者多贩卖为私奴隶，而罪人的妻子多籍没为官奴隶。社会愈贫穷，犯罪愈增加，所以因贫而贩卖为奴隶者一旦增加，因罪而籍没为奴隶者亦必增加。官奴隶人数过剩，成为国家之累，这是元帝时贡禹所言的。他说：

又诸官奴婢十万余人戏游亡事，税良民以给之，岁费五六巨万，宜免为庶人，禀食，令代关东戍卒，乘北边亭塞候望。(《汉书》卷七十二《贡禹传》)

私奴隶呢？汉世私奴隶之多，举外戚为例言之，王商(宣帝母家王氏)私奴以千数(《汉书》卷八十二《王商传》)，史丹(宣帝祖母家史氏)僮奴以百数(《汉书》卷八十二《史丹传》)，王氏(元帝后家王氏)僮奴以千百数(《汉书》卷九十八《元后传》)。举平民为例言之，卓王孙僮客八百人(师古曰，僮谓奴)，程郑亦数百人(《汉书》卷五十七上《司马相如传》)。《汉书》(卷九十一)《货殖传》有"童手指千"之语，注引"孟康曰，童奴婢也。古者无空手游口，皆有作务，作务须手指，故曰手指。师古曰，指千则人百"。即私奴婢必须负担许多工作，张安世家僮七百人，皆有手技作事(《汉书》卷五十九《张安世传》)，刁间使奴人逐鱼盐商贾之利(《汉书》卷九十一《货殖传》)。豪富不愁奴隶之多，问题所在，乃是奴隶侵占了平民的劳动机会，致令社会发生失业问题。武帝时代董仲舒已经奏请解放奴隶。

> 董仲舒……又言……去奴婢，除专杀之威……《汉书》卷二十四上《食货志》)

但是王公大臣皆有多数奴隶，谁肯同意董仲舒的建议。而奴隶常受虐待，元帝时，侯应谓"边人奴婢愁苦，欲亡者多，曰'闻匈奴中乐，无奈候望急何！'时有亡出塞者"(《汉书》卷九十四下《匈奴传》)。边境奴婢如此，内郡奴婢亦必相差不远。哀帝时代，师丹又提议限制奴隶，哀帝下诏群臣讨论(《汉书》卷二十四上《食货志》原文已引在上面)，丞相孔光、大司空何武拟了一个方案：

> 丞相孔光、大司空何武奏请……诸侯王奴婢二百人，列侯、公主百人，关内侯、吏民三十人。期尽三年，犯者没入官。(《汉书》卷二十四上《食货志》)

有了这种消息，奴隶的价格跌落了，王公大臣乘机购买，同时又极力反对，"诏书且须后，遂寝不行"。

> 时田宅奴隶贾为减贱，丁、傅用事，董贤隆贵，皆不便也。诏书且须后，遂寝不行。(《汉书》卷二十四上《食货志》)

一切改革均归失败，社会问题日益严重，而最严重的莫过于户口蕃庶，而社会生产力不能随着提高。汉兴，民人散亡，残存的户口比之战国，只有十之二三，文景时代劝课农桑，减省租赋，流民既归，户口亦息。而武帝讨伐四夷，师出三十余年，天下户口又复减半。昭帝轻徭薄税，宣帝选用贤能，元帝温恭少欲，经三世休养生聚，户口又见增加，到了平帝时代，户口总数如次。

> 讫于孝平……民户千二百二十三万三千六十二，口五千九百五十九万四千九百七十八，汉极盛矣。(《汉书》卷二十八下之二《地理志》)

人口如斯增加,食粮如何呢?

> 讫于孝平……提封田一万万四千五百一十三万六千四百五顷,其一万万二百五十二万八千八百八十九顷,邑居道路,山川林泽,群不可垦,其三千二百二十九万九百四十七顷,可垦不可垦,定垦田八百二十七万五百三十六顷。(《汉书》卷二十八下二《地理志》)

原文大约是说,提封田共计一万万四千五百一十三万六千四百五顷,其中一万万二百五十二万八千八百八十九顷或充为邑居道路之用,或因系山川林泽,均无法开垦。其得开垦者虽有三千二百二十九万九百四十七顷,而实际已经开垦为田者,只有八百二十七万五百三十六顷。如斯解释固然还说得过去,然而不可垦田与可垦田之和又不等于提封田之总数,到底如何解释,当考。

当时户数共一千二百二十六万三千零六十六,口数共五千九百五十九万四千九百七十八,定垦田共八百二十七万五百三十六顷。倘令全国户口百分之八十为农民,则农户共九百八十六万六千四百五十三,农人共四千七百六十七万五千九百八十,即每个农户可得田八十四亩,八十四亩之土地能够维持一家生计么?汉时农业生产力很低,《汉书》曾引战国时李悝之言。

> 今一夫挟五口,治田百亩,岁收亩一石半,为粟百五十石。(《汉书》卷二十四上《食货志》)

又引晁错之言:

> 今农夫五口之家……其能耕者不过百亩,百亩之收不过百石。(《汉书》卷二十四上《食货志》)

据姚鼐说:

古人大抵计米以石权,此《志》晁错云百亩之收不过百石是也。计粟以斛量,此《志》赵过代田一岁之收,常过缦田亩一斛以上是也。惟李悝法,以石计粟,云百亩岁收亩一石半,为粟百五十石,此即晁错之百石也。盖粟百五十石得二百斛,为米百石矣。(《汉书》卷二十四上《食货志》补注)

粟百五十石,量之得二百斛。二百斛之粟得米多少?《九章算术》云:"粟五十,粝三十,一斛粟得六斗米为粝也。"(《后汉书·伏湛传》注)所以二百斛之粟得米应为一百二十斛。一百二十斛之米,权之重若干石?姚鼐以为重百石,不知有何根据。若据姚鼐自己之言,斛与石之比为二百与一百五十,所以一百二十斛之米应重九十石 $\left(120 \times \dfrac{150}{200} = 90\right)$。①

现在试以晁错所说,一亩收米一石为西汉的生产力,农民实难维持一家生计。何以言之?每户平均得田八十四亩,一岁收获为米八十四石,还原为粟,则为一百四十石 $\left(84 \div \dfrac{30}{50} = 140\right)$,每家平均五口,五口之家一岁要吃多少呢?据李悝说:

> 食,人月一石半,五人终岁为粟九十石。(《汉书》卷二十四上《食货志》)

吾国度量衡皆古小今大,沈钦韩云:

> 《管子·国蓄篇》:"中岁之谷,粜石十钱。大男食四石,月有四十之籍。大女食三石,月有三十之籍。吾子食二石,月有二十之籍。"以李悝法考之,则战国公量大已倍半,谷价亦倍于管子时。(《汉书》卷二十四上《食货志》补注)

---

① 一百五十石之粟,直接依《九章算术》,亦应为米九十石,因为 $150 \times \dfrac{3}{5} = 90$,所以姚鼐的算法似有错误。

王鸣盛亦说：

> 古尺小于今尺，是以步数、亩数、里数皆古小今大，古量亦小于今量。《后书·南蛮传》，军行日三十里为程，人日禀五升。李注，古升小，故曰五升也，是后汉时量小于今甚远。《魏志·管宁传》注，扈累嘉平中年八九十，县官给廪日五升不足。《晋书·司马懿纪》，与诸葛亮相拒于五丈原，亮使至，帝问诸葛公食可几米。对曰，三四升。帝曰，孔明其能久乎？《蜀志·亮传》注作食不至数升。（《汉书》卷二十一上《律历志》补注）

由此可知以李悝所说的食量为汉人的食量，没有大错。一百四十石之粟，一家五口吃去九十石，留下来的只有五十石了。这个五十石之粟还要供为制衣服、纳租税、治疾病、吊死丧种种费用，所以李悝又说：

> 此农夫所以常困，有不劝耕之心，而令籴至于甚贵者也。（《汉书》卷二十四上《食货志》）

固然武帝时代赵过为代田之法，"一岁之收常过缦田一斛以上，善者倍之"（《汉书》卷二十四上《食货志》），然而吾人须知代田是将所有的田分为三部，每年耕其一，而休息其二。富农用此方法，可以减少劳动力。贫农之田本来太小，何能休其二而耕其一？代田虽然是"用力少而得谷多"（《汉书》卷二十四上《食货志》），其不能普遍采用，理之至明。元帝时，贡禹有田一百三十亩，而妻子糟糠不给，短褐不完（《汉书》卷七十二《贡禹传》），何况贫农所有土地尚不及一百三十亩。

更进一步视之，汉之盛时，全国垦田共八百二十七万五百三十六顷，人口共五千九百五十九万四千九百七十八，一亩之收若系一石半的粟，则一顷为一百五十石，所以社会总生产力为：

$$8270536 \times 150 = 1240580400 \text{ 石}$$

一人月食一石半之粟，全年为十八石，所以社会总消费量为：

59594978×18 = 1072709624 石

社会总消费固然未曾超过社会总生产,然而文帝时代已经因为粮食浪费而感觉粮食不足。

(文帝)后元年……三月……诏曰……夫度田非益寡,而计民未加益,以口量地,其于古犹有余,而食之甚不足者,其咎安在?无乃百姓之从事于末以害农者蕃,为酒醪以靡谷者多,六畜之食焉者众欤……(《汉书》卷四《文帝纪》)

粮食的浪费引起粮食的恐慌,而表现为谷价腾贵。元帝时代还是国家很富裕的时代,而永光年间,"京师谷石二百余,边郡四百,关东五百,四方饥馑"(《汉书》卷七十九《冯奉世传》)。这比之宣帝元康四年谷石五钱,相差远了。汉时平均米价大率是每石平均一百。

(贡)禹上书曰,臣……拜为谏大夫,秩八百石,奉钱月九千二百……又拜为光禄大夫,秩二千石,奉钱月万二千……(《汉书》卷七十二《贡禹传》)

关此,周寿昌说:

《百官表》,谏大夫比八百石,此脱比字。考表注及《后汉书》百官领奉例,无八百石、比八百石两级。时仅有谏大夫一官及左右庶长爵是八百石。至成帝时,除八百石就六百石,故奉钱无可考,赖此犹存其数。若以十斛抵千钱,则较千石转多二斛,盖千石奉月九十斛也。(《汉书》卷七十二《贡禹传》补注)

又云:

《百官表》,光禄大夫秩比二千石,此亦脱比字。二千石奉月百二十

斛,若以十斛抵一千,恰如其数。(《汉书》卷七十二《贡禹传》补注)

吾人观李悝时之谷价,可知学者推测西汉谷价每斛一百之说,颇为合理。李悝说:

  今一夫……治田百亩,岁收亩一石半,为粟百五十石……余有四十五石。石三十,为钱千三百五十。《补注》引沈彤云,此钱乃景王大钱,其重半两。(《汉书》卷二十四上《食货志》)

半两即十二铢,购买一石之粟,须用十二铢之钱三十,则用五铢之钱,应为七十二$\left(30 \div \frac{5}{12} = 72\right)$。然而李悝所说的石是粟不是米,汉人多以石权米,以斛量粟,而粟与米之比,据《九章算术》则为三十与五十,所以一石之粟若须用钱七十二,则一石米应该用钱一百二十$\left(72 \div \frac{30}{50} = 120\right)$,即比一百稍高。

谷价每石平均一百,而元帝永光年间,京师涨至二百,边郡四百,关东五百。成帝以后,四方饥馑,于是就引起大众的贫穷和流亡。

1. 元帝时代

  郎有从东方来者,言民父子相弃。师古曰,以遭饥馑不能相养。(《汉书》卷七十一《于定国传》)

  今民大饥而死,死又不葬,为犬猪所食。人至相食。(《汉书》卷七十二《贡禹传》)

2. 成帝时代

  岁比不登,仓廪空虚,百姓饥馑,流离道路,疾疫死者以万数,人至相食,盗贼并兴。(《汉书》卷八十三《薛宣传》)

  灾异屡降,饥馑仍臻。流散冗食,馁死于道,以百万数。(《汉书》卷八十五《谷永传》)

3. 哀帝时代

民流亡，去城郭，盗贼并起……今贫民菜食不厌，衣又穿空，父子夫妇不能相保，诚可为酸鼻。(《汉书》卷七十二《鲍宣传》)

岁比不登，天下空虚，百姓饥馑，父子分散，流散道路，以十万计。(《汉书》卷八十一《孔光传》)

当时人士以为钱币作祟。元帝时，御史大夫贡禹言，奸邪不可禁，其源皆起于钱。疾其末者绝其本，宜罢铸钱之官，亡复以为币。租税禄赐皆以布帛及谷，使百姓一归于农。议者以为交易待钱，布帛不可尺寸分裂，禹议亦寝(《汉书》卷七十二《贡禹传》、卷二十四下《食货志》)。哀帝时，"有上书言古者以龟贝为货，今以钱易之，民以故贫，宜可改币。上以问丹(大司空师丹)，丹对，言可改。章下有司议，皆以为行钱以来久，难卒变易，丹老人忘其前语，复从公卿议"(《汉书》卷八十六《师丹传》)。案钱币乃交易的媒介，钱币本来不会引起物价腾贵，其引起物价腾贵乃因钱币贬值，即通货膨胀。"自武帝元狩五年(应为元鼎四年，元狩五年之五铢乃郡国所铸，元鼎四年专令上林三官铸五铢钱之后，郡国前所铸钱，皆废销之，输入其铜三官，见《汉书》卷二十四下《食货志》)三官初铸五铢钱，至平帝元始中，成钱二百八十亿万余云。"(《汉书》卷二十四下《食货志》)而当时人口则有五千九百五十九万四千九百七十八人，即每人平均有钱四十七，通货并不膨胀，谷价不会因钱币而腾贵。其腾贵原因在于谷少，不在于币多。

谷价腾贵既然因为谷少，而谷少的原因，除酿酒外，一为水旱为灾，二是垦田太少。在这种局势之下，政府应本调和阴阳之意，开凿河渠，使雨不成灾，旱不妨耕。武帝曾言："农天下之本也，泉流灌浸所以育五谷也。细民未知其利，故为通沟渎，蓄波泽，所以备旱也。"(《汉书》卷二十九《沟洫志》)他在讨伐四夷之际，不惜花巨万之费，引河凿渠，以溉民田，如渭渠、白渠等是(《汉书》卷二十九《沟洫志》)。然而开凿河渠，用费甚巨，在国家财政困难之际，往往力不能顾，而致酿成大患。成帝时，清河都尉冯逡请浚屯氏河，当时丞相、御史乃谓"用度不足，可且勿浚"。后三岁，河果决，受害者四郡三十二县,毁坏官亭室庐且四万所(《汉书》卷二十九《沟洫志》)。尤重要者,政府应将荒地辟为垦田。前已说过,西汉之世,土地之可开垦的有三千二百二十九万九百四十七顷,而实际已经开垦为田的不过八百二十七万五百三十六顷,即尚有不少的地可以利用。当时政治家没有远大眼光,而开垦荒地又需要巨大经费,最好还要同晁错所说移民实边那样,"先为室屋,具田器,募民之欲往者皆赐高爵,复其家,予冬夏衣廪食,能自给而止,其亡夫若妻者,县官买予之"(《汉书》卷四十九《晁错传》)。然而这样巨大的经费又非当时政府所能负担。水利不修,垦田不辟,而人口日多,地力日竭,谷价腾贵,可以说是势之必然。

而自元成以后,政治又复开始腐化。政治的败坏常由于政界失掉新陈代谢的作用。武帝时,"上方欲用文武,求之如弗及……群士慕向,异人并出……汉之得人,于兹为盛"(《汉书》卷五十八《公孙弘传》赞曰)。主父偃"上书阙下,朝奏,暮召入见……是时徐乐、严安亦俱上书言世务,书奏,上召见三人,谓曰,公皆安在,何相见之晚也"(《汉书》卷六十四上《主父偃传》)。又武帝"征天下举方正贤良、文学材力之士,待以不次之位,四方士多上书言得失,自衒鬻者以千数。东方朔文辞不逊,高自称誉,上伟之,令待诏公车"(《汉书》卷六十五《东方朔传》)。求才如渴,士多进取,政治上朝气勃勃,可以说是理之当然。元成以后,情形不同。成帝时,梅福上书曰,"自阳朔以来,天下以言为讳,朝廷尤甚,群臣皆承顺上指,莫有执正"(《汉书》卷六十七《梅福传》)。哀帝时,大臣"以苟容曲从为贤,以拱默尸禄为智"(《汉书》卷七十九《鲍宣传》)。这种现象所以发生,何焯云:"成帝以后,士皆依附儒术,容身固位,志节日微,卒成王氏之篡。"(《汉书》卷六十七《朱云传》补注)例如匡衡"经学绝伦",中书令石显用事,衡竟"阿谀曲从","不敢失其意"(《汉书》卷八十一《匡衡传》)。张禹"经学精习",而乃"内殖货财,买田至四百顷,皆泾渭溉灌,极膏腴上贾,它财物称是",又"自见年老,子孙弱",不欲得罪王氏,谓日食、地震与王氏专政无关(《汉书》卷八十一《张禹传》)。孔光"经学尤明",而乃依附王莽,羌"所欲搏击,辄为草,以太后指,风光令上之"(《汉书》卷八十一《孔光传》)。此三人者"咸以儒宗居宰相位,服儒衣冠,传先王语,然皆持禄保位,被阿谀之讥"(《汉书》卷八十一《匡衡传》赞曰)。盖自武帝立五经博士、开弟子员、设科射策之后,经学浸盛,"盖利禄之路然也"(《汉书》卷八十八《儒林传》赞曰)。学者研究经学,目的不在于"明天道,正人伦,致至治"(《汉书》卷八十八《儒林传》),而在于拾青紫。韦贤"兼通礼《诗》《书》,以《诗》教授,号称邹鲁大儒",本始三年为丞相。"少子玄成复以明经,历位至丞相,故邹鲁谚曰,遗子黄金满籯,不如一经。"(《汉书》卷七十三《韦贤传》)夏侯胜"每讲授,常谓诸生曰,士病不明经术,经术苟明,其取青紫如俯拾地芥耳"(《汉书》卷七十五《夏侯胜传》)。读经的目的既然如斯,一旦目的达到,当然是持禄保位,而不能以青紫为手段,实行"致至治"的抱负。

西汉初年政治本来是道家思想而参以法家学说。武帝虽然罢黜百家,表章六经,而在元帝以前,还是王霸杂用,即以经术润饰法治。宣帝曾言:"汉家自有制度,本以霸王道杂之,奈何纯任德教,用周政乎?"(《汉书》卷九《元帝纪》)道德本来是律己的,法律则以律人。道德是用劝诫之言,劝人为善,戒人为恶。但是劝诫之言只可与上智者语,不可与下愚者言。上智者寡而下愚者多,所以道德观念常至于穷。只因人类尚有利害观念,即如管子所言:"夫凡人之情,见利莫能勿就,见害莫能勿避。"(《管子》第五十三篇《禁藏》)韩非亦说:"舆人成舆,则欲人之富贵。匠人成棺,则欲人之夭死也。非舆人仁而匠人贼也。人不贵,则舆不售,人不死,则棺不买;情非憎人也,利在人之死也。"(《韩非子》第十五篇《备内》)人类既有利害观念,于是宗教方面就济之以天堂地狱之说,政治方面又济之以刑赏。刑所以吓人,赏所以诱人。诱之以名利,赏其为善;吓之以刑狱,罚其为恶。赏是人人所爱的,刑是人人所畏的,这个爱畏情绪便是政令能够推行的心理条件。人主蔑视这个心理条件,一切作为必徒劳而无功。反之,人主若能利用人类爱畏之情,诱之以所爱,吓之以所畏,必能驱使干部推行政令,又能驱使人民遵守政令。管子说:"明主之治也,悬爵禄以劝其民,民有利于上,故主有以使之;立刑罚以威其下,下有畏于上,故主有以牧之。故无爵禄,则主无以劝民;无刑罚,则主无以威众。故人臣之行理奉命者,非以爱主也,且以就利而避害也。百官之奉法无奸者,非以爱主也,欲以受爵禄而避罚也。"(《管子》第六十七篇《明法解》)韩非亦云:"凡治天下,必因人情,人情者有好恶,故赏罚可用;赏罚可用,则禁令可立,而治道具矣。"(《韩非子》第四十八篇

《八经》)汉在兴盛时代,为政之道均本斯旨。梅福曾言:"爵禄束帛者天下之底石,高祖所以厉世摩钝也。"(《汉书》卷六十七《梅福传》)而最能阐明法家之思想者莫如晁错。他说:"人情莫不欲寿……人情莫不欲富……人情莫不欲安……人情莫不欲逸……情之所恶不以强人,情之所欲不以禁民……其行赏也,非虚取民财,妄予人也……功多者赏厚,功少者赏薄……其行罚也,非以忿怒妄诛而纵暴心也……罪大者罚重,罪小者罚轻。"其所建议守边备塞之策完全依此思想。故云"凡民守战至死而不降北者,以计为之也。故战胜守固则有拜爵之赏,攻城屠邑则得其财卤以富家室,故能使其众蒙矢石,赴汤火,视死如生"。又云:"胡人入驱,而能止其所驱者,以其半予之,县官为赎其民。如是,则邑里相救助,赴胡不避死,非以德上也,欲全亲戚而利其财也。"(《汉书》卷四十九《晁错传》)此即韩非所谓"相为则责怨,自为则事行"(《韩非子》第三十二篇《外储说左上》)。亦即慎子所谓"人莫不自为也,化而使之为我,则莫可得而用矣……用人之自为,不用人之为我,则莫不可得而用矣"(《慎子·因循篇》)。元成以后,不知霸者之术。元帝时,杜钦曾说:"功同赏异,则劳臣疑;罪钧刑殊,则百姓惑。"(《汉书》卷七十《冯奉世传》)刑赏无章,刑赏失去效用,因之政界就发生了持禄保位的现象。大臣拱默于上,胥吏遂舞弊于下,元帝建昭五年三月,诏曰:

> 今不良之吏覆案小罪,征召证案,兴不急之事,以妨百姓,使失一时之作,亡终岁之功,公卿其明察申敕之。(《汉书》卷九《元帝纪》)

成帝鸿嘉四年春正月,诏曰:

> 数敕有司务行宽大而禁苛暴,讫今不改,一人有辜,举宗拘系。农民失业,怨恨者众,伤害和气,水旱为灾。关东流冗者众,青幽冀部尤剧,朕甚痛焉。(《汉书》卷十《成帝纪》)

农村崩溃,而政界又复腐化,于是人民开始流亡。管子说:"凡治国之道必先富民,民富则易治也,民贫则难治也。奚以知其然耶?民富则安乡重家,安乡重家则敬上畏罪,敬上畏罪则易治也。民贫则危乡轻家,危乡轻家则敢陵上犯禁,陵上犯禁则难治也。故治国常富,而乱国常贫。是以善为国者必先富民,然后治之。"(《管子》第四十八篇《治国》)贾谊曾谓"民不足而可治者,自古及今未之尝闻"(《汉书》卷二十四上《食货志》)。晁错亦说:"民贫则奸邪生,贫生于不足,不足生于不农,不农则不地著,不地著则离乡轻家。民如鸟兽,虽有高城深池、严法重刑,犹不能禁也……夫腹饥不得食,肤寒不得衣,虽慈母不能保其子,君安能以有其民哉?"(《汉书》卷二十四上《食货志》)民如鸟兽流散四方,他们流亡之后,如何生活呢?只有变为盗匪。而盗匪发生之后,其最先劫掠的,往往不是城市中的豪富,而是乡村中的殷农。殷农既遭劫掠,于是流民又将流民"再生产"出来了。成帝时代已有小股流寇。

成帝时代流寇表①

年代	事　略
阳朔三年	六月,颍川铁官徒申屠圣等百八十人,杀长吏,盗库兵,自称将军,经历九郡。遣丞相长史、御史中丞逐捕,皆伏辜。
鸿嘉三年	十一月,广汉男子郑躬等六十余人,攻官寺,篡囚徒,盗库兵,自称山君。四年冬,党与渐广,犯历四县,众且万人。拜河东都尉赵护为广汉太守,发三万人击之,旬月平。
永始三年	十一月,尉氏男子樊并等十三人谋反,杀陈留太守,劫略吏民,自称将军,徒李谭等五人共格杀并等。 十二月,山阳铁官徒苏令等二百二十八人攻杀长吏,盗库兵,自称将军,经历郡国十九。遣丞相长史、御史中丞持节督趣逐捕,汝南太守严欣捕斩令等。

哀帝时代,盗匪愈益横行。

　　盗贼并起,或攻官寺,杀长吏。(《汉书》卷八十一《孔光传》)

---

① 本表据《汉书》卷十《成帝纪》。

人心动摇,遂用宗教集团的形式,而思有所动作①。

  (哀帝建平)四年春,大旱。关东民传行西王母筹,经历郡国,西入关至京师。民又会聚祠西王母,或夜持火上屋,击鼓号呼相惊恐。(《汉书》卷十一《哀帝纪》)

同时又发生许多图谶,宣告汉运将终,新朝当起。

  (哀帝建平二年)夏贺良等言赤精子之谶,汉家历运中衰,当再受命,宜改元易号,诏曰……以建平二年为太初元将元年。号曰陈圣刘太平皇帝……(《汉书》卷十一《哀帝纪》)

  革命危机迫在眉睫,这个时候不是民众暴动,变为流寇,颠覆统治阶级的政权,就是统治阶级自动改革,以缓和革命民众的愤怒。但是中国民众乃以农民为主,农民没有组织,只能作无计划的暴动,不能作有秩序的革命。而工业又不发达,所以没有市民阶级出来担任法国式的革命工作。商人和地主呢?他们常与官僚勾结,剥削农民,他们的利害本来和农民冲突,他们当然不能和农民站在同一战线。这样,能够负起革命工作的只有士大夫了。士大夫是中间阶级之一,他们可上升为统治阶级,也可以沉沦为被统治阶级。他们大率依靠统治阶级,以开拓自己的出路。倘令出路断绝,他们往往设法引起政变,打开一个新局面,甚者且离开统治阶级,而投身于民众之中。但是他们既是中间阶级,所以他们的投降又是靠不住的。他们不想根本改造社会组织及政治制度,只想乘机升为统治者,他们常于暴民之中选择一位真命天子,自居为谋臣策士,从新建立一个新皇朝。所以他们虽向民众投降,不久又复离

---

① 《汉书》卷二十七下之上《五行志》,哀帝建平四年正月,民惊走,持槁或掫一枚,传相付与曰行诏筹,道中相过逢,多至千数,或被发徒践,或夜折关,或逾墙入,或乘车骑奔驰,以置驿传,行经历郡国二十六,至京师。其夏,京师郡国民聚会里巷仟伯,设祭,张博具,歌舞,祠西王母,又传书曰,母告百姓,佩此书者不死,不信我言,视门枢下当有白发,至秋止。

开民众,用新政权以统治民众,用新政权以压迫民众。这就是数千年来朝代时时变更而政治制度却墨守旧规的原因。社会上一切阶级均不能负起革命工作之责任,所以结果只有统治阶级自动的改革,以缓和民众的愤怒。乘这个机会出来夺取大权的则为外戚的王莽。

汉自武帝建立中央集权的国家之后,政局已经变成内重外轻之势,皇帝精明,固然可以万机独断,君主幼弱,则政事一决于冢宰。而自昭帝以后,丞相尸位,政权归于大司马大将军,同时大司马大将军之职又以外戚任之。兹试列表如次。

昭帝以后外戚秉政表

时代	姓名	官位	关系	备考
昭帝	霍光	大司马大将军受遗诏辅政	武帝卫皇后弟	帝即位时,年八岁,政事一决于光。《汉书》卷六十八《霍光传》
宣帝	霍光	大司马大将军辅政		帝由霍光迎立,光秉持万机,诸事皆先关白光,然后奏御天子。光薨,帝始亲政。《汉书》卷六十八《霍光传》
宣帝	许延寿	大司马车骑将军辅政	宣帝许皇后叔	《汉书》卷九十七上《孝宣许皇后传》。
元帝	史高	大司马车骑将军辅政	宣帝祖母史良娣之弟	《汉书》卷八十二《史丹传》。
元帝	许嘉	大司马车骑将军辅政	许延寿子	《汉书》卷九十七下《孝成许皇后传》。
成帝	王凤	大司马大将军辅政	成帝母王太后弟	大将军凤用事,上遂谦让无所颛。左右常荐光禄大夫刘向少子歆通达有奇异材。上召见,欲以为中常侍,召取衣冠,临当拜,左右皆曰,未晓大将军。上曰,此小事,何须关大将军?左右叩头争之,上于是语凤,凤以为不可,乃止,其见惮
成帝	王音	大司马车骑将军辅政	王凤从弟	

续表

时代	姓名	官位	关系	备考
	王商	大司马卫将军辅政	王凤弟	如此。定陶共王来朝,天子留不遣归国。凤心不便共王在京师,会日食,因言日食阴盛之象,宜遣王之国。上不得已于凤而许之,共王辞去,上与相对泣而决。(《汉书》卷九十八《元后传》)
	王根	大司马骠骑将军辅政	王凤弟	
	王莽	大司马辅政	王凤弟曼之子	
哀帝	傅喜	大司马辅政	哀帝祖母傅太后从弟	《汉书》卷八十二《傅喜传》。
	丁明	大司马骠骑将军辅政	哀帝母丁太后兄	哀帝不甚假以权势,权势不如王氏在成帝世也。(《汉书》卷九十七下《定陶丁姬传》)
平帝	王莽	大司马辅政		哀帝崩,太皇太后,即宣帝王皇后即以莽为大司马,与共征立平帝。(《汉书》卷九十八《元后传》)

由此可知汉自昭帝以后,大司马兼将军一官永为外戚辅政之职。固然权势大小不尽相同,而王氏一门前后乃有五大司马继续辅政。权力之大可以迫主,"禄去公室,权在外家"(《汉书》卷三十六《刘向传》)。王莽遂乘人心浮动之际,造作符命,篡取汉的天下。

平帝崩,无子,莽征宣帝玄孙选最少者广戚侯子刘婴,年二岁,托以卜相为最吉。乃风公卿奏请立婴为孺子,令宰衡安汉公莽践祚居摄,如周公傅成王故事……于是莽遂为摄皇帝,改元称制焉……其后莽遂以符命自立为真皇帝。(《汉书》卷九十八《元后传》)

王莽代汉,改国号曰新。其各种改革,"专念稽古之事"(《汉书》卷九十九中《王莽传》)。"朝臣论议,靡不据经"(《汉书》卷九十九上《王莽传》),而为一种复古运动。时代进展,汉之制度不能实行于一千余年以前,周之制度亦不能实行于一千余年以后。何况新朝方建,凡事有害于民生者固宜铲除其弊,而与民生无关者,原不必改弦更张。改革太多,法令不免烦琐,"法令滋章,盗贼多有",巧猾之徒可依法为奸,而贤者又拘于法令,不能自由行事。何况改制太多,必须利用不少的人力和财力。需要人力太多,则贤不肖杂进,政策容易变质;需要财力太多,则赋税不免增加,人民未受改制之利,而先蒙改制之祸,社会嚣然,必发生许多阻力。兼以实行一种改制而发布一种法令,法令烦碎,难免其中不无矛盾之处。而朝发一令,暮发一令,又可令人眩惑,莫知所从。这个时候若遇外界阻力,法令有所改变,则问题更严重了。忠厚者因守法而遭殃,奸猾者因观望而得利,观望而可得利,则守法者亦将变为观望,守法而竟遭殃,试问此后谁人愿意守法?长细民弁髦法令之心,其患犹浅,启奸雄蔑视政府之念,其患实深。古人云:"法简则易行,事简则易举。"王莽改制失败,即在改制太多。兹将王莽改制,简单述之如下。

(一) 布封建

据马端临说,"禹涂山之会,号称万国。汤受命时凡三千国。周定五等之封,凡千七百七十三国。至春秋之时,见于经传者仅一百六十五国"(《文献通考·自序》),陵夷迄于战国,存者不过八九。秦兴,遂举宇内而尽郡县之,不以尺土封人,由此可知天下由分而合,乃是必然的趋势。而且殷周之行封建,实如柳子厚所说,"是不得已也"(《封建论》)。殷初,诸侯三千,周初,诸侯一千八百,苟非大封亲戚,以作屏藩,则中央势孤,难以控制地方。王莽代汉之际,天下上书颂莽功德者,前后四十八万七千五百七十二人(《汉书》卷九十七上《王莽传》),而汉诸侯王亦"厥角稽首,奉上玺韨,唯恐在后,或乃称美颂德,以求容媚"(《汉书》卷十四《诸侯王表》)。形势如斯,封建实无必要,兹将莽之封建制度抄录如次。

莽至明堂,授诸侯茅土。下书曰……昔周二后受命,故有东都、西都之居。予之受命,盖亦如之,其以洛阳为新室东都,常安(长安)为新室西都。邦畿连体,各有采任,州从《禹贡》为九,爵从周氏有五,诸侯之员千有八百,附城之数亦如之,以俟有功。诸公一同,有众万户,土方百里。侯伯一国,众户五千,土方七十里。子男一则,众户二千有五百,土方五十里。附城大者食邑九成,众户九百,土方三十里。自九以下,降杀以两,至于一成。五差备具,合当一则。(《汉书》卷九十九中《王莽传》)

(二) 改官制

汉之制度多沿秦旧,"明简易,随时宜也"(《汉书》卷十九上《百官公卿表》)。王莽欲表示更新之意,即汉之官制亦依经书改易其名。一种制度沿用既久,苟非缺点显著,实无改弦更张之必要。人类心理常有一种惰性,官名猝然改易,不但毫无意义,而人民既不习惯,往往不知所指,此方伯夷典三礼而为秩宗,遂改太常为秩宗。皋陶作士,明五刑,就改廷尉为作士。此种改制不过表示王莽稽古之学,政治上毫无用处。莽之官制如次。

太师、太傅、国师、国将是为四辅,大司马、大司徒、大司空是为三公。更始将军、卫将军、立国将军、前将军是为四将。凡十一公……置大司马司允、大司徒司直、大司空司若,位皆孤卿。更名大司农曰羲和,后更为纳言,大理曰作士,太常曰秩宗,大鸿胪曰典乐,少府曰共工,水衡都尉曰予虞,与三公司卿凡九卿,分属三公。每一卿置大夫三人,一大夫置元士三人,凡二十七大夫,八十一元士,分主中都官诸职。更名光禄勋曰司中,太仆曰太御,卫尉曰太卫,执金吾曰奋武,中尉曰军正。又置大赘官,主乘舆服御物,后又典兵秩,位皆上卿,号曰六监。改郡太守曰大尹,都尉曰太尉,县令长曰宰,御史曰执法……更名秩百石曰庶士,三百石曰下士,四百石曰中士,五百石曰命士,六百石曰元士,千石曰下大夫,比二千石曰中大夫,二千石曰上大夫,中二千石曰卿。车服黻冕,各有差品。
(《汉书》卷九十九中《王莽传》)

(三) 改币制

自武帝令三官铸造五铢之后,汉之币制甚见健全。物价腾贵不是因为钱币贬值,而是因为物资缺乏。当王莽居摄之时,已经变更币制。

> 王莽居摄,变汉制,以周钱有子母相权,于是更造大钱,径寸二分,重十二铢,文曰大钱五十。又造契刀、错刀。契刀,其环如大钱,身形如刀,长二寸,文曰契刀五百。错刀,以黄金错其文,曰一刀直五千。与五铢钱凡四品,并行。(《汉书》卷二十四下《食货志》)

即位之后,更作金银、龟贝、钱布之品,名曰宝货,币制极其复杂。①

1. 钱货六品

(1) 小钱径六分,重一铢,文曰小钱直一。

(2) 次七分三铢,曰幺钱一十。

(3) 次八分五铢,曰幼钱二十。

(4) 次九分七铢,曰中钱三十。

(5) 次一寸九铢,曰壮钱四十。

(6) 因前大钱五十,是为钱货六品,直各如其文。

2. 黄金

黄金重一斤,直钱万。

3. 银货二品

(1) 朱提银重八两为一流,直一千五百八十。

(2) 它银一流,直千,是为银货二品。

4. 龟宝四品

(1) 元龟岠冉,长尺二寸,直二千一百六十,为大贝十朋。

---

① 见《汉书》卷二十四下《食货志》。

(2) 公龟九寸,直五百,为壮贝十朋。

(3) 侯龟七寸以上,直三百,为么贝十朋。

(4) 子龟五寸以上,直百,为小贝十朋,是为龟宝四品。

5. 贝货五品

(1) 大贝四寸八分以上,二枚为一朋,直二百一十六。

(2) 壮贝三寸六分以上,二枚为一朋,直五十。

(3) 么贝二寸四分以上,二枚为一朋,直三十。

(4) 小贝寸二分以上,二枚为一朋,直十。

(5) 不盈寸二分漏度,不得为朋,率枚直钱三,是为贝货五品。

6. 布货十品

大布、次布、弟布、壮布、中布、差布、厚布、幼布、么布、小布。小布长寸五分,重十五铢,文曰小布一百。自小布以上,各相长一分,相重一铢,文各为其布名,直各加一百。上至大布,长一寸四分,重一两,而直千钱矣,是为布货十品。

> 凡宝货五物、六名、二十八品,铸作钱布,皆用铜,殽以连锡,文质周郭,放汉五铢钱云。其金银与它物杂,色不纯好,龟不盈五寸,贝不盈六分,皆不得为宝货。元龟为蔡,非四民所得居,有者,入大卜受直。(《汉书》卷二十四下《食货志》)

币制如斯复杂,哪里能够通行无阻。汉币行使最久而最得人民信用者为五铢钱,吾人观公孙述割据巴蜀之时,蜀中童谣言曰,"黄牛白腹,五铢当复"(《后汉书》卷四十三《公孙述传》),就可知道。所以王莽发行新币之后,百姓还是以五铢交易。

> 百姓愦乱,其货不行,民私以五铢钱市买。(《汉书》卷二十四下《食货志》)

由是王莽让步了,只行小钱直一与大钱五十。

> 莽知民愁，乃但行小钱直一与大钱五十，二品并行，龟贝布属且寝。
>
> （《汉书》卷二十四下《食货志》）

小钱重一铢，直一；大钱重十二铢，直五十。价值（一与十二之比）与价格（一与五十之比）不能相比，民间还是私以五铢钱市买。

> 百姓便安汉五铢钱，以莽钱大小两行难知，又数变改不信，皆私以五铢钱市买。讹言大钱当罢，莫肯挟。（《汉书》卷九十九中《王莽传》）

天凤元年，莽又颁布新的币制，而罢大小钱。

> （天凤元年）罢大小钱，改作货布，长二寸五分，广一寸……其文右曰货，左曰布，重二十五铢，直货泉二十五。货泉径一寸，重五铢，文右曰货，左曰泉，枚直一，与货布二品并行。（《汉书》卷二十四下《食货志》）

这个新的币制又蹈大钱与小钱二品并行的覆辙了。凡钱币有二品以上并行，又用同一金属铸造者，必须每品所含有的价值与其所表示之价格能够成为比例。王莽不知此中道理，货布重二十五铢，货泉重五铢，而一枚货布能易货泉二十五，何怪庶民甚至诸侯卿大夫均将五枚货泉镕铸为一枚货布。

> 民人……坐……铸钱，自诸侯卿大夫至于庶民，抵罪者不可胜数。
>
> （《汉书》卷九十九中《王莽传》）

王莽对于民间铸钱，刑罚极其苛暴。

> 民犯铸钱，伍人相坐，没入为官奴婢。其男子槛车，儿女子步，以铁锁琅当其颈，传诣钟官，以十万数。到者易其夫妇，愁苦死者什六七。

《汉书》卷九十九下《王莽传》）

然而无补于事,而币制时时变更,又令人民因之破产而陷于刑狱。

> 每一易钱,民用破业而大陷刑。(《汉书》卷二十四下《食货志》）

于是社会问题更严重了。币制稳定与人民经济生活有密切的利害关系。汉之五铢行之既久,本来不必改制,而既已改制了,又不合于货币学原则。币制混乱,引起人民破产,便加速了王莽政权的崩溃。

（四）井田制度

王莽没收人民的田,称为王田,不许买卖,凡一家男子不满八人,而有田九百亩以上者,须将余田分给九族乡邻,而无田的每夫受田百亩。

> 莽曰,古者设庐井八家,一夫一妇田百亩,什一而税,则国给民富而颂声作。此唐虞之道,三代所遵行也……今更名天下田曰王田……不得卖买,其男口不盈八,而田过一井者,分余田予九族邻里乡党。故无田,今当受田者,如制度。敢有非井田圣制,无法惑众者,投诸四裔,以御魑魅,如皇始祖考虞帝故事。(《汉书》卷九十九中《王莽传》)

但是井田制度实如荀悦所说,须在田广人寡之时,方得实行。荀悦说：

> 且夫井田之制不宜于人众之时,田广人寡,苟为可也。然欲废之于寡,立之于众,土地布列在豪强,卒而革之,并有怨心,则生纷乱,制度难行。(《文献通考》卷一《历代田赋之制》)

而土地过剩,人口稀少,政府为增加税收,势亦非强迫人民耕种不可。晋初占田之制、隋唐初年公田之制,目的皆不在于平分土地,而在于增加税收。王莽代汉之时，户口之数已经超过于垦田之数，平均每户只能得田八十四亩，元帝时，贡禹有田一百三十亩，而妻子糠豆不赡，短褐不完（《汉书》卷七十二《贡禹传》），则八十亩之土地何能维持一家生计。王莽未曾注意及此，而乃恢复井田制度，强夺豪富之田，平均给予平民。豪富怨恨，固不必说，而得到土地的贫民既不足补救穷苦，而在急需之际，又不得买卖，以资周转，他们不感莽德，理之当然。所以结果就受许多打击，不能实行。

> 农商失业，食货俱废，民人至涕泣于市道。及坐卖买田宅……自诸侯卿大夫至于庶民，抵罪者不可胜数……莽知民怨，乃下书曰，诸名食王田，皆得卖之，勿拘以法……（《汉书》卷九十九中《王莽传》）

（五）奴隶国有

王莽禁止人民买卖人口为奴隶，至于因为犯罪而籍没为官奴隶者不在禁止之列。

> 莽曰……秦为无道……置奴婢之市，与牛马同兰，制于民臣，颛断其命。奸虐之人因缘为利，至略卖人妻子，逆天心，悖人伦，缪于"天地之性人为贵"之义。《书》曰"予则奴戮女"，唯不用命者，然后被此辜矣……今更名……奴婢曰私属，皆不得卖买。（《汉书》卷九十九中《王莽传》）

即王莽没有根本废除奴隶制度之意，不过禁止私人买卖奴隶而已。但是私人乃因赋役繁重，不能不将妻子换为货币，以应付纳税还债之用。王莽不谋其本，而务其末，当然无法实行，而须收回成命。

> 农商失业，食货俱废，民人至涕泣于市道；及坐卖买……奴婢……自诸侯卿大夫至于庶民，抵罪者不可胜数……莽知民怨，乃下书曰……犯私买卖庶人者，且一切勿治。（《汉书》卷九十九中《王莽传》）

（六）各种社会政策的施行

1. 市价的统治

王莽于长安及洛阳、邯郸、临菑、宛、成都六地置五均司市师。五均之语据《汉书》（卷二十四下《食货志》）所载王莽之言，出于《乐语》。注引臣瓒曰："其文云，天子取诸侯之士以立五均，则市无二贾，四民常均，强者不得困弱，富者不能要贫，则公家有余，恩及小民矣。"《补注》引沈钦韩曰："《乐语》《白虎通》引之，案《周书·大聚解》，市有五均，早暮如一，送行逆来，振乏救穷，《乐语》又本于《周书》也。"是则五均乃所以平定市价。其法如次：

> 诸司市常以四时中月实定所掌，为物上中下之贾，各自用为其市平，毋拘它所。众民卖买五谷布帛丝绵之物，周于民用而不雠者，均官有以考检厥实，用其本贾取之，毋令折钱。万物卬贵，过平一钱，则以平贾卖与民。其贾氏贱减平者，听民自相与市，以防贵庾者。（《汉书》卷二十四下《食货志》）

这种方法有似于平准，而又与平准不同。平准是物贵则卖之，贱则买之。五均之制是于每年四季计算一种正常价格。凡物贱在正常价格以下，听民自由为市，唯于卖不出去之时，依其成本买之，而于物贵在正常价格以上时，以正常价格抛售出去。物过贱不买，物稍贵又卖，这对于生产者非常不利，而可阻碍生产力之发展。

2. 钱币材料的国有

据《汉书》所载：

> 工商能采金银铜连锡登龟取贝者，皆自占司市钱府，顺时气而取之。

（《汉书》卷二十四下《食货志》）

此数者都可以作为货币之用,故收归国有。

3. 不生产税及不劳动税的征收

《汉书》云:

> 又以周官税民:凡田不耕为不殖,出三夫之税。城郭中宅不树艺者为不毛,出三夫之布。民浮游无事,出夫布一匹。其不能出布者,冗作,县官衣食之。(《汉书》卷二十四下《食货志》)

此乃出于《周礼》,《载师职》云:"凡宅不毛者有里布,凡田不耕者出屋粟,凡民无职业者出夫家之征。"(《周礼》卷十三)《闾师职》又云:"凡无职者出夫布。"(同上)这固然可以强迫生产,而戒怠惰的人。唯在当时,人口比之食粮已有过剩之感,县官能尽与冗作的机会,而衣食他们么? 如不可能,则令浮游无事的人出夫布一匹,势只有强迫他们穷而为盗而已。这又是王莽的失策。

4. 所得税的征收

据《汉书》所载:

> 诸取众物鸟兽鱼鳖百虫于山林水泽及畜牧者,嫔妇桑蚕织纴纺织补缝,工匠医巫卜祝及它方技商贩贾人坐肆列里区谒舍,皆各自占所为于其在所之县官,除其本,计其利,十一分之,而以其一为贡,敢不自占,自占不以实者,尽没入所采取,而作县官一岁。(《汉书》卷二十四下《食货志》)

一切作业均须纳税,纵令作业之收入仅足维持生计,亦不蠲免。贫民无以为生,起为群盗,可以说是势之必然。

5. 贷

王莽又举办赊贷,目的在于救济贫民。

> 民欲祭祀丧纪而无用者,钱府以所入工商之贡但赊之。祭祀无过旬

日,丧纪毋过三月。民或乏绝,欲贷以治产业者,均授之,除其费,计所得受息,毋过岁什一。(《汉书》卷二十四下《食货志》)

此亦出于《周礼》,《泉府职》云:"凡赊者祭祀无过旬日,丧纪无过三月。凡民之贷者,与其有司辨而授之,以国服为之息。"(《周礼》卷十五)这种贷款制度固然是一种仁政,但是贷款以治产业者,既然计赢所得,纳息什一,而依上述第四款所言,又须纳税什一。贷万钱,一岁须纳二千于政府,试问小民何以为生?

6. 专卖及国营

王莽又"设六管之令,谓酤酒、盐、铁器、铸钱、名山、大泽,此为六也"(《后汉书》卷四十三《隗嚣传》注)。《汉书》云:

> 莽……下诏曰,夫盐,食肴之将;酒,百药之长,嘉会之好;铁,田农之本;名山大泽,饶衍之臧……铁(钱)布铜冶,通行有无,备民用也。此六者,非编户齐民所能家作,必仰于市,虽贵数倍,不得不买,豪民富贾,即要贫弱,先圣知其然也,故榷之。每一榷为设科条防禁,犯者罪至死。

(《汉书》卷二十四下《食货志》)

盐铁专卖,由来已久。货币专由国家铸造亦无问题。武帝天汉三年初榷酒酤(《汉书》卷六《武帝纪》),昭帝始元六年罢榷酤官,从贤良文学之议也(《汉书》卷七《昭帝纪》,参阅《汉书》卷二十四下《食货志》)。王莽即位,又复官自酿酒卖之,且禁锢山泽,不许人民采取。《穀梁传》(鲁庄公二十八年)云:"山林薮泽之利所以与民共也,虞之非正也。"王莽以稽古为事,言必称经书,而事有关于财政之收入者,又复不顾经书。有若说:"百姓足,君孰与不足,百姓不足,君孰与足。"(《论语·颜渊》)此中道理至为浅显,而王莽竟不之知。历来政治上的失败无不由于财政处理不得其法,王莽破灭可为殷鉴。

一切改革无不失败。王莽的失败可以说是儒家学说的失败。在历史上最能奉行儒家学说者莫如王莽,而王莽所最奉行的则为《周礼》。《周礼》一书乃是汉代学者依孔孟学说而拟成的宪法草案。吾人视其中所言,人民一切生活均受国家的统治。按儒家与法家不同，法家所统治者为人民的政治生活，至于人民的经济生活则任其自然，不加干涉。韩非说："侈而惰者贫，而力而俭者富。今上征敛于富人，以布施于贫家，是夺力俭而与侈惰也，而欲索民之疾作而节用，不可得也。"（《韩非子》第五十篇《显学》）观此数言，可知法家对于人民的经济生活是采取自由放任政策的。反之，儒家所统治者乃是人民的社会生活尤其经济生活，吾人读《周礼》一书就可知道。政治生活受了统治，人民尚可忍受，经济生活受了干涉，"凡庶民不畜者祭无牲，不耕者祭无盛，不树者无椁，不蚕者不帛，不绩者不衰"（《周礼》卷十三《闾师》），人民实不能堪。儒家繁文缛礼，这是儒家学说所以失败的理由。

如果政治清明，人民尚可忍受，而王莽的政治又极腐化。王莽自己依符命而篡帝位，遂误认符命可以欺骗天下，而于用人方面，也喜依符命。例如：

京兆王兴为卫将军，奉新公……王盛为前将军，崇新公……王兴者，故城门令史，王盛者，卖饼。莽按符命求得此姓名十余人，两人容貌应卜相，径从布衣登用，以视神焉，余皆拜为郎。（《汉书》卷九十九中《王莽传》）

而官吏又无禄俸，他们为维持生计，只有贪污舞弊。

吏终不得禄，各因官职为奸，受取赇赂，以自共给。（《汉书》卷九十九中《王莽传》）

天下吏以不得奉禄，并为奸利，郡尹县宰家累千金。（《汉书》卷九十九下《王莽传》）

革命危机迫在眉睫，而王莽尚欲讨伐四夷，表示自己的威武，且谓"四夷不足吞灭"（《汉书》卷九十九中《王莽传》）。然其御戎政策乃至为幼稚，遣使"多持金币诱塞外羌，使献地，愿内属"（《汉书》卷九十九上《王莽传》）。"更名高句骊为下句骊，布告天下，令咸知焉。"（《汉书》卷九十九中《王莽传》）"易单于故印。故印文曰匈奴单于玺，莽更曰新匈奴单于章。"单于以为"汉赐单于印，言玺不言章，又无汉字。诸王以下乃有汉言章,今印去玺加新,与臣下无别"(《汉书》卷九十四下《匈奴传》),遂叛。王莽又"更名匈奴单于曰降奴服于"(《汉书》卷九十九中《王莽传》),遣十二将军讨伐匈奴,六道并出(参阅《汉书》卷九十九中《王莽传》),兵连祸结,天下骚动。此时也内郡愁于征发,民多流亡为盗。

> 内郡愁于征发,民弃城郭,流亡为盗贼,并州、平州尤甚。(《汉书》卷九十九中《王莽传》)

边兵愁苦衣食,亦起为盗贼。

> 边兵二十余万人仰衣食,县官愁苦,五原、代郡尤被其毒,起为盗贼,数千人为辈,转入旁郡。(《汉书》卷九十九中《王莽传》)

其实,纵无匈奴为患,而人民受了奸吏侵渔,"富者不能自保,贫者无以自存"(《汉书》卷二十四下《食货志》),而又兼以"常困枯旱,亡有平岁,谷价翔贵"(《汉书》卷二十四上《食货志》),最初一石二千(《汉书》卷二十四上《食货志》),末年黄金一斤易粟一斛(《后汉书》卷一上《光武帝纪》),人心浮动,亦必起为群盗。

> 天下愈愁,盗贼起……莽遣使者即赦盗贼,还言盗贼解,辄复合。问其故,皆曰愁法禁烦苛,不得举手。力作所得,不足以给贡税。闭门自守,又坐邻伍铸钱挟铜,奸吏因以愁民,民穷,悉起为盗贼。(《汉书》卷九十九下《王莽传》)

群盗蜂起,更促成了人民的流亡。流民入关者数十万人,而赈恤灾民之费又为奸吏中饱。

> 流民入关者数十万人,乃置养赡官禀食之。使者监领,与小吏共盗其禀。饥死者十七八……莽闻城中饥馑,以问业(中黄门王业)。业曰,

皆流民也。乃市所卖粱饭肉羹,持入视莽曰,居民食咸如此。莽信之。(《汉书》卷九十九下《王莽传》)

于是老弱者死于道路,壮者投入贼中。

> 青、徐民多弃乡里流亡,老弱死道路,壮者入贼中。(《汉书》卷九十九下《王莽传》)

群盗最初皆为饥寒所迫,铤而走险,原无大志。

> 初,四方皆以饥寒穷愁,起为盗贼,稍稍群聚,常思岁熟得归乡里。众虽万数……不敢略有城邑,转掠求食,日阕而已。(《汉书》卷九十九下《王莽传》)

只因王莽喜粉饰太平,凡言民穷起为盗贼者,莽怒免之。其或顺指,言不久即将歼灭者,莽悦,辄迁之(《汉书》卷九十九下《王莽传》)。于是群下"莫敢言贼情者,亦不得擅发兵,贼由是遂不制"(《汉书》卷九十九下《王莽传》)。

> 盗贼始发,其原甚微……咎在长吏不为意,县欺其郡,郡欺朝廷,实百言十,实千言百,朝廷忽略,不辄督责,遂至延蔓连州。(《汉书》卷九十九下《王莽传》)

盗贼既盛,王莽不知所为,犹依其稽古之学,附会经书,欲用哭以厌之。

> 莽愈忧,不知所出。崔发言《周礼》及《春秋左氏》,国有大灾,则哭以厌之。故《易》称"先号咷而后笑",宜呼嗟告天以求救。莽自知败,乃率群臣至南郊,陈其符命本末,仰天曰,皇天既命授臣莽,何不殄灭众贼?即令臣莽非是,愿下雷霆诛臣莽!因搏心大哭,气尽,伏而叩头。(《汉书》

卷九十九下《王莽传》

此时也，府库余财尚多，而王莽竟不肯以赐战士，于是出征军人皆无斗志。

  莽拜将军九人，皆以虎为号，号曰九虎，将北军精兵数万人东，内其妻子宫中以为质。时省中黄金万斤者为一匮，尚有六十匮……莽愈爱之，赐九虎士人四千钱。众重怨，无斗意。(《汉书》卷九十九下《王莽传》)

终则汉之宗室如刘縯、刘玄等亦乘机起事，以复兴汉室为号召。固然王莽尚谓"天生德于予，汉兵其如予何"(《汉书》卷九十九下《王莽传》)，而竟在全国共同反抗之下，为商人杜吴所杀(《汉书》卷九十九下《王莽传》)。

第七节
西汉的政治制度

第一项　中央官制

西汉中央官制多沿秦代之旧。班固说：

  秦兼天下，建皇帝之号，立百官之职。汉因循而不革，明简易，随时宜也。其后颇有所改。(《汉书》卷十九上《百官公卿表》)

举其要者，可列表如次。

西汉中央官制表①

种类	名称	职掌	官秩	印绶	重要的属官	备考
上公	太师			金印紫绶		平帝元始元年初置，位在太傅上。
	太傅			金印紫绶		高后元年初置，后省。八年复置，后省。哀帝元寿二年复置，位在三公上。
	太保			金印紫绶		平帝元始元年初置，太保次太傅。

---

① 本表据《汉书》卷十九上《百官公卿表》。

续表

种类	名称	职掌	官秩	印绶	重要的属官	备考
三公	丞相	掌丞天子助理万机	万石	金印紫绶	武帝元狩五年,初置司直,秩比二千石,掌佐丞相举不法。	高帝即位,置一丞相,十一年更名相国。孝惠高后置左右丞相,文帝二年复置一丞相,哀帝元寿二年更名大司徒。
	太尉	掌武事	万石	金印紫绶		太尉之官初不常置,武帝建元二年省,元狩四年初置大司马,以冠将军之号。宣帝地节三年,置大司马,不冠将军,亦无印绶官属。成帝绥和元年,初赐大司马金印紫绶,置官属,禄比丞相。哀帝建平二年,复去大司马印绶官属,冠将军如故。元寿二年,复赐大司马印绶,置官属,去将军,位在司徒上。
	御史大夫	掌副丞相	中二千石	银印青绶	御史中丞外督部刺史,内领侍御史十五人,受公卿奏事,举劾按章。	成帝绥和元年,更名大司空,金印紫绶,禄比丞相,至哀帝建平二年,复为御史大夫。元寿二年,复为大司空。
将军	大将军	皆掌兵及四夷				
	骠骑将军					
	车骑将军					
	卫将军					
	前后左右将军					

续表

种类	名称	职掌	官秩	印绶	重要的属官	备考
九卿	太常	掌宗庙礼仪	中二千石	银印青绶	博士,掌通古今,秩比六百石。员多至数十人。武帝建元五年,初置五经博士。宣帝黄龙元年,稍增员十二人。	秦名奉常,景帝中六年更名太常。
	光禄勋	掌宫殿掖门户	中二千石	银印青绶	大夫掌论议,有光禄大夫秩比二千石,太中大夫秩比千石,谏大夫秩比八百石,皆无员多至数十人。郎掌守门户,出充车骑,有议郎、中郎、侍郎、郎中,皆无员多至千人。议郎、中郎秩比六百石,侍郎比四百石,郎中比三百石。中郎有五官左右三将,秩皆比二千石。郎中有车户骑三将,秩皆比千石。又有虎贲中郎将,秩比二千石,主虎贲中郎。羽林中郎将秩比二千石,主羽林郎。	秦名郎中令,武帝太初元年更名光禄勋。
	卫尉	掌宫门卫屯兵	中二千石	银印青绶		景帝初,更名中大夫令,后元年复为卫尉。
	太仆	掌舆马	中二千石	银印青绶		
	廷尉	掌刑辟	中二千石	银印青绶		景帝中六年,更名大理,武帝建元四年复为廷尉,哀帝元寿二年复为大理。
	大鸿胪	掌诸归义蛮夷	中二千石	银印青绶		秦名典客,景帝中六年更名大行令,武帝太初元年更名大鸿胪。

续表

种类	名称	职掌	官秩	印绶	重要的属官	备考
	宗正	掌亲属	中二千石	银印青绶		平帝元始四年,更名宗伯。
	大司农	掌谷货	中二千石	银印青绶	郡国盐官、铁官皆属大司农。	秦名治粟内史,景帝后元年更名大农令,武帝太初元年更名大司农。
	少府	掌山海池泽之税以给共养	中二千石	银印青绶	秦置尚书令,有尚书四人,汉因之。武帝用宦者,更为中书谒者令,简称中书令,成帝用士人,复故。武帝时尚书分四曹办事,成帝时又增一曹为五曹。	
列卿	执金吾	掌徼循京师	中二千石	银印青绶		秦名中尉,武帝太初元年更名执金吾。
	将作大匠	掌治宫室	二千石	银印青绶		秦名将作少府,景帝中六年更名将作大匠。
	典属国	掌蛮夷降者	二千石	银印青绶		成帝河平元年,并大鸿胪。
	水衡都尉	掌上林苑	二千石	银印青绶		武帝元鼎二年初置。元鼎四年,禁郡国铸钱,专令上林三官铸,即所谓三官钱是也。案水衡都尉之属官有均输、钟官、辨铜三令丞。三官即指此三属官,故三官钱即水衡钱。
	司隶校尉	持节从中都官徒千二百人,捕巫蛊,	二千石	银印青绶		武帝征和四年初置。元帝初元四年去节。成帝元延四年省,绥和二年哀帝复置,但为司隶,属大司空。

续表

种类	名称	职掌	官秩	印绶	重要的属官	备考
		督大奸猾，后罢其兵，察三辅、三河、弘农				
城门校尉		掌京师城门屯兵	二千石	银印青绶		

秦置丞相，总百官，揆百事，汉承秦制，也以丞相为宰相之职。《汉书》云①：

> 丞相……金印紫绶，掌丞天子，助理万机。(《汉书》卷十九上《百官公卿表》)

论其荣典，丞相可以得到天子的隆重待遇②。

---

① 高祖十一年，丞相更名相国，而以萧何任之。惠帝二年，何死，曹参继为相国。参死，六年，王陵为右丞相，陈平为左丞相，自是而后，不复置相国。高祖时代，相国及丞相常有虚衔，例如汉二年拜曹参为左丞相。《补注》周寿昌曰，此犹后世之虚衔也，元年萧相已真拜丞相。(《汉书》卷三十九《曹参传》)又如燕王卢绾反，周勃以相国代樊哙将。《补注》周寿昌曰，勃为丞相在孝文初，此是虚称(《汉书》卷四十《周勃传》)。又，汉置左右丞相开始于惠帝六年，王陵为右丞相，陈平为左丞相。高后元年，陈平为右丞相，审食其为左丞相。文帝即位，以周勃为右丞相，陈平为左丞相。二年，平薨，勃为丞相。自是而后，汉只置一丞相。(见《汉书》卷十九下《百官公卿表》)武帝征和二年，以涿郡太守刘屈氂为左丞相。注，师古曰，待得贤人，当拜为右丞相。(《汉书》卷六十六《刘屈氂传》)三年，屈氂下狱死；四年，田千秋为丞相，还是一丞相。
② 《通典》卷二十一《宰相》于此数句之下，又云："丞相有病，皇帝法驾亲至问疾，从西门入。"并注云："丞相有疾，御史大夫三朝问起居，百寮亦然。后汉三公疾，令中黄门问疾。魏晋即黄门郎，尤重者或侍中。"观此数语，可知历代相权的消长。《文献通考》(卷四十九《宰相》)亦有同一文句及同一的注。《通考》关于各种制度多抄自《通典》。但《通考》于每项之后，常低数字，引前人意见或加按语。

> 丞相进见圣主，御坐为起，在舆为下。(《汉书》卷八十四《翟方进传》)

论其权限，丞相有选用百官的权。例如：

> （田）蚡为丞相……荐人或起家至二千石，权移主上。(《汉书》卷五十二《田蚡传》)

有执行赏罚的权。

> （田）蚡言灌夫家在颍川，横甚，民苦之。请案之。上曰，此丞相事，何请？(《汉书》卷五十二《灌夫传》)

有决定大政方针的权。①

> （张）安世……为大司马车骑将军，领尚书事……职典枢机，以谨慎周密自著，外内无间。每定大政，已决，辄移病出，闻有诏令，乃惊，使吏之丞相府问焉。自朝廷大臣莫知其与议也。(《汉书》卷五十九《张安世传》)

对于大臣，有先斩后奏的权。

> 景帝即位，以错为内史。错数请间言事，辄听，幸倾九卿，法令多所更定。丞相申屠嘉心弗便，力未有以伤。内史府居太上庙堧中，门东出，不便，错乃穿门南出，凿庙堧垣。丞相大怒，欲因此过为奏请诛错。错闻之，即请间为上言之。丞相奏事，因言错擅凿庙垣为门，请下廷尉诛。上曰，此非庙垣，乃堧中垣，不致于法。丞相谢。罢朝，因怒谓长史曰，吾当

---

① 张安世使吏往丞相府探问，固然是不欲世人知其与议，而必赴丞相府探问，可知决定大政方针的权固属于丞相。

先斩以闻,乃先请,固误。(《汉书》卷四十九《晁错传》)

甚者且得专杀。

> 戾太子为江充所谮,杀充,发兵入丞相府,屈氂挺身逃,亡其印绶。是时上避暑在甘泉宫,丞相长史乘疾置以闻。上问,丞相何为?对曰,丞相秘之,未敢发兵。上怒曰,事籍籍如此,何谓秘也?丞相无周公之风矣。周公不诛管蔡乎?……太子军败,南奔覆盎城门,得出。会夜司直田仁部闭城门,坐令太子得出,丞相欲斩仁。御史大夫暴胜之谓丞相曰,司直,吏二千石,当先请,奈何擅斩之?丞相释仁。上闻而大怒,下吏责问御史大夫曰,司直纵反者,丞相斩之,法也,大夫何以擅止之?胜之皇恐,自杀。(《汉书》卷六十六《刘屈氂传》)

而天子因故不能视事之时,丞相尚有代折代行的义务。

> 天子不亲政,则丞相当理之。(《汉书》卷四十六《卫绾传》注师古曰)

丞相所请求,天子必须听从。

> 汉典旧事,丞相所请,靡有不听。(《后汉书》卷七十六《陈忠传》)

天子的提议,丞相若不同意,天子只有作罢。

> (周亚夫)迁为丞相……窦太后曰,皇后兄王信可侯也……上曰,请得与丞相计之。亚夫曰,高帝约"非刘氏不得王,非有功不得侯,不如约,天下共击之"。今信虽皇后兄,无功,侯之,非约也。上默然而沮。(《汉书》卷四十《周亚夫传》)

> (冯)野王……年十八,上书愿试守长安令。宣帝奇其志,问丞相魏

相,相以为不可许。后以功次补当阳长。(《汉书》卷七十九《冯野王传》)

其甚者,丞相尚得封还诏书,例如:

> 会祖母傅太后薨,上(哀帝)因托傅太后遗诏,令成帝母王太后下丞相御史,益封贤二千户,及赐孔乡侯、汝昌侯、阳新侯国。嘉(王嘉,时为丞相)封还诏书。(《汉书》卷八十六《王嘉传》,《补注》王先谦曰,胡注后世给舍封驳本此)

何以丞相有此权力?一是思想上的原因。西汉初年法家思想甚见流行。法家学说出自道家,本来反对人主察察为明,韩非说:"明主不躬小事。"(《韩非子》第三十五篇《外储说右下》)聪明的人主必须高高在上,垂拱而治,而如韩非所说:"人主之道,静退以为宝,不自操事,而知拙为巧,不自计虑,而知福与咎。"(《韩非子》第五篇《主道》)人主"不自操事","不自计虑"。如何而能治理国政呢?韩非说:"明君之道,使智者尽其虑,而君因以断事,故君不穷于智。贤者效其材,君因而任之,故君不穷于能。"(《韩非子》第五篇《主道》)人主能够如此,则又如韩非所说:"有功则君有其贤,有过则臣任其罪"(《韩非子》第五篇《主道》),"事成则君收其功,规败则臣任其罪。"(《韩非子》第四十八篇《八经》)人主高拱无为,必须有人焉,辅佐人主统理万机,其人就是丞相。西汉初年,丞相有决定万机的权,其观念上的理由实本于此。二是政治上的原因。前曾说过,武帝以前,丞相必以列侯任之。列侯皆是功臣,高祖之登帝位,由于列侯推戴,诸吕作乱所以失败,因为列侯不与外戚合作。文帝从外藩入承大统,也是由于列侯迎立。一方天子须于列侯之中选择丞相,同时列侯之力又可以左右政局,所以西汉初年丞相是代表列侯,统百官,揆百事,借以牵制天子的专制。到了列侯没落,丞相一职解放于列侯之外,固然政治脱去了贵族的色彩,然而因此丞相没有背景,就失掉对抗天子的力量。这个时候不是"丞相所请,靡有不听",而是天子所要求的,丞相必须接受。

丞相掌丞天子,助理万机。天子所居,号为禁中。"汉制,天子所居,门合有禁，非侍御之臣不得妄入，称禁中。"（蔡邕《独断》）而丞相府之门无阑，表示开放之意。①

　　凡丞相府，门无阑，不设铃鼓，言其大开，无节限。（《通典》卷二十一《宰相》）

单单由此一点，可知吾国古代虽然专制，而专制亦有其道。天子垂拱无为，门合有禁。丞相助理万机，门乃大开，毫无节限。自此制坏后，宰相之位高不可攀，百姓要见宰相，乃难之至难。

固然丞相之外，尚有太尉与御史大夫。丞相万石，太尉亦万石；丞相金印紫绶，太尉亦金印紫绶。

　　太尉……金印紫绶，掌武事。（《汉书》卷十九上《百官公卿表》）

太尉之尊固与丞相无殊。

　　丞相（卫）绾病免，上议置丞相、太尉。藉福说蚡曰……上以将军为相，必让魏其（魏其侯窦婴）。魏其为相，将军必为太尉。太尉、相尊等耳，有让贤名。（《汉书》卷五十二《田蚡传》）

但是太尉之职，自高祖以来，并不常置。山齐易氏说：

　　太尉……之职初不常置。按司马氏《将相表》，高帝二年，太尉卢绾，五年罢。十一年，周勃为太尉，攻代，后官省。高后四年，置太尉官。文帝三年罢。景帝三年复置，七年罢。武帝建元元年复置，二年罢。后改

---

① 《文献通考》卷四十九《宰相》，亦有此数语，并注云："应劭曰，丞相府有四出门，随时听事，国每有大议，天子车驾亲幸。"

为大司马。(《文献通考》卷一百五十《兵制》)

石林叶氏亦言:

汉高祖元年,以萧何为丞相,周苛为御史大夫,五年而后,始命卢绾为太尉。绾王燕后,以命周勃。寻省。盖是时高祖方自征伐,武事不以属人,亦不必设官也。文帝元年,周勃迁右丞相,以薄昭为车骑将军,宋昌为卫将军,而不置太尉。盖自代来,未敢以兵权委汉廷旧臣,故以其腹心分领之耳。自是虚太尉者二十六年。七国反,景帝以周亚夫击之,始复以亚夫为太尉,兵罢亦省。又十三年而武帝以命田蚡,一年复省。又二十一年,乃以大将军卫青、骠骑将军霍去病为大司马,各冠其将军,即太尉也。盖方有四夷之功故尔。自去病、青死又十九年,而霍光以奉车都尉为大司马、大将军。以此考之,太尉官自高祖以来,有事则置,无事则省,不以为常也。盖汉虽设太尉总兵,而左右前后及因事置名以为将军者不一,岂故不欲以兵权属一官邪?观高祖命卢绾,武帝命卫、霍,非亲即旧,其意可知矣。(《文献通考》卷四十八《太尉》)

即置,也未必就有兵权。汉之军队不论中央或地方,非有天子的符节,不得征调。太尉虽掌武事,却没有领兵与发兵的权。汉制,拱卫京师者有南北军,南军卫尉主之,北军中尉(后改称执金吾)主之。(参阅《文献通考》卷一百五十《兵制》)吕后病困,以赵王吕禄为上将军,居北军,梁王吕产为相国,居南军。吕后崩,陈平、周勃谋诛诸吕,太尉周勃欲入北军,不得入,乃令符节令纪通持节矫纳之,复令郦寄与典客(后改称为大鸿胪)告禄,"帝欲太尉守北军",而后吕禄始解将印,以兵授太尉。周勃既领北军,尚有南军未服,故令平阳侯曹窋告卫尉勿纳吕产,又使朱虚侯刘章率兵千人入宫,遂杀吕产于郎中府(郎中令之府,后改称光禄勋)。这是可以证明太尉本来没有领兵的权,非有天子的符节,也不得发兵。

何况太尉之官既不常置,省时,其职又由丞相兼之。宣帝曾令尚书告丞相黄霸：

> 太尉官罢久矣，丞相兼之，所以偃武兴文也。（《汉书》卷八十九《黄霸传》）

所以丞相将兵征讨之事，史有其例。

> （文帝）三岁……（灌）婴为丞相……匈奴大入北地，上令丞相婴将骑八万五千击匈奴，匈奴去。（《汉书》卷四十一《灌婴传》）

是则军事与行政并不完全分立，如近代三权分立者焉。

至于御史大夫不过掌副丞相而已，虽有三公之称，其实只是上卿。丞相万石，御史大夫中二千石；丞相金印紫绶，御史大夫银印青绶，其地位乃在丞相之下。

> 御史大夫……位上卿，银印青绶，掌副丞相。（《汉书》卷十九上《百官公卿表》）
>
> 御史大夫秩中二千石。（《汉书》卷十九上《百官公卿表》注引茂陵书）

御史大夫虽然位次丞相，而又不与九卿同列，他是首席之卿而总领百官。

> 御史之官，宰相之副，九卿之右。（《汉书》卷六十七《朱云传》）
>
> 御史大夫位次丞相……总领百官……为百僚率。（《汉书》卷八十三《朱博传》）

凡有朝见奏事，御史大夫常居丞相之后。

> 故事……朝奏事会庭中，（御史大夫）差居丞相后。（《汉书》卷七十八《萧望之传》）

而丞相有阙之时，又由御史大夫序迁。

  故事，选郡国守相高第为中二千石，选中二千石为御史大夫，任职者为丞相。(《汉书》卷八十三《朱博传》)

由此可知御史大夫乃是丞相之副，所以汉人称之为副相。丞相掌丞天子，助理万机，御史大夫又佐丞相，统理天下之事。

  御史大夫佐丞相统理天下。(《汉书》卷八十三《薛宣传》)

关于此点，《历代职官表》(卷十八《都察院》秦)曾有说明，足供吾人参考。

  谨案，秦汉御史大夫，史称其掌副丞相，故汉时名为两府。凡丞相有阙，则御史大夫以次序迁，乃三公之任(武案，此"三公"二字是指讨论大政的宰相之职)，与今都御史(清代御史台，依明之制，改称都察院，其长官则为左右都御史)之职不同。自东汉省御史大夫，而以中丞为台率，始专纠察之任。其后历代或复置大夫，或但置中丞，规制各殊，要皆中丞之互名，盖即今都察院堂官之职事矣。然秦汉大夫虽未可当今都御史，而其官实御史之长，故中丞称御史大夫丞(原注，见《汉书·张汤传》)，御史亦称御史大夫史(原注，见《汉仪》注)，且所掌在承风化、典法度(原注，见《薛宣传》《朱博传》)，本兼执宪之司，又不可以拟今之协办大学士(清代内阁，除大学士满汉各二人外，尚有协办大学士，满汉各一人)。

国有大事，天子每下其议于两府。

  丞相固助理万机，御史大夫即佐之……汉时二府权重，有大事，必下二府治之。(《汉书》卷三十六《刘向传》补注引王鸣盛曰)

吾人只观萧望之之言,就可知道。

> (萧)望之迁御史大夫……望之自奏,职在总领天下,闻事不敢不问……(《汉书》卷七十六《韩延寿传》)

御史大夫之权既与丞相相埒,所以常与丞相争权,有时权力且在丞相之上。

> 晁错……为御史大夫,权任出丞相右。张汤为御史,每朝奏事,国家用日旰,丞相取充位,天下事皆决汤。萧望之为御史,意轻丞相。(《容斋随笔》卷十二《晁错张汤》)

但是御史大夫尚有一种特别职务,即典正法度。

> 御史大夫……典正法度……总领百官,上下相监临。(《汉书》卷八十三《朱博传》)

所谓法度就是法制律令,故凡诏命有关于法制之制定者均制诏御史。周寿昌说:

> 汉凡定著令,即制诏御史。(《汉书》卷九十七下《孝成赵皇后传》补注)

纵非制定法制,苟诏令与法制有关,亦必由御史大夫转丞相,下百官,此际御史大夫似可审查诏令是否合于法制[①]。

[①] 此事与前述武帝依窦太后之言,欲封皇后兄王信为侯,必先求丞相周亚夫同意(《汉书》卷四十《周亚夫传》),哀帝托傅太后遗诏,益封董贤二千户,并赐孔乡侯等食邑,丞相王嘉封还诏书(《汉书》卷八十六《王嘉传》)相似。其所不同者,一由丞相、御史大夫提议,一由天子提议。

按《三王世家》(《史记》卷六十)请立闳旦等为王，疏则丞相庄青翟居首，而御史大夫张汤次之。既奉诏可，则制书由御史大夫汤下丞相，丞相下中二千石，二千石下守相。(《陔余丛考》卷二十六《御史》)

至于修改律令，更须制诏御史。律令修改之后，其上奏天子，又是丞相领衔居首，御史大夫次之。例如：

(文帝)十三年，齐太仓令淳于公有罪当刑……其少女……愿没入为官婢，以赎父刑罪……书奏天子，天子怜悲其意，遂下令曰，制诏御史……其除肉刑，有以易之……具为令(师古曰，使更为条例)。丞相张苍、御史大夫冯敬奏言……臣谨议请定律曰……制曰，可。(《汉书》卷二十三《刑法志》)

最重要的则为百官行为倘若违反律令，御史大夫得依其属官御史中丞以监察之。即御史中丞外督部刺史，内领侍御史，监察内外群官。

御史大夫……有两丞，秩千石。一曰中丞，在殿中兰台……外督部刺史，内领侍御史十五人，受公卿奏事，举劾按章。(《汉书》卷十九上《百官公卿表》)

《汉书》所述不甚明了。《通典》(卷二十四《中丞》)云："汉御史大夫有两丞，一曰御史丞，一曰中丞，亦谓中丞为御史中执法……中丞居殿中，察举非法。"亦欠明了。《历代职官表》(卷十八《都察院》(汉))谓"御史中丞虽掌纠察，而所居在殿中兰台，为宫掖近臣……至成帝以后，中丞出居外台……又《百官表》称，汉御史有两丞，而所载仅止中丞。沈约《宋书》始以御史丞当其一。然考之《汉书》，多称中丞，间有单称御史丞者，如班书《严延年传》(《汉书》卷九十)。事下御史丞按验……即中丞之省文。《咸宣传》(《汉书》卷九十)，上言'稍迁至御史及丞'，下言'为御史及中丞者几二十年'，此即其证。盖行文者，详略互见，并非别为一官"。余同意此种解释。①

观御史府之组织，司监察的乃是中丞及其所领督的侍御史及部刺史。中丞秩止千石，侍御史及部刺史均秩六百石。以小吏监察巨僚，盖依管子之言："群臣之道，下得明上，贱得言贵，故奸人不敢欺。"（《管子》第六十七篇《明法解》）其所以如此，又因"秩卑则其人激昂，权重则能行志"（《日知录》卷九《部刺史》原注引《元城语录》），而无患得患失之心。这就是后世监察官无不秩卑而权重的理由。御史为风霜之任，弹纠不法。韩非说："能法之士必强毅而劲直，不劲直，不能矫奸。"（《韩非子》第十一篇《孤愤》）故汉世常择明法律而性刚毅之士为之。兹举《汉书》所载曾做过御史（中丞及侍御史）之人列表如次。

西汉御史中丞及侍御史表

姓名	学识经历及性格	备注
儿宽	张汤为廷尉，宽为奏谳掾，以古法决疑狱。及汤为御史大夫，以宽为掾，举为侍御史。	卷五十八本传
张汤	儿时，鼠盗肉，汤掠治鼠，文辞如老狱吏，父使书狱。汤给事内史为掾，以文无害，调茂陵尉，武安侯田蚡为丞相，征汤为史，荐补侍御史，与赵禹共定诸律令。	卷五十九本传
杜周	张汤为廷尉，以周为廷尉史，使案边失亡，所论杀甚多，奏事中意任用，与减宣更为中丞者十余岁。	卷六十本传
陈咸	以父任为郎，有异材，抗直，数言事，刺讥近臣，迁为左曹。元帝擢咸为御史中丞，总领州郡奏事，课第诸刺史，内执法殿中，公卿以下皆敬惮之。	卷六十六本传

---

① 《历代职官表》引《册府元龟》云："孝宣斋居决事，令侍御史二人治书，治书御史起于此。"又引《通典》云："《汉旧仪》曰，汉御史员四十五人，皆六百石。其十五人给事殿中，为侍御史……二人尚玺，四人持书（即治书，唐避高宗讳，故《通典》改为持书）给事，二人侍前，中丞一人领录，三十人留寺（汉御史府亦谓之御史大夫寺），理百官事。"并云："谨案，御史在汉，虽有殿中及留寺之分，然皆归大夫及中丞统属。故《尹齐传》（《汉书》卷九十）称，齐为御史，事张汤（时汤为御史大夫）。《董贤传》（《汉书》卷九十三）称，孔光为御史大夫，时贤父恭为御史，事光。而《鲍宣传》（《汉书》卷七十二）称，宣摧辱丞相，事下御史中丞，侍御史至司隶官（官，官舍也。时宣为司隶校尉），欲捕从事云云，盖亦因中丞承诏治宣狱，故使侍御史往捕，则侍御史之得听中丞差委，亦概可见矣。"

续表

姓名	学识经历及性格	备注
于定国	少学法于父,为狱史、郡决曹,补廷尉史,以选为御史中丞从事,治反者狱,以材高,举侍御史,迁御史中丞(宣帝立,超为廷尉,其决狱平法,务在哀鳏寡,罪疑从轻,加审慎之心。朝廷为之语曰,张释之为廷尉,天下无冤民;于定国为廷尉,民自以不冤)。	卷七十一本传
诸葛丰	以明经为郡文学,名特立刚直。贡禹为御史大夫,除丰为属,举侍御史(元帝擢为司隶校尉,刺举无所避,京师为之语曰,间何阔,逢诸葛)。	卷七十七本传
郑宾	明法律,为御史。	卷七十七《郑崇传》
薛宣	为大司农斗食属,察廉补不其丞,复察廉迁乐浪都尉丞,举茂材为宛句令。大将军王凤荐为长安令,治果有名,以明习文法,诏补御史中丞,宣执法殿中,外总部刺史,举奏部刺史郡国二千石,所贬退称进,白黑分明。	卷八十三本传
赵禹	为丞相史,府中皆称其廉平。武帝时,禹以刀笔吏积劳迁为御史。上以为能,与张汤论定律令。禹为人廉裾,为吏以来,舍无食客,公卿相造请,禹终不行报谢,务在绝知友宾客之请,孤立行一意而已。	卷九十本传
王温舒	数为吏,于治狱至廷尉史。事张汤,迁至御史。	卷九十本传
尹齐	以刀笔吏稍迁至御史。武帝使督盗贼,斩伐不避贵势。	卷九十本传
杨仆	为吏,河南守举为御史,使督盗贼,关东治放尹齐,以敢击行。	卷九十本传
咸宣	将军卫青使买马河东,见宣无害,言上,稍迁至御史及丞,称为敢决疑。	卷九十本传
严延年	年少学法律,为郡吏,以选除补御史掾,举侍御史。是时大将军霍光废昌邑王,尊立宣帝,宣帝初即位,延年劾奏光擅废立,亡人臣礼,不道。奏虽寝,朝廷肃焉敬惮。	卷九十本传

御史中丞为御史大夫的属官,而有举劾案章的权,世人因此遂以御史大夫为监察机关的长官,并以监察机关独立于行政机关之外。固然御史大夫得

令吏按问百官之违法。

> （爰）盎素不好晁错，晁错所居坐，盎去；盎坐，错亦去；两人未尝同堂语。及……孝景帝即位，晁错为御史大夫，使吏案袁盎受吴王财物，抵罪，诏赦以为庶人。(《汉书》卷四十九《爰盎传》)
>
> （韩）延寿代萧望之为左冯翊，而望之迁御史大夫。侍谒者福为望之道延寿在东郡时放散官钱千余万。望之与丞相丙吉议，吉以为更大赦，不须考。会御史当问事东郡，望之因令并问之。(《汉书》卷七十六《韩延寿传》)

但是吾国古代监察官均得独立行使职权，御史中丞虽为御史大夫之属官，而其权力之大乃与御史大夫相埒。

> 御史大夫副宰相，在九卿之右，而中丞权亦几与相埒也。(《汉书》卷三十六《刘向传》补注引王鸣盛曰)

中丞之权既与御史大夫相埒，故御史大夫如有违失，中丞亦得察举。

> （孙）宏前为中丞时，（翟）方进为御史大夫，举掾隆（师古曰，御史大夫之掾也，名隆）可侍御史，宏奏隆前奉使欺谩，不宜执法近侍，方进以此怨宏。(《汉书》卷六十《杜钦传》)

这样，中丞之权不会太重，而致引起问题么？不，丞相之下置司直，掌佐丞相举不法。这是可以牵制中丞之妄自弹击的。

> 司直，秩比二千石，掌佐丞相举不法。(《汉书》卷十九上《百官公卿表》)

司直之外，复有司隶校尉，亦以监察百官为职。

> 司隶校尉……以督察公卿以下为职。(《汉书》卷八十四《翟方进传》)

监察机关除了御史之外,丞相府置司直,复有一个独立的司隶校尉,由此可知监察权并不专属于御史府,而御史大夫既为丞相之副,则监察权与行政权亦非完全分立,如近代三权分立焉。

监察权既不完全独立于行政权之外,而西汉时代御史制度却能发挥作用,其故安在?韩非说:"相为则责怨,自为则事行。"(《韩非子》第三十二篇《外储说左上》)慎子说:"人莫不自为也,化而使之为我,则莫可得而用矣……用人之自为,不用人之为我,则莫不可得而用矣。"(《慎子·因循篇》)御史大夫乃是丞相的候补人,他欲取得丞相之位,固然不免有暗中毁害之事。

> 凡为御史大夫,而丞相次也,其心冀幸丞相物故,或乃阴私相毁害,欲代之。(《通典》卷二十四《御史大夫》)

但另一方面,御史大夫由于"自为",对于丞相往往察过悉劾,不肯放松。在今日民主国,负监督政府之责者乃是议会内反对党的领袖。反对党的领袖何以肯负监督政府之责?因为政府党辞职之后,继之组织政府者,必是反对党的领袖。御史大夫之于丞相,其地位无异于民主国议会内反对党的领袖。西汉御史制度能够发挥作用,原因实在于此。故自东汉建三公之官、御史台长官不为宰相之候补人之后,监察权虽然渐次离开行政权而独立,而弹击官邪的效用反见减少。

军事与监察未曾完全独立于行政之外,而丞相又掌丞天子,助理万机,所以丞相乃统宰百揆,而为宰相之职。成帝时何武建言:"古者民朴事约,然犹则天三光,备三公官,各有分职。今末俗之弊,政事烦多,宰相之材不能及古,而丞相独兼三公之事,所以久废而不治也。"(《汉书》卷八十三《朱博传》)丞相独兼三公之事,可知丞相有统宰百揆之权。古者三公"坐而议政,无不总统,故不以一职为官名"(《汉书》卷十九上《百官公卿表》),即百事无不揆焉。降至秦汉,遂以统宰百揆的人称为三公,原不必要有三人。汉世虽称丞相、太尉、御史大夫为三公，但是如前所言，太尉之官有事则置，无事则省，并非常设的官。而御史大夫又掌副丞相，而有副相之称，所以西汉丞相确如何武所说，独兼三公之事，而总宰百揆。

丞相固然总宰百揆，其职务乃是决定政策，外填抚四夷，内亲附百姓，使卿大夫各得任其职。至于分治各种职事者则为群卿。

> （文帝）问右丞相勃（周勃）曰，天下一岁决狱几何？勃谢不知。问，天下钱谷一岁出入几何？勃又谢不知。汗出洽背，愧不能对。上亦问左丞相平。平曰，各有主者。上曰，主者为谁乎？平曰，陛下即问决狱，责廷尉；问钱谷，责治粟内史。上曰，苟各有主者，而君所主何事也？平谢曰，主臣！陛下不知其驽下，使待罪宰相。宰相者，上佐天子理阴阳，顺四时，下遂万物之宜，外填抚四夷诸侯，内亲附百姓，使卿大夫各得任其职也。上称善。（《汉书》卷四十《王陵传》）

> （丙吉）为丞相……尝出，逢清道群斗者，死伤横道，吉过之不问，掾史独怪之。吉前行，逢人逐牛，牛喘吐舌。吉止驻，使骑吏问，逐牛行几里矣？掾史独谓丞相前后失问或以讥吉，吉曰，民斗相杀伤，长安令、京兆尹职所当禁备逐捕，岁竟丞相课其殿最，奏行赏罚而已。宰相不亲小事，非所当于道路问也。方春少阳用事，未可大热，恐牛近行，用暑故喘，此时气失节，恐有所伤害也。三公调和阴阳，职所当忧，是以问之。掾史乃服，以吉知大体。（《汉书》卷七十四《丙吉传》）

所以为丞相者不贵察察为明，而察察者虽然才优而行谨，而在丞相府之内，亦常不愿委之以重任，例如：

> 赵禹……事太尉周亚夫。亚夫为丞相，禹为丞相史，府中皆称其廉平。然亚夫弗任，曰极知禹无害，然文深（应劭曰，禹持文法深刻），不可以居大府。（《汉书》卷九十《赵禹传》）

周亚夫与陈平不同,陈平"治黄帝老子之术"(《汉书》卷四十《陈平传》);又与丙吉不同,丙吉"为人深厚""上宽大,好礼让"(《汉书》卷七十四《丙吉传》),其不亲小事,犹可说也。当亚夫为将军,军细柳以备胡之时,不许文帝擅入军门,既入军门之后,又只许文帝按辔徐行,文帝到了中营,亚夫又持兵揖,以为"介胄之士不拜,请以军礼见"。景帝曾批评之曰,"此鞅鞅,非少主臣也"(《汉书》卷四十《周亚夫传》)。而为丞相之时,竟然不欲重用文深的人,可见汉代丞相不欲小察,不欲小智,不独陈平、丙吉为然。

丞相决定政策,而分治天下之事者则为群卿。其中位在御史大夫之次,而秩又与御史大夫相同者为九卿。

  汉置九卿,一曰太常,二曰光禄,三曰卫尉,四曰太仆,五曰廷尉,六曰大鸿胪,七曰宗正,八曰大司农,九曰少府,是为九卿也。(《史记》卷十《文帝纪》元年正义)

九卿之外,又有执金吾、将作大匠、水衡都尉等官,各有各的职位,各有各的权限,各有各的责任。西汉官制对于"位""权""责"三者,规定极为明了。居其位必有其权,有其权必负其责。不但同列的官彼此不得干涉,便是上级的官也不得越俎代庖。长安路上死伤横道,丞相不宜过问。丞相所以不宜过问者,乃是因为长安令京兆尹有禁备逐捕的权限,且负禁备逐捕的责任,丞相只能于岁终之时考其功绩,奏行赏罚。倘令丞相代替他们设计禁备的方法,或代替他们发布逐捕的命令,则此后长安令京兆尹将事事请示,而把一切责任委于丞相了。邓析说:"治世位不可越,职不可乱。"(《邓析子·无厚篇》)即如韩非所述韩昭侯之事,"其罪典衣,以其失其事,其罪典冠,以其越其职也"(《韩非子》第七篇《二柄》)。但西汉官制也有许多缺点,固然每卿均有职事,然而许多职事又往往由一卿管理,此又有反于韩非所说:"明主之道,一人不兼官,一官不兼职。"(《韩非子》第三十六篇《难一》)例如光禄勋掌宿卫,而其属官乃有大夫掌论议,而各种出身的郎亦为光禄勋的属官。最复杂的莫如少府。少府的本职是"掌山海池泽之税,以给供养"(《汉书》卷十九上《百官公卿表》),而其属官乃有尚书通章奏,若卢藏兵器,考工作器械,掖廷主刑狱,都水掌波泽,均官掌市价。除此之外,尚有其他职务不同的属官(参阅《汉书》卷十九上《百官公卿表·少府》)。职务如斯复杂,主管长官势难兼顾。其所以不至发生问题者,乃因九卿只总其大纲,至于细务则委任责成于属官。又者,同一职事往往分散由各卿管理,例如大司农、少府、水衡都尉都是理财之官,固然"大司农供军国之用,少府以养天子"(《汉书》卷十九上《百官公卿表·少府》注师古曰),然而"水衡与少府皆天子私藏"(《汉书》卷八《昭帝纪》本始二年注引应劭曰),既有少府,何必再置水衡都尉?于是各卿之下遂有名称相同、职务相同的属官。例如太常有都水,大司农、少府、水衡都尉亦有都水。所以刘攽说:"都水官处处有之。"(《汉书》卷十九上《百官公卿表·水衡都尉》补注)。此盖当时只知集权,不知分工,一位长官若有管理某种职事的权,则凡与该种职事有直接或间接关系,均举而归于该长官管理。太常掌宗庙礼仪,陵园由其管理,因之,陵园的陂池灌溉便由太常管理。大司农掌谷货,以供军国之用,郡国田赋由其管理,因之郡国的陂池灌溉以及河渠也由大司农管理。少府与水衡都尉均掌天子之私藏,因之有关陂泽灌溉之事又由他们各别管理。一个机关有许多职事,同一性质的职事由许多机关管理,固然行政上有许多方便。唯由吾人观之,不能不认为这是西汉官制的缺点。

政策虽由丞相决定,而天子为要预防丞相的壅塞,关于重大问题,往往不令丞相一人决定,而召集群臣博议。这种博议或称为廷议。此盖依法家学说,申不害有言:"一臣专君,众臣皆蔽。"(《申子》)韩非亦云:"观听不参(不参谓偏听一人),则诚不闻(谓诚者莫告);听有门户,则臣壅塞。"(《韩非子》第三十篇《内储说上·七术》)亦即刘向所谓"兼听独断"(《说苑》卷十三《权谋》)。兼听可以塞臣下之蒙蔽,独断可以防臣下之弄权。然此亦只能于明君时代发生作用。至于召集廷议之权则属于天子,而主持的人或为天子,或为丞相。吾人观《汉书》常有"下其议","诏有司议","诏与列侯、中二千石、二千石、大夫、博士议",议决之后,常由丞相领衔上奏,就可知道。车千秋为丞相时,曾召集中二千石博士集议,霍光以其擅召中二千石以下,甚无状,而欲加之以罪(《汉书》卷六十《杜延年传》),由此可知丞相固无召集廷议之权①。

参加廷议的人不是固定的,是随问题的性质而改变其人选,但多数场合常令下列五种官吏参加,一是公卿,二是列侯,三是二千石,四是大夫,五是博士(参阅《西汉会要》卷四十及卷四十一《集议》)②。公卿是现任大臣,熟悉当前情况。列侯是国家元老,熟悉过去典故。二千石大率是指三辅长官,熟悉地方情况。大夫"掌论议"(《汉书》卷十九上《百官公卿表》),得陈政治之得失。博士"掌通古今"(《汉书》卷十九上《百官公卿表》),可以贡献意见。公卿、列侯、二千石有经验,大夫、博士有学识。有经验者往往泥于现实,有学识者往往流于空想。合两种人,令其集议,则现实与理想可以调和,而使任何政策都能合理。由是可知廷议与议会不同,并不是代议各方面的意思或利益,而是使各种人士从各种角度,表示各种意见,而求最后所决定的政策能够合理。

汉时大夫有太中大夫、中大夫、谏大夫皆无员,多至数十人。武帝元狩五年初置谏大夫,太初元年更名中大夫为光禄大夫(《汉书》卷十九上《百官公卿表》)。东汉改谏大夫为谏议大夫,增置中散大夫(《后汉书》卷三十五《百官志》),大夫属光禄勋。后世大夫多为散官或为阶官,只唯谏(议)大夫方与御史并置,即所谓台谏者也。前者批评朝政,后者弹击官邪。汉时,每开廷议,常令大夫参加,历来居此职者多择学博行修之人为之。学博而后知政策之得失,行修而后不致党同伐异。例如贾谊以能诵《诗》《书》属文,称于郡中,文帝召以为博士,超迁岁中至太中大夫。晁错学申商刑名,为博士,诏举贤良文学,错在选中,对策者百余人,唯错为高策,由是迁中大夫。韦贤为人质朴少欲,笃志于学,兼通《礼》《尚书》,以《诗》教授,号称邹鲁大儒,征为博士,迁光禄大夫。(《汉书》各本传)因为谏大夫对于后世之影响最大,兹将《汉书》所载曾任谏大夫之人列表

---

① 霍光欲废昌邑王,曾召丞相、御史、将军、列侯、中二千石、大夫、博士会议未央宫(《汉书》卷六十六《霍光传》),而上表太后,则丞相居敞为首,大司马大将军臣光次之,可知天子缺位或因故不能视事,召集廷议的权,法律上应在丞相。
② 博士之得参加廷议,始于秦代。始皇灭六国,统一天下,曾令丞相、御史大夫议帝号。他们讨论之后,丞相王绾、御史大夫冯劫、廷尉李斯上奏始皇,必称"臣等谨与博士议曰云云"(《史记》卷六《秦始皇纪》二十六年)。陈胜起事之时,二世亦召博士诸儒生议其如何对付(《史记》卷九十九《叔孙通传》)。博士属太常。

如次。

西汉谏大夫表(此表以列传之次序为标准,使读者便于翻阅各本传)

姓名	学识与操行	备注
刘向	以行修饬,擢为谏大夫。	卷三十六本传
杜延年	明法律,为谏大夫。	卷六十本传
终军	少好学,以辩博能属文,闻于郡中。年十八,选为博士弟子。至长安上书言事,武帝异其文,拜为谒者。军为谒者,使行郡国,所见便宜以闻,还奏事,上甚悦,擢为谏大夫。	卷六十四下本传
王褒	益州刺史奏褒有轶材,上乃征褒,顷之,擢为谏大夫。	卷六十四下本传
云敞	师事同县吴章,章治尚书经,为博士。王莽秉政,章坐法要斩,磔尸东市门。初章为当世名儒,教授尤盛,弟子千余人,莽以为恶人党,皆当禁锢,不得仕宦,门人尽更名他师。敞时为大司徒掾,自劾吴章弟子,收抱章尸归棺敛葬之,京师称焉。车骑将军王舜高其志,荐为谏大夫。	卷六十七本传
薛广德	以鲁诗教授,萧望之为御史大夫,除广德为属,数与论议,器之,荐广德经行宜充本朝,为博士,迁谏大夫。	卷七十一本传
王吉	少好学,明经,以郡吏举孝廉为郎,迁云阳令,举贤良,为昌邑中尉。王好游猎,吉辄谏争。昭帝崩,王即位,吉即奏书戒王。王以淫乱废,群臣皆下狱。吉以忠直数谏正,得减死。起家为刺史,病去官,复征为博士谏大夫。	卷七十二本传
贡禹	以明经絜行著闻,征为博士,凉州刺史。复举贤良为河南令,岁余去官。元帝即位,征禹为谏大夫,数虚己,问以政事。	卷七十二本传
龚胜	著名节,少好学明经,为郡吏,三举孝廉,以王国人不得宿卫,补吏,举茂材,为重泉令,病去官。哀帝闻其名,征为谏大夫。	卷七十二本传
鲍宣	好学明经,举孝廉为郎,病去官,大司马王商荐为议郎。哀帝初,大司空何武荐宣为谏大夫。	卷七十二本传
韦玄成	少好学,谦逊下士,名誉日广,以明经擢为谏大夫。	卷七十三本传

续 表

姓名	学识与操行	备注
魏相	为郡卒史,举贤良,以对策高第,为茂陵令,迁扬州刺史,考案郡国守相,多所贬退,居部二岁,征为谏大夫。	卷七十四本传
夏侯胜	少好学,从夏侯始昌受《尚书》及《洪范五行传》说灾异,后事简卿,又从欧阳氏问为学精孰,所问非一师也,征为博士。昭帝崩,昌邑王嗣立,数出,胜当乘舆前,谏曰云云。宣帝初即位,欲褒先帝,胜独曰,武帝无德泽于民,不宜为立庙乐。公卿共难胜曰,此诏书也。胜曰,诏书不可用也,人臣之谊宜直言正论,非苟阿意顺指。四年,为谏大夫。	卷七十五本传
翼奉	明经术,元帝初即位,诸儒荐之,征待诏宦者署,数言事,宴见,天子敬焉。奉以中郎为博士谏大夫。	卷七十五本传
韩延寿	少为郡文学,父义为燕郎中,刺王之谋逆也,义谏而死。是时霍光持政,征郡国贤良文学,问以得失。时魏相以文学对策,以为燕王为无道,韩义出身强谏,为王所杀,宜显赏其子。光纳其言,因擢延寿为谏大夫。	卷七十六本传
王尊	少孤,师郡文学官,治《尚书》《论语》,略通大义,为幽州刺史从事,察廉,补辽西盐官长。初元中,举直言,迁虢令,以高第擢为安定太守。大将军王凤擢尊为司隶校尉,初中书谒者令石显贵幸专权为奸邪,丞相匡衡、御史大夫张谭皆阿附,畏事显,不敢言。成帝初即位,尊劾奏衡、谭无大臣辅政之义,天子以新即位,重伤大臣,左迁尊为高陵令,数月以病免,王凤荐尊,征为谏大夫。	卷七十六本传
王章	少以文学为官,稍迁至谏大夫,在朝廷名敢直言,为中书令石显所陷,章免官。成帝立,征章为谏大夫。	卷七十六本传
盖宽饶	明经,为郡文学,以孝廉为郎,举方正,对策高第,迁谏大夫。	卷七十七本传
刘辅	举孝廉,为襄贲令,上书言得失,召见,上美其材,擢为谏大夫。	卷七十七本传
孙宝	以明经为郡吏,御史大夫张忠辟宝为属,欲令授子经,宝自劾去。忠使所亲问宝,宝曰,礼有来学,义无远教。忠闻之甚惭,上书荐宝经明质直,宜备近臣,为议郎迁谏大夫。	卷七十七本传
毋将隆	大司马王音奏请隆为从事中郎,迁谏大夫。	卷七十七本传

续表

姓名	学识与操行	备注
萧望之	好学，治齐《诗》，事同县后仓且十年，以令诣太常受业，复事同学博士白奇，又从夏侯胜问《论语》礼服，京师诸儒称述焉。望之以射策甲科为郎，后数年，坐弟犯法，不得宿卫，免归，为郡吏。御史大夫魏相除望之为属，察廉为大行治礼丞。宣帝自在民间，闻望之名，拜望之为谒者，累迁谏大夫。	卷七十八本传
冯参	学通《尚书》，为人矜严，为谏大夫。	卷七十九本传
何武	治《易》，以射策甲科为郎。久之，太仆王音举武贤良方正，征对策，拜为谏大夫。	卷八十六本传

廷议之时，各人意见不同，是免不了的。解决之法如何？今日民主国无不采用多数决之法，而在汉代，固然有时也以多数人的意见为标准。例如：

成帝初即位，丞相衡（匡衡）、御史大夫谭（张谭）奏言……甘泉泰畤、河东后土之祠宜可徙置长安……愿与群臣议定。奏可。大司马车骑将军许嘉等八人以为……宜如故。右将军王商、博士师丹、议郎翟方进等五十人以为……宜徙……于是衡、谭奏议曰……今议者五十八人，其五十人言当徙……八人……以为不宜……宜于长安定南北郊……天子从之。（《汉书》卷二十五下《郊祀志》）

（赵充国）上屯田奏……奏每上，辄下公卿议臣（议）。初是充国计者什三，中什五，最后什八……上于是报充国曰……今听将军，将军计善……（《汉书》卷六十九《赵充国传》）

永光四年……下诏曰，盖闻明王制礼，立亲庙四，祖宗之庙，万世不毁，所以明尊祖敬宗、著亲亲也。朕获承祖宗之重，惟大礼未备，战栗恐惧，不敢自颛，其与将军、列侯、中二千石、二千石、诸大夫、博士议。玄成等四十四人奏议曰……高帝受命定天下，宜为帝者太祖之庙，世世不毁……太上皇、孝惠、孝文、孝景庙皆亲尽宜毁，皇考庙亲未尽，如故。大司马车骑将军许嘉等二十九人以为孝文皇帝……宜为帝者太宗之庙。廷尉忠（尹忠）以为孝武皇帝……宜为世宗之庙。谏大夫尹更始等十八人以为皇考庙上序于昭穆，非正礼，宜毁。于是上重其事，依违者一年。（《汉书》卷七十三《韦贤传》）

博士申咸……毁宣（薛宣）……宣子况……数闻其语……令明（杨明）遮斫咸宫门外，断鼻唇，身八创。事下有司，御史中丞众（人名）等奏……当……弃市。廷尉直（庞直）以为……完为城旦。上以问公卿议臣。丞相孔光、大司空师丹以中丞议是，自将军以下至博士、议郎皆是廷尉。况竟减罪一等，徙敦煌。（《汉书》卷八十三《薛宣传》）

但是多数人的意见未必就是贤明的意见。吾国古代本来缺乏多数决（Decision by majority）的思想，一个意见提交朝臣讨论，虽然多数人表示同意，倘有一人提出反对的意见，而又持之有故，言之成理，则这个意见可以推翻多数人的意见。例如：

（中大夫主父）偃盛言，朔方地肥饶，外阻河，蒙恬筑城以逐匈奴，内省转输戍漕，广中国，灭胡之本也。上览其说，下公卿议，皆言不便。公孙弘曰，秦时尝发三十万众筑北河，终不可就，已而弃之。朱买臣难诎弘，遂置朔方，本偃计也。（《汉书》卷六十四上《主父偃传》）

呼韩邪单于……上书愿保塞上谷以西至敦煌……请罢边备塞吏卒，以休天子人民。天子令下有司议，议者皆以为便。郎中侯应习边事，以为不可许，上问状，应曰……对奏，天子有诏勿议罢边塞事。（《汉书》卷九十四下《匈奴传》）

意见的采择不以多数为标准，而以贤明为准绳，盖如孔子所说："众恶之，必察焉，众好之，必察焉。"（《论语·卫灵公》）这样，就发生了谁"察"，察了之后谁"决定"的问题。众人的意见不足为凭，因之决定的权就归属于天子，帝权傍落，又归属于权臣。数千年来，吾国政治不能由专制进化为民主，这个"贤明"

二字实为之累。

这种"丞相总百官,而九卿分治天下之事"的制度,到了七国乱后,渐次变更而可以分为两个阶段,第一阶段是列侯没落,大权归于天子。最初丞相还是以列侯任之,而多碌碌无能,不过备员。班固说:

> 自嘉(申屠嘉)死后,开封侯陶青、桃侯刘舍及武帝时柏至侯许昌、平棘侯薛泽、武强侯庄青翟、商陵侯赵周,皆以列侯继踵,跰跰廉谨,为丞相备员而已。(《汉书》卷四十二《申屠嘉传》)

武帝擢用儒生,以公孙弘为丞相,儿宽为御史大夫。他们两人又无謇谔之风,公孙弘"希世用事",董仲舒斥为从谀(《史记》卷一百二十一《董仲舒传》),儿宽只知"和良承意,无有所匡谏"(《史记》卷一百二十一《伏生传》)。公孙弘之后,李蔡、庄青翟、赵周、石庆、公孙贺、刘屈氂继踵为丞相,亦尽是拱默尸禄之辈,于是大权遂集中于天子,而表现为皇帝专制。

第二阶段是中朝官的宿卫将军压倒了外朝官的丞相与御史大夫,而掌握政权。汉时,朝臣分为中朝官及外朝官两种,中朝官亦称为内朝官。孟康说:

> 中朝,内朝也。大司马左右前后将军、侍中、常侍、散骑、诸吏为中朝。丞相以下至六百石为外朝也。(《汉书》卷七十七《刘辅传》注引孟康曰)

但是孟康尚遗漏给事中一职,钱大昕说[①]:

> 《王嘉传》,事下将军中朝者,光禄大夫孔光……光禄大夫龚胜。光禄大夫非内朝官,而孔光、龚胜得与议者,加给事中故也……则给事中亦中朝官,孟康所举不无遗漏矣。(《汉书》卷七十七《刘辅传》补注引钱大昕曰)

---

① 《汉书》卷七十八《萧望之传》补注引钱大昕曰,给事中掌顾问应对,故云与闻政事。孔光罢相后,征拜光禄大夫给事中,自称备内朝臣,与闻政事。

凡外朝官若加侍中或给事中之衔,均兼为内朝官。

　　汉时,博士多加给事中……博士非中朝臣,加给事中,即中朝矣。(《汉书》卷七十二《两龚传》补注引钱大昕曰)

　　汉三公九卿皆外朝,今魏相(时为御史大夫)给事中,则得入禁中,预中朝之议。(《汉书》卷七十四《魏相传》补注引《通鉴》胡注)

武帝时,置大司马以冠将军,而为中朝官之领袖。

　　案自武帝以来,外廷之官统于丞相,中朝之官统于大司马。(《汉书》卷八十九《黄霸传》补注引齐召南曰)

然在武帝时代,卫青为大将军,霍去病为骠骑将军,皆冠大司马之号,两人虽然贵幸,亦未干丞相、御史职事。武帝崩殂,霍光以大司马大将军受遗诏辅少主,政事一决于光,同时助理万机的丞相杨敞又系谨厚之徒(参阅《汉书》卷六十六《杨敞传》),于是政权遂归属于中朝官的大司马大将军。霍光以后,不但大司马大将军,凡将军如骠骑将军(王根)、车骑将军(史高、许延寿、许嘉)、卫将军(王商)而加有大司马之号者均得辅政。内朝官的将军既得辅政,遂由掌兵的官一跃而参与国政。其参与国政是以"领尚书事"之形式为之。这个领尚书事是由霍光开始。

　　宣帝立,大将军(霍)光领尚书事。(《汉书》卷七十一《于定国传》)

其成为惯例者似在宣帝崩殂、元帝袭位之时。

　　宣帝寝疾……拜(乐陵侯史)高为大司马车骑将军……受遗诏辅政,领尚书事。《补注》王先谦曰,汉尚书职典枢机,凡诸曹文书众事皆由之,自是而后,凡受遗辅政,皆领尚书事。(《汉书》卷七十八《萧望之传》)

何以领尚书事能够参与国政,因为:

> 故事诸上书者皆为二封,署其一曰副,领尚书者先发副封,所言不善,屏去不奏。(《汉书》卷七十四《魏相传》)

领尚书事既得判断上书之善恶,而又能屏去不奏,于是领尚书事不但参与国政之决定,而且握有政治上之实权。但是名义上还是丞相助理万机。所以霍光才对车千秋(时为丞相)说,"今光治内,君侯治外"(《汉书》卷六十六《车千秋传》),而霍光奏废昌邑王,仍以丞相领衔。

> 霍光受顾托之重,当伊、周之地,废昌邑王,上表太后,"丞相臣敞"为首,"大司马、大将军臣光"次之。(《文献通考》卷五十一《仆射》)

成帝绥和元年以后,中央官制时时变更。兹试列表于次。

成帝以后中央官制变更表①

时代	成帝绥和元年	哀帝建平二年	哀帝元寿二年
官名	丞相	丞相	大司马
	大司马		大司徒
	大司空	御史大夫	大司空
备考	大司马金印紫绶,禄比丞相。御史大夫更名大司空,金印紫绶,禄比丞相。	大司马无印绶官属,冠将军如故。大司空复为御史大夫。	丞相更名大司徒。大司马有印绶,置官属,去将军,位在司徒之上。御史大夫复为大司空。

---

① 本表依《汉书》卷十九上《百官公卿表》,其改制的理由,据《汉书》卷八十三《朱博传》,"成帝时,何武为九卿,建言'古者民朴事约,国之辅佐必得贤圣,然犹则天三光(三光,日月星也),备三公官,各有分职。今末俗文弊,政事烦多,宰相之材不能及古,而丞相独兼三公之事,所以久废而不 (转下页)

制度虽然改变,而实权仍归属于大司马,而大司马一官自宣帝以史高为大司马车骑将军辅政之后,又成为外戚秉权之职,而王氏一门且有五大司马继续辅政,终则发生了王莽篡汉之事。

第二项 地方官制

西汉初年,郡县与藩国并置。藩国分为两种,一是王国,二是侯国。"文帝采贾生之议,分齐赵;景帝用晁错之计,削吴楚;武帝施主父之策,下推恩之令,使诸侯王得分户邑,以封子弟,不行黜陟,而藩国自析。"(《汉书》卷十四《诸侯王表》)自此以来,大国不过十余城,小侯不过数十里,名为王国比郡,侯国比县,而就幅员言之,户口言之,王国远不如郡,侯国亦不如县。

汉之郡县均沿秦制。秦郡甚少,汉则稍加开置。

> 秦……分天下作三十六郡。汉兴,以其郡太大,稍复开置,又立诸侯王国。武帝开广三边,故自高祖增二十六,文、景各六,武帝二十八,昭帝一,迄于孝平,凡郡国一百三。(《汉书》卷二十八下《地理志》)

(接上页)治也。宜建三公官,定卿大夫之任,分职授政,以考功效'。其后上以问师安昌侯张禹,禹以为然。时曲阳侯王根为大司马票骑将军,而何武为御史大夫。于是上赐曲阳侯根大司马印绶,置官属,罢票骑将军官。以御史大夫何武为大司空,封列侯,皆增奉如丞相(此时丞相仍称为丞相,任其职者似为翟方进),以备三公官焉……后二岁余,朱博为大司空,奏言……高皇帝以圣德受命,建立鸿业,置御史大夫,位次丞相,典正法度,以职相参,总领百官,上下相监临,历载二百年,天下安宁。今更为大司空,与丞相同位,未获嘉祐。故事,选郡国守相高第为中二千石,选中二千石为御史大夫,任职者为丞相,位次有序,所以尊圣德,重国相也。今中二千石未更御史大夫而为丞相,权轻,非所以重国政也。臣愚以为大司空官可罢,复置御史大夫,遵奉旧制。臣愿尽力,以御史大夫为百僚率。哀帝从之,乃更拜博为御史大夫(此时丞相为孔光)。会大司马傅喜免,以阳安侯丁明为大司马卫将军……大司马冠号如故事。后四岁,哀帝遂改丞相为大司徒,复置大司空、大司马焉"。《历代职官表》(卷二《内阁》汉)云:"谨案,汉自霍光以大司马大将军平尚书事,遂秉国政,则未建三公以前,丞相已属具官(未必皆然,例如丙吉、翟方进、朱博、王嘉固能行使相权),特其虚名尚存,故霍光传奏事内,丞相臣敞仍列于大司马大将军臣光之前也。至元寿中,正三公官,于是大司马径居大司徒之上矣。"

汉代置郡虽多，而幅员广狭不同，大者几及今之两省，小者不过今日数县。盖郡境大小乃以户口为标准，民稀则幅员大，民多则幅员小。然交通不便，由于行政上之便利，幅员虽大，亦不能大过一定程度以上。而设郡过多，财政上未免浪费，所以除王国外，幅员虽小，也不宜小到一定程度以下。赵翼说：

> 汉初设郡，所重者中原之地，故布置密而幅员较小，自京兆、冯翊、扶风所统外，如河东、太原、上党、云中、雁门、代郡、定襄，则今之山西省也。河南、河内、陈留、颍川、汝南、南阳、魏郡，则今之河南省也。齐燕之地亦仿此计。今一省之地，汉时本有八九郡，兼有王侯国在其间，原不甚稀阔。若会稽郡则几及今之江浙二省，南郡、江夏二郡则即今之湖北一省，桂阳、武陵、零陵三郡则今之湖南一省，庐江、九江、豫章三郡则今之江西一省，南海、郁林、苍梧、合浦四郡则今之广东、西二省，辽东、辽西、元菟、乐浪四郡则今之关东及高丽一国。盖其时蛮夷之地，甫经开辟，人户稀少，赋税讼狱，亦皆轻减，故疏阔如此。（《陔余丛考》卷十六《汉初分郡之大》）

西汉初年，"诸侯王掌治其国，有……内史治国民，中尉掌武职，丞相统百官"（《汉书》卷十九上《百官公卿表》），国之官制与郡不同。"景帝中五年，令诸侯王不得复治国，改丞相曰相。成帝绥和元年，省内史，更令相治国，如郡太守，中尉如郡都尉。"（《汉书》卷十九上《百官公卿表》）于是郡国守相名称虽殊，而职掌则同。相之地位本来在郡守之上。

> 是时（宣帝时）诸侯王相在郡守上。（《汉书》卷八十一《孔光传》）

元帝时代改在郡守下。

> （初元）三年春，令诸侯相位在郡守下。师古曰，此诸侯谓诸侯王也。（《汉书》卷九《元帝纪》）

郡乃地方制度的骨干,国之制度除守称相,都尉称中尉之外,其他无不相同,所以本书只述郡与三辅。

郡之官制和秦一样,置守尉,守掌治其郡,秩二千石,尉佐守,典武职甲卒,秩比二千石。

> 郡守,秦官掌治其郡,秩二千石……景帝中二年更名太守。(《汉书》卷十九上《百官公卿表》)

> 郡尉,秦官掌佐守典武职甲卒,秩比二千石……景帝中二年更名都尉。(《汉书》卷十九上《百官公卿表》)

郡本来没有大小远近之别,元帝建昭二年稍有改制。

> (建昭)二年……益三河郡太守秩,户十二万为大郡。《补注》引王念孙曰,《汉纪》秩下有中二千石四字,是也。太守秩二千石,益之则为中二千石……若无中二千石四字,则文义不明。(《汉书》卷九《元帝纪》)

翌三年又有改制。

> (建昭)三年,令三辅都尉、大郡都尉秩皆二千石。(《汉书》卷九《元帝纪》)

大郡都尉增秩为二千石,而元帝纪建昭二年只云增三河郡太守秩,不云增大郡太守秩,其下文又接以"户十二万为大郡"一语,似有阙文。若据卫宏所述:

> 建始二年,(成帝)益三河及大郡太守秩。注云,十二万户以上为大郡太守,小郡太守迁补大郡。(《汉旧仪》卷下)

是则元帝或成帝以后,郡固以户口多寡为标准,分为大小两种,十二万户以上为大郡，十二万户以下为小郡。文景时代，贾谊、晁错均以王国为忧，武帝既依主父偃之言，用推恩分封之法，王国的势力既然没落，现在又以郡之辖地太大，非宗室之利，换言之，即非政府之福。严安说：

> 今外郡之地或几千里，列城数十，形束壤制，带胁诸侯，非宗室之利也……今郡之权非特六卿之重也，地几千里非特闾巷之资也，甲兵器械非特棘矜之用也，以逢万世之变，则不可胜讳也。（《汉书》卷六十四下《严安传》）

太守犹如丞相一样，对其一郡之事无所不统，不但行政，便是司法、军事亦由太守掌之。其职务之多不遑枚举。固然太守之外，尚有都尉，然而都尉不过佐守典兵而已。关于都尉，吾人要注意的有三点：

（1）都尉不是每郡有之，据《汉书·地理志》，郡国一百三，而置都尉者只有五十七，三河（河东、河内、河南三郡）没有都尉，即其例也。

（2）郡置都尉者不是均只有一人，乃视军事上的需要，或置一人，如太原郡有都尉治广武是也。或置二人，如上谷郡有西部都尉治宁、东部都尉治女祁是也。或置三人，如代郡有西部都尉治高柳、东部都尉治马城、中部都尉治且如是也（见《汉书·地理志》）。

（3）都尉与太守不是治在一所，例如三辅即京兆尹、左冯翊、右扶风皆治长安城中，而京兆尹有京辅都尉治华阴（《汉书》卷二十八上《地理志》华阴项补注），左冯翊有左辅都尉治高陵，右扶风有右辅都尉治郿是也（见《汉书·地理志》）。

都尉"掌佐守，典武职甲兵"，即其典兵不过佐守典兵，军权并未独立于行政权之外。汉制，军权分为领兵与发兵二事，领兵的权属于都尉，发兵的权属于天子。天子发兵以虎符为证，而虎符则发给太守，不是发给都尉。

> （文帝二年）九月，初与郡守为铜虎符。注引应劭曰，铜虎符第一至第五，国家当发兵遣使者，至郡合符，符合乃听受之。（《汉书》卷四《文帝纪》）

而郡守擅自发兵者亦有之。

> 公孙戎奴为上党太守，发兵不以闻，免。(《汉书》卷十七《景武昭宣元成功臣表》)

依《地理志》，上党没有都尉，而郡守乃擅自发兵，可知郡不置都尉之时，不是没有军队，而是军队由太守领之。冯野王为琅邪郡太守，琅邪郡有都尉治姑幕(《汉书》卷二十八上《地理志》)，杜钦谓冯野王"以二千石守千里之地，任兵马之重"，野王因病归杜陵就医药，御史中丞劾其持虎符出界归家，奉诏不敬(《汉书》卷七十九《冯野王传》)，由此更可证明郡之军权实属于太守。

郡守不肯发兵，亦有其例。

> (武帝)建元三年，闽越举兵围东瓯，东瓯告急于汉……上曰……吾新即位，不欲出虎符发兵郡国。乃遣(严)助以节发兵会稽。会稽守欲距法，不为发。助乃斩一司马，谕意指，遂发兵。(《汉书》卷六十四上《严助传》)

依《地理志》，会稽有两都尉，西部都尉治钱唐，南部都尉治回浦，而因严助没有虎符，不肯发兵的不是都尉，而是太守，此亦可以证明一郡军权实掌握于太守。

兼以每年八月都试，检阅地方军队，课其殿最，主持之者是郡守。①

> 八月，太守、都尉、令、长、相、丞、尉会都试，课殿最。(《汉旧仪》卷下)

所以郡守称为郡将。

> (赵)绣见延年新将。注，师古曰，新为郡将也，谓郡守为郡将者，以其兼领武事也。《补注》钱大昭曰，延年太守，故称将。《尹翁归传》，翁归

---

① 《汉书》卷八十四《翟义传》补注引齐召南曰，案都试日即讲武日也。

> 为东海太守,于定国谓邑子曰,此贤将。《孙宝传》,顾受将命,分当相直,时宝为京兆尹,故亦称将。(《汉书》卷九十《严延年传》)

都尉只能称为副将。

> 都尉为一郡副将。(《汉官解诂》)

京师之地,本由内史治之,其后稍有变革,武帝太初元年分为京兆尹、左冯翊、右扶风,是为三辅①。

> 内史,周官,秦因之,掌治京师。景帝二年分置左(右)内史。右内史武帝太初元年更名京兆尹……左内史更名左冯翊……主爵中尉,秦官,掌列侯……武帝太初元年更名右扶风,治内史右地……与左冯翊、京兆尹是为三辅……列侯更属大鸿胪。元鼎四年更置二(《补注》钱大昭曰,二当作三)辅都尉。(《汉书》卷十九上《百官公卿表》)

即内史所治之京师分为三辅,《汉书·地理志》于京兆尹、左冯翊、右扶风之下,均云"故秦内史",所以三辅犹如外郡太大而分置一样,三分京师之地,而由三位地方长官治之。

三辅与外郡不同。胡三省云:

> 西都之制,为三辅者列于九卿。(《汉书》卷七十六《张敞传》补注)

例如张敞为京兆尹,免为庶人之后,诣公车上书曰"臣前幸得备位列卿,待罪京兆"(《汉书》卷七十六《张敞传》)。王尊为京兆尹,御史奏尊不宜备位九卿(《汉书》

---

① 《汉书·地理志》只有左辅都尉治高陵,右辅都尉治郿。但《宣帝纪》本始元年有京辅都尉赵广汉。师古曰,三辅皆有都尉如诸郡,京辅都尉治华阴灌北。而《元帝纪》建昭三年夏又有"令三辅"都尉秩皆二千石,可知《百官表》"二辅"实如钱大昭所说"二当作三"。

卷七十六《王尊传》),即其例也。

为三辅者既然列于九卿,其秩多寡颇有问题。《汉书》(卷十九上)《百官公卿表》虽云秩二千石,但元帝建昭二年既云"益三河郡太守秩",《补注》引王念孙云:"太守秩二千石,益之则为中二千石。"三河郡太守增秩,而不言及三辅,则三辅长官之秩为中二千石,似在建昭二年以前。建昭三年又云:"令三辅都尉、大郡都尉秩皆二千石。"《补注》引周寿昌曰:"初比二千石也。"三辅都尉既增秩为二千石,则三辅长官不应也是二千石。宣帝时,黄霸为颍川太守,治为天下第一,征守京兆尹,秩二千石(《汉书》卷八十九《黄霸传》),试署而秩二千石,可知三辅长官之秩必为中二千石。

三辅长官因与九卿同列,秩中二千石,故为三辅者出为郡守,于秩为贬。周寿昌说:

> 汉京兆尹虽与外郡太守同职,而尹秩中二千石,太守二千石,其太守加秩,则晋中二千石,其尹外徙太守者为贬,如京兆尹王昌贬为雁门太守,甄遵贬为河内太守是也。左冯翊、右扶风与京兆尹同。(《汉书》卷十九上《百官公卿表》补注)

凡由郡守入为三辅者,于秩为迁,故须试署一年,满岁才见真除。例如赵广汉为颍川太守,一切治理,威名流闻,入守京兆尹,满岁为真(《汉书》卷七十六《赵广汉传》)。尹翁归为东海太守,东海大治,以高第入守右扶风,满岁为真(《汉书》卷七十六《尹翁归传》)。薛宣为陈留太守,盗贼禁止,吏民敬其威信,入守左冯翊,满岁称职为真(《汉书》卷八十三《薛宣传》),均其例也。

三辅长官既然列于九卿,所以不但掌治其郡,且得参与中央政策之决定,这在内史时代已经如是。

> 景帝即位,以错为内史,错数请间言事,辄听,幸倾九卿,法令多所更定。丞相申屠嘉心弗便,力未有以伤。(《汉书》卷四十九《晁错传》)

内史分为三辅之后,还是一样,例如:

> 始元五年,有一男子……自称卫太子……丞相御史中二千石至者立莫敢发言。京兆尹不疑后到,叱从吏收缚。或曰,是非未可知,且安之。不疑曰,诸君何患于卫太子!昔蒯聩违命出奔,辄(蒯聩子)距而不纳,《春秋》是之。卫太子得罪先帝,亡不即死,今来自诣,此罪人也。遂送诏狱……后赵广汉为京兆尹,言"我禁奸止邪,行于吏民,至于朝廷事,不及不疑远甚"。(《汉书》卷七十一《隽不疑传》)

> (张)敞为京兆,朝廷每有大议,引古今,处便宜,公卿皆服,天子数从之。(《汉书》卷七十六《张敞传》)

但是三辅近在天子咫尺,多贵戚公卿,号为难治,而以京兆为甚。

> (公孙)弘为丞相,乃言上曰,右内史界部中多贵人宗室,难治,非素重臣弗能任。(《汉书》卷五十《汲黯传》)

> 京兆典京师,长安中浩穰,于三辅尤为剧。郡国二千石以高第入守,及为真,久者不过二三年,近者数月一岁,辄毁伤失名,以罪过罢。(《汉书》卷七十六《张敞传》)

故为三辅者,苟有表现,就得入为九卿或迁为御史大夫,而至丞相。如晁错由内史迁为御史大夫(《汉书》卷四十九《晁错传》)。薛宣为左冯翊,迁为少府,月余为御史大夫,数月为丞相(《汉书》卷八十三《薛宣传》)。翟方进为京兆尹,居官三岁,迁御史大夫,丞相官缺,遂擢方进为丞相(《汉书》卷八十四《翟方进传》),均其例也。

三辅及郡国之下,均隶之以县。县数每郡多寡不同,京兆尹领县十二,左冯翊二十四,右扶风二十一。其他各郡,多者如琅邪领县五十一,少者如玄菟郡领县唯三。至于王国则因汉朝不欲王国地大民众,故其领县均少。领县在十以上者有四,信都国最多,亦不过十七县。其余十六国均在十县以下。而以菑川、泗水二国为最少,只领三县。赵等六国亦只领四县。(参阅《汉书》卷二

十八下二《地理志》

领县多寡似同时顾到户口与土地。就民稠之地言之，县之户数固然不宜过多，而县之幅员亦不宜太小。就民稀之地言之，户口固然不宜过少，而县之幅员又不宜太大。户口与领域同时兼顾，所以每郡领县多少，每县户口多少，乃无一定标准。例如蜀郡，成都县有户七万六千二百五十六，而上党郡之户亦不过六万三千七百九十八，而竟分为十四县。若以成都县之户数为标准，则上党只能设县，县之区域未免太大。若以上党郡之户数为标准，则成都应分为十四县，县之区域未免太小。兹再以当时人口集中之中原之地及人口稀少之江南之地，作一比较表如次。

今日河南省及江浙两省在汉时之郡县及户口比较表[①]

今地	汉郡	领县数	户数	口数
河南省	河内	18	241246	1067097
	河南	22	276444	1740279
	陈留	17	296284	1509050
	颍川	20	432491	2210673
	汝南	37	561587	2596148
	南阳	36	359116	1942051
	魏郡	18	212849	909655
合计	7	168	2280617	11976253
江浙二省	会稽	52	223038	1032604
合计	1	52	223038	1032604

汉时，今日河南一省，户口约合江浙二省（汉时为会稽郡）十倍以上。若以会稽置县多寡（五十二）为标准，则今日河南应设置五百二十县，县数太多，

---

① 本表据《汉书·地理志》。

从而县区未免太小。反之,河内户口约与会稽相同,若以河内置县多寡(十八)为标准,则会稽只能设置十八县。县数太少,从而县区未免太大。一方顾到户口,他方顾到幅员,故一县户口多少、区域大小,乃无一定标准。

县分四种,即除普通县之外,尚有国、邑及道。四者名称虽殊,而实质则同,所以本书只述县之制度①。

县置令长,万户以上为令,减万户为长,即县有大县、小县之别,大县置令,小县置长。

> 县令、长……掌治其县。万户以上为令,秩千石至六百石。减万户为长,秩五百石至三百石……县大率方百里,其民稠则减,稀则旷。(《汉书》卷十九上《百官公卿表》)

文中"至"字颇有问题,以今文言之,凡有至字例如委任一级至四级,乃包括二、三两级在内。汉秩在千石与六百石之间本有八百石一级(比千石、比八百石从略),在五百石与三百石之间有四百石一级(比五百石、比四百石从略)。成帝阳朔二年,"夏五月,除吏八百石、五百石秩",注引李奇曰:"除八百就六百,除五百就四百。"(《汉书》卷十《成帝纪》)则至少成帝以后,令亦有千石令及六百石令之别,长有四百石长及三百石长之别,故以令长之秩为标准;县有四种,第一种置千石令,第二种置六百石令,第三种置四百石长,第四种置三百石长②。

这四种区别是否以户口多寡为标准,亦有问题。《汉书》列传之中固曾说及某人为县令或为县长,而《地理志》除户口特多之县之外,均未载明户口数目。萧育为茂陵令(《汉书》卷七十八《萧育传》),据《地理志》,茂陵县户六万一千八

---

① 《汉书·百官公卿表》云:"列侯所食县曰国,皇太后、皇后、公主所食曰邑,有蛮夷曰道。凡县道国邑千五百八十七。"《补注》引钱大昕曰:"《地理志》,县邑千三百一十四,道三十二,侯国二百四十一,合之恰符千五百八十七之数。然以每郡国所领县计之,止千有五百七十八,盖史文有脱漏也。"
② 《汉旧仪》(卷下)对此已有明文规定:"县户口满万,置六百石令,多者千石。户口不满万,置四百石三百石长。"

十七,口二十七万七千二百七十七。同传又说到漆令郭舜,漆县户口若干,《地理志》则未之提。若据应劭所述。

> 三边始孝武皇帝所开,县户数百而或为令,荆、扬、江南七郡惟有临湘、南昌、吴三令尔,及南阳、穰中,土沃民稠,四五万户而为长。(《汉官仪》卷上)

是则户口固不能视为绝对标准,大率三边接近羌胡,事繁职重,故户口虽少,而仍置令。江南各郡在汉时,草莱初辟,而又不与胡羌为界,事简职轻,故户口虽多,而仍置长。总之,置令置长乃从职事之繁简,并不是单以户口为标准。不过户口太多,职事必定繁重,而长安尤见其然。所以朱博已为栎阳令(属左冯翊),又徙云阳(属左冯翊)、平陵(属右扶风)了,以高第才入为长安令(《汉书》卷八十三《朱博传》)。长安乃中央政府所在地,户八万八百,口二十四万六千二百(《汉书》卷二十八上一《地理志》)。义纵已为上党之县令(史失其县名)了,举第一,才迁为长陵令(《汉书》卷九十《义纵传》)。长陵属左冯翊,户五万五十七,口十七万九千四百六十九(《汉书》卷二十八上一《地理志》)。

县之令长均由朝廷任命,令长于县犹如太守于郡,对其县内的事无所不统。《汉书》(卷十九上)《百官公卿表》只云:"掌治其县。"盖职事繁多,不能一一枚举之故。令长虽为一县之行政长官,由中央直接任免,有其独立的权力,例如魏相为茂陵令,"御史大夫桑弘羊客诈称御史,止传,丞不以时谒,客怒缚丞,相疑其有奸,收捕案致其罪,论弃客市"(《汉书》卷七十四《魏相传》)。但是同时须受郡守的监督,盖郡之行政多系县之行政,县政废弛就是郡政废弛。令长每年须上计于所属郡守,郡守岁尽又条上郡内诸事,而上计于朝廷,朝廷据此计簿,决定赏罚。郡守既有切身利害,所以常遣其属吏督邮循行各县以督察之。①

---

① 韩延寿为左冯翊,"岁余不肯出行县,丞掾数白宜循行郡中,览观民俗,考长吏治迹。延寿曰,县皆有贤令长,督邮分明善恶于外,行县恐无所益,重为烦扰"(《汉书》卷七十六《韩延寿传》)。冯野王为左冯翊,"岁余,而池阳令并素行贪污,轻野王外戚年少,治行不改。野王部督邮掾赵都案验,(转下页)

有司请令县道,年八十以上,赐米人月一石……二千石遣都吏循行,
不称者督之。注引如淳曰,律说,都吏今督邮是也。(《汉书》卷四《文帝纪》
元年)

何况郡守对于令长又有考课之权(详本册第三章第七节第四项之考课)？固
然郡守考课令长,只能定其殿最,殿者责问,最者慰勉,黜陟之权属于朝廷。
然而朝廷既依郡守之报告,黜陟令长,则郡守自得利用考课,监督令长之
行政。

县以下为乡亭,《百官表》云①：

　　大率十里一亭,亭有长。十亭一乡,乡有三老、有秩、啬夫、游徼。三
老掌教化；啬夫职听讼,收赋税；游徼徼循禁贼盗……乡六千六百二十
二,亭二万九千六百三十五。(《汉书》卷十九上《百官公卿表》)

由乡吏之职掌,可知乡乃行政区。乡吏各管其主管的事,而直接隶属于令长,
故无乡长之设。《百官表》未曾说到亭长的职掌,《后汉书》(卷三十八)《百官志
五》："亭有亭长,以禁盗贼。"如是,则亭可以视为警察区了,而亭长之职似与
游徼相似。

乡亭之下是否尚有其他组织,《百官志》未曾提及。唯据列传所载,例如：

　　(韩延寿)为东郡太守……又置正、五长(师古曰,正若今之乡正、里

(接上页)得其主守盗十金罪,收捕,并不首吏,都格杀并"(《汉书》卷七十九《冯野王传》)。由这两例,
可知督邮为郡守之耳目,而察令长之治行。郡之职事繁重者,又分置督邮,例如尹翁归河东平阳
人也,署河东督邮。河东二十八县(《地理志》河东郡统县二十四,周寿昌曰,盖元始时改除四县入
他郡,此宣帝时犹二十八县也),分为两部,闳孺部汾北,翁归部汾南,所举应法得其罪辜,属县长吏
虽中伤,莫有怨者(《汉书》卷七十六《尹翁归传》)。

① 《补注》引钱大昭曰："乡户不满五千者不置有秩,但以啬夫一人总理之,表不言有秩所掌,与啬夫
同。"依钱大昭之言,甚似乡户五千以上,有秩与啬夫并置。但《后汉书》卷三十八《百官志五》"乡置
有秩……本注曰,有秩郡所署"……"其乡小者,县置啬夫一人",注引《汉官》曰："乡户五千,则置
有秩。"即乡大者只置有秩,小者只置啬夫,二者的区别为有秩郡所署,啬夫县所署。

正也,五长同伍之中置一人为长也),相率以孝弟,不得舍奸人,闾里仟佰有非常,吏辄闻知,奸人莫敢入界。(《汉书》卷七十六《韩延寿传》)

(黄)霸为颍川太守……为条教,置父老师帅伍长,班行之于民间,劝以为善防奸之意。(《汉书》卷八十九《黄霸传》)

(尹)赏……守长安令……修治长安狱,穿地方深各数丈……名为虎穴,乃部户曹掾史,与乡吏、亭长、里正、父老、伍人(师古曰,五家为伍,伍人者各其同伍之人也),杂举长安中轻薄少年恶子,无市籍商贩作务,而鲜衣凶服被铠扞持刀兵者,悉籍记之,得数百人……赏亲阅,见十置一,其余尽以次内虎穴中。(《汉书》卷九十《尹赏传》)

由上述三例,似乡亭之下,尚有里及什伍。里有里正,伍有伍长,什长之名,《汉书》无考。但汉承秦制,商鞅变法之时,"令民为什伍,而相收司连坐"(《史记》卷六十八《商君传》),所谓什伍,《索隐》刘氏云:"五家为保,十家相连也。"所谓收司连坐,《索隐》:"收司谓相纠发也,一家有罪,而九家连举发,若不纠举,则什家连坐。"即什伍组织在于防奸。里正之设亦然。《后汉书》云:

里有里魁(即里正),民有什伍,善恶以告。本注曰,里魁掌一里百家,什主十家,伍主五家,以相检察。民有善事恶事,以告监官。(《后汉书》卷三十八《百官志五》)

东汉之制多承西汉之旧,而吾人观韩延寿置里正、伍长以防止奸人入境,黄霸颁布条教,告伍长以防奸之意,尹赏使里正、伍人检举长安中轻薄少年恶子,可知里与什伍不负行政责任,只唯互相检察,借以防奸。此外,什伍之制尚有一种目的,晁错说:

五家为伍……幼则同游,长则共事。夜战声相知,则足以相救。昼战目相见,则足以相识。欢爱之心足以相死。如此而劝以厚赏,威以重罚,则前死不还踵矣。(《汉书》卷四十九《晁错传》)

武帝以后，常常讨伐胡羌，而汉又采用正卒之制，即征兵制度。五家为伍，除消极的防奸之外，尚有军事上的价值，其未曾完全撤销，自有理由。不过是否普遍存在于各郡，吾人观东郡之里正、伍长由韩延寿置之，颍川之伍长由黄霸置之，似一般郡国未必都有里正、什伍之制。

西汉天子甚关心地方行政，季布为河东太守，文帝谓布曰，"河东吾股肱郡，故特召君耳"（《汉书》卷三十七《季布传》）。武帝雄才大略，政由己出，公卿人选虽不甚注意，而郡国守相则多妙选贤能。淮南楚地之郊，及拜汲黯为太守，且告之曰"顾淮阳吏民不相得，吾徒得君重，卧而治之"（《汉书》卷五十《汲黯传》）。会稽东接于海，南近诸越，北枕大江，而拜严助为太守，赐书曰"久不闻问，具以《春秋》对，毋以苏秦纵横"（《汉书》卷六十四上《严助传》）。吾丘寿王为东郡都尉，诏赐玺书曰"子在朕前之时（因助曾为侍中中郎），知略辐凑，以为天下少双，海内寡二，及至连十余城之守，任四千石之重（武帝以寿王为都尉，不复置太守，故云四千石），职事并废，盗贼从横，甚不称在前时何也"（《汉书》卷六十四上《吾丘寿王传》）。对这数例，顾炎武曾说："二千石之行能皆获简于帝心，是以吏职修而民情达。"（《日知录》卷九《刺史守相得召见》）宣帝起自民间，尤注意地方行政。

> （孝宣）拜刺史守相，辄亲见问，观其所由，退而考察所行以质其言，有名实不相应，必知其所以然。常称曰，庶民所以安其田里而亡叹息愁恨之心者，政平讼理也。与我共此者，其唯良二千石乎！以为太守，吏民之本也，数变易则下不安，民知其将久，不可欺罔，乃服从其教化。故二千石有治理效，辄以玺书勉厉，增秩赐金，或爵至关内侯。公卿缺则选诸所表以次用之。是故汉世良吏，于是为盛，称中兴焉。（《汉书》卷八十九《循吏传序》）

不但注意而已，二千石对于一郡之事可以自由处理，纵以丞相之尊，苟其家属住在某郡之内者，该郡郡守亦得绳之以法。例如赵广汉为京兆尹之时，有下述一事。

地节三年七月中,丞相(魏相)傅婢有过,自绞死。广汉闻之,疑丞相夫人妒杀……即上书告丞相罪,制曰,下京兆尹治……广汉……遂自将吏卒突入丞相府,召其夫人跪庭下受辞。(《汉书》卷七十六《赵广汉传》)

这可谓"捕搏敢行"(见《汉书》卷八十三《朱博传》。师古曰,追捕击搏无所避也)之至。广汉虽以诬告见诛,而"吏民守阙号泣者数万人,或言臣生无益县官(县官谓天子),愿代赵京兆死,使得牧养小民",可见广汉深得民心。"长老传以为自汉兴以来,治京兆者莫能及。"(《赵广汉传》)兹宜详言者,关心地方行政,必不可托之空言,故我在说明地方制度之后,尚须再说各种应用之法。

1. 郡守(国相)、县令(长)虽由中央任命,而郡县掾属则由守令自辟。但有一种限制,即除三辅之外,须用本籍的人。

按两汉二千石长吏(据《汉书》卷四《文帝纪》四年。师古曰,长吏,县之令长也)皆可以自辟曹掾。(《文献通考》卷三十九《辟举》)

汉世用人之法……惟守相命于朝廷……而自曹掾以下……辟用之者皆出于守相,而不似后代之官,一命以上皆由于吏部……《京房传》,房为魏郡太守,自请得除用他郡人,因此知汉时掾属无不用本郡人者。房之此请乃是破格。杜氏《通典》言,汉县有丞尉及诸曹掾多以本郡人为之,三辅县则兼用他郡。(《日知录》卷八《掾属》)

守令自辟掾属,则守令有用人之权,得依自己辟举之属吏,自由发挥自己的才干。而掾属既由守令自辟,则守令对其掾属的行为,不能不负责任,因之所辟"多取管属贤士之有才能操守者"(《文献通考》卷三十九《辟举》)。观《汉书》所载,士以考行察廉,以次迁补,终登卿相之位者不可胜数。掾属须为本籍的人,用意亦深。这不但希望有为之士在桑梓服务,而又因为掾属既系本籍的人,自能知一方之人情,而能兴利除害。

两汉二千石长吏皆可以自辟曹掾，而所辟大概多取管属贤士之有才能操守者。盖必如是，乃能知闾里之奸邪、黔庶之休戚，故治状之显著，常必由之。(《文献通考》卷三十九《辟举》)

　　汉世用人之法……惟守令命于朝廷，而自曹掾以下无非本郡之人，故能知一方之人情而为之兴利除害(《日知录》卷八《掾属》)。

2. 掾属之秩甚低，据《文献通考》(卷六十六《官品》)，后汉乡吏秩百石者只唯有秩三老。有秩之职与啬夫同，乡户五千以上置有秩，不满五千置啬夫。有秩不过百石，则啬夫、游徼当在百石以下。今再举例为证。

　　赵广汉为京兆尹，奏请，令长安游徼狱吏(史)秩百石。师古曰，特增其秩以厉其行。(《汉书》卷七十六《赵广汉传》)

　　(张)敞拜胶东相，自请……吏追捕有功效者，愿得一切比三辅尤异，天子许之。如淳曰，赵广汉奏请令长安游徼狱史秩百石。又《循吏传》，左冯翊有二百石卒史，此之谓尤异也。(《汉书》卷七十六《张敞传》)

　　长安为首善之区，乡吏之秩如此，外县更可知矣。但是他们之秩虽低，而在其职权范围内，却能够行使权力。于定国之父于公不过郡之决曹，而郡中乃为之立生祠(《汉书》卷七十一《于定国传》)。黄霸不过郡丞，宣帝竟知其持法平，召以为廷尉正(《汉书》卷八十九《黄霸传》)。朱邑啬夫而已，所部吏民皆爱敬之(《汉书》卷八十九《朱邑传》)。苟非胥吏有行使权力之自由，何能得此殊荣？西汉用人，喜激昂奋发之士，而厌软弱不胜任之人。何并不过郡吏，因"能治剧"，而举为长陵令(《汉书》卷七十七《何并传》)。朱博不过亭长，因"捕搏敢行"，而就知名于世(《汉书》卷八十三《朱博传》)。掾属既得行使权力，遂能脱颖而出，这也是地方行政能够进步的一个原因。

3. 掾属不但能够行使权力，以见知于世，同时又由见知于世而有拔擢的机会。自萧曹以刀笔吏佐命为元勋之后，终西汉之世，公卿多出胥吏。苏轼说：

汉法，郡县秀民，推择为吏，考行察廉，以次迁补，或至二千石，入为公卿……黄霸起于卒史，薛宣奋于书佐，朱邑选于啬夫，丙吉出于狱吏，其余名臣循吏由此而进者，不可胜数。（《文献通考》卷三十五《吏道》）

所以贤士大夫不但不以屈身于胥吏为辱，且多借径于吏以发身。公非刘氏说：

东、西汉之时，贤士长者未尝不仕郡县也。自曹掾、书史、驭吏、亭长、门干、街卒、游徼、啬夫，尽儒生学士为之。才试于事，事见于物，则贤不肖较然。故遭事不惑，则知其智；犯难不避，则知其节；临财不私，则知其廉；应对不疑，则知其辩。如此，则察举易，而贤公卿大夫自此出矣。（《文献通考》卷三十五《吏道》）

吾人一读《汉书》列传，就可知道西汉丞相出身于胥吏者为数甚多，而胥吏出身之丞相在政治上大率有所表现，而与由儒出身之丞相，例如元帝时代"经学绝伦"之匡衡、成帝时代"经学精习"之张禹及"经学尤明"之孔光（《汉书》卷八十一各本传）等辈只知"持禄保位"者绝不相同。汉时胥吏之职本来是用以培养公卿人才，吾人观上列公非刘氏之言，就可知道。①

---

① 读《汉书》列传，公卿二千石由乡吏出身者不少。唯由三老出身的却未之见，盖为三老者须年在五十以上。三老有乡三老与县三老两种。

（高帝二年）二月癸未，令……举民年五十以上，有修行，能帅众为善，置以为三老，乡一人。择乡三老一人为县三老，与县令丞尉以事相教，复勿徭戍。（《汉书》卷一上《高帝纪》）

三老"掌教化"（《百官公卿表》），"众民之师也"（《文帝纪》十二年），其地位甚见崇高，一方"与县令丞尉以事相教"，即无异于县之顾问，同时又得向天子言事。顾炎武说：

汉世之于三老，命之以秩，颁之以禄。当时为三老者多忠信老成之士也。上之人所以礼之者甚优，是以人知自好，而贤才亦往往出于其间。新城三老董公遮说汉王为义帝发丧，而遂以收天下。壶关三老茂上书明戾太子之冤，史册炳然，为万世所称道。（《日知录》卷八《乡亭之职》）

（转下页）

胥吏既有拔擢的机会,令长更不必说。赵广汉为阳翟令,以治行尤异,迁京辅都尉(《汉书》卷七十六《赵广汉传》)。王尊守槐里,兼行美阳令事,以高第,擢为安定太守(《汉书》卷七十六《王尊传》),即其例也。而郡守之有治绩者,又得迁为九卿,次为御史大夫,再迁而为丞相。朱博说:

> 故事,选郡国守相高第为中二千石,选中二千石为御史大夫,任职者为丞相。(《汉书》卷八十三《朱博传》)

倘令该郡需要其人,又得厚加赏赐,而不内召为公卿。例如:

> (黄)霸为颍川太守……前后八年,郡中愈治……赐爵关内侯,黄金百斤,秩中二千石。(《汉书》卷八十九《黄霸传》)

4. 汉世又有内外官互调之制,郎官多出宰百里:

> 大抵汉世郎……皆可出补长吏……《酷吏传》,义纵以中郎补上党郡中令。《何武传》,武以射策甲科为郎,迁鄠令。《王吉传》,吉以郡吏举孝廉为郎,补若卢右丞,迁云阳令。《儒林传》,费直治易为郎,至单父令。《循吏传》,召信臣以明经甲科为郎,补谷阳长。是长吏多出于郎中中郎之证也。(《汉书》卷五十六《董仲舒传》补注王先谦曰)

(接上页)此犹可以说,高祖时天下未定,而武帝与戾太子又有父子关系。下列两例尤可以证明汉朝天子尊重三老之意。

焦延寿字赣,为小黄令,举最,当迁,三老官属上书愿留赣,有诏许增秩留。(《汉书》卷七十五《京房传》)

王尊守京兆尹,后为真……免,吏民多称惜之。湖三老公乘兴等上书讼尊治京兆,功效日著……书奏,天子复以王尊为徐州刺史,迁东郡太守。久之,河水盛溢……吏民嘉壮尊之勇节。白马三老朱英等奏其状……于是诏制御史……秩尊中二千石,加赐黄金二十斤。(《汉书》卷七十六《王尊传》)

而郡守又入为公卿,其例之多不胜枚举。此不但重亲民之官,急为政之本,且欲丞相有治民之经验。韩非云:"宰相必起于州部。"(《韩非子》第五十篇《显学》)故凡内官之无治民经验,而才堪宰辅者,常外放为郡守,试以政事,而后再内召为三公。

  (王骏)迁司隶校尉,奏免丞相匡衡,迁少府……成帝欲大用之,出骏为京兆尹,试以政事……代宣(薛宣)为御史大夫……病卒。(《汉书》卷七十二《王骏传》)

  宣帝察望之经明持重,论议有余,材任宰相,欲详试其政事,复以为左冯翊。望之从少府出为左迁,恐有不合意,即移病。上闻之,使侍中成都侯金安上谕意曰,所用皆更治民以考功。君前为平原太守日浅,故复试之于三辅,非有所闻也。望之即视事。(《汉书》卷七十八《萧望之传》)

  (翟方进)为丞相司直……上以为任公卿,欲试以治民,徙方进为京兆尹。搏击豪强,京师畏之……居官三岁,永始二年迁御史大夫,数月……为丞相。(《汉书》卷八十四《翟方进传》)

此种郎官出宰百里、太守入为三公的制度,在政治上尚有另一作用。公卿制定法令,守令执行法令,中央一切计划由守令实施于民众,民众一切休戚由守令呈报于中央。倘令中央与地方互相隔阂,则一方中央不知民众的疾苦,因之不能制定民众需要的法令;他方地方不知中央的旨意,因之不能奉行中央决定的政策。汉制,内官与外官打成一片,郎官外放为县令,郡守内召为公卿,居内者知地方之情况,居外者知中央之旨意,两相扶持,而无隔悬之弊,国家行政当然可以进步。

第三项 刺史

  自秦置郡县以来,县之一级变更甚少。县依山川形势、社会环境而设置,山川形势不易变更,社会环境亦难改造,所以县之一级多沿旧制。变更最多的莫如最高地方团体。其单位或多或少，其区域或大或小。单位少，便于监察，区域小，易于控制，但这两种目的又不能同时达到。因为单位之多少与区域之大小成为反比例。单位多者区域小，小虽易于控制，而单位既多，又不便于监察。单位少者区域大，少虽便于监察，而区域既大，又不易于控制。凡顾虑监察之便者，只计单位之寡，而忘区域之大；顾虑控制之易者，只计区域之小，而忘单位之多。秦汉以来，地方制度徘徊于监察之便与不便与控制之易与不易之间，即徘徊于单位多少与区域大小之间。秦郡四十，监察易而控制难。汉郡一百三，监察难而控制易。武帝削弱诸侯，兼顾两者，乃于行政区的郡国之外，另设一种监察区的州，置刺史以察之。

元封五年，初置刺史，部十三州。(《汉书》卷六《武帝纪》)

武帝元封五年，初置部刺史，掌奉诏条察州，秩六百石，员十三人。(《汉书》卷十九上《百官公卿表》)

因为刺史各部(管辖之意)一州，故称为部刺史。这个部刺史是由秦代的监(御史)嬗变而成。秦时每郡除置一守一尉外，又置一监。汉兴，省监不置。

监御史，秦官，掌监郡(《补注》引王鸣盛曰，秦变封建为郡县，恐其权重，故每郡但置一监一守一尉，此上别无统治之者)，汉省。(《汉书》卷十九上《百官公卿表》)

惠帝三年，又恢复监御史之制。①

---

① 《汉旧仪补遗》(卷上)亦云："惠帝三年，相国奏遣御史监三辅郡，察辞诏凡九条，监者二岁更，常以中月奏事也。"《唐六典》(卷十三《御史大夫》)云："惠帝三年，相国奏遣御史监不法事，有辞讼者、盗贼者、铸伪钱者、狱不直者、徭赋不平者、吏不廉者、吏苛刻者、逾侈及弩力十石以上者、作非所当服者凡九条。监者每二岁一更，常十一月奏事，三月还监焉。"是当时只唯三辅才有监御史。但《通典》(卷三十二《州牧刺史》)则云："惠帝三年，又遣御史监三辅郡，察词讼，所察之事凡九条，监者二岁更之，常以十月奏事，十二月还监。其后，诸州复置监察御史。"即各郡均有监察御史。

> 惠帝三年,相国奏遣御史监三辅。(《汉官解诂》)

文帝十三年,因监御史不能尽职,乃遣丞相史出刺,并督监察御史①。

> 文帝十三年,以御史不奉法,下失其职,乃遣丞相史出刺,并督监察御史。(《通典》卷三十二《州牧刺史》)

监御史之上又置丞相刺史,即监察之上又有监察,法制重复,势非改革不可。武帝元封元年,废监御史。

> 武帝元封元年,御史止不复监。(《通典》卷三十二《州牧刺史》)

此时是否尚遣丞相史出刺,史阙其文。元封五年,遂置部刺史,部刺史与秦时的监不同,监是每郡皆有,而部刺史则分部数郡;又与文帝时代的丞相史不同,丞相史属于丞相府,而部刺史则属御史府。因为:

> 御史大夫……有两丞,秩千石,一曰中丞……外督部刺史。(《汉书》卷十九上《百官公卿表》)

即部刺史受中丞之监督,而中丞又为御史大夫的属官,所以部刺史乃属于御史府。

关于部刺史有两种问题值得讨论。《汉书·武帝纪》云:

> 元封五年,初置刺史,部十三州。

《百官表》云:

---

① 《汉旧仪》(卷上)云:"丞相……东曹九人,出督州,为刺史。"

> 元封五年，初置部刺史……员十三人。

十三之数各书所同，然而我们须知朔方不是州，而乃有刺史。

> （平当）迁丞相司直，坐法，左迁朔方刺史。(《汉书》卷七十一《平当传》)

而三辅、三河、弘农虽然成为一州，乃置有司隶校尉。

> 司隶校尉……武帝征和四年初置……察三辅、三河、弘农。(《汉书》卷十九上《百官公卿表》)

朔方改郡在武帝元朔二年，即比元封五年早二十年；司隶校尉置于征和四年，即比元封五年晚十四年。颜师古以为朔方不在十三州之中。

> 平当左迁朔方刺史。师古曰，武帝初置朔方郡，别令刺史监之，不在十三州之限。(《汉书》卷七十一《平当传》)

齐召南则谓司隶校尉不在员十三之内。

> 元封五年，初置刺史，部十三州。《补注》，齐召南曰，案《晋志》，冀、幽、并、兖、徐、青、扬、荆、豫、益、凉及朔方、交趾，所谓十三州也。至征和四年，又置司隶校尉，督察三辅、三河、弘农。(《汉书》卷六《武帝纪》)

两种主张固然相似，但亦有问题。前说为是，则初置刺史之际必有一员察司隶之地，此际察朔方者当系并州刺史①。后说为是，则在元封五年至征和四年

---

① 朔方乃并州之一郡。《汉书》卷八十三《朱博传》，博曾为并州刺史。而为朔方刺史者，《汉书》所载，只有平当(卷七十一)、萧育(卷七十九《冯野王传》)、翟方进(卷八十四)三人，而三人之为朔方刺史又均在成帝时代。所以我们不能由此证明武帝置刺史之时，朔方就有刺史。

一十四年之间,谁察三辅、三河、弘农?我们须知部刺史乃由惠帝三年之监御史嬗变而成。最初又只唯三辅方置监御史。如是,设置部刺史之时,以三辅、三河、弘农之大,不会无人监察。我们以为最初大率朔方不置刺史,到了巫蛊之事发生,才有司隶校尉,司隶校尉本来是以捕巫蛊为职的。巫蛊之狱结束,而司隶校尉未曾裁撤,于是遂令司隶校尉察三辅、三河、弘农。同时又鉴朔方为国防要地,遂改派刺史一员监察朔方。

其次,刺史是否平时有治所,抑或只有临时理事处?关此,亦有两种不同的记载。三国时司马宣王报书夏侯玄云:

> 汉家虽有刺史……刺史称传车,其吏言从事,居无常治,吏不成臣。
> (《魏志》卷九《夏侯玄传》)

南北朝时刘昭亦说:

> 孝武之末始置刺史……传车周流,匪有定镇。(《后汉书》卷三十八《百官志》五注引臣昭曰)

这是主张刺史平时没有治所的。其谓平时有治所的见于《汉旧仪》。

> 武帝元封五年,初分十三州,刺史假印绶,有常治所……择所部二千石卒史与从(事)。(《汉旧仪》卷上)

而《汉书·朱博传》,又有:

> 使者行部还,诣治所。(《汉书》卷八十三《朱博传》)

这里所谓治所有两种解释,颜师古以为这是刺史所止理事处,周寿昌则谓这是刺史平时办公之地①。

> 师古曰,治所,刺史所止理事处。《补注》周寿昌曰,治所刺史平时所居之地也,故行部时所止,故必俟其行部还,始令诣之也……《续志》,冀州刺史治在高邑,前汉为鄗②。(《汉书》卷八十三《朱博传》)

到底前汉刺史是否传车周流,匪有定镇,实难确定,刺史平时若有治所,则在治所之内应有佐僚,何以《汉旧仪》(卷上)于"刺史有常治所"之下,又续以"择所部二千石卒史与从事"之语?《汉旧仪补遗》(卷上)亦云:"刺史得择二千石卒史与从事。"刺史既无佐僚,但择郡国属吏,所以司马宣王才说:"吏不成臣。"如是,刺史果有治所,难道治所之内,平日只有刺史一人办理众务?何况《汉旧仪》(卷下)曾说到太守,又说到都尉,而均不述其有治所,独于部刺史之下加以"有常治所"四字,且又特别加一"常"字,则"有"字视为"无"字之误,逻辑上尤通。沈约《宋书》(卷四十《百官志下》)云:"前汉世,刺史乘传,周行郡国,无适所治。"《唐六典》(卷三十上《州刺史》)亦云:"至武帝元光三年(?),初置部刺史十三人,掌奉诏条察诸州,秋冬入奏,居无常所,后汉则皆有定所。"兼以《汉书·地理志》关于太守与都尉之治所,均注明其在何地,而独缺刺史治所一项,则刺史平时没有治所之说,不能谓无理由。固然《汉官仪》(卷上)有:

> 元帝时,丞相于定国条州大小,为设吏员,治中、别驾、诸部从事,秩皆百石,同诸郡从事。

而《汉书》(卷八十三)《朱博传》亦有:

> 朱博迁冀州刺史……使从事明敕告吏民……其民为吏所冤及言盗

---

① 师古并不反对刺史有常治所之说。《汉书》卷六《武帝纪》,元封五年,初置刺史,部十三州。师古曾引《汉旧仪》,证明刺史有常治所。对此,何焯则谓是时刺史不常厥居,至东汉始有治所,颜注微误。
② 高邑在前汉为鄗,光武更名。

贼辞讼事,各使属其部从事。

则"吏不成臣"之语又有问题。刺史既有佐僚,以当时交通困难,自不能于秋分之时,整批由京师出发,岁尽又整批回到京师。因之,刺史有常治所,又不能谓为无稽之言。我们以为刺史本来是内官,用以代替丞相史之出刺。初置之时,大率没有治所,也没有佐僚,其后演变,终而设置治所,并任用佐僚,所以司马宣王与夏侯玄报书有"其后转为官司耳"之言。

兹将刺史的特质,说明如次。

1. 刺史为御史中丞的属官,周寿昌云:

> 《陈万年传》,子咸为御史中丞,总领州郡奏事,课第诸刺史。《薛宣传》,成帝初为中丞,执法殿中,外总部刺史,是其时虽省监御史,而察州之制仍归御史中丞。(《汉书》卷十九上《百官公卿表》补注)

常以秋分出巡郡国,岁尽诣京师奏事。

> 武帝元封五年,初置刺史,部十三州。师古曰,《汉旧仪》云初分十三州,假刺史印绶……常以秋分行部。(《汉书》卷六《武帝纪》)
>
> 孝武帝初置刺史十三人……诸州常以八月巡行所部郡国……岁尽诣京都奏事。(《后汉书》卷三十八《百官志五》)

对此,曹祖望曾说:

> 刺史行部必以秋分,则秋分以前,当居何所,岂群萃于京师乎?(《汉书》卷六《武帝纪》元封五年补注)

我们以为前汉刺史与后汉不同,他不是地方官,而是中央官,隶属于御史府的中丞。他们于秋分出巡,岁尽还京奏事。秋分以前、岁尽以后,本来是"群萃于京师"。这种制度有其优点。因为监察之官倘若久居一地,可以发生两种结果,一是情亲而弊生,即刺史与郡国守相发生情感,而不能尽其纠弹之责。二是倚势而作威,即刺史利用监察之权,欺陵守相,浸假便变成地方行政长官。刺史传车周行,匪有定镇,而一年在部又不过数月之久,其用意是很微妙的。到了刺史有一定治所之后,整年在部,权威日重,便如何武、翟方进所说:

> 今部刺史居牧伯之位,秉一州之统,选第大吏,所荐位至九卿,所恶立退,任重职大。(《汉书》卷八十三《朱博传》)

2. 刺史秩裁六百,而其所察者乃二千石的郡守,以中央小吏监察地方长官,乃如顾炎武所说:

> 汉武帝遣刺史周行郡国,省察治状,黜陟能否,断治冤狱,以六条问事……又令岁终得乘传奏事。夫秩卑而命之尊,官小而权之重,此小大相制,内外相维之意也……《王制》,天子使其大夫为三监,监于方伯之国,国三人。金华应氏曰,方伯者天子所任以总乎外者也,又有监以临之。盖方伯权重则易专,大夫位卑则不敢肆,此大小相维、内外相统之微意也。(《日知录》卷九《部刺史》)

而且监察之官"直道而行",又"多仇少与"(《汉书》卷七十七《盖宽饶传》),所以刺史制度当若苦菜焉,而又诱之以饴蜜。只有苦菜,人民将避之若蝎,只有饴蜜,人们又将有患失之心。善养鹰者不但求其勇猛善搏,且又饿之饵之。不饿,鹰将不肯追逐禽兔;不饵,鹰将不愿追逐禽兔。刺史制度亦若是焉。饿之之法则为秩卑,饵之之法则为赏厚。刺史之有良好成绩,据朱博说,就是因为"秩卑而赏厚",故"咸劝功乐进"(《汉书》卷八十三《朱博传》)。

刺史之秩甚卑,故凡得此官者多系职低而年轻之人。王鸣盛说:

而刺史则多以卑秩得之者,故京房请以中郎补是职也。《孔光传》云,博士选高第为尚书,次乃为刺史。而满宣由谒者出为冀州刺史(见《贾损之传》),张敞由太仆丞出为豫州刺史(见本传),皆以朝臣卑者充之……王尊为郿令,迁益州刺史(见本传),令可以径迁刺史,亦由秩卑故也。(《汉书》卷十九上《百官公卿表》补注)

刺史之秩虽卑,而其权则大,他可以乘传奏事。

郡守不得面奏事,而刺史得面奏事。《京房传》云,臣为刺史,又当奏事,而议者不悦,乃以臣为太守,所以隔绝臣是也。(《陔余丛考》卷二十六《监司官非刺史》)

所以郡国守相无不畏惧刺史。王鸣盛说:

《魏相传》,相为扬州刺史,考案郡国守相,多所贬退。《何武传》,武为刺史,所举奏二千石长吏,必先露章,服罪者亏除免之,不服,极法奏之,抵罪或至死。《王嘉传》云,司隶部刺史察过悉劾,二千石益轻,或持其微过,言于刺史司隶。众庶知其易危,小失意,则离畔,以守相威权素夺也。《京房传》,房奏考功课吏法,时部刺史奏京师,以为不可行。房上弟子晓考功课吏事者中郎任良、姚平,愿以为刺史。元帝以房为魏郡太守,得以考功法治郡。房自请愿无属刺史,可见守相畏刺史如此。(《汉书》卷十九上《百官公卿表》补注)

刺史秩卑而权重,盖"秩卑则其人激昂,权重则能行志"(《日知录》卷九《部刺史》原注引《元城语录》),而如赵翼所说:"官轻则爱惜身家之念轻,而权重则整饬吏治之威重。"(《陔余丛考》卷二十六《监司官非刺史》)但是秩卑,即单单饿之,未必有功,饿之外,尚须饵之。刺史以六百石吏监察二千石之守相,而能激昂奋发者,无他,刺史原则上升为守相。

> 故事,(刺史)居部九岁举为守相,其有异材功效著者辄登擢,秩卑而赏厚,咸劝功乐进。(《汉书》卷八十三《朱博传》)

其所欲察之官即其欲代之职,贤者本来"直道而行",其次者既有欲代之心,又必"察过悉劾"(《汉书》卷八十六《王嘉传》),何肯放弃职守,断送自己的前途?然则刺史不会倚势作威,使守相不能安居其位么?刺史只司纠举,审判之权属于中央。

> 旧制,州牧(刺史)奏二千石长吏不任位者,事皆先下三公,三公遣掾史案验,然后黜退。(《后汉书》卷六十三《朱浮传》)

所以刺史不会滥用职权,渐次变为地方行政长官。

3. 刺史只能监察守令之枉法失职,不能干涉守令之行政,即不能积极地强制地方官为其不愿为的事,只能监视地方官不为其不应为的事。换言之,刺史只能消极地使地方官不作为,不能积极地使地方官作为。但是监视过密,地方官动辄得咎,纵令循吏,亦将不敢积极地有所建树,只求消极地可以无过。所以刺史所得监察者又以诏书六条为限。

> 刺史班宣,周行郡国,省察治状,黜陟能否,断治冤狱,以六条问事,非条所问,即不省。一条,强宗豪右田宅逾制,以强凌弱,以众暴寡。二条,二千石不奉诏书遵承典制,倍公向私,旁诏守利,侵渔百姓,聚敛为奸。三条,二千石不恤疑狱,风厉杀人,怒则任刑,喜则淫赏,烦扰刻暴,剥截黎元,为百姓所疾,山崩石裂,祅祥讹言。四条,二千石选署不平,苟阿所爱,蔽贤宠顽。五条,二千石子弟恃怙荣势,请托所监。六条,二千石违公下比,阿附豪强,通行货赂,割损政令也。(《汉书》卷十九上《百官公卿表》注引《汉官·典职仪》)

而诏书所举者除一条外,又尽关于二千石之失职违法。薛宣为御史中丞之时,曾上疏曰:

> 吏多苛政,政教烦碎,大率咎在部刺史,或不循守条职,举错各以其意,多与郡县事。(《汉书》卷八十三《薛宣传》)

所谓"不循守条职"是任意举劾,所谓"多与郡县事"是干涉行政。两者都是越权,所以御史中丞有纠察的权。据《汉书》所载,刺史所察限于六条者多有令名。

> 翟方进迁朔方刺史,居官不烦苛,所察应条辄举,甚有威名。(《汉书》卷八十四《翟方进传》)
>
> 何武为刺史,二千石有罪,应条举奏,其余贤与不肖敬之如一,是以郡国各重其守相,州中清平。(《汉书》卷八十六《何武传》)

所察出诏条之外者,常受严厉的处分。

> 鲍宣……迁豫州牧,岁余,丞相司直郭钦奏"宣举错烦苛,代二千石署吏听讼,所察过诏条……"宣坐免。归家……(《汉书》卷七十二《鲍宣传》)

关此,顾炎武曾综合上述数例,作一结论。他说:

> 汉时部刺史之职不过以六条察郡国而已,不当与守令事……自刺史之职下侵,而守令始不可为,天下之事犹治丝而棼之矣。(《日知录》卷九《六条之外不察》)

4. 刺史固以监察地方官为职,但是刺史所察者为二千石长吏,丞尉以下不察。

汉刺史专察二千石长吏，而丞尉以下则二千石所察，刺史不与焉。《朱博传》，博为冀州刺史，吏民遮道诉事。博下令曰，欲言县丞尉者，刺史不察黄绶，各自诣郡。欲言二千石墨绶长吏者，刺史还治所，受治之，是汉刺史不察丞尉。(《陔余丛考》卷二十六《监司官非刺史》)

若据六条所举，实如王鸣盛所说："惟一条察强宗豪右，其五条皆察二千石。"(《汉书》卷十九上《百官公卿表》补注)而与朱博之言不同，不及于墨绶长吏。吾人观《汉书》所载，刺史所察，尽是郡国守相，并及藩国。王鸣盛说：

> 凡居此官者率以督察藩国为事。如《高五王传》，青州刺史奏淄川王终古罪。《文三王传》，冀州刺史林奏代王年罪。《武五子传》，青州刺史隽不疑知齐孝王孙刘泽等反谋，收捕泽以闻。又昌邑王贺封海昏侯，扬州刺史柯奏其罪。《张敞传》，拜冀州刺史，既到部，而广川王国群辈不道，贼发不得，敞围王宫，搜得之，捕格断头，县王宫门外，因劾奏广川王，削其户。盖自贾谊在文帝时已虑诸国难制，吴楚反后，防禁益严，部刺史总率一州，故以此为要务。(《汉书》卷十九上《百官公卿表》补注)

政治上最重要者为分层负责，刺史不察黄绶，正要加重守相的责任。守相对其属官有指挥监督的权，属官失职枉法，不过表示守相指挥监督之不严，刺史应该纠弹守相。后世监察之官往往察及胥吏，本欲重其权，反而轻其任。商君曾言："圣人明君者非能尽其万物也，知万物之要也。故其治国也，察要而已矣。"(《商君书》第三篇《农战》)韩非亦说："摇木者一一摄其叶，则劳而不遍，左右附其本，而叶遍摇矣……善张网者引其纲，若一一摄万目而后得，则是劳而难；引其纲，而鱼已囊矣。"(《韩非子》第三十五篇《外储说右下》)提纲而诸目张，振领而群毛理，西汉制度值得吾人参考。

成帝以后，刺史制度时时改变，忽称州牧，忽又复称刺史，最后还是称州牧。①

成帝绥和元年更名牧,秩二千石。哀帝建平二年复为刺史,元寿二年复为牧。(《汉书》卷十九上《百官公卿表》)

刺史固然改牧,而其职权还是奉诏条察州,不得干涉守相的行政,只看下列之例,即可知之。

鲍宣……迁豫州牧,岁余,丞相司直郭钦奏"宣举错苛烦,代二千石署吏听讼,所察过诏条……"宣坐免。(《汉书》卷七十二《鲍宣传》)

但是如前所言,刺史到了后来,乃有一定治所,整年在部,威权日重。成帝时代刺史已经"不循守条职,多与郡县事"(《汉书》卷八十三《薛宣传》)。哀帝时代刺史又"居牧伯之位,秉一州之统,选第大吏,所荐位高至九卿,所恶立退,任重职大"(《汉书》卷八十三《朱博传》),所以改制不过承认既成的事实而已。

第四项 文官制度

自秦废世官之后,官僚政治略具规模,至汉,经数十年之改进,渐臻完成之域。其制可大别为三种:一是任官前的制度,二是在职中的制度,三是退任后的制度。兹试分别述之。

一、任官前的制度

官僚政治的目的在使贤者在位,能者在职。所以怎样培养贤能,怎样甄

---

① 改制的理由,据《汉书》卷八十三《朱博传》。翟方进、何武建言:"《春秋》之义,用贵治贱,不以卑临尊,刺史位下大夫,而临二千石,轻重不相准,失位次之序。"这是刺史改牧的理由。朱博奏言,"刺史秩卑而赏厚,咸劝功乐进。州牧秩真二千石,位次九卿,九卿缺,以高第补,其中材则苟自守而已,恐功效陵夷,奸轨不禁"。这是州牧改刺史的理由。

别贤能，不失为重要问题。培养贤能为育才制度，甄别贤能为考选制度。

（一）育才制度

汉代育才之法分为两种：一是学校制度，二是郎官制度。兹试简单说明如次。

1. 学校制度

学校所以培养知识，孟子虽有"夏曰校，殷曰序，周曰庠，学则三代共之"（《孟子·滕文公上》）之言，然以夏殷的文化观之，未必就有学校。"郁郁乎文哉"的周大约有学校之设。《左传》襄公三十一年有"郑人游于乡校"之语，杜预注云："乡之学校。"当时学校所授者大率属于六艺之科，所谓六艺即礼乐射驭书数（《周礼》卷十四《保氏》），这与后世学校之专事文学者不甚相同。春秋之末而至战国时代，百家杂兴，学者各用自己的学说教诲弟子。秦既统一天下，禁百家之语，"敢有挟书者族"（《汉书》卷二《惠帝纪》四年注引张晏曰）。汉兴，高祖虽"喟然兴于学，然尚有干戈，平定海内，亦未皇庠序之事也"（《汉书》卷八十八《儒林传序》）。惠帝四年，除挟书律（《汉书》卷四《惠帝纪》）。武帝即位，依董仲舒之议，始兴太学。

> （董）仲舒对（策）曰……养士……莫大乎太学；太学者，贤士之所关也，教化之本原也……臣愿陛下兴太学，置明师，以养天下之士，数考问以尽其材，则英俊宜可得矣……武帝立学校之官……皆自仲舒发之。
> （《汉书》卷五十六《董仲舒传》）

太学既已设立，遂置五经博士。五经博士与博士不同，"博士掌通古今"（《汉书》卷十九上《百官公卿表》），朝廷每有会议，常令博士参加，文帝时代博士七十余人（《汉旧仪补遗》卷上）。五经博士乃以教弟子，设置于武帝建元五年，宣帝黄龙元年稍增员十二人（《汉书》卷十九《百官公卿表》）。博士弟子设置于武帝元朔五年，本来只有五十人，昭帝时增满百人，宣帝末倍增之。元帝好儒，更为设员千人，成帝末，或言孔子布衣，养徒三千人，今天子太学弟子少，于是增弟子员三千人，岁余复如故（《汉书》卷八十八《儒林传》）。由此可知太学所教的乃是五经，固然目标是在"明天道，正人伦，致至治"（《汉书》卷八十八《儒林传序》），然吾人观其选择弟子乃以"好文学"为资格之一（参阅《汉书》卷八十八《儒林传》），可知内容偏重于文学，而与古代之六艺注重实用者不同。

太学设于京师，郡国则有学官，学官就是学舍，创始于蜀郡太守文翁。武帝时令天下郡国，皆立学官，但郡国有否奉行，无法稽考。

> 文翁……为蜀郡守……修起学官（师古曰，学官，学之官舍也）于成都市中，招下县子弟以为学官弟子，为除更繇，高者以补郡县吏，次为孝弟力田……县邑吏民……争欲为学官弟子，富人至出钱以求之。由是大化……至武帝时，乃令天下郡国皆立学校官，自文翁为之始云。（《汉书》卷八十九《文翁传》）

郡国既置学官，当然必有弟子，吾人读《汉书》列传，就可知道。例如：

> （何）武为（扬州）刺史……行部必先即学官（师古曰，学官，学舍也）见诸生，试其诵论，问以得失。（《汉书》卷八十六《何武传》）

其教导生徒的，则为文学，文学即文学掾（《文献通考》卷四十《太学》引先公曰，郡有文学掾）。韩延寿少为郡文学（《汉书》卷七十六《韩延寿传》），盖宽饶以明经为郡文学（《汉书》卷七十七《盖宽饶传》），均其例也。此外尚有五经百石卒史，据沈钦韩研究，五经百石卒史不置于郡国，而是乡学的教官。

> 元帝好儒……郡国置五经百石卒史。《补注》引沈钦韩曰，此乡学教官之始。（《汉书》卷八十八《儒林传》）

沈钦韩之言如其可信，则汉代地方学校只唯郡国及乡有之。平帝时，王莽秉政，元始三年奏立学官，似未曾实行，其制度如次：

（元始三年）夏，安汉公奏……立官稷及学官。郡国曰学，县、道、邑、侯国（道邑侯国与县同，见《汉书》卷十九上《百官公卿表》）曰校。校、学置经师一人。乡曰庠，聚曰序；序、庠置《孝经》师一人。（《汉书》卷十二《平帝纪》）

汉制，乡、郡、京师均有学校，每级学校似无联系，即"乡里学校人不升于太学"（《文献通考》卷四十《太学》引先公曰），而学校所习者又尽是五经，而属于文学方面，这未始不是美中不足之点。前汉元帝以后，公卿由儒出身者为数不少，如盖宽饶（以明经为郡文学）、诸葛丰（以明经为郡文学）、孙宝（以明经为郡吏）、萧望之（治齐《诗》，诣太常受业，以射策甲科为郎）、匡衡（经学精习，以射策甲科，以不应令，除为太常掌故）、张禹（经学精习，举为郡文学）、孔光（经学尤明，举为议郎）、谷永（博学经书，为长安小史）、何武（治《易》，以射策甲科为郎）、王嘉（以明经，射策甲科为郎）、师丹（治诗，举孝廉为郎）等是。这不是五经可以培养人才，而是朝廷所重，人才多借径于习经以发身。成帝时，薛宣为丞相，"时天子好儒雅，宣经术又浅，上亦轻焉"（《汉书》卷八十三《薛宣传》）。成哀之际为丞相者有匡衡、王商、张禹、薛宣、翟方进、孔光、朱博、平当、王嘉数人。王商（此王商与王莽家之王商是两人，前者于成帝建始四年为丞相，河平四年免，三日发病呕血薨，见《汉书》卷八十二《王商传》。后者于成帝永始二年为大司马卫将军，元延元年十二月迁为大司马大将军，旋薨，见卷九十八《元后传》）出身于外戚，薛宣、朱博皆起佐吏，他们三人政治上均有表现。翟方进虽然"兼通文法吏事，以儒雅缘饰法律"，然乃"内求人主微指，以固其位"（《汉书》卷八十五《翟方进传》）。在经学出身的宰相之中，王嘉一人颇有气节（《汉书》卷八十六《王嘉传》），至于匡衡、张禹、孔光、平当、马宫虽以"儒宗居宰相位"，"然皆持禄保位，被阿谀之讥"（《汉书》卷八十一匡衡等传赞曰），由此可知国家只用经学培养贤能，不但未必得能，且亦未必得贤。

2. 郎官制度

西汉育才尚有郎官之制，郎选之途非一，据王应麟及王鸣盛之研究，郎选共有六途之多。

王鸣盛曰,王应麟《玉海》论此事云,郎选其途非一,有以父兄任子弟为郎者,如张安世、袁盎、杨恽、霍光是也。有以富赀为郎者,《张释之传》,如淳注引《汉仪》注,谓赀五百万,得为常侍郎,如释之及司马相如是也。有以献策上书为郎者,娄敬、主父偃是也。有以孝著为郎者,冯唐是也。余谓唐传但言以孝著,非因孝行得为郎,王说独此条不确。汉有以举孝廉为郎者,王吉、京房、孟喜是也。有以射策甲科为郎者,《儒林传》云,岁课甲科为郎中,如马宫、翟方进、何武、召信臣是也。有以六郡良家子为郎者,如冯奉世是也。大约汉之郎选尽于此六途。(《汉书》卷五十六《董仲舒传》补注)

即王应麟以郎选共有七途,王鸣盛则谓冯唐不是因孝为郎,所以只有六途。六途之中最为时人诟病者则为任子与富赀二途。

任子之制不知始自何时,高后时已成定制。

　　吏二千石以上视事满三年,得任同产若子一人为郎。(《汉旧仪补遗》卷上)

子弟因父兄任为郎,不以才举,不以德选,这是古代贵族政治的遗迹。武帝时董仲舒对策,已经说道"夫长吏多出于郎中、中郎、吏、二千石子弟……未必贤也"(《汉书》卷五十六《董仲舒传》)。宣帝时,王吉亦言"今使俗吏得任子弟,率多骄骜,不通古今,至于积功治人,亡益于民,宜明选求贤,除任子之令"(《汉书》卷七十二《王吉传》)。然而积重难返,到了哀帝即位,才除任子令(《汉书》卷十一《哀帝纪》)。

富赀之制与景帝后二年五月之诏(赀算十以上乃得官,改为赀算四得官)不同。景帝之诏乃是为吏者须有资产,富赀之制则为有资产者可以为郎。前等乃如应劭所说,衣食足,知荣辱,身家殷实,可以减少吏之贪污(参阅《汉书》卷五《景帝纪》后二年注)。后者虽然何焯以为郎官宿卫亲近,欲其有所顾藉,重于犯法(《汉书》卷五十七上《司马相如传》补注)。此种解释固有根据(参阅下行所引董仲舒言),而究其实,不是为郎者必须有资产,而是资产多者,得拜为郎。前曾说过,汉以十金即十万为中产之家,凡资产在五百万者即可为郎。

　　《汉(仪)注》,赀五百万,得为常侍郎。(《汉书》卷五十《张释之传》)

关此,武帝时董仲舒对策,已经反对。他说:"夫长吏多出于郎中、中郎……选郎吏又以富訾,未必贤也。"(《汉书》卷五十六《董仲舒传》)然訾郎之见于《汉书》者唯张释之、司马相如二人。释之十年不得调,有久宦减仲产之叹(《汉书》卷五十《张释之传》)。而相如亦谢病免,久宦不达,竟至家贫无以自业(《汉书》卷五十七上《司马相如传》)。"盖其初,非以德选,遂为世所轻,而宦亦不达。故资产之富厚者反因游宦而贫,虽以释之之才、相如之文,苟非一日有所以见知于人主,自致显荣,则必为赀郎所累,终身坎壈矣。"(《文献通考》卷三十五《赀选进纳》)

　　郎有议郎、中郎、侍郎、郎中,皆无员,多至千人,分隶于五官、左、右中郎将,故又称为三署郎,而统属于光禄勋(《汉书》卷十九上《百官公卿表》)。其所以能够成为育才之具者,盖郎皆备宿卫,王嘉以射策甲科为郎,坐户殿门失阑免(《汉书》卷八十六《王嘉传》),即其证也。"朝夕左右与闻公卿议论,执戟殿陛,中郎将以兵法部属之",既有政治常识,又受军事训练,"而淳厚有行者,光禄勋岁课第之,时出意上书疏,足以裨缺失"。这样,"天子固习知其性,而识其才之能否"(《文献通考》卷三十四《任子》),同时他们政治上的见解、勇气、节操又不断受到磨砺,比之儒生学子居于乡里,不过闭门养高,其外则游学四方,以沽名钓誉,当然不可同日语了。

　　郎在宫殿之内,接受各种训练,天子久留意其人,而时课其功。郎无员,多至千人。吾人以光禄勋为储才之所,又以郎官制度为育才之法,理由实在此。

(二) 考选制度

　　马端临说:"古人之取士盖将以官之,然则举士之与举官非二途也。降及后代,遂以科目为举士之途,铨选为举官之途。至唐则以试士属之礼部,试吏属之吏部,于是科目之法、铨选之法日新月异,不相为谋。盖有举于礼部而不得官者,不举于礼部而得官者,然三代两汉之时,二者本是一事。"(《文献通考》卷三十六《举官》)即在汉代,举士就是举官,并不是先依举士之法,使贤能得到任官的资格,而后再行举官,而授之以适当的官职。其举官的标准有三,或取其才,如赵广汉少为郡吏,举茂才,为平准令(《汉书》卷七十六《赵广汉传》)是也。或取其德,如刘辅举孝廉,为襄贲令(《汉书》卷七十七《刘辅传》)是也。或取其知,如贾谊年少,颇通诸家之书,文帝召以为博士(《汉书》卷四十八《贾谊传》)是也。三者或可举于未仕之前,例如察孝,未仕前事亲是否尽孝,即能知之。或必举于既仕之后,例如举廉,凡人未曾推择为吏,何能知其临财不苟,而识其廉。又如举能,既仕之后,剸繁治剧,方知其能。或举于未仕之前,又可举于既仕之后,例如举知,见解如何,未仕之前与既仕之后均有方法甄别。而举之之法亦有三种。

1. 特征

特征是皇帝对于高才重名的人,征而用之,往往躐等而升,不拘资格。武帝之征枚乘,宣帝之征疏广,均其例也。

> 武帝自为太子,闻乘名,及即位,乘年老,乃以安车蒲轮征乘,道死。(《汉书》卷五十一《枚乘传》)

> 疏广少好学,明《春秋》,家居教授,学者自远方至,征为博士。(《汉书》卷七十一《疏广传》)

2. 辟举

辟举是公府对其掾属,郡县对其曹僚,皆自荐举而自试用之,考行察能,以次迁补,或至二千石,入为公卿。关此本书已有论述,不再赘言。兹宜说明者,辟举为吏,常继之以考课,或因其才而迁之,或因其廉而迁之。盖如前所言,为吏而能剸繁治剧,方知其才;临财不私,方知其廉。所以汉代举官以才或以廉者,必在其人既仕之后,例如赵广汉少为郡吏,举茂才为平准令,察廉为阳翟令,以治行尤异,迁京辅都尉,守京兆尹(《汉书》卷七十六《赵广汉传》)。即广汉既辟举为郡吏之后,因才而为平准令,因廉而为阳翟令,又因才而为京辅都尉,守京兆尹。甄别廉不廉与才不才必在为吏之后,这是汉制的优点。

3. 选举

选举有三种方式，或使公卿荐举，例如：

> 文帝二年十一月，诏曰，二三执政犹吾股肱也……令至，其……举贤良方正，能直言极谏者，以匡朕之不逮。(《汉书》卷四《文帝纪》)

或使郡国贡举，例如：

> 武帝元光元年冬十一月初，令郡国举孝廉各一人。(《汉书》卷六《武帝纪》)

或派大臣察举，例如：

> 宣帝元康四年正月，遣大中大夫强等十二人循行天下……举茂才异伦之士。(《汉书》卷八《宣帝纪》)

但是上述三种方法皆令公卿百官负举官之责，这样，谁能保证他们不依阿所好，选顽蔽贤。汉代为了挽救这种流弊，就有一种制度。

> 汉法，选举而其人不称者，与同罪。(《汉书》卷七十六《王尊传》)

例如：

> 司隶奏杜业为太常，选举不实，业坐免官。(《汉书》卷六十《杜钦传》)
>
> 严延年为河南太守，察狱吏廉，有臧不入身，延年坐选举不实贬秩。笑曰，后敢复有举人者矣。(《汉书》卷九十《严延年传》)

延年笑曰，后敢复有举人者矣，然而不举又有制裁。

武帝元朔元年冬十一月,诏曰,朕深诏执事,兴廉举孝……今或至阖郡而不荐一人,是化不下究,而积行之君子壅于上闻也……其与中二千石礼官博士议不举者罪。有司奏议曰,不举孝,不奉诏,当以不敬论;不察廉,不胜任也,当免。奏可。(《汉书》卷六《武帝纪》)

　　此盖依韩非所说:"主道者使人臣有必言之责,又有不言之责。言无端末,辩无所验者,此言之责也。以不言避责持重位者,此不言之责也。"(《韩非子》第十八篇《南面》)同时又有考试制度以济选举之穷,汉代不是举官必试,盖试乃如苏轼所说:"皆以文词进耳。"(《文献通考》卷三十五《吏道》)例如郡国选举孝廉之制初置于武帝元光元年,其议由董仲舒发之。①

　　董仲舒对策曰,臣愚以为使诸列侯、郡守、二千石各择其吏民之贤者,岁贡各二人,以给宿卫,且以观大臣之能。所贡贤者有赏,所贡不肖者有罚。夫如是,诸侯吏二千石皆尽力于求贤,天下之士可得而官使也……故州郡举茂材孝廉,皆自仲舒发之。(《汉书》卷五十六《董仲舒传》)

这不是说武帝元光以前没有孝廉一科,而是说每岁郡国必须选举孝廉,以贡天子,乃开始于元光元年。"汉制有以孝举者,有以廉举者"(《汉书》卷六《武帝纪》元光元年补注引俞樾曰),例如严诩以孝行为官(《汉书》卷七十七《何并传》)、张敞补太守卒史、察廉为甘泉仓长(《汉书》卷七十六《张敞传》)等是。孝廉乃取其人之履行,文墨小技不甚重要,故西汉只从郡国奏举,未有试文之事。举了之后,或派至光禄勋为郎,或即任用为吏。但秩六百石者不得复举为廉吏。

　　宣帝黄龙元年夏四月,诏曰,举廉吏,诚欲得其真也,吏六百石位大夫……自今以来勿得举。《补注》引王启原曰,六百石比大夫……赵广汉为平准令,察廉为阳翟令。平准令适秩六百石,是先时官秩六百石有举

---

① 《汉书》卷六《武帝纪》,元光元年冬十一月初,令郡国举孝廉各一人。

廉者,自有此明诏,遂绝矣。(《汉书》卷八《宣帝纪》)

盖六百石月谷七十斛,禄俸已优,纵令临财不私,亦不能表示其人果否是廉。至于举了之后,再加考试者有下列二科。

(1) 博士弟子

博士弟子设置于武帝元朔五年(《汉书》卷六《武帝纪》),其议由公孙弘发之。

> 公孙弘以治《春秋》为丞相封侯……乃请曰……谨与太常臧博士平等议曰……请……为博士官,置弟子五十人,复其身。太常择民年十八以上,仪状端正者,补博士弟子。郡国县官(《史记》作郡国县道邑)有好文学,敬长上,肃政教,顺乡里,出入不悖,所闻,令长长丞上属所二千石。二千石谨察可者,常与计偕,诣太常得受业如弟子。一岁皆辄课,能通一艺以上,补文学掌故缺,其高第可以为郎中,太常籍奏,其有秀才异等,辄以名闻。其不事学,若下材及不能通一艺,辄罢之,而请诸能称者(《史记》作而请诸不称者罚,即兼坐举主也)……请著功令,他如律令。制曰可。(《汉书》卷八十八《儒林传》)

即博士弟子之选共有两途,一是太常所补,二是郡国所择。前者"止取其仪状端正",盖"太常天子近臣,常以儒宗为之,任其选择,不必立法"(《文献通考》卷四十《太学》);后者自好文学已下,条件甚详。两途均到太常受业一年,而后加之以试,这种考试称为射策。所谓射策,据《摭言》[①]:

> 射策者谓列册于几案,贡人以矢投之,随所中而对之也。(《汉书》卷八十一《匡衡传》补注)

---

① 《汉书》卷七十八《萧望之传》注,师古曰,射策者谓为难问疑义,书之于策,量其大小,署为甲乙之科,列而置之,不使彰显。有欲射者,随其所取得而释之,以知优劣。射之言投射也。

高第为郎,其次为掌故,不及格者罢归。如翟方进以射策甲科为郎,匡衡射策甲科,以不应令,除为太常掌故,何武以射策乙科为郎,房凤以射策乙科,为太常掌故,是其例也。

(2) 贤良文学

贤良文学别为二途。

> 昭帝始元五年六月,令三辅太常举贤良各二人,郡国文学高第各一人。《补注》引苏舆曰,据此及《盐铁论》所列贤良文学判然二途,或但据《晁错传》,以为一科者非也。(《汉书》卷七《昭帝纪》)

文学一科应加考试,固属当然的事。贤良(方正)一科即取其人之德,在理犹如孝廉一样,不宜考试。贡禹举贤良,为河南令(《汉书》卷七十二《贡禹传》),朱邑举贤良,为大司农丞(《汉书》卷八十九《朱邑传》),均未曾再加考试。但是汉帝下诏举贤良方正,往往加以"能直言极谏者"之语,即要知道其人能否直言极谏,苟不问以当时大事,即无以尽其才。是制开始于文帝时代,文帝二年十一月诏曰,"二三执政……举贤良方正能直言极谏者,以匡朕之不逮"(《汉书》卷四《文帝纪》),而对于其人能否直言极谏,尚无测验之法。到了十五年,才有考试。

> 十五年九月,诏诸侯、王公、卿、郡守举贤良能直言极谏者,上亲策之。《补注》引周寿昌曰,此汉廷策士之始,前此即位二年诏举贤良方正,能直言极谏者,未闻举何人。至是始以三道策士,而晁错以高第由太子家令迁中大夫。(《汉书》卷四《文帝纪》)

此种考试称为对策。颜师古以为:

> 对策者显问其政事经义,令各对之,而观其文辞,定高下也。(《汉书》卷七十八《萧望之传》注)

但是吾人观文帝之策晁错，武帝之策董仲舒，固不是问其经义，观其文词，而是取其忠言嘉谟足以佐国，崇论弘议足以康时。昭帝始元六年二月，诏有司问郡国所举贤良文学，民所疾苦，而所问者盐铁均输榷酤，皆当时大事，卒从其说，为之罢榷酤(但民卖酒者，须依所得利而输其租，见《汉书》卷七《昭帝纪》始元六年补注，引刘攽曰)。由这一事，可知贤良文学之对策未必皆是"咸以书对，著之于篇"(《汉书》卷六《武帝纪》元光元年)。此盖"昭帝年幼，未即政，故无亲策之事，乃诏有司问以民所疾苦……令建议之臣与之反复诘难，讲究罢行之宜"(《文献通考》卷三十三《贤良方正》)。而郡国所推举的贤良文学有似于郡国的民意代表，而得畅所欲言。朝廷亦尊重他们的议论，为之改革政治。这与后世科举之以空言取人者绝不相同。

对策乃以定应考人之优劣，优者待以不次之位，劣者亦不罢归。盖唯如是，而后人们才敢畅所欲言。其优异者尚可以再策，而至于三策。例如晁错以贤良文学对策，一策就以高第，由太子家令(秩八百石)迁为中大夫(秩比二千石)(《汉书》卷四十九《晁错传》)。董仲舒以贤良对策，三策之后，由博士(秩比六百石)迁为江都相(秩二千石)(《汉书》卷五十六《董仲舒传》)，即其例也。

对策固然是问以当世急务，然亦不能脱离文词，所以宣帝以后，往往只令内郡选举贤良文学，沿边各郡则选举勇猛知兵之士。例如：

本始元年夏四月……诏内郡国举文学高第各一人。(《汉书》卷八《宣帝纪》)
地节三年，令内郡国举贤良方正可亲民者。(《汉书》卷八《宣帝纪》)
元延元年，诏内郡国举方正能直言极谏者各一人，北边二十二郡举勇猛知兵法者各一人。(《汉书》卷十《成帝纪》)

北边各郡尤其北方六郡(陇西、天水、安定、北地、上郡、西河，见《汉书》卷六十九《赵充国传》注)迫近羌胡，民俗修习战备，高上勇力，鞍马骑射，自古而然(《汉书》卷六十九《赵充国传》赞曰)，令其与内郡之士竞争于文墨词章，常处于败北的地位，至于角逐战场，攀旗斩将，则内郡之士又不及外郡。苏轼曾言：

昔者以诗赋取士，今陛下以经术用人，名虽不同，然皆以文词进耳。

考其所得多吴楚闽蜀之人，至京东西、河北、河东、陕西五路，盖自古豪杰之场，其人沉鸷勇悍，可任以事，然欲其治声律，读经义，以与吴楚闽蜀之士争得失于毫厘之间，则彼有不仕而已，故其得人常少。故臣愿陛下特为五路之士别开仕进之门。(《文献通考》卷三十五《吏道》)

汉别内郡与外郡而异其选举之法。郎选有六途，六郡良家子可补为郎(《汉书》卷六十九《赵充国传》)，亦此意也。

由此可知汉代考试与选举未曾分开，先由公卿百官选举，而后再对举出的人施行考试。这是对策与射策所同的，而对策所问者皆当时国家大事，不是单单试以文墨小技，试了之后，就可得官，与隋唐以后，以科目为举士之途，铨选为选官之途，完全不同。

二、在职中的制度

得到贤能之后，如何任用，也不失为重要问题，一宜试验职位与材能是否适合，于是有试署。二宜保障他们的生活，于是有禄俸。三宜监视他们之守法，于是有监察。四宜考察他们的功绩，于是有考课。

(一) 试署

凡人初任某种职官，或由一种职官迁为另一种职官之时，必须试署。汉时官吏试署者称为守。

> 秦汉时，官吏试职者则曰守。尹翁归为东海太守，入守右扶风，满岁为真。张敞以冀州刺史，守太原太守，满岁为真。王尊以光禄大夫，守京兆尹，后为真。薛宣由陈留太守，入守左冯翊，满岁称职为真。朱博由琅邪太守，入守左冯翊，满岁为真。(《陔余丛考》卷二十六《假守》)

试署以一年为度，不能食全俸，满岁才除为真。

> 诸官吏初除，皆试守一岁，乃为真，食全俸。(《汉书》卷十二《平帝纪》元始元年注引如淳曰)

试署不能称职，理宜罢免。但是才不才须视才能与职务能否配合，"才""职"不配合，有为之士往往不能表现其才。汉代绝不肯因一眚而掩大德，务求各种人才均能表现其所长。陈汤为太官献食丞，父死不奔丧，司隶奏汤无循行，汤下狱，后复以荐为郎。"汤为人沉勇有大虑，多策谋，喜奇功"，"数求使外国，久之，迁西域副校尉，与甘延寿俱出"，卒建奇功于西域，"赐爵关内侯，食邑三百户，赐黄金百斤"(《汉书》卷七十《陈汤传》)。此犹是前考行而免，后又察能而任也。黄霸之例更可表示汉帝如何爱惜人才。

> (黄霸)为颍川太守……治为天下第一，征守京兆尹，秩二千石，坐发民治驰道不先以闻，又发骑士诣北军马不适士，劾乏军兴，连贬秩。有诏归颍川太守，官以八百石居治如其前。前后八年，郡中愈治……赐爵关内侯，黄金百斤，秩中二千石。(《汉书》卷八十九《黄霸传》)

官吏由守而真，只要他们没有失职枉法，便不会因人事之变更，而随便黜罢。黄霸曾言：

> 数易长吏，送故迎新之费及奸吏缘绝簿书、盗财物，公私费耗甚多，皆当出于民，所易新吏又未必贤，或不如其故，徒相益为乱。凡治道，去其泰甚者耳。(《汉书》卷八十九《黄霸传》)

盖时时变易，人存五月京兆之心，贤者不敢有所建树，而不肖者又因失职在即，急急为退职后之计，而如王嘉所说：

> 吏居官数月而退，送故迎新，交错道路，中材苟全求容，下材怀危内顾，一切营私者多。(《汉书》卷八十六《王嘉传》)

因此之故,汉在兴盛时代,皆以久任为原则,试看王嘉之言。①

孝文时,吏居官者或长子孙,以官为氏,仓氏、庾氏则仓庾吏之后也。其二千石长吏亦安官乐职。(《汉书》卷八十六《王嘉传》)

为吏者或长子孙,有似于古代世官之制。其实,长子孙者不过专门职务之官,例如司马谈为太史令,子迁亦为太史令(《史记》卷一百三十《太史公自序》)。王嘉所指之仓库吏也是专门职务之官。至于公卿二千石不过久任,萧何、曹参为丞相十三年,张敞为京兆尹九年,即其例也。

(二) 禄俸

汉时官阶分为十五级。禄俸依级而殊,今试列表如次,而后再加讨论。

西汉禄秩表(禄为每月谷若干斛)②

官秩	官禄	官秩	官禄	官秩	官禄
万石	350	比千石	80	三百石	40
中二千石	180	六百石	70	比三百石	37
二千石	120	比六百石	60	二百石	30
比二千石	100	四百石	50	比二百石	27
千石	90	比四百石	45	百石	16

---

① 《汉书》卷二十四上《食货志》亦说:"汉兴……至武帝之初七十年间,国家无事……为吏者长子孙,居官者以为姓号。"
② 本表据《汉书》卷十九上《百官公卿表》颜师古注。此外尚有斗食、佐史,斗食俸月十一斛,佐史俸月八斛。而在中二千石与二千石之间尚有真二千石。《外戚传》,婕妤视中二千石,俗华视真二千石,美人视二千石。师古曰,真二千石月得百五十斛。《朱博传》,前丞相方进奏罢刺史,更置州牧,秩真二千石,则汉制自有真二千石。在比千石与六百石之间尚有八百石与比八百石,在比六百石与四百石之间尚有五百石与比五百石。《黄霸传》,宣帝以霸为颖川太守,秩八百石。《百官公卿表》,谏大夫比八百石,又表,县减万户为长,秩五百石,是不能谓无此四等秩。《孝成纪》,阳朔二年夏五月,除吏八百石、五百石秩。李奇曰,除八百就六百,除五百就四百,自此汉制遂除去此四秩。

斛是量谷之器，汉时百官之禄是否用谷，颇有问题。

> 东方朔对曰，朱儒长三尺余，奉一囊粟，钱二百四十，臣朔长九尺余，亦奉一囊粟，钱二百四十。（《汉书》卷六十五《东方朔传》）
>
> 贡禹上书曰，臣拜为谏大夫，秩八百石，奉钱月九千二百……又拜为光禄大夫，秩二千石，奉钱月万二千。（《汉书》卷七十二《贡禹传》）

由东方朔之言观之，禄似是几成为粟，几成为钱。由贡禹之言观之，又似禄虽用谷，而发给之时，乃随时价折为金钱。其应如何解释，本书不拟细加研究。吾人所欲讨论者，乃是百官的禄能否维持生计。古人制禄本以代耕，所以最低的禄应和农民的收入相同。文帝时代，晁错曾说到农业生产力。

> 今农夫五口之家……其能耕者不过百亩，百亩之收不过百石。（《汉书》卷二十四上《食货志》）

照姚鼐说，古人计米以石权，计粟以斛量。

> 古人大抵计米以石权，此志晁错云百亩之收不过百石是也。计粟以斛量，此志所谓赵过代田，一亩之收常过缦田亩一斛以上是也。惟李悝法，以石计粟，云百亩岁收亩一石半，为粟百五十石，此即晁错之百石也。盖粟百五十石得二百斛，为米百石矣。（《汉书》卷二十四上《食货志》补注引姚鼐曰）

百官之禄称若干斛，不称若干石，当然是粟而不是米，吾人观东方朔"奉一囊粟"之言，可知姚鼐并非臆测。然则一斛之粟等于若干石的米呢？据《九章算术》云：

> 粟五十，粝率三十，一斛粟得六斗米为粝也。（《后汉书》卷五十六《伏湛

传》注引《九章算术》）

一斛的粟等于六斗的米,权之得若干石呢？据姚鼐"粟百五十石得二百斛"之言,斛与石似为二百与一百五十之比,所以一斛之粟即六斗之米,权之当为0.45石。今试依此算法,将上列官禄,由粟改换为米,并由斛改换为石。

西汉官禄改换为若干石米表

官秩	月粟若干斛	年粟若干斛	年米若干石
万石	350	4200	4200×0.45=1890
中二千石	180	2160	2160×0.45=972
二千石	120	1440	1440×0.45=648
比二千石	100	1200	1200×0.45=540
千石	90	1080	1080×0.45=486
比千石	80	960	960×0.45=432
六百石	70	840	840×0.45=378
比六百石	60	720	720×0.45=324
四百石	50	600	600×0.45=270
比四百石	45	540	540×0.45=243
三百石	40	480	480×0.45=216
比三百石	37	444	444×0.45=200
二百石	30	360	360×0.45=162
比二百石	27	324	324×0.45=146
百石	16	192	192×0.45=87

前汉农业生产力若如晁错所言"百亩之收不过百石",则百石之吏一年的禄比之百亩农民尚少十三石。然而农民有田百亩,未必能够维持一家生计。贡禹有田一百三十亩,而妻子糠豆不给,短褐不完（《汉书》卷七十二《贡禹传》）,则百石之吏生计困难,可想而知。固然秦开郑国渠,一亩可收一锺,若据颜师古说,"一亩之收至六斛四斗"（《汉书》卷二十九《沟洫志》）,化之为米而权之,得3.08石。然而东

汉末年仲长统尚谓:"今通肥饶之率,计稼穑之力,令亩收三斛,斛取一斗,未为甚多。"(《汉书》卷七十九《仲长统传》损益篇)后汉每亩不过收粟三斛,即不过收米1.35石。吾人承认晁错之言,以亩收米一石为西汉之生产力,似无估计过低之病。百石之吏,收入不及百亩农夫,观上文所述,可以知道其一斑。

今再将百石之吏每月所得与普通工资作一比较。西汉工资之最优者每月约得钱二千。

> 律说,平贾一月得钱二千。(《汉书》卷二十九《沟洫志》注引如淳曰)

一月二千,这个数目在西汉是很优的,所以王先谦有"得直既优"之言(同上《补注》)。因为汉时"岁万息二千"(《汉书》卷九十一《货殖传》),十万之家则二万,每月不及二千。而十万之家即十金之家,汉时称为中产(参阅《汉书》卷四《文帝纪》赞曰)。现在试问百石之吏月得谷十六斛,约合多少钱呢?西汉时,丰年例如宣帝元康四年谷石五钱(《汉书》卷八《宣帝纪》),凶年例如元帝永光二年京师谷石二百余,边郡四百,关东五百(《汉书》卷七十九《冯奉世传》)。其平均价格,据学者推测,似为每斛一百左右①。

> (贡禹上书曰)至拜为谏大夫,秩八百石,奉钱月九千二百。《补注》引周寿昌曰,《百官志》,谏大夫比八百石,此脱比字……奉钱无可考,若以十斛抵千钱,则较千石转多二斛,盖千石奉月九十斛也。……又拜为光禄大夫,秩二千石,奉钱月万二千。《补注》引周寿昌曰,《百官志》,光禄大夫秩比二千石,此亦脱一比字。二千石奉月百二十斛,若以十斛抵一千,恰如其数。(《汉书》卷七十二《贡禹传》)

---

① 《史记》卷一百二十《汲黯传》,注引如淳曰:"律,真二千石奉月二万,二千石月万六千。"真二千石谷月五十斛,每斛合钱一百三十三。二千石谷月一百二十斛,每斛合钱亦一百三十三。但《汉书·成帝纪》绥和元年,注引如淳曰:"律,丞相大司马大将军奉钱月六万,御史大夫月四万也。"《补注》引洪亮吉曰:"注引律当属武帝时制。"即月俸本来是谷,而依时价换算为金钱。但是丞相万石,谷月三百五十斛,每斛合钱一百七十一强;御史大夫中二千石,谷月一百八十斛,每斛合钱二百二十二强。两秩之谷与钱之比率不同。

《贡禹传》补注所引周寿昌之言乃以斛量,不是以石权;故依姚鼐之言,是粟,不是米,因之百石之吏每月得谷十六斛,抵钱一千六百,即比工资少四百。宣帝时,张敞、萧望之曾上疏请增吏俸。

> 张敞、萧望之言曰,夫仓廪实而知礼节,衣食足而知荣辱,今小吏俸率不足,常有忧父母妻子之心,虽欲洁身为廉,其势不能,请以什率增天下吏俸。宣帝乃益天下吏俸什二。(《汉官仪》卷上)

然其所增者似限于吏百石以下奉。

> 宣帝神爵三年秋八月,诏曰,吏不廉平,则治道衰,今小吏皆勤事而奉禄薄,欲其毋侵渔百姓难矣。其益吏百石以下奉十五。注引韦昭曰,若食一斛,则益五斗。(《汉书》卷八《宣帝纪》)

所谓"吏百石以下"是否包括百石在内?百石以下有斗食、佐史,斗食俸月十一斛,佐史俸月八斛,倘若单单增加斗食、佐史之俸,则斗食每月可得十六斛五斗,比之百石反多五斗,这是不合理的事。所以我们以为百石亦包括在内,每月由十六斛增加为二十四斛,比之比二百石尚少三斛。

哀帝即位,又益吏三百石以下奉(《汉书》卷十一《哀帝纪》)。吾人将西汉禄俸与工资及十金之家的利息相比,大率四百石之禄已足以养生送死,而六百石以上必尚有赢余,所以宣帝黄龙元年下诏禁止吏六百石不得复举为廉吏(《汉书》卷八《宣帝纪》)。官秩愈高,禄俸愈多,纵是廉吏也可以因官致富。

> 贡禹上书曰,臣禹年老贫穷,家訾不满万钱,妻子糠豆不赡,短褐不完,有田百三十亩。陛下过意征臣,臣卖田百亩以供车马。至拜为谏大夫,秩八百石,奉钱月九千二百,廪食太官……赖陛下神灵,不死而活。又拜为光禄大夫,秩二千石,奉钱月万二千,禄赐愈多,家日以益富,身日以益尊,诚非草茅愚臣所当蒙也。(《汉书》卷七十二《贡禹传》)

而御史大夫张汤死时,所得俸赐竟有五百金之多。

> 张汤死,家产直不过五百金,皆所得奉赐,无它赢。(《汉书》卷五十九《张汤传》)

由此可知汉代制禄,对于公卿大夫,不但使他们能够维持生计,而且除维持地位相等的生计之外,尚有盈余。因此之故,汉代惩治贪污甚见严厉。汉法,凡侵占公家之物,名为主守盗。

> 法有主守盗,断官钱自入己也。(《汉书》卷七十二《鲍宣传》注引孟康曰)

赃至十金,即处死刑。

> 十金法重。师古注曰,依当时律条,臧直十金,则至重罪。《补注》引周寿昌曰,汉律,科吏赃至十金即死罪。《冯野王传》,池阳令并素行贪污……野王部督邮掾赵都案验,得其主守盗十金罪,收捕。并不首吏,都格杀。……《翟义传》,宛令刘立以主守盗十金,贼杀不辜,义部掾夏恢等收缚立,传送邓狱。皆可证。(《汉书》卷八十三《薛宣传》补注引周寿昌曰)

而奖励廉吏亦甚优厚。汉有察廉之制,廉吏而有才干,常被拔擢,往往由百石之吏,终登公卿之位。管仲说:"人主之所以令则行,禁则止者,必令于民之所好,而禁于民之所恶。人之情莫不欲生而恶死,莫不欲利而恶害,故上令于生利人,则令行;禁于杀害人,则禁止。令之所以行者,必民乐其政也。"(《管子》第六十四篇《形势解》)贪而处死,当然是人之所恶,廉而拔擢,又是人之所好。禁之以其所恶,令之以其所好,人臣权轻重、计利害之后,当然愿忍小害以求大利,不为小利而蒙大害。西汉政治比之任何时代,都见清明,原因实在于此。

（三）监察

百官行为之受监察可分两种，一是失职，二是枉法。前者为官吏不尽其应尽的义务而惩戒之，用以维持官纪。后者为官吏利用职权，做出不法之事而处罚之，用以维持社会秩序。吾国古代对斯二者没有截然划分，所以监察机关不但监察官吏枉法，且亦监察官吏失职。

汉承秦制，本来只置御史府以作监察机关。御史府以御史大夫为首长，其与丞相的关系，本书已有说明。御史大夫之下，置御史中丞"外督部刺史，内领侍御史，受公卿奏事，举劾案章"（《汉书》卷十九上《百官公卿表》）。中丞"盖居殿中，察举非法也"（《文献通考》卷五十三《中丞》），即得监察内外群官，例如：

> 陈咸为御史中丞，总领州郡奏事……内执法殿中，公卿以下皆敬惮之。（《汉书》卷六十六《陈咸传》）

> 薛宣为御史中丞，执法殿中，外总部刺史……举奏部刺史郡国二千石，所贬退称进，白黑分明，由是知名。（《汉书》卷八十三《薛宣传》）

御史中丞虽然外督部刺史，内领侍御史，在规制上，部刺史及侍御史固皆归大夫及中丞统属，但他们行使监察权，却不受大夫或中丞的指挥。此即唐代监察御史萧至忠所说"御史人君耳目，比肩事主，得各弹事"（《唐会要》卷六十一《弹劾》）之意。换言之，御史中丞只能监察部刺史与侍御史有否失职枉法，而不能指挥他们行使职权。他们行使职权，均站在独立的地位，虽以大司马大将军之尊，侍御史也可以弹劾。

> 严延年为侍御史……是时大将军霍光废昌邑王，尊立宣帝。宣帝初即位，延年劾奏光擅废立，亡人臣礼，不道。奏虽寝，然朝廷肃焉敬惮。（《汉书》卷九十《严延年传》）

而且御史中丞虽是御史大夫的属官，亦得监察御史大夫，例如：

宏前为中丞时,翟方进为御史大夫,举椽隆可侍御史。宏奏隆前奉使欺谩,不宜执法近侍,方进以此怨宏。(《汉书》卷六十《杜钦传》)

因行政权之不可信,故置御史以监之,而御史又何可深信。商君有言:"夫置丞立监者,且以禁人之为利也,而丞监亦欲为利,则何以相禁?"(《商君书》第二十四篇《禁使》)成帝时,大司马大将军王凤讽御史中丞奏冯野王奉诏不敬,野王因此免官(《汉书》卷七十九《冯野王传》),可以视为一例。御史司纠察之任,倘若党同伐异,则监察权等于虚设。所以武帝时又置司直与司隶校尉。司隶校尉为独立机关,得监察公卿以下。

司隶校尉以督公卿以下为职。(《汉书》卷八十四《翟方进传》)

纵是丞相与御史大夫,司隶校尉亦得弹劾。例如:

司隶校尉王尊劾奏衡(丞相匡衡)、谭(御史大夫张谭),阿谀曲从,附下罔上,无大臣辅政之义。(《汉书》卷八十一《匡衡传》)

司隶校尉涓勋奏言,丞相宣(薛宣)甚悖逆顺之理,专权作威。(《汉书》卷八十四《翟方进传》)

最奇怪的,司隶校尉尚可察及皇太后:

哀帝即位,孙宝为司隶。初傅太后与中山孝王母冯太后俱事元帝,有郤。傅太后使有司考冯太后,令自杀,众庶冤之。宝奏请覆治。傅太后大怒曰,帝置司隶,主使察我,冯氏反事明白,故欲擿觖,以扬我恶,我当坐之。上乃顺指下宝狱。大司马傅喜、光禄大夫龚胜固争,上为言太后,出宝复官。(《汉书》卷七十七《孙宝传》)

其权任之大,可令公卿贵戚震惧。

> 王章为司隶校尉,大臣贵戚敬惮之。(《汉书》卷七十六《王章传》)
>
> 盖宽饶为司隶校尉,刺举无所回避……公卿贵戚及郡国吏繇使至长安,皆恐惧,莫敢犯禁,京师为清。(《汉书》卷七十七《盖宽饶传》)

权任太重,有的难免傲慢起来,例如:

> 故事,司隶校尉初除,谒西府,其有所会,居中二千石前……涓勋初拜为司隶,不肯谒丞相、御史大夫,后朝会相见,礼节又倨。(《汉书》卷八十四《翟方进传》)

所以汉制又令司隶位在司直之下,并令司直牵制之①。

> 故事,司隶校尉位在司直下……翟方进为司直,旬岁间,免两司隶,由是朝廷惮之。(《汉书》卷八十四《翟方进传》)

司直是"掌佐丞相举不法"(《汉书》卷十九上《百官公卿表》),其职有似于御史府的中丞,故又得监察内外群官。

> 鲍宣迁豫州牧,岁余,丞相司直郭钦奏宣举错烦苛,代二千石署吏听讼,所察过诏条……宣坐免归家。(《汉书》卷七十二《鲍宣传》)
>
> 龚胜为司直,郡国皆慎选举。《补注》引王先谦曰,胡注,司直掌佐丞相举不法,胜守正不阿,郡国惧为所举奏,故皆慎于选举。(《汉书》卷七十二《鲍宣传》)

---

① 两司隶,一为陈庆,一为涓勋,陈庆弹击翟方进,反为翟方进举劾免官。涓勋弹劾丞相薛宣,亦为翟方进纠弹,贬为昌陵令,均见《翟方进传》。由第一例可知司隶与司直可互相监察,由第二例可知司直可为丞相监察司隶。

是则司直对于诏书第四条"二千石选署不平",亦有监察之权,即其职与御史中丞大同小异。

三种机关之关系如何?各书所述均不相同,且与《汉书》所载者不相符合。此盖古代常随时设置机关,而这个机关与其他机关有何关系,往往无遑顾到之故。《汉旧仪》(卷上)云:

> 武帝时,御史中丞督司隶,司隶督司直,司直督刺史二千石以下至墨绶。(《通典》卷二十四、《文献通考》卷五十三《中丞》均采此说)

又注云:

> 御史中丞督司隶,司隶督丞相,丞相督司直,司直督刺史,刺史督二千石下至墨绶。

《唐六典》(卷十三《中丞》)则云①:

> 及置司隶校尉,以御史中丞督司隶、司直,司隶、司直督刺史,刺史督二千石下至墨绶。

但据《汉书》(卷十九上)《百官公卿表》,御史中丞外督部刺史,即部刺史乃直接受御史中丞之监督。又据《汉书》(卷八十四)《翟方进传》,"故事,司隶校尉位在司直下,初除谒两府(师古曰,丞相及御史也),其有所会,居中二千石前,与司直并迎丞相、御史"。总之,三种监察机关并无隶属关系,均得独立行使职权。监察权不由一个机关行使,而由三个机关行使,复令三个机关互相监察,由他们互相监察,进而监察内外群官。如是,当然不会因为监察机关(御史府)的腐化,而致其他机关随之腐化。

---

① 据《通典》卷三十六《秩品》,司隶校尉秩二千石,丞相、司直秩比二千石,御史中丞秩千石。

但是三种机关只司纠弹，纠弹之后，尚有审判。纠弹机关与审判机关必须分开。汉时纠弹机关虽为御史（司直、司隶），而涉及枉法问题者，审判机关则为廷尉。"廷尉天下之平也"(《汉书》卷五十《张释之传》)，即为汉时最高司法机关，请看下列之例。

盖宽饶为司隶校尉，刺举无所回避，所劾奏众多。廷尉处其法，半用半不用。(《汉书》卷七十七《盖宽饶传》)

即盖宽饶所提出的弹劾案固然不少，而经过廷尉审判之后，一半宣告有罪，一半宣告无罪，由此可见审判权与弹劾权原则上是分开的。但案情特别重大者，天子尚可简派二千石五人，组织特别法庭，讯问之。

大臣狱重，故以秩二千石五人诘责之。(《汉书》卷八十四《翟方进传》注引晋灼曰)

如成帝使五二千石杂问丞相薛宣与御史大夫翟方进(《汉书》卷八十四《翟方进传》)，哀帝使将军以下与五二千石杂治丞相王嘉(《汉书》卷八十六《王嘉传》)是也。倘廷尉疑其有冤，尚得要求覆治，例如：

初廷尉梁相与丞相长史、御史中丞及五二千石杂治东平王云狱。时冬月未尽二旬，而相心疑云冤狱有饰辞，奏欲传之长安，更下公卿覆治。(《汉书》卷八十六《王嘉传》)

至于官吏失职而受弹劾，亦必派人按验，经查验确实，而后罢免。

旧制，州牧奏二千石长吏不任位者，事皆先下三公，三公遣掾史按验，然后黜退。(《后汉书》卷六十三《朱浮传》)

这可以减少监察权滥用之弊。不过在君主专制时代，一切权力最后均归属于君主。君主贤明，固然服从廷尉之决定。君主无道，往往自作主张，有罪判为无罪，无罪加之以刑。吾人固不能以现代的法治政治与之相比。

（四）考课

陆贽有言："夫核才取吏有三术焉，一曰拔擢以旌其异能，二曰黜罢以纠其失职，三曰序进以谨其守常。如此，则高课者骤升，无庸者亟退；其余绩非出类，守不败官，则循以常资，约以定限，故得殊才不滞，庶品有伦。"（《论朝官阙员及刺史等改转伦序状》）但是谁是异能而拔擢之，谁是失职而黜罢之，谁是守常而序进之？于是就有考课，汉时，不问中央或地方均有考课之法。崔实虽云：

> 昔唐虞之制，三载考绩，三考黜陟，所以表善而简恶，尽臣力也。汉法亦三年一察治状，举孝廉尤异。（《全后汉文》卷四十六崔实《政论》）

但《汉书·丙吉传》既有"岁竟，丞相课其殿最，奏行赏罚"之言，而郡国上计于中央，又是每年一次。严助为会稽太守，上书"愿奉三年计最"，《补注》引沈钦韩曰："此三年计最，盖远郡如此。"（《汉书》卷六十四上《严助传》）则汉代绝不是依唐虞旧制，三载考绩，三考黜陟幽明。

关于中央官之考课，其详已不可考。吾人只能知道主管长官对其属僚，皆有课考之权。例如郡有农都尉，遥隶于大司农，因之大司农就得考课农都尉。

> 班况举孝廉为郎，积功劳，至上河农都尉。大司农奏课连最，入为左曹越骑校尉。（《汉书》卷一百上《叙传》）

列卿由谁考课？

> 冯野王为大鸿胪，数年，御史大夫李延寿病卒，上使尚书选第中二千

石,而野王行能第一。(《汉书》卷七十九《冯野王传》)

这不是每年定期考课,而是御史大夫出缺,元帝令尚书于中二千石之中选择一人补之,尚书以野王成绩最优,宜补。丙吉曾谓:

长安令、京兆尹职所当禁备逐捕,岁竟,丞相课其殿最,奏行赏罚而已。(《汉书》卷七十四《丙吉传》)

京兆尹与九卿同列,每岁由丞相课其殿最,则九卿大率亦由丞相考课。陈平曾说:"宰相者,使卿大夫各得任其职也。"(《汉书》卷四十《王陵传》)即丞相有监督卿大夫之责,而既有监督卿大夫之责,自应有考课卿大夫之权。不过赏罚之权操于天子,所以"课其殿最"之后,必须奏行赏罚。

关于地方者,《汉书》(卷七十六)《尹翁归传》有"秋冬课吏"之言,而《汉官解诂》亦说:

秋冬岁尽,各计县户口垦田、钱谷入出、盗贼多少,上其集簿,丞尉以下岁诣郡,课校其功。功多尤为最者,于廷尉劳勉之,以劝其后;负多尤为殿者,于后曹别责,以纠怠慢也。

《丙吉传》云"岁竟",《尹翁归传》云"秋冬",《汉官解诂》又云"秋冬岁尽",到底考课的时期在于何时,是否郡国每年秋冬考课两次,中央只于岁尽考课一次?我们以为中央与地方每年都是只考课一次,这不但是学者共同的主张,而且秋冬二季相隔太近,绝不会连续考课,而春夏付之缺如。案"秋冬"二字可以产生两种不同的解释。其一,当时交通不便,而岁尽郡国必须上计于中央,所以近郡可于冬季考课,远郡须于秋季考课。其二,汉在武帝太初元年始用夏正,以正月为岁首(见《汉书》卷六《武帝纪》太初元年注引应劭曰),在此以前,以冬十月为岁首,秋九月为岁尽。所谓"秋冬"或"秋冬岁尽"乃后人追述往事。即在太初以前,于秋季岁尽之时举行考课;太初以后,于冬季岁尽之时举行考课。两种解释不知孰是。不过吾人由于上述，亦可知道县之令长每岁须将治状报告于郡国守相，守相则于此时考课群吏，纵是令长亦在被考之列。

萧育为茂陵令，会课，育第六，而漆令郭舜殿，见责问。育为之请，扶风怒曰，君课第六，裁自脱，何暇欲为左右言？（《汉书》卷七十八《萧育传》）

但是守令均由中央任命，所以郡守对于令长只能慰劳或谴责，赏罚之权属于天子。《丙吉传》："长安令职所当禁备逐捕，岁竟，丞相课其殿最，奏行赏罚。"亦其例也。郡守考课群吏之后，岁尽又将郡内众事，如户口、垦田、税收、盗贼、囚犯等等，做成计簿，报告于中央，这称为上计。

汉制，岁尽，（郡守）遣上计掾史各一人，条上郡内众事，谓之计偕簿。
（《通典》卷三十三《郡太守》）

丞相则根据计簿，考课守令之功绩，而奏行赏罚。此种计簿是否没有虚报？贡禹曾说："郡国则择便巧史书，习于计簿，能欺上府者以为右职。"《汉书》卷七十二《贡禹传》）如是，完全根据计簿，奏行赏罚，未必公平。但是西汉时代，刺史岁尽诣京师奏事。刺史为中丞的属官，中丞为御史大夫的属官，其奏事可以供给资料，所以丞相考课守令之时，御史大夫可察计簿之虚实，而判其真伪。

宣帝黄龙元年二月，诏曰，上计簿，具文而已，务为欺谩，以避其课……御史察计簿，疑非实者按之，使真伪毋相乱。（《汉书》卷八《宣帝纪》）

所以丞相、御史两府均保存有百官考绩表。试观谷永荐薛宣为御史大夫之疏，就可知道。疏说：

宣考绩功课，简在两府（师古曰，两府，丞相、御史府也），不敢过称。
（《汉书》卷八十三《薛宣传》）

由此可知不论中央或地方，主管长官对其属僚皆有考课的权，而除公府郡县所辟除的佐僚之外，总其成者乃是丞相。《汉书》（卷四十二）《张苍传》："是时萧何为相国，而苍乃自秦时为柱下御史，明习天下图书计籍，故令苍以列侯居相府，领主郡国上计者。"又（卷八十一）《匡衡传》："衡位三公，辅国政，领计簿。"此皆可以证明考课之权是由天子委托丞相行使的。不过有时天子亦曾亲自受计。

> 武帝太初元年春，受计于甘泉。师古注曰，受郡国所上计簿也。（《汉书》卷六《武帝纪》）

这大率是丞相于岁尽考课百官之后，而于翌年之春报告天子，此时又奉上郡国计簿，以供天子参考。

考课之后，必须继之以赏罚，赏有增秩、迁官、赐爵，罚有贬秩、降职、免官。汉代反对"累日以取贵，积久以致官"之制，所以"小材虽累日，不离于小官；贤才虽未久，不害为辅佐"（《汉书》卷五十六《董仲舒传》）。例如魏相不过郡之卒史而已，一迁而为茂陵令，再迁而为河南太守，三迁而为大司农，四迁而为御史大夫，五迁而为丞相（《汉书》卷七十四《魏相传》）；又如翟方进以射策甲科为郎，既而迁议郎，转为博士，迁朔方刺史，迁丞相司直，迁京兆尹，迁御史大夫，最后亦擢为丞相（《汉书》卷八十四《翟方进传》）。郎官秩虽有十五级，而迁官却不是级级高升，而得越级而进。朱博说：

> 故事，刺史居部九岁，举为守相，其有异材功效著者辄登擢。（《汉书》卷八十三《朱博传》）

刺史秩六百石，郡守秩二千石，在六百石与二千石之间，尚有比千石、千石、比二千石三级。刺史居部九岁，举为守相，此不过序进而已。其有异材功效著，则不俟九年，即可拔擢。序进是因年劳而升，拔擢则由考课而迁。马端临说：

> 考课是以日月验其职业之修废，年劳是以日月验其资格之深浅。后

世之所谓考课者皆年劳之法耳。故贤者当陟，或反以资浅而抑之；不肖者当黜，或反以年深而升之。故考课之法行，则庸愚畏之；年劳之法行，则庸愚便之。(《文献通考》卷三十九《考课》)

唯其迁官容易，所以政界可以发生新陈代谢的作用，人才辈出，西汉每朝均有朝气勃勃之宰相，此亦原因之一。

考课居殿，固应黜罢。黜罢的目的在使黜退者克勤以求复，登进者整饬以恪居，所以进而有过亦示惩，惩而改修则复进。黄霸为颍川太守，考课天下第一，迁为京兆尹，不能称职，连贬秩，有诏归颍川太守，官以八百秩居，郡中愈治，而竟得到赐金(黄金百斤)、增秩(中二千石)、封侯(关内侯)的荣典，卒迁为御史大夫，最后且为丞相(《汉书》卷八十九《黄霸传》)。可知西汉考课之制，历史虽无详细记录，而其运用得法，吾人观《汉书》列传，即可知之。

三、退任后的制度

官吏为国服劳，年老退休，理应保障他们的生活，使他们在职之时，不至怀危内顾，营私舞弊。西汉之制，凡致仕者，或赐禄。

> 张欧为御史大夫……老笃请免，天子亦宠以上大夫禄，归老于家。(《汉书》卷四十六《张欧传》)

或赐金：

> 御史大夫薛广德与丞相于定国、大司马车骑将军史高俱乞骸骨，皆赐安车驷马、黄金六十斤罢。(《汉书》卷七十一《薛广德传》)

但是优老之典须出于特恩，并未著为定令。平帝以后，才成为确定的制度。凡比二千石以上致仕者都可得到三分之一的禄。

>元帝元始元年春正月,令天下吏比二千石以上年老致仕者,三分故禄,以一与之,终其身。(《汉书》卷十二《平帝纪》)

关此,赵翼曾有说明。

>致仕官给俸之例起于汉。平帝诏天下吏二千石以上年老致仕者,三分其禄,以一与之终身。盖其时王莽专政,欲以收众心,故有此举也。然《汉书》石奋以上大夫禄归老于家,周仁以二千石禄归老,张欧请免,天子亦宠以上大夫禄归老,则优老之典本不自莽始。特未著令以前,致仕给禄须出特恩,既著令以后,则凡二千石以上致仕者皆可得耳。(《陔余丛考》卷二十七《致仕官给俸》)

其实,汉代制禄,秩高者已可致富,吾人观上述贡禹之言,即可知之。其优老之典所以施于大官而不施于小吏者,盖西汉之制,虽以乡吏之卑,亦有升为丞相的机会。汉人固视小吏为一种过渡官职。小吏在职既久,而不能表现其材,理宜引退,让位于有为之士,使有为之士能够发挥其所长。这种看法与今人不同,西汉对于小吏无优老之典,这也许是原因之一。

附录　西汉建元表

高祖刘邦　　十二年
惠帝盈　　　七年
吕后　　　　八年
文帝恒　　　十六年　后七年
景帝启　　　七年　中六年　后三年
武帝彻　　　建元六　元光六　元朔六　元狩六　元鼎六　元封六
　　　　　　太初四　天汉四　太始四　征和四　后元二
昭帝弗陵　　始元七　元凤六　元平一
宣帝询　　　本始四　地节四　元康五　神爵四　五凤四　甘露四
　　　　　　黄龙一
元帝奭　　　初元五　永光五　建昭五　竟宁一
成帝骜　　　建始四　河平四　阳朔四　鸿嘉四　永始四　元延四
　　　　　　绥和二
哀帝欣　　　建平四　太初元将（即建平二年六月，八月除，仍称建平）
　　　　　　元寿二
平帝衎　　　元始五
孺子婴　　　居摄三　初始一

　　上西汉十一帝（吕后及孺子婴除外），二百十四年（吕后之八年及孺子婴之三年在内）。

新王莽　　　始建国五　天凤六　地皇四

第四章 东汉

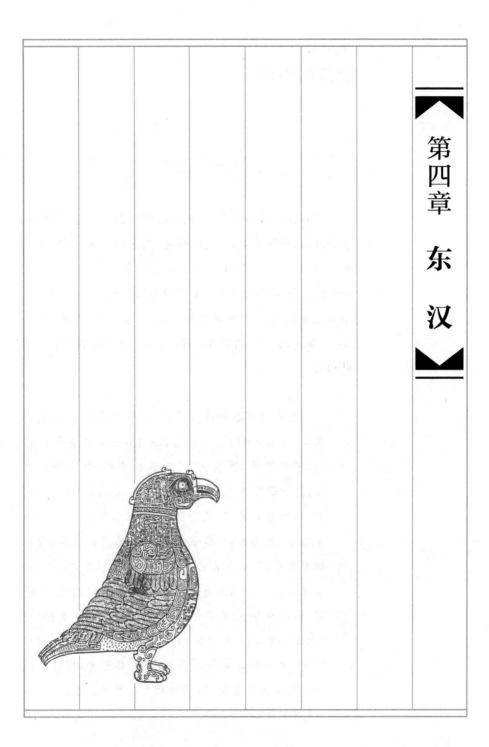

第一节
光武的中兴

王莽夺取汉的天下，不但不能解决汉的社会问题，而法令滋章，赋役繁重，加之以师旅，因之以饥馑，人民受了现世的苦痛，不能不回忆过去的快乐，甚且误认过去为黄金时代。于是西汉末年"汉运中衰"之预言（《汉书》卷十一《哀帝纪》建平二年），现在又变为"刘氏复起"的图谶（《后汉书》卷一上《光武帝纪》）。当时人心思汉，吾人观下列诸人之言即可知之。

公孙述召县中豪杰谓曰，天下同苦新室，念刘氏久矣。（《后汉书》卷四十三《公孙述传》）王常晓说其部将曰，王莽篡位，既有天下，而政令苛酷，积失百姓之心，民之讴吟思汉，非一日也。（《后汉书》卷四十五《王常传》）冯异说光武曰，天下同苦王氏，思汉久矣。（《后汉书》卷四十七《冯异传》）邳彤曰，吏民歌吟思汉久矣，故更始举尊号，而天下响应，三辅清宫除道以迎之。（《后汉书》卷五十一《邳彤传》）冯衍说廉丹曰，今海内溃乱，人怀汉德，甚于诗人思召公也，爱其甘棠，而况子孙乎？（《后汉书》卷五十八上《冯衍传》）郑兴说更始曰，陛下起自荆楚，而山西雄桀争诛王莽，开关郊迎者，何也？此天下同苦王氏虐政，而思高祖之旧德也。（《后汉书》卷六十六《郑兴传》）

人民受了王莽虐政的压迫,讴吟思汉,然而最初均以困穷为寇,无攻城徇地之意。

> 初四方皆以饥寒穷愁,起为盗贼,稍稍群聚,常思岁熟,得归乡里,众虽万数,不敢略有城邑,转掠求食,日阕而已。(《汉书》卷九十九下《王莽传》)

到了乱事扩大,王莽力不能制,遂由人心思汉,而欲恢复汉室。绿林奉刘玄为天子,赤眉立刘盆子为帝。王昌自称为成帝子刘子舆,卢芳亦诈称武帝曾孙刘文伯。甚至凉州的隗嚣、益州的公孙述虽然距离中原甚远,而起事之初亦以辅汉为名。兹将群雄起事本末列表如次。

莽末群雄割据表

姓名	据地	史　略
刘玄 (绿林)	初都洛阳,后都长安。	王莽末,南方饥馑,人庶群入野泽,掘凫茈而食之。新市人王匡、王凤为平理诤讼,遂推为渠帅,众数百人,于是诸亡命马武、王常、成丹等往之,藏于绿林中,数月间至七八千人。地皇二年,攻拔竟陵,至有五万余口,州郡不能制。三年,大疾疫,死者且半,乃各分散引去。王常、成丹西入南郡,号下江兵。王匡、王凤、马武及其支党朱鲔、张卬等北入南阳,号新市兵。平林人陈牧、廖湛复聚众千余人,号平林兵以应之。是时汉宗室刘縯起兵舂陵,自号柱天都部,刘玄亦往从陈枚号更始将军。縯光武之长兄,玄光武族兄也。众虽多而无所统一。四年,诸将会议,立刘氏以从人望。豪杰皆归于刘縯,而新市、平林诸将乐放纵,惮縯威明而贪刘玄懦弱,乃共立玄为天子,建元曰更始元年。更始拜縯为大司徒,因忌其威名,遂诛之。更始遣王匡攻洛阳,别将攻武关,三辅震动。是时海内豪杰翕然响应,皆杀其牧守,自称将军,用汉年号,以待诏命,旬月之间遍于天下。九月,长安中亦起兵斩王莽。是月王匡拔洛阳,更始遂北都洛阳。二年,自洛阳西迁长安,居长乐宫。日夜与妇人饮燕后庭,群臣欲言事,辄醉不能见。自是关中离心,四方怨叛。十二月,赤眉西入关。三年,赤眉立刘盆子为帝,更始使王匡拒之。赤眉至高陵,匡等迎降之。九月,赤眉入城,更始降,上玺绶于盆子,封为畏威侯。三辅苦赤眉暴虐,皆怜更始,赤眉恐,因令缢杀之。(《后汉书》卷四十一《刘玄传》,参阅卷四十四《齐武王演传》)

续表

姓名	据地	史　略
刘盆子（赤眉）	据长安。	王莽末，琅邪人樊崇起兵于莒，众百余人，转入太山。时青徐大饥，寇贼蜂起，群盗以崇勇猛，皆附之，一岁间至万余人，遂北入青州，所过虏掠，王莽遣将击之。崇等恐其众与莽兵乱，乃皆朱其眉，以相识别，由是号曰赤眉。赤眉大破莽军，遂寇东海，掠楚、沛、汝南、颍川，还入陈留，攻拔鲁城，转至濮阳。会更始都洛阳，遣使降崇，崇等闻汉室复兴，遂降，寻复叛，将兵入颍川，分为二部，一从武关，一从陆浑关，三年正月俱至弘农，连战克胜。六月，立刘盆子为帝，改元建世元年。刘盆子者，城阳景王章之后也，时年十五。九月，赤眉入长安城，更始来降，赤眉贪财物，复出大掠。时三辅大饥，人相食，城郭皆空，白骨蔽野，赤眉虏掠无所得，遂出关南向，冯异破之于崤底。光武亦自将幸宜阳，盛兵以邀其走路。赤眉忽遇大军，惊震不知所为，乃乞降。其夏，樊崇反，诛死。光武怜盆子，使其食税终身。（《后汉书》卷四十一《刘盆子传》）
王昌	据邯郸，分遣诸将徇下幽冀，赵国以北、辽东以西皆从风而靡。	王昌一名郎，赵国邯郸人也，素为卜相，工明星历，常以河北有天子气。时赵缪王子林好奇数，任侠于赵魏间，多通豪猾，而郎与之亲善。初王莽篡位，长安中或自称成帝子子舆者，莽杀之。郎缘是诈称真子舆。会人间传赤眉将渡河，林等因此宣言赤眉当立刘子舆，以观众心，百姓多信之。更始元年十二月，林等遂率车骑数百，晨入邯郸城，立郎为天子，分遣将帅，徇下幽冀，赵国以北、辽东以西，皆从风而靡。明年，光武自蓟进军邯郸，遂拔邯郸，郎夜亡走，道死。（《后汉书》卷四十二《王昌传》）
刘永	据睢阳，攻入济阴、山阳、沛、楚、淮阳、汝南，凡得二十八城。	刘永者，梁郡睢阳人，梁孝王八世孙也。更始即位，永先诣洛阳，绍封为梁王，都睢阳。永闻更始政乱，遂据国起兵，攻下济阴、山阳、沛、楚、淮阳、汝南，凡得二十八城。及更始败，永自称天子。建武二年夏，光武遣盖延等伐永，围睢阳，数月拔之。三年，永将斩永首降，其党复立永子纡为梁王，保垂惠。四年，马武等复攻拔之，纡走西防，依佼强，后复依董宪。宪败，纡走死。（《后汉书》卷四十二《刘永传》）
张步	据临淄，攻下齐地各郡，得十二郡。	张步，琅邪不其人也。汉兵之起，步亦聚众数千，转攻傍县，下数城，自为五威将军，遂据本郡，遣将徇太山、东莱、城阳、胶东、北海、济南、齐诸郡皆下之。建武三年，光武拜步为东莱太守，步不受命。刘永遣使立之为齐王。是时光武方北忧渔阳，南事梁楚，故步得专集齐地，据郡十二。五年，耿弇拔临淄，步降，封为安丘侯，居洛阳。八年，步将妻子逃奔临淮，琅邪太守陈俊追击斩之。（《后汉书》卷四十二《张步传》）

续表

姓名	据地	史略
李宪	据庐江,拥九城。	李宪者,颍川许昌人也。王莽时为庐江连率。莽败,宪据郡自守,更始元年自称淮南王。建武三年,遂自立为天子,拥九城,众十余万。四年,光武遣马成击宪,围舒,至六年正月拔之。宪亡走,其军士追斩宪而降。(《后汉书》卷四十二《李宪传》)
秦丰	据黎丘,有邔、宜城等十二县。	秦丰,南郡人,少学长安,受律令,归为县吏。更始元年起兵,据黎丘,自称楚黎王,略有十二县。建武三年,光武令岑彭击丰,大破之于襄阳,进围黎丘,斩首九万余级。四年,光武令朱祐代彭攻之。五年,城中穷困,丰降,送至洛阳斩之。(《东观汉记》卷二十三《秦丰载记》、《后汉书》卷一上《光武纪》、卷四十七《岑彭传》、卷五十二《朱祐传》)
彭宠	据渔阳,取得涿郡、蓟城,复攻陷右北平、上谷数县。	彭宠,南阳宛人也。父宏,哀帝时为渔阳太守,有威于边。宠少为郡吏,更始立,拜宠偏将军,行渔阳太守事。及光武镇慰河北,至蓟,以书招宠,宠归光武。建武二年,发兵反,拔右北平、上谷数县,又攻拔蓟城,乃自立为燕王。五年春,其苍头斩宠以降。(《后汉书》卷四十二《彭宠传》)
卢芳	据安定,掠有五原、朔方、云中、定襄、雁门五郡。	卢芳,安定三水人也。王莽时天下咸思汉德,芳由是诈自称武帝曾孙刘文伯,与三水属国羌胡起兵。更始至长安,芳降,仍使镇抚安定以西。更始败,三水豪杰以芳刘氏子孙,宜承宗庙,乃共立芳为上将军西平王,遣使与匈奴、西羌结和亲。匈奴乃迎芳入匈奴,立为汉帝。建武五年,五原人李兴等自称将军,迎芳入塞,都九原,掠有五原、朔方、云中、定襄、雁门五郡。十二年,芳知羽翼外附,心膂内离,遂亡入匈奴。十六年,芳复入居高柳,遣使请降,乃立芳为代王。明年,复反,匈奴迎芳出塞,芳留匈奴中十余年,病死。(《后汉书》卷四十二《卢芳传》)
隗嚣	据天水,有天水、安定、北地、陇西四郡。	隗嚣,天水成纪人也。少仕州郡,季父崔素豪杰,能得众,闻更始立,而莽兵连败,于是谋起兵应汉,以嚣素有名,好经书,遂共推为上将军,攻安定,安定降。时长安中亦起兵诛王莽,嚣遂分遣诸将,徇陇西、武都、金城、武威、张掖、酒泉、敦煌,皆下之。更始二年,遣使征嚣,嚣至长安,更始以为御史大夫。明年,赤眉入关,三辅扰乱,嚣亡归天水,复据故地,自称西州上将军。及更始败,三辅耆老士大夫皆奔归嚣。建武二年,光武拜嚣为西州大将军,嚣遂降附于汉。其后公孙述数出兵汉中,嚣连破述军,以故蜀兵不复北出。六年,关东悉平,诏嚣从伐蜀,嚣不愿天下统一,颇有贰志。帝遂西幸长安,嚣惧,遣使称臣于公孙述,述以嚣为朔宁王。八年,帝率诸将征之。九年,嚣悲愤而死,其众立嚣少子纯为王。明年,来歙、耿弇、盖延等攻破之,纯降。十八年,欲亡入胡,捕诛之。(《后汉书》卷四十三《隗嚣传》)

续表

姓名	据地	史　略
公孙述	据成都,北取南郑,南服越巂,东下江州,据扞关,尽有益州之地。	公孙述,扶风茂陵人也。哀帝时,以父任为郎,王莽天凤中,为导江卒正(即蜀郡太守),有能名。及更始立,述使人诈称汉使者,自东方来,假述辅汉将军、蜀郡太守兼益州牧印绶。述恃其地险众附,更始二年,自立为蜀王,都成都。蜀地肥饶,兵力精强,远方士庶多往归之。建武元年,遂自立为天子,号成家,尽有益州之地。自更始败后,光武方事山东,未遑西伐,关中豪杰多往归述。五年,延岑、田戎为汉兵所败,皆亡入蜀。岑据汉中,戎据扞关。述性苛细,察于小事,敢诛杀而不见大体,又立其二子为王,唯公孙氏得任事,由是大臣皆怨。十二年,吴汉、臧宫将兵伐蜀,述兵大乱,被刺洞胸坠马,其夜死。明旦,吴汉入成都,尽灭公孙氏。(《后汉书》卷四十三《公孙述传》) 延岑,南阳人,始起,据汉中,又拥兵关西,所在破散,走至南阳,略有数县。田戎,汝南人,初起兵夷陵,转寇郡县,众数万人,岑、戎并与秦丰合,丰俱以女妻之。及丰败,故二人皆降于公孙述。述败,二人皆为汉将所斩。(《后汉书》卷四十三《公孙述传》)
窦融	据河西,有金城、武威、张掖、酒泉、敦煌五郡。	窦融,扶风平陵人也,累世在河西,知其土俗。更始时为张掖属国都尉,抚结雄杰,怀辑羌虏,甚得其欢心,河西翕然归之。及更始败,众推融行河西五郡大将军事。河西民俗质朴,而融等政亦宽和,上下相亲,晏然富殖。光武闻河西完富,地接陇蜀,常欲招之,以逼嚣、述,因授融为凉州牧。建武八年,车驾西征隗嚣,融率五郡太守及步骑数万,与大军会高平第一。及陇蜀平,诏融与五郡太守奏事京师。融到,拜冀州牧,迁大司空。明帝时,融乞骸骨,诏令归第养病,永平五年薨。(《后汉书》卷五十三《窦融传》)

人心思汉,当然汉的宗室最有取得天下的希望。在宗室之中,首举义旗而为人望所悬者乃是刘縯。刘縯的性格有高祖之豪爽,而无高祖之机警,所以不久就为更始所害。

齐武王縯字伯升,光武之长兄也,性刚毅,慷慨有大节。自王莽篡汉,常愤愤,怀复社稷之虑,不事家人居业,倾身破产,交结天下雄俊。莽末,盗贼群起,南方尤甚。伯升召诸豪杰计议曰,王莽暴虐,百姓分崩,今枯旱连年,兵革并起,此亦天亡之时,复高祖之业,定万世之秋也。众皆然之,于是分遣亲客,使邓晨起新野,光武与李通、李轶起于宛,伯升自发春陵子弟,合七八千人,部署宾客,自称柱天都部……进围宛,自号柱天大将军……百姓日有降者,众至十余万。诸将会议,立刘氏以从人望,豪杰皆归于伯升,而新市、平林将帅乐放纵,惮伯升威明,而贪圣公懦弱,先共定策立之,然后使骑召伯升示其议……圣公既即位,谋诛伯升……伯升部将宗人刘稷……勇冠三军……闻更始立,怒曰,本起兵图大事者伯升兄弟也,今更始何为者邪?更始君臣闻而心忌之……乃与诸将陈兵数千人,先收稷,将诛之,伯升固争,李轶、朱鲔因劝更始并执伯升,即日害之。(《后汉书》卷四十四《齐武王演传》)

而更始又为绿林豪杰所制。历史虽谓更始恇懦昏弱,耽酒色,昵群小,本来不足以君天下。

更始即帝位,南面立,朝群臣,素懦弱,羞愧流汗,举手不能言……更始……居长乐宫,升前殿,郎吏以次列庭中。更始羞怍俯首刮席不敢视。诸将后至者,更始问虏掠得几何。左右侍官皆宫省久吏,各惊相视……更始日夜与妇人饮燕后庭,群臣欲言事,辄醉不能见。时不得已,乃令侍中坐帷中与语,诸将识非更始声,出皆怨曰,成败未可知,遽自放纵若此……其所授官爵者皆群小贾竖,或有膳夫庖人……长安为之语曰,灶下养,中郎将;烂羊胃,骑都尉;烂羊头,关内侯……自是关中离心,四方怨叛,诸将出征,各自专置牧守,州郡交错,不知所从。(《后汉书》卷四十一《刘玄传》)

然据刘子元研究:

圣公身在微贱,已能结客报仇,避难绿林,名曰豪杰,安有贵为人主,而反至于斯者乎?将作者曲笔阿时,独成光武之美,谀言媚主,用雪伯升之怨也。且中兴之史出于东观,或明帝所定,或马后所刊,而炎祚灵长,简书莫改,遂使他姓追撰,空传伪录者矣。(《后汉书》卷四十一《刘玄传》集解引

刘子元云)

其所以失败者,实因绿林豪杰只知掳掠。前此人心思汉,欲归慈母,现在反思莽朝,欲去虎口。耿弇说:

> 今更始失政,君臣淫乱,诸将擅命于畿外,贵戚纵横于都内,天子之命不出城门,所在牧守辄自迁易,百姓不知所从,士人莫敢自安,虏掠财物,劫掠妇女,怀金玉者至不生归,元元叩心,更思莽朝。(《后汉书》卷十九《耿弇传》)

其后赤眉转盛,樊崇攻破长安,杀更始,立刘盆子为帝。盆子年十五,盖人心思汉,故赤眉立之以作傀儡。赤眉的行动亦和盗贼无异,所以不久也复覆灭。

> 樊崇立盆子为帝……诸将乃皆称臣拜。盆子时年十五,被发徒跣,敝衣赭汗,见众拜,恐畏欲啼……盆子居长乐宫,诸将日会论功,争言欢呼,拔剑击柱,不能相一。三辅群县营长遣使贡献,兵士辄剽夺之,又数虏暴吏民,百姓保壁,由是皆复固守……刘恭(盆子兄)见赤眉众乱,知其必败,自恐兄弟俱祸,密教盆子归玺绶,习为辞让之言。建武二年正月朔,崇等大会……盆子乃下床解玺绶,叩头曰,今设置县官,而为贼如故……愿乞骸骨避贤圣……崇等及会者数百人莫不哀怜之,乃皆避席顿首曰,臣无状,负陛下,请自今以后,不敢复放纵,因共抱持盆子,带以玺绶。盆子号呼,不得已,既罢出,各闭营自守,三辅翕然,称天子聪明,百姓争还长安,市里且满。后二十余日,赤眉贪财物,复出大掠。城中粮食尽,遂收载珍宝,因大纵火烧宫室,引兵而西……转掠城邑……逢大雪……乃复还,发掘诸陵,取其宝货……时三辅大饥,人相食,城郭皆空,白骨蔽野,遗人往往聚为营保,各坚守不下。赤眉虏掠无所得……遂出关南向,冯异破之于崤底……樊崇乃将盆子降。(《后汉书》卷四十一《刘盆子传》)

这个时候，刘氏之后能够独树一帜者便是光武。光武为刘縯之弟，其成就帝业有恃于刘縯之发难者甚多。就其身份言，家里颇有资产，故能卖谷于宛（《后汉书》卷一上《光武帝纪》），而母家尤为殷富。

> 樊宏……世祖之舅……为乡里著姓……乃开广田三百余顷，其所起庐舍，皆有重堂高合陂渠灌注……资至巨万。（《后汉书》卷六十二《樊宏传》）

就其性格说，勤于稼穑。

> 光武性勤于稼穑，而兄伯升好侠养士，常非笑光武事田业，比之高祖兄仲。（《后汉书》卷一上《光武帝纪》）

而重慎畏事，有谨厚之称。

> 上为人……重慎畏事，故云谨厚者也。（《后汉书》卷一上《光武帝纪》集解引惠栋曰）

但是这种家世与性格，在承平日久，一方人心思汉，他方群雄犷残之时，却容易得到一般民众的信赖。

> 时伯升已会众起兵，初诸家子弟恐惧，皆亡逃自匿，曰伯升杀我。及见光武绛衣大冠，皆惊曰，谨厚者亦复为之（《集解》引《东观汉记》曰，上在家重慎畏事，故云谨厚者也），乃稍自安。（《后汉书》卷一上《光武帝纪》）

征之吾国历史，游士阶级固然只能攀龙附凤，因人成事，而草莽英雄又须收容游士，以作谋臣策士，而后才会成就帝业。两者分离，游士将老死于户牖，而草莽英雄亦必终为流寇。自武帝表章六经、元帝重儒之后，儒生渐次抬头，英豪之士常借径于儒术以发身。于是游士之中，儒生遂有地位，而与刘项战争之际大不相同。光武功臣多习儒术。例如：

> 邓禹年十三，能诵诗，受业长安，时光武亦游学京师，遂相亲附。（《后汉书》卷四十六《邓禹传》）寇恂素好学，为汝南太守，乃修乡校，教生徒，聘能为《左氏春秋》者亲受学焉。（《后汉书》卷四十六《寇恂传》）冯异好读书，通《左氏春秋》《孙子兵法》。（《后汉书》卷四十七《冯异传》）贾复少好学，习《尚书》。（《后汉书》卷四十七《贾复传》）耿弇父况以明经为郎，弇少好学，习父业。（《后汉书》卷十九《耿弇传》）祭遵少好经书，为将军，取士皆用儒术，对酒设乐，必雅歌投壶。（《后汉书》卷五十《祭遵传》）李忠以父任为郎，独以好礼修整称，迁丹阳太守，起学校，习礼容，春秋乡饮，选用明经，郡中向慕之。（《后汉书》卷五十一《李忠传》）此外如王霸（《后汉书》卷五十《王霸传》）、耿纯（《后汉书》卷五十《耿纯传》）、景丹（《后汉书》卷五十二《景丹传》）、刘隆（《后汉书》卷五十二《刘隆传》）皆少时游学长安。

同时西汉中叶以后，因土地之兼并，而出现了豪宗大族。王莽虽然颁布井田圣制，曾无几时，又因人民愁怨，听人买卖，不拘以法（《汉书》卷九十九中《王莽传》）。豪族在大乱之时，常筑坞堡以自卫，并观望形势，以待所归。例如：

> 赤眉入长安城，数虏暴吏民，百姓保壁，由是皆复固守。（《后汉书》卷四十一《刘盆子传》）赤眉延岑暴乱三辅，郡县大姓各拥兵众。（《后汉书》卷四十七《冯异传》）更始新立，三辅连被兵寇，百姓震骇，强宗右姓各拥众保营，莫肯先附。（《后汉书》卷六十一《郭伋传》）樊宏为乡里著姓，资至巨万。王莽末，义兵起，宏与宗家亲属作营堑自守，老弱归之者千余家。（《后汉书》卷六十二《樊宏传》）冯鲂为郡族姓，王莽末，四方溃畔，鲂乃聚宾客，招豪杰，作营垒，以待所归。（《后汉书》卷六十三《冯鲂传》）第五伦介然有义行。王莽末，盗贼起，宗族闾里争往赴之。伦乃依险固，筑营壁，有贼辄奋厉其众，引强持满以拒之，铜马赤眉之属前后数十辈皆不能下。（《后汉书》卷七十一《第五伦传》）

豪族保壁自卫，不与绿林、赤眉合作，而绿林、赤眉又不能攻下他们。这样，何能统一天下？这个时候，倘令有人能够得到豪族协助，自可事半功倍，平定海内。光武乃汉之宗室，吾人观其舅氏樊宏为乡里著姓，王莽末，与宗家亲属作营堑自守，就可推知光武亦系南阳豪族。以如斯之家世，一旦起义，自可得到豪族信任。其功臣之中，由豪族出身者为数不少。例如李通世以货殖著姓，居家富逸，为闾里雄（《后汉书》卷四十五《李通传》）；邓晨世吏二千石（《后汉书》卷四十五《邓晨传》）；寇恂世为著姓（《后汉书》卷四十六《寇恂传》）；祭遵家富给（《后汉书》卷五十《祭遵传》）；耿纯巨鹿大姓（《后汉书》卷五十一《耿纯传》）；王丹家累千金（《后汉书》卷五十七《王丹传》）。他们或以粮饷资助光武，例如王丹京兆人，邓禹西征关中，军粮乏，丹率宗族上麦二千斛（《后汉书》卷五十七《王丹传》）；或以军队协助光武，例如刘植率宗族宾客，聚兵数千人，据昌城，闻世祖从蓟还，乃开门迎（《后汉书》卷五十一《刘植传》）；耿纯率宗族宾客二千余人奉迎光武于育（《后汉书》卷五十一《耿纯传》），均其例也。

在光武集团之中固然不乏亡命之徒，王常亡命江东，而起兵于绿林（《后汉书》卷四十五《王常传》）；吴汉亡命渔阳，以贩马自业（《后汉书》卷四十八《吴汉传》）。然多数均系通儒之士或为世家子弟，故其军队颇有纪律。冯异说：

> 今诸将皆壮士屈起，多暴横，独有刘将军所到不虏掠。（《后汉书》卷四十七《冯异传》）

所到之处，均能安抚百姓，而受人民欢迎。

> 光武北渡河，镇慰州郡，所到部县，辄见二千石长吏三老官属，下至佐史，考察黜陟，如州牧行部事，辄平遣囚徒，除王莽苛政，复汉官名，吏人喜悦，争持牛酒迎劳。（《后汉书》卷一上《光武帝纪》更始元年）

其诸将亦师行有纪。例如邓禹：

是时三辅连覆败,赤眉所过残贼,百姓不知所归,闻禹乘胜独克,而师行有纪,皆望风相携负以迎,军降者日以千数,众号百万。禹所止辄传车住节,以劳来之。父老童稚垂发戴白,满其车下,莫不感悦,于是名震关西。(《后汉书》卷四十六《邓禹传》)

又如铫期:

铫期自为将,有所降下,未曾房掠。(《后汉书》卷五十《铫期传》)

当时天下旱蝗:

自王莽末,天下旱蝗连年,百谷不成,元年之初,耕作者少,民饥馑,黄金一斤易粟一石。(《东观汉记》卷一《光武帝纪》建武四年)

军中粮食缺乏。

时百姓饥饿,人相食,黄金一斤易豆五升,道路隔断,委输不至,军士悉以果实为粮。(《后汉书》卷四十七《冯异传》)

光武军队亦难免有掳掠之事。任光为信都太守,孤城独守。"世祖曰,乡兵少如何?光曰,可募发奔命,出攻傍县,若不降者,恣听掠之。人贪财物,则兵可招而致也。世祖从之。"(《后汉书》卷五十一《任光传》)此乃权宜之计,情有可原。至于"世祖会诸将,问所得财物,唯李忠独无所掠"(《后汉书》卷五十一《李忠传》),则掳掠财物在光武军队,也表现为两种现象,一是普遍的,"唯"忠无之。二是公开的,故以帝王之尊,竟于会议之时,问诸将所掠财物。吾人观其对冯异之言:"诸将非不强斗,但好房掠。"(《后汉书》卷四十七《冯异传》)吴汉军队所过多侵暴(《后汉书》卷四十七《岑彭传》),朱佑"禁制士卒不得房掠百姓,军人乐放纵,多以此怨之"(《后汉书》卷五十二《朱佑传》),可知光武军队不是绝对有纪律的。不过

"饥者易为食,渴者易为饮",光武集团比之其他豪杰尚能安抚百姓而已。

一方豪族降附,同时百姓归心,而一般游士又如耿纯所说:愿意"攀龙鳞,附凤翼,以成其所志"(《后汉书》卷一上《光武帝纪》建武元年),则在人心思汉之际,光武胜算已经在握了,何况当时与光武争天下者又多系碌碌无能之辈?当光武起兵舂陵,刘玄称帝,遣其镇抚河北,北至蓟城之时,王昌已入邯郸称帝,分遣诸将,徇下幽冀,赵国以北,辽东以西,无不望风而靡(《后汉书》卷四十二《王昌传》)。邯郸河北心腹,不争邯郸,无以取河北,不取河北,无以窥河洛,于是光武乃进击王昌,拔邯郸,而定河北。河北富饶,可与关中相比,时人称之为天府之地(《后汉书》卷十九《耿弇传》)。这个时候更始已由洛阳迁都长安,政事紊乱,四方皆叛。光武遂由邯郸进取邺城。邺乃河北的咽喉,北蔽幽冀,南压区夏,自古起于河北者,未尝不争邺城。光武既取邺城,遂南定河内。河内北通上党,南迫洛阳,而户口殷实,光武得之,可供缮兵积粟之用。

> 河内带河为固,户口殷实,北通上党,南迫洛阳……乃拜寇恂河内太守,行大将军事。光武谓恂曰,河内完富,吾将因是而起。昔高祖留萧何镇关中,吾今委公河内,坚守转运,给足军粮,率厉士马,防遏它兵,勿令北度而已。(《后汉书》卷四十六《寇恂传》)

于是南取洛阳,以为首都。洛阳为兵家所必争。但洛阳乃四战之地,欲守洛阳,必须东灭刘永,南平秦丰,西定关中,北取并州。刘永雄踞睢阳,睢阳翼蔽淮徐,屏藩三河。景帝时,七国叛变,梁当其冲,吴楚之兵不能过而西,卒以破灭。光武不得睢阳,不但洛阳危险,而张步、李宪亦难夷灭。秦丰据黎丘,黎丘西接益梁,与关陇咫尺,北去河洛,不盈千里,进可以图中原,退可以略江左。光武不取黎丘,若拱手以让成家,则公孙述之兵一旦出扞关,南据江陵(郢),北取襄阳(鄢),长沙以南必望风而靡,而宛洛之地亦将受其胁迫。刘永、秦丰才非人雄,所以光武兴师讨伐,无不覆亡。并州据天下之肩背,由晋阳,出井陉,可以窥取冀州,由上党,下壶关,可以蚕食三河。关中处天下之上游,出潼关,取蒲坂,可以控制河东,出武关,至南阳,可以略取宛洛。当时并州之地尚未属人,光武得之,既无异于探囊取物。而关中又为赤眉所据,赤眉行同流寇,民庶离心,所以王师一至,就见覆灭。

在赤眉蹂躏关中,而又值光武经营山东,无遑西伐之际,陇西有隗嚣,益州有公孙述。隗嚣起自天水,割据四郡,兵强士附,三辅父老皆归依之。

> 赤眉入关,三辅扰乱……及更始败,三辅耆老士大夫皆奔归嚣,嚣素谦恭爱士,倾身引接,为布衣交。由是名震西川,闻于山东。(《后汉书》卷四十三《隗嚣传》)

倘能东收三辅,则以高屋建瓴之势,可以东向而争天下。万一图王不成,亦得据陇自守,畜养士马,以待四方之变,且看其将王元之言。

> 隗嚣将王元说嚣曰,今天水完富,士马最强,北收西河、上郡,东收三辅之地,按秦旧迹,表里河山,元请以一丸泥为大王东封函谷关,此万世一时也。若计不及此,且畜养士马,据陇自守,旷日持久,以待四方之变。图王不成,其弊犹足以霸。要之鱼不可脱于渊,神龙失势,即还与蚯蚓同。嚣……负其险厄,欲专方面,于是游士长者稍稍去之。(《后汉书》卷四十三《隗嚣传》)

顾乃优柔不断,"欲退为西伯之事","偃武息戈,卑辞事汉,喟然自以为武王复出也"(《后汉书》卷四十三《公孙述传》)。到了关东悉平,方才倔强自雄,区区数郡,欲御堂堂之师,其每战辄败,恚愤而死,可以说是自取其殃。

公孙述起自成都,北守南郑,东据扞关,尽有益州之地。蜀地肥饶,兵力精强,而自更始败后,光武方事山东,未遑西伐,关中豪杰莫知所属,多往归之。

> 公孙述恃其地险众附……自立为蜀王,都成都。蜀地肥饶,兵力精强,远方士庶多往归之……建武元年四月,遂自立为天子,号成家……北

守南郑……东据扞关,于是尽有益州之地。自更始败后,光武方事山东,未遑西伐,关中豪杰吕鲔等往往拥众以万数,莫知所属,多往归述。(《后汉书》卷四十三《公孙述传》)

就天时说,就地利说,均足大有为于天下。即如李熊所说:

> 李熊说述曰,今山东饥馑,人庶相食,兵所屠灭,城邑丘墟。蜀地沃野千里,土壤膏腴……北据汉中,杜褒斜之险;东守巴郡,拒扞关之口。地方数千里,战士不下百万,见利则出兵而略地,无利则坚守而力农。东下汉水,以窥秦地,南顺江流,以震荆扬,所谓用天因地,成功之资。(《后汉书》卷四十三《公孙述传》)

若能从荆邯之言,北出汉中,蚕食秦陇,东出江陵,窥伺荆湘,则天下大势尚不可知。

> 荆邯说述曰,臣之愚计以为宜及天下之望未绝,豪杰尚可招诱,急以此时发国内精兵,令田戎据江陵,临江南之会,倚巫山之固,筑垒坚守,传檄吴楚,长沙以南必随风而靡。令延岑出汉中,定三辅,天水、陇西拱手自服。如此海内震摇,冀有大利。(《后汉书》卷四十三《公孙述传》)

但公孙述察察为明,好修边幅,天下未定,便立二子为王。

> 述性苛细,察于小事,敢诛杀而不见大体,好改易郡县官名。然少为郎,习汉家制度,出入法驾,銮旗旄骑,陈置陛戟,然后辇出房闼。又立其两子为王,食犍为、广汉各数县。群臣多谏,以为成败未可知,戎士暴露,而遽王皇子,示无大志,伤战士心。述不听,唯公孙氏得任事,由此大臣皆怨。(《后汉书》卷四十三《公孙述传》)

刘项相争之际，张良曾说："且夫天下游士离亲戚，弃坟墓，去故旧，从陛下者，但日夜望咫尺之地。"（《汉书》卷四十《张良传》）公孙述不封诸将，而王皇子，大臣皆怨，将帅离心，其身死国亡，可以说是理之当然。

光武剪除群雄之后，割据局面复归于统一，遂由长安迁都洛阳。长安四塞之国，洛阳居天下之中，为四方必争之地，天下无事则已，有事则洛阳必先受兵。东汉所以不都长安而都洛阳，乃是因为三辅荒凉，不能以为国都。

  时三辅大饥，人相食，城郭皆空，白骨蔽野。（《后汉书》卷四十一《刘盆子传》）

  关中遭王莽变乱，宫室焚烧，民庶涂炭，百不一存。（《后汉书》卷八十四《杨彪传》）

  长安遭赤眉之乱，宫室营寺焚灭无余。（《后汉书》卷一百二《董卓传》）

西汉时三辅乃富庶之区。平帝元始二年，户六十四万七千一百八十，口二百四十三万六千三百六十。至东汉顺帝永和五年，虽经数世休养生聚，户仅十万七千七百四十一，口仅五十二万三千八百六十。户减少六分之五，口减少五分之四。

两汉三辅户口比较表①

地名	西汉		东汉	
	户数	口数	户数	口数
京兆尹	195702	682468	53299	285574
左冯翊	235101	917822	37090	145195
右扶风	216377	836070	17352	93091
总计	647180	2436360	107741	523860

户口为古代财富的基础，户口减少，该地的税收也随之减少。在交通不

---

① 本表据《汉书》卷二十八上《地理志》上及《后汉书》卷二十九《郡国志一》。

便的时代,中央政府财政上若须仰给于外郡,政治上必将受制于外郡。秦汉政府常将户口移殖关中,就是要加强关中的富庶,使首都能够支配全国。三河之地虽然户口比前汉也减少了许多,而较之三辅尚可称为稠密。

两汉三河户口比较表①

地名	西汉		东汉	
	户数	口数	户数	口数
河南	276444	1740279	208486	1010827
河内	241242	1067097	159770	801558
河东	236896	962912	93543	570803
总计	754582	3770298	461799	2383188

兼以关中北近匈奴,西接诸羌。汉高祖起自匹夫,有冒险的精神,故敢自临危险之地,而寓卧薪尝胆之意。此后武帝置朔方,开河西,卒使关中成为险固之区。然元帝之世尚有人提议徙都洛阳,西远羌胡之难(《汉书》卷七十五《翼奉传》)。光武"重慎畏事",当其剪灭群雄之际,三辅荒凉,胡骑南下,而西羌且寇金城陇西(参阅《后汉书》卷一百十九《南匈奴传》及卷一百十七《西羌传》)。朔方不守,河西不固,关中之地已不险固。

就经济说,长安不如洛阳富庶;就国防说,长安不如洛阳安全。光武不都长安而都洛阳,殆此之由。然而因此三辅遂委于胡羌,三辅不守,洛阳亦非久安之地。胡羌休养生聚,经三国而至晋代,遂乘中原多事之际,发生了五胡乱华之事。

光武平定海内,曾实行许多政策。我们知道户口超过于食粮,乃是吾国古代社会问题发生的原因。东汉初年,户口比之西汉相差甚巨。

> 元始(平帝)二年,民户千三百二十三万三千六百一十二,口五千九百一十九万四千九百七十八人……汉之极盛也。及王莽篡位,继以更始

---

① 本表据《汉书》卷二十八上《地理志》上及《后汉书》卷二十九《郡国志一》。

赤眉之乱,至光武中兴,百姓虚耗,十有二存。中元(光武)二年,民户四百二十七万千六百三十四,口二千一百万七千八百二十人。(《后汉书》卷二十九《郡国志一》注引《帝王世纪》)

以当时生产技术言,食粮的增加往往比不过人口的增加。户口减少,土地的生产可以供给社会的需要。而在大乱之后,人民希望于政府者不能积极的建设,而是消极的休息。换句话说,西汉初年的黄老主义也是东汉初年百姓所要求的。黄老主义应用于政治之上,则为安静,光武便是应用安静以治理天下的。

初光武长于民间,颇达情伪,见稼穑艰难,百姓病害。至天下已定,务用安静,解王莽之繁密,还汉世之轻法。(《后汉书》卷一百六《循吏传序》)

安静就是予民休息,而其方法则为减政。减政有两个意义,一是省事,二是省官,而省官则以省事为前提,关于省事,文书调役务从简寡。

时兵革既息,天下少事,文书调役务从简寡,至乃十存一焉。(《后汉书》卷一下《光武帝纪》建武十三年)

关于省官,《百官志》(《后汉书》卷三十四《百官志一》)云:"世祖中兴,务从节约,并官省职,费减亿计。"其最甚者则为地方官的省并,此盖户口减耗之故。

世祖中兴,海内人民可得而数,裁十二三。边陲萧条,靡有孑遗……上笑曰,今边无人,而设长吏治之,难如《春秋》素王矣。(应劭《汉官仪》卷上)

计其所省并者,有四百余县之多。《百官志》(《后汉书》卷三十八《百官志五》)云:"世祖并省郡县四百余所,后世稍复增之。"建武六年六月辛卯诏云:

夫张官置吏所以为人也。今百姓遭难,户口耗少,而县官吏职所置

尚繁,其令司隶、州牧各实所部,省减吏员,县国不足置长吏可并合者,上大司徒、大司空二府。(《后汉书》卷一下《光武帝纪》)

于是"条奏并省四百余县,吏职减损,十置其一"(《后汉书》卷一下《光武帝纪》建武六年)。省事省官乃所以节省国家的经费,而减少人民的负担。人民既承王莽的虐政,又受绿林、赤眉的焚掠,一旦得息仔肩,社会问题已经解决了一半。而光武在这减政之下,又施行下列三种政策,以解决西汉遗留下来的社会问题。

(一) 对于农民实行减税

西汉田赋本来是三十税一,农民贫穷不是受田赋的压迫,而是受佃租的压迫。东汉初年,全国户口变动甚大,这个时候,地主之因兵乱而死亡者必定不少。地主死亡,土地就变为无主的土地,或为豪族兼并,或被细民横领。细民固然希望减税,而豪强也因为减税可以增加自己的收入,表示欢迎。

> 建武六年十二月癸巳,诏曰,顷者师旅未解,用度不足,故行什一之税。今军士屯田,粮储差积,其令郡国收见田租,三十税一,如旧制。(《后汉书》卷一下《光武帝纪》)

(二) 对于豪强略加抑制

西汉以来,豪族渐有势力,其状无异于封建领主。邓禹不能平定三辅,即因郡县大姓各拥兵众(《后汉书》卷四十七《冯异传》)。隗嚣所以覆亡,乃因北地豪长叛变而降于冯异(《后汉书》卷四十七《冯异传》)。光武不杀韩歆,而用为邓禹军师,亦因歆乃南阳大人(《后汉书》卷四十七《岑彭传》,章怀注云,大人谓大家豪右)。鬲县五姓(章怀注云,五姓盖当土强宗豪右也)共逐守长,据城而反。吴汉不肯进攻,反而使人谢过(《后汉书》卷四十八《吴汉传》),由此可知在光武与群雄角逐之际,豪族有举足轻重之势。然而豪族兼并,武断乡曲,又和集权政府冲突。光武未得政权

以前,固然不能不拉拢豪族,而既得政权之后,又不能不抑制豪族。班固云:

> 自建武永平,民亦新免兵革之祸,人有乐生之虑,与高惠之间同,而政在抑强扶弱,朝无威福之臣,邑无豪桀之侠。(《汉书》卷二十三《刑法志》)

光武如何抑制豪族?豪族能够武断乡曲,因为他们有田地,有广大的田地,所以要彻底打击豪族,只有没收他们的土地,而分配给贫民,王莽的井田圣制就是为达成这个目的而颁布的。但是井田制度唯于土广人稀之时,即唯于政府有无限量的土地之时,才得实行。否则人口增加,土地不够分配,井田制度便归破坏。东汉初年,人口固然虚耗,而豪杰的势力却已根深蒂固,不易摧毁。吾人观皇家子弟至死,尚为豪族李子春游说,即可知之。

> 赵熹拜怀令,大姓李子春……豪猾并兼,为人所患,熹下车,闻其二孙杀人事,未发觉,即穷诘其奸,收考子春,二孙自杀,京师为请者数十,终不听。时赵王良疾病将终,车驾亲临王,问所欲言。王曰,素与李子春厚,今犯罪,怀令赵熹欲杀之,愿乞其命。帝(光武)曰,吏奉法律,不可枉也,更道它所欲。王无复言。即薨,帝追感赵王,乃贳出子春。(《后汉书》卷五十六《赵熹传》)

在这种情势之下,光武当然不能蹈王莽之覆辙,没收豪族的土地。而征之西汉历史,限田制度亦难成功。无已,只有妥协,谋赋税的均平,即放弃"耕者有其田"的理想,而实行"有田必有税"的政策。西汉赋税以田租及口赋为主,东汉沿而未革。而要谋赋税的均平,又须检核田亩户口。

> 建武十五年六月,诏下州郡,检核垦田顷亩及户口年纪。(《后汉书》卷一下《光武帝纪》)

然而检核田亩户口之时,竟然引起了豪族的叛变。

建武十六年秋九月,河南尹张伋及诸郡守十余人坐度田不实,皆下狱死。郡国大姓及兵长群盗处处并起,攻劫在所,害杀长吏。郡县追讨,到则解散,去复屯结,青徐幽冀四州尤甚。冬十月,遣使者下郡国,听群盗自相纠擿,五人共斩一人者除其罪。吏虽逗留回避故纵者皆勿问,听以禽讨为效。其牧守令长坐界内盗贼而不收捕者,又以畏慑捐城委守者皆不以为负,但取获贼多少为殿最,唯蔽匿者乃罪之。于是更相追捕,贼并解散,徙其魁帅于它郡,赋田受禀,使安生业。(《后汉书》卷一下《光武帝纪》)

是时天下垦田多不以实,又户口年纪互有增减。十五年,诏下州郡检核其事,而刺史太守多不平均,或优饶豪右,侵刻赢弱,百姓嗟怨,遮道号呼。时诸郡各遣使奏事,帝见陈留吏牍上有书,视之云颍川、弘农可问,河南、南阳不可问。帝诘吏由趣,吏不肯服,抵言于长寿街上得之。帝怒,时显宗为东海公,年十二,在幄后言曰,吏受郡敕,当欲以垦田相方耳。帝曰,即如此,何故言河南、南阳不可问?对曰,河南帝城多近臣,南阳帝乡多近亲,田宅逾制,不可为准。帝令虎贲将诘问吏,吏乃实首服如显宗对。如是遣谒者考实,具知奸状。(《后汉书》卷五十二《刘隆传》)

由这两事观之,可知郡国大姓不是单单因为度田不实而生叛变,乃是因为反对度田,而度田之时又有利于显贵的豪族,不利于土著的大姓,故乃勾结群盗,称兵作乱。倘令刺史太守只知优饶豪右,侵刻赢弱,则郡国大姓只有欢迎,何必攻击在所,杀害长吏。但是光武竟然不敢利用兵力镇压他们,只能遣使者下郡国,听其自相纠摘,而纠摘之后,又只能徙其魁帅于它郡,赋田受禀,使安生业。光武对付豪族如何妥协,观此可以知道。

(三) 对于奴隶稍予保护

西汉末年奴隶制度发生弊端。成帝时师丹提议限制奴隶人数(《汉书》卷二十四上《食货志》)。王莽篡位,以奴隶"逆天心,悖人伦,缪于天地之性人为贵之义",乃改奴婢曰私属,不得买卖(《汉书》卷九十九中《王莽传》),即亦不废除奴隶制度。莽末天下旱蝗,黄金一斤易粟一斛(《后汉书》卷一上《光武帝纪》建武二年),良民之贩卖为奴婢者为数必定不少。骨肉离散,怨毒之气弥漫于社会之上,这不失为一个重大问题。所以光帝即位,就讲求解决奴隶制度。其法可分别为两种,一是解放一部分的奴隶,亘光武一代,解放奴隶的命令共发六次。兹列表如次。

光武解放奴隶表①

年月	事略
建武二年五月癸未	诏曰,民有嫁妻卖子,欲归父母者,恣听之。敢拘执,论如律。
建武六年十一月丁卯	诏王莽时吏人没入为奴婢,不应旧法者,皆免为庶人。
建武七年五月甲寅	诏吏人遭饥乱及为青徐贼所略为奴婢下妻,欲去留者,恣听之。敢拘制不还,以卖人法从事。
建武十二年三月癸酉	诏陇蜀民被略为奴婢自讼者,及狱官未报,一切免为庶民。
建武十三年十二月甲寅	诏益州民自八年以来被略为奴婢者,皆一切免为庶民,或依托为人下妻,欲去者,恣听之。敢拘留者比青徐二州以略人法从事。
建武十四年十二月癸卯	诏益凉二州奴婢自八月以来,自讼在所官,一切免为庶民,卖者无还直。

二是提高奴隶的法律地位。亘光武一代,曾发布命令三次。即:

光武保护奴隶表②

年月	事略
建武十一年二月己卯	诏曰,天地之性,人为贵,其杀奴婢,不得减罪。
建武十一年八月癸亥	诏曰,敢炙灼奴婢,论如律,免所炙灼者为庶民。
建武十一年十月壬午	诏除奴婢射伤人弃市律。

就是光武并不废除奴隶制度,而只解放一部分的奴隶,并于法律之上保

---

① 本表据《后汉书》卷一下《光武帝纪》。
② 本表据《后汉书》卷一下《光武帝纪》。

护奴隶的安全。盖豪族的势力既然雄大,而社会贫富又不均平,在这种经济基础之上,奴隶制度自难消灭,只有用法律承认奴隶制度,并用法律禁止奴主虐待奴隶。

总之,光武统一天下之后,有鉴于王莽的失败,对于西汉遗留下来的社会问题,不敢过事改革,只有基于安静主义,稍加整顿。当时户口减少,土地的生产可以供给社会的需要,所以稍稍施行社会政策,社会就可以安平无事,而现出小康的状态。

第二节
汉族与蛮族的冲突

国家强弱乃以户口多寡为标准,因为民多则田垦而税增,役众而兵强,叶水心说:

> 为国之要在于得民,民多则田垦而税增,役众而兵强。田垦税增,役众兵强,则所为而必从,所欲而必遂……然则因民之众寡为国之强弱,自古而然矣。(《文献通考》卷十一《历代户口丁中职役》)

光武之时,户口比之西汉,减耗甚巨,边方尤见萧条。

> 世祖中兴,海内人民可得而数,裁十二三,边陲萧条,靡有孑遗,鄣塞破坏,亭障绝灭。(应劭《汉官仪》卷上)

户口减耗,当然田荒而税减,役寡而兵弱,而边方萧条,就国防说,尤觉危险。盖"边俗尚勇力"(《后汉书》卷四十八《盖延传》),铫期说:

> 河北之地,界接边塞,人习兵战,号为精勇。(《后汉书》卷五十《铫期传》)

界接边塞者尚习兵战,边塞之人更不必说。郑太云:

关西诸郡颇习兵事,自顷以来,数与羌战,妇女犹戴戟操矛,挟弓负矢,况其壮勇之士以当妄战之人乎?(《后汉书》卷一百《郑太传》)

所以边民减少就是边兵减少。其减少情况可列表如次。

两汉沿边十二郡户口比较表

郡名	西汉		东汉	
	户数	口数	户数	口数
北地	64461	210688	3122	18637
朔方	34338	136628	1987	7843
五原	39322	231328	4667	22957
云中	38303	173270	5351	26430
定襄	38559	163144	3153	13571
雁门	73138	293454	31862	249000
代郡	56771	278754	20122	126188
西河	136390	698836	5698	20838
上谷	36000	117762	10352	51204
渔阳	68802	264116	68456	435740
右北平	66689	320780	9170	53475
辽西	72654	352325	14150	81714

两汉河西四郡户口比较表①

郡名	西汉		东汉	
	户数	口数	户数	口数
敦煌	11200	38325	748	29170
酒泉	18137	76726	12706	

---

① 以上两表据《汉书·地理志》《后汉书·郡国志》。

续　表

郡名	西汉		东汉	
	户数	口数	户数	口数
张掖	24352	88731	6552	26040
武威	17580	76419	10043	34226

在这种环境之下，东汉政府对于边防已经感觉空虚了。而天下疲耗，人民思乐息肩，所以光武不言军旅之事。

> 初帝在民间，久厌武事，且知天下疲耗，思乐息肩。自陇、蜀平后，非儆急，未尝复言军旅。（《后汉书》卷一下《光武帝纪》中元二年）

因之，对于外寇，尤其对于匈奴，虽然王莽时代匈奴又复叛乱，而光武只能赂遗金币，以通旧好。臧宫说：

> 匈奴贪利，无有礼信，穷则稽首，安则侵盗。（《后汉书》卷四十八《臧宫传》）

匈奴之性如此，所以汉遗金币，不但不能挽救边境之急，而匈奴因此反而骄踞起来。

> 光武初平诸夏，未遑外事……赂遗金帛，以通旧好，而单于骄踞，自比冒顿，对使者辞语悖慢。（《后汉书》卷一百十九《南匈奴传》）

且乘中原多事之际，侵入内郡，而令光武不能不于腹地，筑堡垒，起烽燧以成之。

> 马成拜扬武将军……屯常山中山以备北边……缮治障塞，自西河至

渭桥,河上至安邑,太原至井陉,中山至邺,皆筑保壁,起烽燧,十里一候。(《后汉书》卷五十二《马成传》)

对付夷狄实如耿秉所说,只有"以战去战"(《后汉书》卷四十九《耿秉传》),而"以战去战"之法又如班超所说:"以夷狄攻夷狄,计之善者也。"(《后汉书》卷七十七《班超传》)光武末年,匈奴连年旱蝗,人畜死亡大半。

匈奴中连年旱蝗,赤地数千里,草木尽枯,人畜饥疫,死耗太半。(《后汉书》卷一百十九《南匈奴传》)

而又分为南北两庭。南庭欲得汉助,奉藩称臣。

南匈奴醢落尸逐鞮单于比者,呼韩邪单于之孙,乌珠留若鞮单于之子也。自呼韩邪后,诸子以次立,至比季父孝单于舆时,以比为右薁鞬日逐王,部领南边及乌桓……初单于弟右谷蠡王伊屠知牙师,以次当左贤王。左贤王即是单于储副。单于欲传其子,遂杀知牙师……比见知牙师被诛,出怨言曰,以兄弟言之,右谷蠡王次当立;以子言之,我前单于长子,我当立,遂内怀猜惧,庭会稀阔,单于疑之,乃遣两骨都侯监领比所部兵。二十二年,单于舆死,子左贤王乌达鞮侯立为单于,复死,弟左贤王蒲奴立为单于。比不得立,既怀愤恨……密遣汉人郭衡奉匈奴地图,二十三年,诣西河太守求内附……二十四年春,八部大人共议立比为呼韩邪单于,以其大父尝依汉得安,故欲袭其号,于是款五原塞,愿永为蕃蔽,扞御北虏……其冬比自立为呼韩邪单于(章怀注云,《东观记》曰,十二月癸丑,匈奴始分为南北单于)。二十五年……南单于复遣使诣阙,奉藩称臣,献国珍宝。(《后汉书》卷一百十九《南匈奴传》)

光武给以西河美稷之地,令其扞御北虏。

二十六年……诏单于徙居西河美稷……南单于既居西河,亦列置诸部王,助为扞戍,使韩氏骨都侯屯北地,右贤王屯朔方,当于骨都侯屯五原,呼衍骨都侯屯云中,郎氏骨都侯屯定襄,左南将军屯雁门,栗籍骨都侯屯代郡,皆领部众,为郡县侦罗耳目。(《后汉书》卷一百十九《南匈奴传》)

北庭恐汉讨伐,屡求和亲。

二十七年,北单于遂遣使诣武威求和亲,天子召公卿廷议,不决。皇太子言曰,南单于新附,北虏惧于见伐,故倾耳而听,争欲归义耳。今未能出兵,而反交通北虏,臣恐南单于将有二心,北虏降者且不复来矣。帝然之,告武威太守勿受其使。(《后汉书》卷一百十九《南匈奴传》)

遂从班彪之议,既不助南,亦不绝北,使二虏互相猜忌。

二十八年,北匈奴复遣使诣阙,贡马及裘,更乞和亲……司徒掾班彪奏曰……今北匈奴见南单于来附,惧谋其国,故数乞和亲……臣见其献益重,知其国益虚;归亲愈数,为惧愈多。然今既未获助南,则亦不宜绝北。羁縻之义,礼无不答,谓可颇加赏赐,略与所献相当,明加晓告以前世呼韩邪郅支行事……帝悉纳从之。(《后汉书》卷一百十九《南匈奴传》)

明帝即位,时天下安平已久,颇有余力,外事四夷,于是募民戍边,以固边防。

永平元年七月,募士卒戍陇右,赐钱人三万。(《后汉书》卷二《明帝纪》)

次置度辽营,以防二虏交通。

永平八年,郑众上言,宜更置大将,以防二虏交通,由是始置度辽营。(《后汉书》卷一百十九《南匈奴传》)

此时也,岁比登稔,百姓殷富。

是岁天下安平,人无徭役,岁比登稔,百姓殷富,粟斛三十,牛羊被野。(《后汉书》卷二《明帝纪》永平十二年)

于是明帝遂有北伐之意,谋根本解决匈奴问题。

时天下乂安,帝(明帝)欲遵武帝故事,击匈奴,通西域。(《后汉书》卷五十三《窦固传》)

我们知道匈奴之地以朔方一带最为肥饶,其次则为河西四郡。两地经武帝开置,到了东汉,已经成为中国的版图。匈奴的财政只有仰给西域。建武中,西域已求内属,光武以天下初定,未遑外事,竟不许之。

王莽篡位,贬易侯王,由是西域怨叛,与中国遂绝,并复役属匈奴。匈奴敛税重刻,诸国不堪命。建武中,皆遣使求内属,愿请都护。光武以天下初定,未遑外事,竟不许之。(《后汉书》卷一百十八《西域传》)

明帝既有志于解决匈奴,于是如何断绝匈奴与西域的交通,又成为一个重要问题。伊吾为西域的门户,欲通西域,必须取得伊吾,而伊吾之地又甚膏腴,可以屯田积谷。

自伊吾北通车师……此其西域之门户也……伊吾地宜五谷、桑麻、蒲萄,其北又有柳中,皆膏腴之地,故汉常与匈奴争车师、伊吾,以制西域

焉。(《后汉书》卷一百十八《西域传》)

所以明帝又命将出师,夺取伊吾,留兵屯田于其地。①

十六年,明帝乃命将帅北征匈奴,取伊吾、卢地,置宜禾都尉以屯田,遂通西域。(《后汉书》卷一百十八《西域传》)

并命班超经营西域。鄯善、于阗、疏勒悉降。

窦固出击匈奴,以超为假司马……使西域。超到鄯善,鄯善王广奉超礼敬甚备,后忽更疏懈。超谓其官属曰……此必有北虏使来,狐疑未知所从故也……超乃……悉会其吏士三十六人……往奔虏营……斩其使……召鄯善王广,以虏使首示之;一国震怖,超晓告抚慰,遂纳子为质……是时于阗王广德新攻破莎车,遂雄张南道,而匈奴遣使监护其国。超既西,先至于阗,广德礼意甚疏。且其俗信巫,巫言神怒,何故欲向汉……超既斩巫首以送广德,因辞让之。广德……大惶恐,即攻杀匈奴使者而降超……时龟兹王建为匈奴所立,倚恃虏威,据有北道,攻破疏勒,杀其王,而立龟兹人兜题为疏勒王……超从间道至疏勒……劫缚兜题……立其故王兄子忠为王,国人大悦。(《后汉书》卷七十七《班超传》)

明帝崩殂,章帝即位,最初曾发生过两次牛疫。

章帝即位,是岁牛疫。建初元年春正月丙寅,诏曰,比年牛多疾疫,

---

① 据《后汉书》卷五十三《窦固传》,是役分四路进兵,讨伐北匈奴,一路由窦固、耿忠率酒泉、敦煌、张掖甲卒及卢水羌胡万二千骑出酒泉塞,一路由耿秉、秦彭率武威、陇西、天水募士及羌胡万骑出居延塞,一路由祭彤、吴棠将河东、北地、西河羌胡及南单于兵万一千骑出高阙塞,一路由来苗、文穆将太原、雁门、代郡、上谷、渔阳、右北平、定襄郡兵及乌桓、鲜卑万一千骑出平城塞。

垦田减少,谷价颇贵,人以流亡。(《后汉书》卷三《章帝纪》)

建初四年冬,牛大疫。(《后汉书》卷三《章帝纪》)

牛是吾国古代农业的工具。吾人观庐江百姓不知牛耕之时,食常不足;到了知道用犁,境内便见丰给。牛与农业有密切的关系,由此可以知道。

王景迁庐江太守,先是百姓不知牛耕,致地力有余,而食常不足……景教用犁耕,由是垦辟倍多,境内丰给。(《后汉书》卷一百六《王景传》)

牛多疾疫,垦田减少,所以章帝不能继续明帝未竟的功业,且罢伊吾屯田之兵,于是北匈奴又遣兵守伊吾地①。

章帝不欲疲敝中国,以事夷狄,乃……罢屯田伊吾,匈奴因遣兵守伊吾地。(《后汉书》卷一百十八《西域传》)

牛疫之灾影响于农业的生产,为时大率甚久,吾人观元和二年二月甲戌诏尚有"自牛疫以来,谷食连少"之语,即可知之。在这种经济之下,当然不能外事四夷。按两汉初年中国所以受到匈奴压迫,实因户口减耗,章帝虽然不欲外事,而却能讲求生殖政策。

元和二年春正月乙酉,诏曰,令云人有产子者,复勿算三岁(《集解》引惠栋曰,高祖七年令也)。今诸怀孕者,赐胎养谷,人三斛,复其夫勿算一岁,著以为令。(《后汉书》卷三《章帝纪》)

所以不久人口比之光武时代乃增加了一倍。

---

① 据《后汉书》卷三《章帝纪》,罢伊吾屯田为建初二年之事。

光武明章时代户口增加表①

年代	户数	口数
光武中元二年	4279634	21007820
明帝永平十八年	5860573	34125021
章帝章和二年	7456784	43356367

人口增加，当然是田垦而税增，役众而兵强。所以和帝即位，就乘北庭大乱，加以饥蝗之际，命将出师，一举而大破之。

> 时北虏大乱，加以饥蝗，降者前后而至，南单于将并北庭。会肃宗崩，窦太后临朝。其年七月，单于上言……宜及北虏分争，出兵讨伐，破北成南，并为一国，令汉家长无北念……太后以示耿秉。秉上言……今幸遭天授，北虏分争，以夷伐夷，国家之利，宜可听许……太后从之。永元元年，以秉为征西将军，与车骑将军窦宪率骑八千，与度辽兵及南单于众三万骑出朔方，击北虏，大破之，北单于奔走，首虏二十余万。（《后汉书》卷一百十九《南匈奴传》）

这个时候班超也完全平定了西域。②

> 超欲……巨平诸国，乃上疏……曰……以夷狄攻夷狄，计之善者也。臣见莎车、疏勒田地肥广，草木饶衍，不比敦煌、鄯善间也。兵可不费中国，而粮食自足……书奏，帝知其功可成……超因发疏勒、于阗兵击莎车。……而龟兹王……合五万人救之。超……追斩五千余级……莎车遂降。龟兹等因各退散，自是威震西域。初月氏尝助汉击车师有功……

---

① 本表据《后汉书》卷三十三《郡国志五》注引《帝王世纪》。
② 合前所引《班超传》言之，降鄯善、于阗为明帝永平十六年之事，降疏勒为永平十七年之事。同年窦固又进击车师，遂定车师而还。降莎车为章帝章和元年之事，降月氏为和帝永元二年之事，降龟兹为永元三年之事，降焉耆为永元六年之事。

因求汉公主，超拒还其使，由是怨恨。永元二年，月氏遣其副王谢将兵七万攻超……超度其粮将尽，必从龟兹求救，乃遣兵数百于东界要之，谢果遣骑赍金银珠玉以赂龟兹。超伏兵遮击，尽杀之，持其使首以示谢。谢大惊，即遣使请罪，愿得生还，超纵遣之。月氏由是大震，岁奉贡献。明年，龟兹、姑墨、温宿皆降……超遂发龟兹、鄯善等八国兵合七万人……讨焉耆……焉耆王广……迎超……不欲令汉军入国，超更从他道……到焉耆，去城二十里……广出不意大恐……相率诣超……超……叱吏士收广……斩之，传首京师……更立元孟（焉耆左侯，先尝质京师）为焉耆王……于是西域五十余国悉皆纳质内属焉。(《后汉书》卷七十七《班超传》)

按匈奴所恃以扰乱中国者，在于支配西域；用西域的财富，以作侵略中国的经费。班超经营西域，西域五十余国悉皆纳质内属之后，匈奴之祸便见消灭。但是安帝初年西羌作乱，西域之路断绝，北匈奴又乘机支配了西域诸国。请看班勇之言。

孝明皇帝深惟庙策，乃命虎臣出征西域，故匈奴远遁，边境得安。及至永元，莫不内属。会间者羌乱，西域复绝，北虏遂遣责诸国，备其逋租，高其价直，严以期会。鄯善、车师皆怀愤怨，思乐事汉，其路无从。(《后汉书》卷七十七《班勇传》)

从而边疆各地复受北匈奴侵略。①

孝和晏驾……永初元年……诏罢都护，自此遂弃西域。北匈奴即复收属诸国，共为边寇十数岁。(《后汉书》卷一百十八《西域传》)

朝廷不堪其扰，乃令班勇再定西域。

———
① 《后汉书》卷五《安帝纪》，永初元年六月壬戌，罢西域都护，先零种羌叛，断陇道，大为寇掠。

其后北虏连与车师入寇河西，朝廷不能禁，议者因欲闭玉门阳关，以绝其患……尚书陈忠上疏曰……孝武……开河西四郡，以隔绝南羌，收三十六国，断匈奴右臂，是以单于孤特，鼠窜远藏……今北虏已破车师，势必南攻鄯善，弃而不救，则诸国从矣。若然，则虏财贿益增，胆势益殖，威临南羌，与之交连。如此，河西四郡危矣。河西既危，不得不救，则百倍之役兴，不赀之费发矣……臣以为敦煌宜置校尉，案旧增四郡屯兵，以西抚诸国，庶足折冲万里，震怖匈奴。帝纳之，乃以班勇为西域长史，将弛刑士五百人西屯柳中，勇遂破平车师……顺帝永建二年，勇复击降焉耆，于是龟兹、疏勒、于阗、莎车等十七国皆来服从，而乌孙葱岭已西遂绝。六年，帝以伊吾旧膏腴之地，傍近西域，匈奴资之，以为钞暴，复令开设屯田，如永元时事，置伊吾司马一人。（《后汉书》卷一百十八《西域传》）

西域平定之后，匈奴之祸固然减轻，而乌桓①、鲜卑②、西羌之祸又复发

---

① 乌桓自安帝以后，常来寇边，一直到三国初期，曹操大破其众于柳城，徙万余落于中国之后，其祸才息。据《后汉书》卷一百二十《乌桓传》，乌桓者本东胡也，汉初，匈奴冒顿灭其国，余类保乌桓山，因以为号焉。俗善骑射……随水草放牧，居无常处，以穹庐为舍……乌桓自为冒顿所破，众遂孤弱，常臣伏匈奴，岁输牛马羊毛，过时不具，辄没其妻子。及武帝遣骠骑将军霍去病破匈奴左地，因徙乌桓于上谷、渔阳、右北平、辽东（辽西）五郡塞外，为汉侦察匈奴动静……光武初，乌桓与匈奴连兵为寇，代郡以东尤被其害，居止近塞，朝发穹庐，暮至城郭，五郡民庶，家受其辜，至于郡县损坏，百姓流亡……建武二十二年，匈奴国乱，乌桓乘弱击破之，匈奴转北徙数千里，漠南地空……二十五年，辽西乌桓大人郝旦等九百二十二人率众向化，诣阙朝贡……乌桓或愿留宿卫，于是封其渠帅为侯王君长者八十一人，皆居塞内，布于缘边诸郡，令招徕种人，给其衣食，遂为汉侦候，助击匈奴、鲜卑……及明章和三世，皆保塞无事。安帝永初三年夏，渔阳乌桓……寇代郡上谷，秋，雁门乌桓……寇五原……顺帝阳嘉四年冬，乌桓寇云中……永和五年，乌桓大人阿坚、羌渠等……反畔……桓帝永寿中，朔方乌桓……畔……延熹九年夏，乌桓……寇缘边九郡……灵帝初，乌桓大人……皆自称王……中平四年……诸郡乌桓……寇掠青徐幽冀四州……建安十二年，曹操自征乌桓，大破蹋顿于柳城，斩之，首虏二十余万人……其余众万余落悉徙居中国云。（《后汉书》卷一百二十《乌桓传》）

② 鲜卑自和帝以后，寇抄不已，当其盛时，尽据匈奴故地，东西万四千余里。灵帝末，兄弟争国，其势始衰。据《后汉书》卷一百二十《鲜卑传》，鲜卑者亦东胡之支也，别依鲜卑山，故因号焉。（转下页）

生。这对于东汉政权的颠覆颇有关系,胡羌寇边,国家欲加讨伐,必须扩充军备,于是租税因之增加,徭役因之繁重。农事方兴,已输谷租,田园未垦,又敛劳力,家家颠覆,骨肉分离,国民经济开始崩溃,而东汉社会便逐步踏上破灭之路。

其为祸最烈者却是西羌。即如段颎所说:"中兴以来,羌寇最盛,诛之不尽,虽降复叛。"(《后汉书》卷九十五《段颎传》)羌祸直接可以蹂躏中国的边境,而破坏沿边各郡的经济。和帝时,何敞已言:

> 凉州缘边,家被凶害(章怀注云,时西羌犯边为害也),男子疲于战阵,妻女劳于转运,老幼孤寡,叹息相依。(《后汉书》卷七十三《何敞传》)

安帝时,"羌虏飙起,边方扰乱,米谷踊贵,自关已西,道殣相望"(《后汉书》卷九十上《马融传》)。庞参亦说:

> 农功消于转运,资财竭于征发,田畴不能垦辟,禾稼不得收入,搏手困穷,无望来秋,百姓力屈,不复堪命。(《后汉书》卷八十一《庞参传》)

(接上页)其言语习俗与乌桓同……汉初,亦为冒顿所破,远窜辽东塞外,与乌桓相接,未尝通中国焉。光武初,匈奴强盛,率鲜卑与乌桓寇抄北边,杀掠吏人,无有宁岁……及南单于附汉,北虏孤弱……鲜卑大人皆来归附……明章二世保塞无事。和帝永元中,大将军窦宪……击破匈奴,北单于逃走,鲜卑因此转徙据其地。匈奴余种留者尚有十余万落,皆自号鲜卑,鲜卑由此渐盛。九年,辽东鲜卑寇右北平,因入渔阳……殇帝延平元年,鲜卑复寇渔阳……安帝元初二年秋,辽东鲜卑围无虑县……复攻扶黎营,杀长吏。四年,辽西鲜卑……遂烧塞门,寇百姓……五年秋,代郡鲜卑万余骑遂穿塞入寇,分攻城邑,烧宫寺,杀长吏而去……冬,鲜卑入上谷,攻居庸关……六年秋,鲜卑入马城塞,杀长吏……建光元年,辽西鲜卑寇居庸……延光元年冬,复寇雁门、定襄,遂攻太原,掠杀百姓……三年秋,复寇高柳……顺帝永建元年秋,辽西鲜卑寇代郡……时辽东鲜卑六千余骑亦寇辽东玄菟……三年、四年,鲜卑频寇渔阳、朔方……阳嘉二年……秋,鲜卑穿塞入马城……桓帝时,鲜卑檀石槐……兵马甚盛,东西部大人皆归焉,因南抄缘边,北拒丁零,东却夫余,西击乌孙,尽据匈奴故地,东西万四千余里……永寿二年秋,檀石槐遂将三四千骑寇云中。延熹元年,鲜卑寇北边……二年,复入雁门,杀数百人,大抄掠而去。六年夏……寇辽东属国。九年夏……入缘边九郡,并杀掠吏人……朝廷积忧之而不能制,遂遣使持印绶封檀石槐为王,欲与和亲。檀石槐不肯受,而寇抄滋甚。灵帝立,幽并凉三州缘边诸郡无岁不被鲜卑寇抄,杀略不可胜数。熹平三年冬,鲜卑入北地……五年,鲜卑寇幽州。六年夏,鲜卑寇三边……冬,鲜卑寇辽西。光和元年冬,又寇酒泉,缘边莫不被毒……光和中,檀石槐死……子和连代立……和连死,其子骞曼年少,兄子魁头立。后骞曼长大,与魁头争国,众遂离散。

间接可以断绝中国与西域的交通,而增加匈奴寇边的声势,和帝时,隃麋(县名,属右扶风)相曹凤已经建议:

> 臣愚以为宜及此时,建复西海郡县,规固二榆,广设屯田,隔塞羌胡交关之路,遏绝狂狡窥欲之源,又植谷富边,省委输之役,国家可以无西方之忧。(《后汉书》卷一百十七《西羌传》)

东汉羌祸乃开始于王莽末年,初仅寇边,继则入居塞内。

> 自王莽末,西羌寇边,遂入居塞内,金城属县多为虏有。(《后汉书》卷五十四《马援传》)

所以范晔才说:"羌虽外患,实深内疾,若攻之不根,是养疾痼于心腹也。"(《后汉书》卷一百十七《西羌传》论曰)西羌种类甚多,各有酋长,不相统一。

> 西羌种类繁炽,不立君臣,无相长一,强则分种为酋豪,弱则为人附落,更相抄暴,以力为雄。(《后汉书》卷一百十七《西羌传》)

一个种族统一则强,分立则弱。西汉时,西羌所以易制,因为它们自相攻击,及至东汉,蛮族已经知道汉家以夷攻夷的政策。

> 湟中诸胡皆言,汉家常欲斗我曹。(《后汉书》卷四十六《邓训传》)

最初诸羌之内附者与汉人杂居,尚能相安无事,只因他们受了豪右鱼肉,积以成怨,遂至反叛。班彪说[①]:

---

① 《西羌传》尚有"诸降羌布在郡县,皆为吏人豪右所徭役,积以愁怨"之语。

今凉州部皆有降羌,羌胡被发左衽,而与汉人杂处,习俗既异,言语不通,数为小吏黠人所见侵夺,穷恚无聊,故致反叛。(《后汉书》卷一百十七《西羌传》)

而居其本地者又"相与解仇结婚,交质盟诅"(《后汉书》卷四十六《邓训传》),共攻汉室。按西羌乃游牧种族,其兵长于山谷,而短于平地。

西羌所居无常,依随水草,地少五谷,以产牧为业……其兵长在山谷,短于平地,不能持久,而果于触突。(《后汉书》卷一百十七《西羌传》)

反之中国因环境关系,还是如晁错所说:

上下山阪,出入溪涧,中国之马弗与也。险道倾仄,且驰且射,中国之骑弗与也。(《汉书》卷四十九《晁错传》)

若据虞诩之言,羌人所恃者为马队,而东汉乃以步兵与其交战,这自非败北不可。虞诩之言如次:

兵法,弱不攻强,走不逐飞,自然之势也。今虏皆马骑,日行数百,来如风雨,去如绝弦,以步追之,势不相及,所以旷而无功也。(《后汉书》卷一百十七《西羌传》)

顺帝时,梁商比较中国与羌胡的长短。他说:

良骑野合,交锋接矢,决胜当时,戎狄之所长,而中国之所短也。强弩乘城,坚营固守,以待其衰,中国之所长也,而戎狄之所短也。(《后汉书》卷一百十九《南匈奴传》)

即在东汉,中国只能自守,至于野战则不如戎狄。战争由武帝时代的攻势变为东汉时代的守势。但要坚营固守,必须运粮,而道路难险,运粮又非易事。

> 运道艰险,舟车不通,驴马负载,僦五致一。(《后汉书》卷八十八《虞诩传》)

所以应依赵充国屯田政策,"贫破其众",否则西羌未降,而中国已经疲耗,财政上不能支持了。计东汉讨伐西羌所用金钱,前后共用去三百六十余亿。

> 永初中,诸羌反叛,十有四年,用二百四十亿。永和之末,复经七年,用八十余亿……建宁元年……拜颍破羌将军……处处破之……于是东羌悉平……费用四十四亿。(《后汉书》卷九十五《段颎传》)

其实,当诸羌作乱之时,"因其归附既久,无复器甲,或持竹竿木枝以代戈矛,或负版案以为楯,或执铜镜以象兵"(《后汉书》卷一百十七《西羌传》)。"然太守令长皆奴怯畏懦不敢击,故令虏遂乘胜上强,破州灭郡,日长炎炎。"(王符《潜夫论》第二十三篇《边议》)到了乱事扩大,"而将帅皆怯劣软弱不敢讨击,但坐调文书以欺朝廷,实杀民百则言一,杀虏一则言百,或虏实多而谓之少,或实少而谓之多"(王符《潜夫论》第二十四篇《实边》)。请看当时名将皇甫规之言:

> 微胜则虚张首级,军败则隐匿不言。(《后汉书》卷九十五《皇甫规传》)

于是羌虏之祸日益扩大,而令朝臣有放弃凉州之议。例如安帝永初元年,凉州羌虏反叛,庞参上书请将"凉州士民转居三辅";四年,又谓"宜徙边郡不能自存者,入居诸陵"(《后汉书》卷八十一《庞参传》)。关此,虞诩已有批评:

> 凉州既弃,即以三辅为塞;三辅为塞,则园陵单外(单外言无蔽障),此不可之甚者也……今羌胡所以不敢入据三辅,为心腹之害者,以凉州

在后故也。其土人所以推锋执锐，无反顾之心者，为臣属于汉故也。若弃其境域，徙其人庶，安土重迁，必生异志。(《后汉书》卷八十八《虞诩传》)

王符亦说：

> 失凉州，则三辅为边；三辅内入，则弘农为边；弘农内入，则洛阳为边。(王符《潜夫论》第二十二篇《救边》)

这个时期"百姓昼夜望朝廷救己"，而"公卿苟以己不被伤，故竞割国家之地以与敌，杀主上之民以喂羌"(《潜夫论》第二十三篇《边议》)。"假使公卿子弟有被羌祸，朝夕切急如边民者，则竞言当诛羌矣。"(同上第二十二篇《救边》)王符此言可以说是道破公卿的心理。于是羌祸就由凉州蔓延内郡。请看王符之言。

> 往者羌虏背叛，始自凉并，延及司隶，东祸赵魏，西钞蜀汉，五州残破，六郡削迹，周回千里，野无孑遗，寇钞祸害，昼夜不止，百姓灭没，日月焦尽。(王符《潜夫论》第二十二篇《救边》)

此时也，"诸将进战则兵败，退守则城亡"(王符《潜夫论》第二十一篇《劝将》)，而"军士劳怨，困于猾吏，进不得快战以徼功，退不得温饱以全命"，是以"徒见王师之出，不闻振旅之声"(《后汉书》卷九十五《皇甫规传》)。兼以刑赏不明，有如王符所说：

> 凡人所以肯赴死亡而不辞者，非以趋利，则因以避害也，无贤鄙愚智皆然。顾其所利害有异尔，不利显名，则利厚赏也；不避耻辱，则避祸乱也……是以一旦军鼓雷震，旌旗并发，士皆奋激竞于死敌者，岂其情厌久生而乐害死哉？乃义士且以徼其名，贪夫且以求其赏尔。今吏从军败没、死公事者以十万数，上不闻吊唁嗟叹之荣名，下又无禄赏之厚实，节士无以劝慕，庸夫无所贪利，此其所以人怀沮解，不肯复死者也……言赏

则不与,言罚则不行,士进有独死之祸,退蒙众生之福,此其所以临阵亡战而竟思奔北者也。(王符《潜夫论》第二十一篇《劝将》)

武器又钝,复如崔实之言:

贪饕之吏竞约其财用,狡猾之工复窃盗之,至以麻枲被弓弩,米粥杂漆,烧铠铁淬醯中,令脆易治,铠孔又褊小,不足容人。刀矛悉钝,故边民敢斗健士皆自作私兵,不肯用官器。凡汉所以能制胡者,徒擅铠弩之利也。今铠则不坚,弩则不劲,永失所恃矣。(《全后汉文》卷四十六崔实《政论》)

在这种军政之下,当然不能靖难御侮。按两汉御戎之法,根本有所不同,西汉多用自己的兵力,东汉固然主张"以战去战",而其政策纯是"以夷伐夷"。光武中兴,平定海内,其所用的兵例如吴汉一军有乌桓突骑三千人(《后汉书》卷四十八《吴汉传》)。到了天下统一,名义上是偃武修文,事实上是预防地方兵变,郡国军队多罢而不练。

建武六年,省诸郡都尉,并职太守,无都试之役(注引应劭曰,每有剧贼,郡临时置都尉,事讫罢之)……唯边郡往往置都尉及属国都尉。(《后汉书》卷三十八《百官志五》)

西汉之世,每岁立秋之日检阅地方军队,课其殿最,称为都试。末年,不轨之徒常乘都试之期,劫勒队伍,因以起事,光武有鉴于此,故罢都试。

光武徒见自西都之季,都试或以为患,韩延寿以试士僭拟不道诛,而翟义之讨王莽,李通之劝光武,皆因秋试之日,因勒军旅,诛守长,号令起军,遂罢都试之法。(《文献通考》卷一百五十《兵制二》引章氏曰内注)

都试既罢,地方军队就不训练,所以不久又罢轻车、骑士、材官、楼船等各种队伍。

建武七年三月丁酉,诏曰,今国有众军并多精勇,宜且罢轻车、骑士、材官、楼船士及军假吏,今还复民伍(《后汉书》卷一下《光武帝纪》)

凡有兵警,无不临时设营置坞。

北胡有变,则置度辽营(明帝时);南蛮或叛,则置象林兵(和帝时);羌犯三辅,则置长安雍二营(安帝时);鲜卑寇居庸,则置渔阳营(安帝时);其后盗作,缘边稍稍增兵(顺帝时);而魏郡、赵国、常山、中山六百一十六坞,河内、通谷、冲要三十三坞,扶风、汉阳、陇道三百坞(《西羌传》),置屯多矣。(《文献通考》卷一百五十《兵制二》)

而征讨之事则以京师之兵任之,连年露暴,奔命四方,遂致京师之兵亦疲敝不堪,凡遇寇警,无不临时取办,军事废弛,所以战多败北。

自光武罢都试,而外兵不练,虽疆场之间,广屯增戍,列营置坞,而国有征伐,终借京师之兵以出。盖自建武迄于汉衰,匈奴之寇,鲜卑之寇,岁岁有之,或遣将出击,或移兵留屯,连年暴露,奔命四方,而禁旅无复镇卫之职矣。至安帝永初间,募入钱谷,得为虎贲、羽林、缇骑营士,而营卫之选亦衰矣。桓帝延熹间,诏减羽林、虎贲不任事者半俸,则京师之兵亦单弱矣。外之士兵不练,而内之卫士不精,设若盗起一方,则羽檄被于三边,兴发甲卒,取办临时,战非素具,每出辄北。(《文献通考》卷一百五十《兵制二》章氏曰)

中国军队既不可用,于是攻战守御之责常委任于戎狄,例如明帝永平十六年,窦固讨伐北匈奴,多用胡羌军队。

窦固、耿忠率酒泉、敦煌、张掖甲卒及卢水羌胡万二千骑出酒泉塞。耿秉、秦彭率武威、陇西、天水募士及羌胡万骑出居延塞。祭彤、吴棠将河东、北地、西河羌胡及南单于兵万一千骑出高阙塞。来苗、文穆将太原、雁门、代郡、上谷、渔阳、右北平、定襄郡兵及乌桓、鲜卑万一千骑出平城塞。(《后汉书》卷五十三《窦固传》)

又如和帝永元元年,窦宪讨伐北匈奴,其所统率的军队亦以胡骑居多。

永元元年,耿秉为征西将军,与车骑将军窦宪率骑八千,与度辽兵及南单于众三千骑,出朔方击北虏,大破之。(《后汉书》卷一百十九《南匈奴传》)

戎狄均是游牧民族,平素习于战争,令他们担任兵役,当然是最好的。但是组织戎狄为军队,无异供给戎狄以干戈,他们可以反戈相抗。他们既知中国军备,遂有轻视中国之心,纪律已经不佳。应劭说:

往者匈奴反叛,度辽将军马续、乌桓校尉王元发鲜卑五千余骑,又武威太守赵冲亦率鲜卑征讨叛羌,斩获丑虏,既不足言。而鲜卑越溢,多为不法,裁以军令,则忿戾作乱,制御小缓,则陆掠残害,劫居人,钞商旅,啖人牛羊,掠人兵马,得赏既多,不肯去,复欲以物买铁,边将不听,便取缣帛,聚欲烧之。边将恐怖,畏其反叛,辞谢抚顺,无敢拒违。(《后汉书》卷七十八《应劭传》)

而又久居塞内,熟悉山川险要。郑众说"单于久居汉地,具知形势"(《后汉书》卷六十六《郑众传》),一旦叛变,实难抵御。同时边方荒凉,又可以引起戎狄的觊觎。穷边之地,千里萧条,寒风裂肤,惊沙惨目,比之内郡,若异天地。内地人民不愿远徙边境,边境人民希望迁居内地,理之当然。居于内地者若非罪犯,自难迫其徙居边境;其徙于边境者,东汉政府又不能予以优典,而反听其受人虐待。

> 旧内郡徙人在边者率多贫弱，为居人所仆役，不得为吏。（《后汉书》卷四十七《贾复传》）

固然东汉政府禁止边民内徙。

> 旧制边人不得内徙。（《后汉书》卷九十五《张奂传》）

但是政治上不能予以保护，经济上不能给以利益，法律上的禁止是没有用处的。边境荒凉，自可引起戎狄内徙。建武十三年，匈奴"寇河东，州郡不能禁，于是渐徙幽并边人于常山关、居庸关已东，匈奴左部遂复转居塞内"（《后汉书》卷一百十九《南匈奴传》），此即边人内徙，戎狄乘隙入居塞内之证也。建武二十五年，封乌桓"渠帅为侯王君长者八十一人，皆居塞内，布于缘边诸郡，令招来种人，给其衣食"（《后汉书》卷一百二十《乌桓传》），而马援又置诸羌于天水、陇西、扶风三郡（《后汉书》卷一百十七《西羌传》），窦固复徙降羌七千余口居于三辅（《后汉书》卷一百十七《西羌传》），此皆承平时之事，"贪其暂安之势，信其驯服之情"（《后汉书》卷一百十七《西羌传》论曰），"始服终叛，至今为鲠"，段颎慨乎言之（《后汉书》卷九十五《段颎传》）。到了后来，戎狄步步进迫，而边郡守令又畏恶军事，往往强迫边民内徙。①

> 二千石令长多内郡人，并无战守意，皆争上徙郡县（上书求内徙），以避寇难。朝廷从之，遂移陇西徙襄武（县名，属陇西郡），安定徙美阳（县名，属右扶风），北地徙池阳（县名，属左冯翊），上郡徙衙（县名，属左冯翊）。百姓恋土，不乐去旧，遂乃刈其禾稼，发彻室屋，夷营壁，破积聚。时连旱蝗饥荒，而驱蹙劫略，流离分散，随道死亡，或弃捐老弱，或为人仆

---

① 王符且谓"民之畏徙，甚于伏法。伏法不过家一人死尔，诸亡失财货。夺土远移，不习风俗，不便水土，类多灭门，少能还者"（《潜夫论》第二十四篇《实边》）。

妾,丧其大半。(《后汉书》卷一百十七《西羌传》)

边地人民既然内徙,塞外蛮夷愈来移住,步步内徙,步步进迫,到了桓帝时代,沿边各郡遂为蛮夷所盘踞。

自云中、五原西至汉阳二千余里,匈奴种羌并擅其地。(《后汉书》卷九十五《段颎传》)

于是外患就转变为内乱,所以范晔才说:"羌虽外患,实深内疾。"(《后汉书》卷一百十七《西羌传》)其实,岂独西羌,匈奴、鲜卑无不如此。其为祸尤烈者,胡羌入居三辅,关中金城千里,天府之国,隋唐以前,谁能取得关中,谁就能控制中原。东汉政府徙蛮族于关中,听其蔓延滋息,他们平日受了汉人的侮辱,仇恨之气深入骨髓,一旦有机可乘,就可出为横逆。东汉末年蛮夷已经蠢动,到了三国鼎立,继以晋之八王大乱,他们就以高屋建瓴之势控制了中原。

第三节
政局的纷乱

权力若集中于君主一身,政治的良窳常以君主之明暗为转移。东汉皇帝除光武寿六十二,明帝寿四十八,章帝以后,多不永年。人主既不永年,则继统者必为幼主①。

> 东汉……光武年六十二,明帝年四十八,章帝年三十三,和帝年二十七,殇帝二岁,安帝年三十二,顺帝年三十,冲帝三岁,质帝九岁,桓帝年三十六,灵帝年三十四,皇子辨即位,年十七,是年即为董卓所弑。惟献帝禅位后,至魏明帝青龙二年始薨,年五十四。此诸帝之年寿也。人主既不永年,则继体者必幼主,幼主无子,而母后临朝,自必援立孩稚以久其权。殇帝即位时,生仅百余日,冲帝即位才二岁,质帝即位才八岁,桓帝即位年十五,灵帝即位年十二,宏农王即位年十七,献帝即位才九岁,此诸帝即位之年岁也。(《廿二史札记》卷四《东汉诸帝多不永年》)

幼主即位,母后临朝,万机殷远,大臣无由参断帷幄,于是政治上就发生了许多问题。西汉之世,母后已有干涉政治之事。

---

① 和帝即位才十岁,安帝即位才十三,顺帝即位年十一。

汉母后预政,不必临朝及少主,虽长君亦然。文帝系周勃,薄太后曰,绛侯绾皇帝玺,将兵于北军,不以此时反,今居一小县,顾欲反耶?文帝曰,吏方验而出之,遂赦勃。吴楚反,诛,景帝欲续之。窦太后曰,吴王老人也,宜为宗室顺善,今乃首乱天下,奈何续其后?不许吴,许楚立后。郅都害临江王,窦太后怒,会匈奴中都以汉法。帝曰,都忠臣,欲释之。后曰,临江王独非忠臣乎?于是斩都。武帝用王臧、赵绾,太皇窦太后不悦儒术,绾请毋奏事东宫,后大怒,求得二人奸利事以责上,上下绾、臧吏,杀之。窦婴、田蚡廷辩,王太后大怒不食,曰我在也,而人皆借吾弟,且帝宁能为石人耶?帝不直蚡,特为太后故,杀婴。韩嫣得幸于上,江都王为太后泣,请得入宿卫比嫣,后由是衔嫣,嫣以奸闻,后使使赐嫣死,上为谢,终不能得。成帝幸张放,太后以为言,帝常涕泣而遣之。(《容斋随笔》卷二《汉母后》)

但是西汉皇帝大率壮年即位,昭帝年龄虽幼,而武帝早已洞见母后临朝之祸,所以欲立其子,先去其母。

钩弋夫人之子弗陵年数岁,形体壮大,多知,上奇爱之,心欲立焉,以其年稚母少,犹豫久之,欲以大臣辅之……后数日,帝谴责钩弋夫人。夫人脱簪珥,叩头。帝曰,引持去,送掖廷狱。夫人还顾。帝曰,趣行,汝不得活。卒赐死。顷之,帝闲居,问左右曰,外人言云何?左右对曰,言且立其子,何去其母乎?帝曰,然,是非儿曹愚人之所知也。往古国家所以乱,由主少母壮也。女主独居骄蹇,淫乱自恣,莫能禁也。汝不闻吕后邪,故不得不先去之也。(《资治通鉴》卷二十二汉武帝后元元年)

东汉和西汉不同,章帝以后,均是母后临朝。

范书《后妃纪》,序谓东京皇统屡绝,权归女主……临朝者六后,章怀

> 注……六后窦邓阎梁窦何也。按章帝时,窦后专宠,有梁贵人生和帝,窦后养为己子,而陷贵人以忧死;章帝崩,和帝即位;窦后为太后称制。和帝崩,皇后邓氏为太后,立殇帝嗣位;殇帝殂,太后又立安帝,终身称制。安帝崩,皇后阎氏为太后,立北乡侯懿嗣位,身自临朝;未几懿殂,宦官孙程等迎立顺帝,太后乃归政;顺帝崩,皇后梁氏为太后,立冲帝,身自临朝;冲帝殂,太后又立质帝,犹秉朝政;质帝为梁冀所酖,太后又立桓帝,数年归政。桓帝崩,皇后窦氏为太后,立灵帝,仍自临朝,后其父武为宦官所害,太后亦迁于南宫。灵帝崩,皇后何氏为太后,立子辨嗣位,身自临朝,寻为董卓废弑。此六后也。(《廿二史札记》卷四《东汉多母后临朝外藩入继》)

此盖东汉母后有雄才者不少。他们不是入宫之时,名分已定,立为皇后,而是先为贵人,经过数年之后,才正位东宫,贵人之数甚多。

> 皇后一人,婕妤以至贵人皆至十数,美人比待诏,无数。(卫宏《汉旧仪》卷下)

其能立为皇后,固然因为色美,抑亦有恃于才优,方能与同列竞争,露出头角,而为人主所重视。兹将临朝者六后之略史列表如次。

临朝六后略史表①

皇后	略　史
章帝窦皇后	大司徒窦融之曾孙,建初二年入掖庭。肃宗先闻后有才色,及见,雅以为美,马太后亦异焉。后性敏给,倾心承接,称誉日闻,三年遂立为皇后。初宋贵人生皇太子庆,梁贵人生和帝,后既无子,并疾忌之,数间于帝,宋贵人自杀,庆废为清河王,后养和帝为己子,而忌梁氏,乃作飞书以陷之,贵人以忧卒,后爱日隆。及帝崩,和帝即位,尊后为皇太后,皇太后临朝。

① 本表据《后汉书》卷十《皇后纪》。

续 表

皇后	略 史
和帝邓皇后	太傅邓禹之孙也。永元八年,入掖庭为贵人,恭肃小心,动有法度,承事阴后,夙夜战兢,接抚同列,常克己以下之,虽宫人隶役皆加恩借,帝深嘉焉。十四年,阴后以巫蛊事废,遂立邓贵人为皇后,邓皇后无子。和帝崩,迎立殇帝,尊后为皇太后,太后临朝。殇帝崩,太后定策立安帝,犹临朝政。
安帝阎皇后	后有才色,初元元年入掖庭为贵人,甚见宠爱,二年立为皇后。后专宫妒忌,帝幸宫人李氏生皇子保,后鸩杀李氏,又谮太子保,废为济阴王。安帝崩,后为皇太后。太后欲专国政,贪立幼年,乃迎立济北王子北乡侯懿为皇帝,临朝称制。
顺帝梁皇后	大将军梁商之女,永建三年入掖庭为贵人,阳嘉元年立为皇后。顺帝崩,后无子,美人虞氏子炳立,是为冲帝,尊后为皇太后,太后临朝。冲帝寻崩,复立质帝,犹秉朝政。质帝为后兄冀鸩杀,太后迎立蠡吾侯子志,是为桓帝,太后犹临朝政,和平三年归政于帝。
桓帝窦皇后	大司徒窦融之后,延熹八年入掖庭为贵人,旋即立为皇后。桓帝崩,无嗣,后为皇太后,太后临朝定策,立解犊侯宏,是为灵帝,太后临朝称政。
灵帝何皇后	家本屠者,以选入掖庭,生皇子辨,拜后为贵人,甚有宠幸,性强忌,后宫莫不震慑。光和三年,立为皇后。灵帝崩,皇子辨即位,尊后为皇太后,太后临朝。

母后临朝,结果便发生了外戚之祸。盖幼主即位,权归女主,女主欲巩固自己的政权,无不委用父兄,以寄腹心。外戚既有后庭之援,遂张其势以久其权。

东汉外戚秉权表

帝号	即位年龄	母后临朝	外戚秉权	备 考
和帝	十岁	窦太后	太后兄窦宪为车骑将军,金印紫绶,迁大将军,位在太傅下,三公上,威权震朝廷,刺史守令多出其门,父子兄弟权贵显赫,倾动京师。(《后汉书》卷五十三《窦宪传》)	《宪传》,永元四年,窦宪潜谋弑逆,和帝与宦官郑众定议诛之,太后归政。永元九年,太后崩。
殇帝	诞育方百余日	邓太后	太后兄邓骘为车骑将军,仪同三司。仪同三司自骘始也。	

续表

帝号	即位年龄	母后临朝	外戚秉权	备 考
安帝	年十三	邓太后	邓骘为大将军。骘崇节俭,罢力役,推进天下贤士,故天下复安。(《后汉书》卷四十六《邓骘传》)	自太后临朝,水旱十载,四夷外侵,盗贼内起,每闻人饥,或达旦不寐,而躬自减彻,以救灾厄,故天下复平,岁还丰穰。(《后汉书》卷十上《邓太后传》)建光元年,太后崩,帝乳母王圣及宦者李闰诬告骘兄弟谋废立,皆免为庶人,骘不食而死。(《骘传》)
北乡侯懿	诞育方百余日,立二百余日,不及改元而薨	阎太后	太后兄阎显为车骑将军,仪同三司。兄弟权要,威福自由。(《后汉书》卷十下《阎太后传》)	初后与宦官江京合谋,谮废太子保为济阴王,而迎立北乡侯懿。懿薨,宦官孙程等合谋杀江京,立济阴王,是为顺帝,显等皆伏诛,迁太后于离宫,明年太后崩。(《阎太后传》)
顺帝	年十一		皇后父梁商为大将军。(《后汉书》卷六十四《梁商传》)	商每存谦柔,虚己进贤,京师翕然,称为良辅。(《商传》)
冲帝	二岁	梁太后	太后兄梁冀为大将军。	
质帝	八岁	梁太后	太后兄梁冀为大将军。	
桓帝	年十五	梁太后	梁冀为大将军,官属倍于三公,专擅威柄,其四方调发,岁时贡献,皆先输上第于冀,乘舆乃其次焉。吏人赍货求官请罪者,道路相望。冀取良人悉为奴婢,至数千人,名曰自卖人。每朝会,与三公绝席,十日一入,平尚书事。机事大小莫不咨决之,百官迁召,皆先到冀门,笺檄谢恩,然后敢诣尚书。(《后汉书》卷六十四《梁冀传》)	太后夙夜勤劳,推心仗贤,拔用忠良,务崇节俭,其贪叨罪恶,多见诛废,故海内肃然,宗庙以宁。但兄梁冀专横暴滥,忌害忠良,素以邪说疑误太后。而太后又溺于宦官,多所封宠,以此天下失望。和平元年,归政于帝,未几崩。(《后汉书》卷十一《梁皇后纪》)延熹二年,帝与宦官单超、具瑗、唐衡、左悺、徐璜等五人合谋诛冀,自是权归宦官,朝廷日乱矣。(《后汉书》卷一百八《单超传》)

续表

帝号	即位年龄	母后临朝	外戚秉权	备　考
灵帝	年十二	窦太后	太后父窦武为大将军。	在位多辟名士,清身疾恶,礼赂不通,妻子衣食裁充足而已。(《后汉书》卷九十九《窦武传》) 窦武谋诛宦官,宦官曹节等矫诏杀武,迁太后于南宫,嘉平元年崩。(《后汉书》卷十下《窦皇后纪》)
皇子辩	年十七	何太后	太后兄何进为大将军。	何进素知中官天下所疾,及秉朝政,阴规诛之,白太后,请尽诛诸常侍以下。宦官张让等使人潜听,具闻其语,乃诈以太后诏,召进入,斩进于嘉德殿前。袁绍勒兵捕宦者,无少长皆杀之,或有无须而误死者,至自发露,然后得免者,二千余人。(《后汉书》卷九十九《何进传》) 何进谋诛宦官,而太后不许,乃私呼董卓将兵入朝,以胁太后,卓未至而何进败。卓引兵急进,胁太后废少帝为弘农王,而立献帝,迁太后于永安宫,遂以弑崩。初平元年,董卓杀弘农王。(《后汉书》卷一百二《董卓传》)

但是幼主即位,母后临朝,何以外戚就能因袭得到政权呢?东汉虽置三公,事归台阁,一方崇三公之位,而夺其权;他方授尚书以政,而卑其秩。位高者无权,权重者秩卑。长君在位,政权属于天子;幼主践祚,政权归于后庭。于是外戚就得凭借母后之援,参与朝政。兼以东汉自光武始,皇后父兄常掌宿卫或为侍中。

东汉皇后父兄掌宿卫或为侍中表

皇帝	皇后	外戚
光武帝	阴皇后	阴识：后兄，显宗立为皇太子，以识守执金吾，帝每巡郡国，识常留镇守京师，委以禁兵。(《后汉书》卷六十二《阴识传》) 阴兴：后弟，建武九年迁侍中，十九年拜卫尉，二十年帝欲以之为大司马，兴固让，乃止。(《后汉书》卷六十二《阴兴传》)
明帝	马皇后	马廖：后兄，马后既立，廖为羽林左监、虎贲中郎将。明帝崩，受遗诏，典掌门禁，遂为卫尉。(《后汉书》卷五十四《马廖传》)
章帝	窦皇后	窦宪：后兄，窦后既立，宪迁侍中，虎贲中郎将。(《后汉书》卷五十三《窦宪传》)
和帝	邓皇后	邓骘：后兄，邓后既立，骘迁虎贲中郎将，自和帝崩后，骘兄弟常居禁中。(《后汉书》卷四十六《邓骘传》)
安帝	阎皇后	阎显：后兄，安帝亲政，显兄弟并为卿校，典禁兵。(《后汉书》卷十下《阎皇后纪》)
顺帝	梁皇后	梁商：后父，永建三年，顺帝选商女入掖庭，迁侍中，屯骑校尉。阳嘉元年，女立为皇后，拜执金吾。三年，以商为大将军。(《后汉书》卷六十四《梁商传》) 梁冀：后兄，梁后既立，转侍中，虎贲中郎将，越骑步兵校尉，执金吾。永和六年，商薨，拜冀为大将军。(《后汉书》卷六十四《梁冀传》)
桓帝	窦皇后	窦武：后父，窦后既立，武迁越骑校尉，明年拜城门校尉。(《后汉书》卷九十九《窦武传》)
灵帝	何皇后	何进：后兄，女弟选入掖庭为贵人，进迁虎贲中郎将。光和二年，贵人立为皇后，拜进为侍中。中平元年，黄巾贼张角等起，以进为大将军。(《后汉书》卷九十九《何进传》)

侍中之职始于秦代，因其"入侍天子，故曰侍中"(《汉书》卷十九上《百官公卿表》注引应劭曰)，秦属丞相府，西汉为加官，东汉属少府。

> 秦为侍中，本丞相史也，使五人往来殿内东厢奏事，故谓之侍中。汉侍中为加官……后汉属少府。(《通典》卷二十一《侍中》)

其职掌为何？据《后志》说：

> 侍中比二千石。本注曰，无员，掌侍左右，赞导众事，顾问应对。(《后汉书》卷三十六《百官志三》)

武帝时，侍中已贵幸用事，钱大昕云：

> 武帝初，严助、朱买臣皆侍中，贵幸用事，始与闻朝政。厥后卫青、霍去病、霍光、金日䃅皆由侍中进，而权势出丞相右矣。(《汉书》卷十九上《百官公卿表》补注)

侍中贵幸用事不是因为官高，而是因为入侍天子，而得与闻机要的事。应劭云：

> 侍中便蕃左右，与帝升降，卒思(切问)近对，拾遗补阙，百寮之中莫密于兹。(《汉官仪》卷上)

到了东汉，母后临朝，外戚就利用侍中的地位而操弄国权。例如①：

> 和帝即位，太后临朝，宪以侍中，内干机密，出宣诏命。(《后汉书》卷五十三《窦宪传》)

掌宿卫者，在政局变动之际，更可利用兵权以取得政权。阎显就是因典禁兵而干预朝政的。②

> 建光元年，邓太后崩，帝(安帝)始亲政事，显及弟景、耀、晏并为卿校，典禁兵……兄弟颇与朝权。(《后汉书》卷十下《阎皇后纪》)

---

① 是时，宪弟笃为卫尉，景执金吾，瑰光禄勋，叔父霸城门校尉，女婿郭举为射声校尉。见《宪传》。
② 显弟景为卫尉，耀城门校尉，晏执金吾。见《阎皇后纪》。

而外戚秉政，除了他们别有野心之外，本不会发生纠纷，而据申屠刚所说：

> 且汉家之制，虽任英贤，犹援姻戚，亲疏相错，杜塞间隙，诚所以安宗庙、重社稷也。（《后汉书》卷五十九《申屠刚传》）

其所以发生弊端，实因外戚既有内援，若不自己节制，很容易同梁冀一样，"专擅威柄，凶恣日积，机事大小，莫不咨决之"，驯致"百寮侧目，莫敢违命，天子恭己而不得有所亲豫"（《后汉书》卷六十四《梁冀传》）。唯在外戚之中不乏名将与贤相，例如：

> 窦宪率羌胡边杂之师，一举而空朔庭，至乃追奔稽落之表，饮马北鞮之曲，铭石负鼎，荐告清庙，列其功庸，兼茂于前多矣。（《后汉书》卷五十三《窦宪传论》）
>
> 时遭元二之灾，人士荒饥，死者相望，盗贼群起，四夷侵畔。骘等崇节俭，罢力役，推进天下贤士……故天下复安。（《后汉书》卷四十六《邓骘传》）
>
> 梁商自以戚属居大位，每存谦柔，虚己进贤……于是京师翕然，称为良辅……每有饥馑，辄载租谷于城门，赈与贫馁，不宣己惠。检御门族，未尝以权盛干法。（《后汉书》卷六十四《梁商传》）
>
> 窦武多辟名士，清身疾恶，礼赂不通，妻子衣食裁充足而已……既辅朝政，常有诛翦宦官之意……于是天下雄俊知其风旨，莫不延颈企踵，思奋其智力。（《后汉书》卷九十九《窦武传》）

只因外戚专政，常常引起宦官之祸，此则吾人所宜注意者。宦官本来只是宫内的侍役。窦武说：

> 故事，黄门常侍但当给事省内（省内谓禁中也）、典门户、主近署财物耳。（《后汉书》卷九十九《窦武传》）

东汉皇统屡绝,外藩入继,母后与天子既无骨肉之亲,外戚与天子亦无甥舅的感情。外戚欲久专国政,天子欲收回大权,两者斗争是不免的。但是外戚羽翼满布朝廷,天子欲除外戚,只有与阉宦密谋于禁中,一旦大功告成,阉宦当然得志。范晔说:

> 和帝即位幼弱,而窦宪兄弟专总权威,内外臣僚莫由亲接,所与居者惟阉宦而已。故郑众得专谋禁中,终除大憝,遂享分土之封,超登宫卿(大长秋)之位,于是中官始盛焉。(《后汉书》卷一百八《宦者传序》)

兼以母后垂帘听政,不接公卿,朝中大臣既不能面议国政,则参与帷幄者,除外戚外,只有宫中的阉宦,而一切诏令又须由阉宦传达。这样,阉宦自得干预国政。朱穆说:

> 自和熹太后以女主称制,不接公卿,乃以阉人为常侍,小黄门通命两宫,自此以来,权倾人主。(《后汉书》卷七十三《朱穆传》)

何进欲诛阉宦,以其计白太后,太后说:

> 且先帝新弃天下,我奈何楚楚与士人共对事乎?(《后汉书》卷九十九《何进传》)

所以范晔才说:

> 邓后以女主临政,而万机殷远,朝臣国议无由参断帷幄,称制下令不出房闱之间,不得不委用刑人,寄之国命,手握王爵,口含天宪,非复掖庭永巷之职,闺牖房闼之任也。(《后汉书》卷一百八《宦者传序》)

但是阉宦操弄国权,何以朝臣莫能制止呢?固然阉宦所恃者或为母后,或为天子,而东汉尚有中常侍之官,其职始于秦代,西汉为加官,而以士人任之。

秦置中常侍,汉因之,兼用士人,无员,多以为加官。(应劭《汉官仪》卷上)

东汉才用阉宦。

中常侍千石。本注曰,宦者,无员,后增秩比二千石,掌侍左右,从入内宫,赞导内众事,顾问应对给事。(《后汉书》卷三十六《百官志三》)

钱大昕说:

武帝……时未见中常侍之名,至元成以后始有之,元帝时有中常侍许嘉,成帝时有中常侍晁闳,成帝欲以刘歆为中常侍,大将军王凤以为不可,乃止。《叙传》,班伯为中常侍,哀帝时有中常侍王闳、宋宏等,皆士人也。后汉中常侍并以宦者为之,非西京旧制矣。(《汉书》卷十九上《百官公卿表》补注)

李祖楙亦说:

西京初,惟有常侍,元成后始有中常侍之名,然皆士人。中兴用宦者又稍异焉。朱穆疏,旧制,侍中、中常侍各一人,省尚书事,黄门侍郎一人,传发书奏,皆用姓族。自和熹太后以女主称制,不接公卿,乃用阉人,假貂珰之饰,处常伯之任,泛滥骄溢,制愈乖矣。是中兴初,尚用士人,后改制,则不复旧也。(《后汉书》卷三十六《百官志三》集解)

尚书奏事,侍中、中常侍均得披阅。

> 汉家旧典，置侍中、中常侍各一人，省(省阅也)尚书事。(《后汉书》卷七十三《朱穆传》)

而最初两者又均得出入禁中。

> 侍中、中常侍得入禁中。(《汉书》卷十九上《百官公卿表》)

章帝以后，侍中不得止宿宫内，中常侍因是阉宦，仍留禁中。

> 侍中旧与中官俱止禁中。武帝时侍中莽何罗挟刃谋逆，由是侍中出禁外，有事乃入，毕即出。王莽秉政，侍中复入，与中官共止。章帝元和中，侍中郭举与后宫通，拔佩刀惊上，举伏诛。自是侍中复出外。(蔡质《汉官典职仪式选用》)

所以中常侍比之侍中，尤能接近天子，而关机密的事，更有参与的机会，朝臣若有规划启奏，他们就可窥知，先发制人，故能保持权柄。窦武欲诛宦官，使刘瑜内奏，宦官朱瑀盗发武书，乃夜召阉宦十七人，歃血共盟诛武等(《后汉书》卷九十九《窦武传》)。何进"知中官天下所疾，阴规诛之"，袁绍"以为中官亲近至尊，出入号令，今不悉废，后必为患"，乃"说进曰，前窦武欲诛内宠，而反为所害者，以其言语漏泄，而五营百官服畏中人故也"(《后汉书》卷九十九《何进传》)。这两个记事都可以证明宦官入居禁中，能够窥知大臣的计谋。马端临说：

> 汉中叶以后，以中书为政本，而中书令管机密，属之貂珰，是宦者得以窃相之柄也。故陈蕃、窦武、何进之徒一有规画奏启，即为所窥，先发制人，祸不旋踵，而国祚随之。(《文献通考》卷五十七《内侍省》)

兼以东汉中世以后，阉宦又取得了两种权柄，一是兵权，在专制时代，政权需要兵权支持，谁有兵权，谁就有政权。外戚固然典兵，但东汉皇帝多不永年,新主即位,外戚因之易人,其控制军队之力颇见薄弱。宦官地位甚为巩固,新进外戚亦敬惮之。

> 中官在省闼者或数十年,封侯贵宠,胶固内外,进新当重任,素敬惮之。(《后汉书》卷九十九《何进传》)

其控制军队之力往往大过外戚。所以外戚与宦官因政争而引起兵争之时,禁兵常为宦官所慑服,不敢与其交锋。

> 窦武驰入步兵营……召会北军五校士数千人,屯都亭下,命军士曰,黄门常侍反,尽力者封侯重赏……王甫(宦官)将虎贲、羽林、厩驺、都候、剑戟士合千余人,出屯朱雀掖门……使其士大呼武军曰,窦武反,汝皆禁兵,当宿卫宫省,何故随反者乎?先降有赏。营府素畏服中官,于是武军稍稍归甫,自旦至食时,兵降略尽。武绍(绍乃武兄之子,时为步兵校尉)走,诸军追围之,皆自杀。(《后汉书》卷九十九《窦武传》)

章氏云:

> 中世以后,令出房帷,政归台阁,宦戚更领兵权,迭相倾夺,然五营畏服中人,陈蕃、窦武欲诛宦官,北军不助武等,而助宦官,遂又夷灭。(《文献通考》卷一百五十《兵制二》)

此盖"黄门常侍累世太盛……五营士生长京师,服畏中人"(《后汉书》卷九十九《窦武传》集解引惠栋曰)。以生长京师的五营兵士,不但耳闻,而且目击宦官势力之盛大,因畏慑而不敢与其交锋,自是意中之事。到了灵帝中平五年,又置西园八校尉,而以阉宦蹇硕领之,于是宦官在军事上更有势力。

是时置西园八校尉,以小黄门蹇硕为上军校尉,虎贲中郎将袁绍为中军校尉,屯骑都(校)尉鲍鸿为下军校尉,议郎曹操为典军校尉,赵融为助军校尉,淳于琼为佐军校尉,又有左右校尉。帝以蹇硕壮健而有武略,特亲任之以为元帅,督司隶校尉已下,虽大将军亦领属焉。(《后汉书》卷九十九《何进传》)

二是司法权,古代司法与行政未曾分开,而制定法令的又是天子。不过天子制定法令之后,在其未曾废止以前,也应受其拘束。廷尉张释之说:"法者天子所与天下公共也。今法如是,更重之,是法不信于民也……今已下廷尉,廷尉天下之平也。一倾,天下用法皆为之轻重,民安所错其手足?"(《汉书》卷五十《张释之传》)这种独立性的司法一方对于天子,可以预防其滥用法权,草菅人命;他方对于强臣,可以预防其滥用法权,残害异己。凡攻击阉宦之人均送黄门北寺狱,由阉宦考问,这种审判安得公平?陈蕃(《后汉书》卷九十六《陈蕃传》)、李膺(《后汉书》卷九十七《李膺传》)、范滂(《后汉书》卷九十七《范滂传》)等百余人皆坐系黄门北寺狱,而死于狱中(《后汉书》卷九十七《党锢传序》),即其例也。马端临说:

　　汉自桓灵以来,有黄门北寺狱,是宦者得以专刑也,故穷捕钩党,剿戮名士,皆黄门北寺狱之所为也。(《文献通考》卷五十七《内侍省》)

一方外戚以大将军秉政,他方阉宦以中常侍执权,禄去公室,政移私门,两者因为利害冲突,引起斗争,是必然的。最初外戚得势,阉宦欲去外戚,其后阉宦得势,外戚欲去阉宦,而最后胜利均属宦官。窦宪失败于郑众,邓骘失败于李闰,阎显失败于孙程,梁冀失败于单超,窦武失败于曹节,何进失败于张让。东汉一部历史尽是宦戚争权的历史,也就是外戚失败于阉宦的历史,赵翼说:

　　汉承秦制,以阉人为中常侍,然亦参用士人。武帝数宴后庭,故奏请机事,常以宦者主之。至元帝时,则宏恭、石显已窃权干政,萧望之、周堪俱被其害，然犹未大肆也。光武中兴，悉用阉人，不复参用士流。和帝践阼幼弱，窦宪兄弟专权，隔限内外，群臣无由得接，乃独与宦者郑众，定谋收宪，宦者有权自此始。然郑众小心奉公，未尝揽权。和帝崩，邓后临朝，不得不用阉寺，其权渐重。邓后崩，安帝亲政，宦官李闰、江京、樊丰、刘安、陈达与帝乳母王圣、圣女伯荣、帝舅耿宝、皇后兄阎显等比党乱政，此犹宦官与朝臣相倚为奸，未能蔑朝臣而独肆其恶也。及帝崩，阎显等专朝争权，乃与江京合谋，诛徙樊丰、王圣等，是显欲去宦官，已反藉宦官之力。已而北乡侯入继，寻薨，显又欲援立外藩，宦官孙程等不平，迎立顺帝，先杀江京、刘安、陈达，并诛显兄弟，阎后亦被迁于离宫。是大臣欲诛宦官，必借宦官之力，宦官欲诛大臣，则不藉朝臣力矣。顺帝既立，以梁商女为皇后，商以大将军辅政，尊亲莫二，而宦官张逵、蘧政、石光谮商与中常侍曹腾、孟贲，云欲废帝。帝不信，逵等即矫诏收缚腾贲，是竟敢违帝旨而肆威于禁近矣。顺帝闻之大怒，逵等遂伏诛。及帝崩，梁后与兄冀立冲帝；冲帝崩，又立质帝；质帝为冀所酖，又援立桓帝，并以后妹为桓帝后。冀身为大将军辅政，两妹一为皇太后，一为皇后，其权已震主矣。而帝默与宦官单超、左悺、具瑗、徐璜、唐衡定谋，遂诛冀，是宦官且诛当国之皇亲矣，然此犹曰，奉帝命以成事也。桓帝梁后崩，以窦武女为皇后。帝崩，武与后定策，立灵帝，窦后临朝，武入居禁中辅政，素恶宦官，欲诛之，兼有太傅陈蕃与之同心定谋，乃反为宦官曹节、王甫等所杀，然此犹曰，灵帝非太后亲子，故节等得挟帝以行事也。至灵帝崩，何后临朝，立子辩为帝，后兄何进以大将军辅政，已奏诛宦官蹇硕，收其所领八校尉兵，是朝权兵权俱在进手，以此尽诛宦官，亦复何难？乃又为宦官张让、段珪等所杀。是时军士大变，袁绍、袁术、闵贡等，因乘乱诛宦官二千余人，无少长皆杀之，于是宦官之局始结，而国亦随之亡矣。（《廿二史札记》卷五《东汉宦官》）

阉宦得到胜利，他们生长于深宫之中，未交士类，一旦当权，遂只知贪恶横肆，据赵翼说：

东汉及唐明三代，宦官之祸最烈，然亦有不同。唐明阉寺先害国而及于民，东汉则先害民而及于国。今就《后汉书》各传摘叙之，可见其大概也。刘瑜疏言，中官邪孽，比肩裂土，皆竞立胤嗣，继体传爵，或乞子疏属，或买儿市道。又广娶妻妾，增筑第舍。民无罪而辄坐之，民有田而强夺之。贫困之民有卖其首级，父兄相代残身，妻孥相视分裂。（《瑜传》）左雄疏言，宦竖皆虚以形势，威夺良家妇女闭之，白首而无配偶。（《雄传》）黄琼疏言，宦竖盈朝，重封累爵，明珠南金之宝，充满其室。（《琼传》）单超、左悺、具瑗、徐璜、唐衡五人以诛梁冀功，皆封侯，其后超死，四侯转盛。民间语曰，左回天，具独坐，徐卧虎，唐两堕。皆竞起第宅，穷极壮丽，金银罽眊，施于犬马，仆从皆乘牛车，从以列骑。（《超等传》）侯览前后夺人宅三百八十一所，田一百一十八顷，起立第宅十六区，皆有高楼池苑，制度宏深，僭类官省。又预作寿冢，石椁双阙，高广百尺，破人居室，发掘坟墓，虏夺良人妻，略妇女。为张俭所奏，览遮截其章不得上。（《览传》）赵忠葬父，僭为璠玙玉匣偶人。（《朱穆传》）董卓弑弘农王，献帝葬之于忠之成圹中（忠已被诛），及献帝自长安归洛阳，宫室已尽焚毁，乃驻于忠故宅（《献帝纪》），迫后韩馥以冀州刺史让袁绍，出居于邺中之忠故宅（《绍传》），其圹可以葬帝王，宅可以居帝王，别宅又可以居牧伯，其壮丽可知也。张让说灵帝，修宫室，发太原、河东、狄道诸郡材木文石，每州郡部送至京，辄诃谴不中用，以贱价折之，十不酬一，又不即收，材木遂至腐烂，州郡复增私调，百姓嗟怨（《让传》），此犹第宦官之自为苛虐也。更有倚宦官之势而渔肉小民者，盖其时入仕之途惟征辟、察举二事，宦官既据权要，则征辟察举者无不望风迎附，非其子弟，即其亲知，并有赂宦官以辗转干请者。审忠疏言，宦官势盛，州郡牧守承顺风旨，辟召选举释贤取愚。（《曹节传》）李固疏云，中常侍在日月之傍，形势振天下，子弟禄位曾无限极，虽外托谦默，不干州郡，而谄谀之徒望风进举。（《固传》）朱穆疏言，宦官子弟亲戚并荷荣任，凶狡无行之徒媚以求官，恃势怙宠之辈渔肉百姓，穷破天下，空竭小人。（《穆传》）河南尹田歆谓王谌曰，今当举六孝廉，多得贵戚书，命不得违，欲自用一名士，以报国家，乃以种嵩应诏。（《嵩传》）六孝廉只用一真才，已为美谈，则入仕者皆阉党可知也（武按，此结论有问题，既云多得贵戚书，何能谓为皆阉党）。灵帝诏公卿刺举二千石为民害者，太尉许馘、司空张济，凡内官子弟宾客虽贪污秽浊，皆不敢问，而虚纠边远小郡清修有惠政者二十六人（《刘陶传》），则阉党入仕者莫敢黜革可知也。夫是以天下仕宦无一非宦者之兄弟姻戚，穷暴极毒，莫敢谁何，如单超弟安为河东太守，弟子匡为河东太守，徐璜弟盛为河内太守，左悺弟敏为陈留太守，具瑗兄恭为沛相，皆所在蠹害。璜兄子宣为下邳令，暴虐尤甚，求故汝南太守李暠女不得，则劫取以归，戏射杀之。（《超等传》）侯览兄参为益州刺史，吏民有丰富者辄诬以大逆，皆诛灭之，而没入其财以亿计。（《览传》）曹节弟破石为越骑校尉，营中五百（伍伯）妻美，破石求之，五百不敢拒，妻不肯行，遂自杀。（《节传》）此又宦官子弟宾客之肆为民害，可类推也。由是流毒遍天下，黄巾贼张角等遂因民之怨，起兵为逆矣。（《廿二史札记》卷五《宦官之害民》）

其为祸尤烈者则为宦戚之争引起的党锢之祸。宦官子弟本来不得为地方官。

> 旧典，中官子弟不得为牧人职。（《后汉书》卷六十八《冯绲传》）

桓灵以后，竟然破坏了这种制度。阉宦不但专政于内，且又布植党羽于州郡，以夺取地方的政权，例如：

> 五侯兄弟姻戚皆宰州临郡。（《后汉书》卷一百八《单超等传》）
> 曹节父兄子弟皆为公卿列校，牧守令长布满天下。（《后汉书》卷一百八《曹节传》）
> 张让父兄子弟布列州郡。（《后汉书》卷一百八《张让传》）
> 十常侍多放父兄子弟婚亲宾客典据州郡。（《后汉书》卷一百八《张让传》）

桓帝时,朱穆疏言,中常侍"权倾海内,宠贵无极,子弟亲戚并荷荣任,愚臣以为悉可罢省,更选海内清淳之士明达国体者,以补其处"(《后汉书》卷七十三《朱穆传》)。唯在梁冀当国之时"专擅威柄,凶恣日积","内外百寮侧目,莫敢违命"(《后汉书》卷六十四《梁冀传》),此际肯与皇帝密谋禁中,诛戮梁冀及其党羽者乃是宦官单超等五人(参阅《后汉书》卷一百八《单超等传》)。百僚拱默,只唯宦官尚肯冒险,试问天子何肯罢免他们,且将寄以腹心之任,许其布势力于内外,借以巩固帝权。于是宦官的子弟亲戚遂典据州郡,辟召选举尽是阉党。士大夫断绝仕进之路,他们对于朝廷,便产生蔑视的观念。

> 天下士大夫皆污秽朝廷。(《后汉书》卷九十七《李膺传》)

汉代取士有选举之制,所谓选举是公卿守相察贤举能,采毁誉于众多之论。但是普通人民哪里有评判的能力,因之核论乡党人物就有待于名流。李膺"独持风裁,以声名自高,士有被其容接者,名为登龙门"(《后汉书》卷九十七《李膺传》)。而许劭兄弟亦喜欢核论人物,有汝南月旦之称。

> 许劭与从兄靖俱有高名,好共核论乡党人物,每月辄更其品题,故汝南俗有月旦评焉。(《后汉书》卷九十八《许劭传》)

凡人能够得到名流的赏识,无不身价十倍,如登龙门。搢绅之士宁不容于朝廷,不愿见弃于名流。刑赏为人主二柄,朝廷只能行使物质上的刑赏,名流则能行使精神上的刑赏。朝廷愈腐化,人民愈感觉名流清高,于是名流在社会上就有了神秘的威力。朝廷失去社会的信仰,社会的信仰集中于名流,名流代替了朝廷的地位,一举一动可以指导社会。他们已经是无冠的帝王。这批名流在朝者以陈蕃、李膺为代表,在野者以郭太、范滂为代表,互相标榜,名流的地位日益提高。

当党祸发生之时,陈蕃年七十余,闻窦武被害,"将官属诸生八十余人,并拔刀突入承明门,攘臂呼曰,大将军忠以卫国,黄门反逆,何云窦氏不道耶"。

中常侍王甫率兵围之，遂执蕃送黄门北寺狱，即日害之《《后汉书》卷九十六《陈蕃传》》。宦官"收捕钩党之时，乡人谓膺曰，可以去矣。对曰，吾年已六十，死生有命，去将安之？乃诣诏狱考死"《《后汉书》卷九十七《李膺传》》。此可谓宁杀身以成仁，绝不求生以害义。郭太字林宗，为一代名流，其游洛阳归乡里之时，衣冠诸儒送至河上者车数千辆，士大夫属望之殷，由此可知。

> 郭太字林宗，善谈论，美音制，乃游于洛阳……名震京师，后归乡里，衣冠诸儒送至河上，车数千两，林宗唯与李膺（时为河南尹）同舟而济，众宾望之，以为神仙焉。《后汉书》卷九十八《郭太传》

然考其一生行迹，实如葛洪所说："才非应期，器不绝伦"，"口称静退，心希荣利"，"巷结朱轮之轨，堂列赤绂之客"，"入交将相，出游方国"，"非真隐也。盖欲立朝，则世已大乱；欲潜伏，则闷而不堪。"其所炫耀之士亦同林宗一样，既不立功，又不立言，"出不能安上治民，移风易俗；入不能挥毫属笔，祖述六艺"（《抱朴子外篇》卷四十六《正郭》），而如李固所说："处士纯盗虚声。"《《后汉书》卷九十一《黄琼传》》王符有言："今学问之士……多务交游，以结党助；偷世窃名，以取济助。"（《潜夫论》第二篇《务本》）郭太名列党人，为八顾之一《《后汉书》卷九十七《党锢传序》》，而"不为危言核论，故宦官擅政，而不能伤也。及党事起，知名之士多被其害，惟林宗得免焉"《《后汉书》卷九十八《郭太传》》。范冉鄙其为人《《后汉书》卷一百十一《范冉传》》，不能谓无原因。但郭太尚有自知之明，既无奇谟深策，于是遂优游于公卿之间，不肯仕进，借此以保全自己的名誉，而与孔融等辈"志在靖难，而才疏意广，迄无成功"《《后汉书》卷一百《孔融传》》，绝不相同。

名流最初不过月旦人物而已，继又评论政治，既然评论政治，就不能不批评当局。他们"危言深论，不隐豪强，自公卿以下，莫不畏其贬议"《《后汉书》卷九十七《党锢传序》》。评论的对象一旦由未仕的人物移转于秉政的当局，何能不痛恨宦官，非讦朝政？

> 桓灵之间，主荒政谬，国命委于阉寺，士子羞与为伍，故匹夫抗愤，处

士横议,遂乃激扬名声,互相题拂,品核公卿,裁量执政,婞直之风于斯行矣。(《后汉书》卷九十七《党锢传序》)

这个风气一旦传到太学,又激动了太学生的情绪,由研究学术进而评论政治。

先是京师游士汝南范滂等非评朝政,自公卿以下皆折节下之。太学生争慕其风,以为文学将兴,处士复用。(《后汉书》卷八十三《申屠蟠传》)

太学生血气方刚,而又有一种希望,即"处士复用"的希望。他们由理论进为实践,由批评进为斗争,是势之必然的,于是又发生了学生运动。学生运动开始于西汉末年。

鲍宣为司隶……摧辱宰相(孔光)……下廷尉狱,博士弟子济南王咸举幡太学下曰,欲救鲍司隶者会此下。诸生会者千余人,朝日遮丞相孔光自言,丞相车不得行,又守阙上书。上遂抵宣罪,减死一等,髡钳。(《汉书》卷七十二《鲍宣传》)

到了东汉,更见激烈,目的在打倒阉党,进用贤能。

朱穆为冀州刺史……有宦者赵忠丧父,归葬安平,僭为玙璠、玉匣、偶人。穆闻之,下郡案验,吏畏其严明,遂发墓剖棺,陈尸出之,而收其家属。帝(桓帝)闻大怒,征穆诣廷尉,输作左校。太学生刘陶等数千人诣阙上书,讼穆曰……朱穆处公忧国……志清奸恶……臣愿黥首系趾,代穆校作。帝览其奏,乃赦之。(《后汉书》卷七十三《朱穆传》)

皇甫规为中郎将,持节监关西兵,讨零吾等破之……诸种羌……诣规降……规恶绝宦官,不与交通,于是……诬规货赂群羌,令其文降。天子(桓帝)玺书诮让相属……征还拜议郎,论功当封,而中常侍徐璜、左悺欲从求货，数遣宾客就问功状，规终不答。璜等忿怒，陷以前事（《通鉴》胡注，前事即诬毁之事也），下之于吏，官属欲赋敛请谢，规誓而不听，遂以余寇不绝，坐系廷尉，论输左校。诸公及太学生张凤等三百余人诣阙讼之，会赦归家。(《后汉书》卷九十五《皇甫规传》)

这个时候朝廷的尊严已经扫地无存，不论政界，也不论学界，均分裂为两个阵垒，一是宦官阵垒，一是名流阵垒。前者危害忠良，侵渔百姓；后者危言深论，不避豪强，奉大将军窦武、太傅陈蕃为领袖。最后由于两者冲突，爆发为党锢之祸。兹将党锢之祸列表如次。

桓灵时代党锢之祸表①

帝号	年代	党祸	备考
桓帝	延熹九年	冬十二月，司隶校尉李膺等二百余人受诬为党人，并坐下狱，书名王府。	河内牢修告之。事见《党锢传序》。
	永康元年	六月庚申，大赦天下，悉除党锢。	李膺等颇引宦官子弟，宦官多惧，请帝以天时宜赦，于是大赦天下，膺免归乡里。见《李膺传》。
灵帝	建宁元年	九月丁亥，中常侍曹节矫诏诛太傅陈蕃、大将军窦武及尚书令尹勋、侍中刘瑜、屯骑校尉冯述，皆夷其族。	
	建宁二年	冬十月丁亥，中常侍侯览讽有司奏前司空虞放、太仆杜密、长乐少府李膺、司隶校尉朱㝢、颍川太守巴肃、沛相荀翌、河内太守魏朗、山阳太守翟超皆为钩党下狱，死者百余人，妻子徙边，诸附从者锢及五族。制诏州郡大举钩党，于是天下豪杰及儒学行义者一切结为党人。	

① 本表依《后汉书》卷七《桓帝纪》及卷八《灵帝纪》。

续表

帝号	年代	党祸	备考
熹平元年	秋七月,宦官讽司隶校尉段颎捕系太学诸生千余人。		时有人书朱雀阙云,天下大乱,公卿皆尸禄,无有忠言者,故捕之。事见宦官《曹节传》。
熹平五年	闰四月,诏党人门生故吏、父兄子弟在位者皆免官禁锢。		
光和二年	夏四月丁酉,大赦天下,诸党人禁锢小功以下皆除之。		时上禄长和海上言,党人锢及五族,有乖典训,帝从之。事见《党锢传序》。
中平元年	春二月,巨鹿人张角自称黄天,其部师有三十六万,皆着黄巾,同日反叛。三月壬子,大赦天下党人还诸徙者。		中常侍吕强言于帝曰,党锢久积,人情多怨,若与张角合谋,悔之无救。帝惧,乃大赦党人,诛徙之家皆归故郡。事见《党锢传序》。

再将赵翼所记,抄录于次,以明党祸本末。

汉末党禁虽起于甘陵南北部及牢修、朱并之告讦(桓帝初受学于甘陵周福,及即位,擢福为尚书。时同郡房植有盛名,乡人为之谣曰,天下规矩房伯武,因师获印周仲进。二家宾客互相讥议,遂各树门徒,由是有甘陵南北部党,党论自此起。修并事见后)。然其所由来已久,非一朝一夕之故也。范书谓桓灵之间,主荒臣谬,国命委于阉寺,士子羞与为伍,故匹夫抗愤,处士横议,激扬声名,互相题拂,品核公卿,裁量国政(《党锢传序》),自公卿以下,皆折节下之(《申屠蟠传》)。盖东汉风气本以名行相尚,迨朝政日非,则清议益峻。号为正人者,指斥权奸,力持正论,由是其名益高。海内希风附响,惟恐不及,而为所贬议者,怨恨刺骨,日思所以倾之,此党祸之所以愈烈也。今按汉末党禁凡两次:桓帝延熹九年,有善风角者张成(成以方技交通宦官),推占当有赦令,教其子杀人。河南尹李膺捕之,果遇赦免。膺怒,竟考杀之。成弟子牢修遂诬告膺养太学游士,交结生徒,诽讪朝廷,败坏风俗。帝怒,下郡国逮捕,并遣使四出,收执膺等二百余人,诬为党人,并下狱。次年霍谞、窦武上表申理,始赦归,仍书名王符,终身禁锢,此第一次党禁也。(《党锢传序》)自是正人放废,海内共相标榜,以窦武、刘淑、陈蕃为三君,君者世所宗也。李膺、荀昱、杜密、王畅、刘佑、魏朗、赵典、朱禹为八俊,俊者人之英也。郭林宗、宗慈、巴肃、夏馥、范滂、尹勋、蔡衍、羊陟为八顾,顾者能以德行引人也。张俭、岑晊、刘表、陈翔、孔昱、苑康、檀敷、翟超为八及,及者能导人追宗也。度尚、张邈、王考、刘儒、胡母班、秦周、蕃向、王章为八厨,厨者能以财救人也。至灵帝建宁中,张俭方劾中常侍侯览,俭乡人朱并承览风旨,又告俭与同乡二十四人为部党,以俭及檀彬、褚凤、张肃、薛兰、冯禧、魏玄、徐乾为八俊,田林、张隐、刘表、薛郁、王访、刘祗、宣靖、公绪恭为八顾,朱楷、田槃、疏耽、薛敦、宋布、唐龙、嬴咨、宣褒为八及,而俭为之魁。帝遂诏刊章捕俭等。宦官曹节又讽有司并捕前党李膺、杜密及范滂等百余人,皆死狱中,妻子徙边,诸附从者锢及五族,诏天下大举钩党,于是有行义者一切指为党人。四年大赦而党人不赦。已而宦官又讽司隶校尉段颎捕太学诸生千余人,并诏门生故吏父兄子弟在位者,皆免官禁锢。直至黄巾贼起,吕强奏请赦诸党人,于是还诸徙者,此第二次党禁也。(《本纪》及《党锢传序》)其时党人之祸愈酷,而名愈高,天下皆以名入党人中为荣。范滂初出狱,归汝南,南阳士大夫迎之者车千两。(《滂传》)景毅遣子为李膺门徒,而录牒不及,毅乃慨然曰,本谓膺贤,遣子师之,岂可因漏名而幸免哉,遂自表免归。(《李膺传》)皇甫规不入党籍,乃上表言臣曾荐张奂,是阿党也。臣昔坐罪,太学生张凤等上书救臣,是臣为党人所附也,臣宜坐之。(《规传》)张俭亡命困迫,望门投止,莫不重其名行,破家相容(《俭传》),此亦可见当时风气矣。朝政乱,则清流之祸愈烈,党人之立名及举世之慕其名,皆国家之激成之也。(《廿二史札记》卷五《党禁之起》)

党人!这是名流的集团,多么荣誉!天下皆以挂名党籍为荣,而以幸免党祸为辱。党人受了宦官的压迫,愿意成仁的固然不少,而张俭却困迫遁走,他不是遁入山林,而是望门投止。不问遁到哪里,人民无不欣然容纳,而一旦容纳之后,宦官就加以灭门的刑辟。

张俭亡命,困迫遁走,望门投止,莫不重其名行,破家相容。复流转东莱,止李笃家……笃因缘送俭出塞,以故得免。其所经历,伏重诛者以十数,宗亲并殄灭,郡县为之残破。(《后汉书》卷九十七《张俭传》)

这是否有意祸及万家,使人民痛恨宦官,吾人虽不之知。而在当时,纵是党人似亦不直张俭之行为。

俭等亡命,经历之处皆被收考,辞所连引,布遍天下。馥乃顿足而叹曰,孽自己作,空污良善,一人逃死,祸及万家,何以生为,乃自翦须变形,入林虑山中。(《后汉书》卷九十七《夏馥传》)

打倒宦官本来只是名流的口号,现在这个口号又随党人的逃亡,而广布于全国。宦官成为全国的敌人,政府却是宦官的工具。政府不能保护人民,人民只有反抗政府,于是知识阶级的改革运动,又变成下层阶级的暴动,终而发生了黄巾之乱。

第四节
官僚政治的失败

官僚政治的目的在使"贤者在位,能者在职"。什么人物可以称为贤能,两汉标准未必相同。西汉之世,王霸推用,武帝罢黜百家,表章六经,历史虽说:"公卿大夫士吏,彬彬多文学之士。"(《汉书》卷八十八《儒林传序》)其实,武帝用人不重醇儒。当时四夷未宾,制度多阙,上方欲用文武,求之如弗及,乃征天下之士,待以不次之位。其所用者百家皆有,儒生不过公孙弘、儿宽、董仲舒三人,而三人者又皆"通于世务,明习文法,以经术润饰吏治"(《汉书》卷八十九《循吏传序》)。俗儒不达时宜,所以西汉天子不欲委以政事。唯自武帝立五经博士之后,太学所教者尽是经学,而"元帝崇儒,能通一经者皆复",师古注云:"复者蠲其徭赋也。"(《汉书》卷八十八《儒林传序》)通经之士既有许多优典,于是士人之有治平抱负者,无不借径于经学以发身。光武少时,曾往长安受《尚书》,略通大义(《后汉书》卷一上《光武帝纪》)。及即位,每朝罢,"数引公卿郎将,讲论经理,夜分乃寐"(《后汉书》卷一下《光武帝纪》中元二年)。故樊准说帝"东西诛战,不遑启处,然犹投戈讲艺,息马论道"(《后汉书》卷六十二《樊准传》),而功臣亦多近儒(参阅《廿二史札记》卷四《东汉功臣多近儒》)。自是而后,儒术高于一切,道墨名法纵横杂家之说渐次失传。学术上及政治上只见儒生横行。儒家没有竞争的敌人,固然退化,违离道本,而中国人才也一天一天的减少。

其实东汉儒学已经变质。儒学发生于春秋战国之际，当时内则列国攻战，外则蛮夷猾夏，在这种环境之下，儒家于政治上遂提出尊王攘夷的主张。尊王是谋国家的统一，《春秋》隐公元年有"春王正月"之言，《公羊传》云："何言乎王正月？大一统也。"（《公羊传·隐公元年》）攘夷是谋国家的独立，《公羊传》云："《春秋》内诸侯而外夷狄。"（《公羊传·成公十五年》）这种见解有似于布丹（J. Bodin）的主权说。布丹以为君主独揽主权乃是最理想的制度。① 儒家的学说如何呢？《公羊传》云："王者欲一乎天下。"（《公羊传·成公十五年》）《春秋繁露》说："一统乎天子。"（第十六篇《符瑞》）一统乎天子就是集权于天子之意。一切权力集中于天子，在国家需要统一之时，固然不会发生问题。到了集权成功，专制政治达到高峰，如何矫正天子专制之弊，就不能不成为问题。

对这问题，法家主张法治，希望人主"不淫意于法之外，不为惠于法之内"（《管子》第四十六篇《明法》）。但是法由人主制定，"利在故法前令，则道之；利在新法后令，则道之"（《韩非子》第四十三篇《定法》）。这样，要束缚人主于法律之内，实非易事。儒家主张人治，希望人主任贤使能，使"贤者在位，能者在职"（《孟子·公孙丑上》）。但是决定谁是贤能的权又属于人主，"燕王哙贤子之而非孙卿，故身死为僇。夫差智太宰嚭而愚子胥，故灭于越"（《韩非子》第三十八篇《难三》）。法不能拘束君主，人不能掣肘君主，君主不受任何限制，于是法治与人治都遇到了障壁。如何冲破这个障壁，在民主思想尚未发生以前，学者只有求助于皇天，于是阴阳家的学说就流行了。

阴阳之语由来已久，唯在古代，阴阳顺逆乃视为自然现象，与人事吉凶似无关系。六鹢退飞过宋都，周内史叔兴以为"是阴阳之事，非吉凶所生也，吉凶由人"（《左传·僖公十六年》）。但是《周易》有"天垂象，见吉凶"（《周易》卷七《系辞上》）之言，即由天事以推测人事。固然这种观念不是吾国才有，唯在吾国，将其组织为一种系统整然的学说者，则为战国末期的邹衍。邹衍之书已经失传，据《史记》所载，其要旨为"深观阴阳消息，而作怪迂之变"，"称引天地剖判

---

① 参阅拙著《政治学》第1版第22刷第59页。

以来,五德转移,治各有宜,而符应若兹"(《史记》卷七十四《孟子传》)。即其学说,一为阴阳,二为五德,五德就是五行。推阴阳五行以说明人世之治乱,即用天事以恐吓人主,使人主对于人事,不能不稍加注意。所以司马迁说:"王公大人初见其术,惧然顾化。"(《史记》卷七十四《孟子传》)太史公论六家之要旨,亦说:"尝窃观阴阳之术大祥,而众忌讳,使人拘而多所畏"(《史记》卷一百三十《太史公自序》)汉兴,经高惠吕后文景之治,而至于武帝之世,王国已经摧毁,列侯已经削弱,中央集权的国家已经建设成功,天子独揽大权。如何限制天子的大权,在民主思想尚未发生,而君权主义又有助于国家的安定之时,只有假手于皇天,于是儒家就借用阴阳家的学说,使人主看到阴阳错逆,悚然忧惧,以为上天震怒,而谋所以补过之道。首将儒家与阴阳家两种学说合并起来的,则为武帝时的董仲舒。班固云:"董仲舒治《春秋公羊》,始推阴阳,为儒者宗。"(《汉书》卷二十七《五行志上》)董仲舒说:

> 天地之气合而为一,分为阴阳,判为四时,列为五行。行者行也,其行不同,故谓之五行。(《春秋繁露》第五十八篇《五行相生》)

即其学说以三种观念为基础,一是阴阳,二是四时,三是五行。这三者固然属于天事,但天事往往反映人事,而人事亦往往引起天事。他说"天人一也"(《春秋繁露》第四十九篇《阴阳义》),即"天人之际,合而为一,同而顺理,动而相益,顺而相受"(同上第三十五篇《深察名号》)。这种理论,吾人试称之为天人感应说。阴阳、四时、五行之与人事尤其政治得失,都可以互相感应。

先就阴阳言之,"天有阴阳,人亦有阴阳,天地之阴气起,而人之阴气应之而起;人之阴气起,而天地之阴气亦宜应之而起,其道一也"(同上第五十七篇《同类相动》)。三纲之义"皆取诸阴阳之道,君为阳,臣为阴;父为阳,子为阴;夫为阳,妻为阴"(同上第五十三篇《基义》)。阴阳必须调和,"大旱者阳灭阴也,阳灭阴者,尊压卑也……大水者阴灭阳也,阴灭阳者,卑胜尊也。日食亦然,皆下犯上,以贱伤贵者,逆节也"(同上第五篇《精华》)。

次就四时言之,天有春夏秋冬,人有喜怒哀乐,"春喜气也,故生。秋怒气也,故杀。夏乐气也,故养。冬哀气也,故藏。四者天人同有之"(同上第四十九篇《阴阳义》),即"喜怒之祸,哀乐之义,不独在人,亦在于天。而春夏之阳,秋冬之阴,不独在天,亦在于人。人无春气,何以博爱而容众?人无秋气,何以立严而成功?人无夏气,何以盛养而乐生?人无冬气,何以哀死而恤丧?天无喜气,亦何以暖而春生育?天无怒气,亦何以清而秋就杀?天无乐气,亦何以疏阳而夏养长?天无哀气,亦何以激阴而冬闭藏?故曰天乃有喜怒哀乐之行,人亦有春夏秋冬之气者,合类之谓也"(同上第四十六篇《天辨在人》)。"圣人副天之所行以为政,欲以庆副暖而当春,以赏副暑而当夏,以罚副清而当秋,以刑副寒而当冬。"(同上第五十五篇《四时之副》)换言之,"主之好恶喜怒乃天之春夏秋冬也,其居暖清寒暑而以变化成功也。天出此物者,时则岁美,不时则岁恶。人主出此四者,义则世治,不义则世乱。是故治世与美岁同数,乱世与恶岁同数,以此见人理之副天理也"(同上第四十四篇《王道通三》)。

三就五行言之,"天有五行,木火土金水是也"(同上第三十八篇《五行对》)。五行有变乃暗示政治措施之有问题。"木有变,春凋秋荣,秋木冰,春多雨,此繇役众,赋敛重,百姓贫穷叛去,道多饿人。救之者,省繇役,薄赋敛,出仓谷振困穷矣。火有变,冬温夏寒,此王者不明,善者不赏,恶者不绌,不肖在位,贤者伏匿,则寒暑失序,而民疾疫。救之者,举贤良,赏有功,封有德。土有变,大风至,五谷伤,此不信仁贤,不敬父兄,淫佚无度,宫室多营。救之者,省宫室,去雕文,举孝悌,恤黎元。金有变,毕昴为回,三覆有武,多兵、多盗寇,此弃义贪财,轻民命,重货赂,百姓趣利,多奸轨。救之者,举廉洁,立正直,隐武行文,束甲械。水有变,冬湿多雾,春夏雨雹,此法令缓,刑罚不行。救之者,忧囹圄,案奸宄,诛有罪,搜五日。"(同上第六十三篇《五行变救》)

总之,董仲舒乃采用阴阳家的思想,而提出天人感应之说。其对策云:

臣谨案《春秋》之中,视前世已行之事,以观天人相与之际,甚可畏也。国家将有失道之败,而天乃先出灾害以谴告之,不知自省,又出怪异以警惧之,尚不知变,而伤败乃至。以此见天心之仁爱人君,而欲止其乱也。自非大亡道之世者,天尽欲扶持而全安之,事在强勉而已矣。(《汉书》

卷五十六《董仲舒传》）

又说：

> 孔子作《春秋》……《春秋》之所讥，灾害之所加也；《春秋》之所恶，怪异之所施也。书邦家之过，兼灾异之变，以此见人之所为，其美恶之极，乃与天地流通，而往来相应。（《汉书》卷五十六《董仲舒传》）

董仲舒"少治《春秋》"（《汉书》卷五十六《董仲舒传》），就其学派言，是属于儒家，而天人感应之说又接近于阴阳家。盖古代天子不受任何拘束，其所畏惧的只有皇天。天不言，如何而能推测天意？《易》曰"天垂象，见吉凶"，政修则天赐祥瑞，政失则天降灾异。比方日食，《汉书》云："凡日所躔而有变，则分野之国失政者受之。人君能修政，共御（恭御）厥罚，则灾消而福至；不能，则灾息（息谓蕃滋也）而祸生。"（《汉书》卷二十七《五行志下之下》）即在专制时代，固然是君尊臣卑，而又置皇天于上，以监人主。董仲舒说："《春秋》之法，以人随君，以君随天……故屈民而伸君，屈君而伸天，《春秋》之大义也。"（《春秋繁露》第二篇《玉杯》）我们所应注意的，董仲舒固然主张"屈民而伸君"，但他并未忘记，民为邦本，本固邦宁之义。所以又说："天之生民非为王也，而天立王以为民也。故其德足以安乐民者，天予之；其恶足以贼害民者，天夺之。"（《春秋繁露》第二十五篇《尧舜不擅移汤武不专杀》）董氏学说影响于后代者甚大，班固云："汉兴，推阴阳、言灾异者，孝武时有董仲舒、夏侯始昌，昭宣则眭孟、夏侯胜，元成则京房、翼奉、刘向、谷永，哀平则李寻、田终术，此其纳说时君著明者也。"（《汉书》卷七十五《眭弘等传》赞曰）降至东汉，其说更炽，盖王莽假符命以窃取天下，光武因图谶而遂即帝位，自是而后，阴阳学说遂支配了整个社会。固然阴阳学说与图谶都是出于迷信心理，而二者又有不同之处。前者尚有人定胜天之意，后者则谓凡事皆由前定。图谶由来甚早，"亡秦者胡"（《史记》卷六《秦始皇本纪》）就是一种预言，也就是图谶，但其盛行乃在前汉哀平之际（参阅《后汉书》卷八十九《张衡传》集解）。哀帝建平二年，"待诏夏贺良等言赤精子之谶，汉家历连中衰，当再受命,宜改元易号",《补注》引齐召南曰,"谶字始见于此,张平子(张衡)谓谶起哀平之间,宜哉"(《汉书》卷十一《哀帝纪》)。王莽末年,社会又传播了一种图谶,"刘秀当为天子"(《后汉书》卷四十五《邓晨传》)。光武名秀,既即帝位,因其"姓号见于图书"(《后汉书》卷五十三《窦融传》),遂深信谶而不疑,吾人观光武用人,喜以谶决之,其用孙咸行大司马,其擢王梁为大司空,均依谶文(《后汉书》卷五十二《景丹传》《王梁传》)。桓谭因极言谶之非经,而将斩之(《后汉书》卷五十八上《桓谭传》)。郑兴因不为谶,终不任用(《后汉书》卷六十六《郑兴传》)。天下既定,因谶可以惑乱人心,故又归回到阴阳学说,察其立论宗旨,不外天人感应之说。即"天垂妖象,地见灾符,所以谴告人主,责躬修德"(《后汉书》卷六十《郎颉传》)。"瑞由德至,灾应事生,天不言语,以灾异谴告。"(《后汉书》卷八十四《杨秉传》)"王道得,则阴阳和穆;政化乖,则崩震为灾。"(《后汉书》卷九十三《李固传》)总之,在专制时代,君主的权力乃如顺帝所说:"朕能生君,能杀君,能贵君,能贱君,能富君,能贫君。"(《后汉书》卷一百十二《樊英传》)君主既有如斯大权,而法治与人治又莫能匡救,故学者借用阴阳家之学说,使君主有所畏惧,不敢过度暴虐。其实,无补于事,人主既有生杀予夺之权,势必如左雄所说:"夫刑罪人情之所甚恶,贵宠人情之所甚欲,是以时俗为忠者少,而习谀者多。故令人主数闻其美,稀知其过,迷而不悟,至于危亡。"(《后汉书》卷九十一《左雄传》)这样,虽然天垂妖象,地降灾符,人臣亦不敢举以相告,甚至代为之辩。

儒家学说到了东汉,大见变质,经学乃夹杂以阴阳家的思想,吾人读《后汉书》各列传,即可知之。然既崇尚儒学了,结果又发生三种现象。

1. 东汉崇尚儒家,五经成为人士进身的工具,而要测定人士的经学程度,只有应用考试。考试之法始于西都,西都不过用之以济选举之穷,并未曾视为取士的唯一方法。蔡邕说:"孝武之世,郡举孝廉,又有贤良文学之选,于是名臣辈出,文武并兴,汉之得人,数路而已。夫书画辞赋,才之小者,匡国理政,未有其能。"(《汉书》卷九十下《蔡邕传》)当时制策固然有似于科举,然所问者皆当世之急务与政事之得失,注重佐国康时之论,而不尚空言浮文,所以西汉时代得才甚多。东汉以后,用人必经考试。比方孝廉一科,西汉只取其人的履行,东汉自顺帝以后,因左雄建议,又观其人的文学,即"诸生试家法,文吏课笺奏"。所谓"家法",章怀注云:"儒有一家之法,故称家法。"(《后汉书》卷九十一《左雄传》《胡广传》(《后汉书》卷七十四)亦有"儒者试经学,文吏试章奏"之言,可知家法就是经学。孝廉而有考试,徐氏评云:

> 按孝廉之举始自西都,尝考元朔诏书……孝之与廉当是各为一科……至东都则合为一科矣。西都止从郡国奏举,未有试文之事。至东都,则诸生试家法,文吏课笺奏,无异于后世科举之法矣……当时虽以孝廉名科,而未尝责其孝行廉隅之实,是亦失设科之本意也。虽然汉世诸科虽以贤良方正为至重,而得人之盛则莫如孝廉,斯亦后世之所不及。按西汉举贤良文学,则令其对策,而孝廉则无对策之事。盖所谓贤良文学者取其忠言嘉谟足以佐国,崇论宏议足以康时,故非试之以对策,则无以尽其材。若孝廉则取其履行,而非资其议论也。今亦从而有试焉,则所谓孝廉者若何而著之于篇乎?又况左雄所言,诸生试家法,文吏课笺奏,则又文之靡者,去贤良所对尚复远甚,而何以言孝廉乎?(《文献通考》卷三十四《孝廉》)

岂但用人,就是迁官亦多以考试定之,马端临说:

> 按东汉用人,多以试取之,诸科之中,孝廉贤良有道皆有试,迁官则如博士如尚书皆先试,至于辟举征召无不试者……然所试率文墨小技,固未足以知其贤否也。(《文献通考》卷三十九《辟举》)

豪杰之士不长于雕虫小技,当然不能利用自己的才智,以取得适当的官职。人才埋没,对于国家固然是一种损失,而其结果且将如苏轼所说:

> 夫惟忠孝礼义之士虽不得志,不失为君子。若德不足而才有余者,困于无门,则无所不至矣。(《文献通考》卷三十五《吏道》)

2. 东汉崇尚儒学，凡非由儒出身之士而仕郡县为胥吏者，多受世人鄙薄，这种区别在西都是没有的。即最初世人所鄙薄者不是胥吏，而是非儒出身的胥吏。到了后来，胥吏受人鄙薄，竟令儒生不愿屈就其职了。马端临说：

今按西都公卿士大夫或出于文学，或出于吏道，亦由上之人并开二途以取人，未尝自为抑扬，偏有轻重，故下之人亦随其所遇，以为进身之阶，而人品之贤不肖初不系其出身之或为儒或为吏也……后世儒与吏判为二途，儒自许以雅而诋吏为俗，于是以剸繁治剧者为不足以语道。吏自许以通而诮儒为迂，于是以通经博古者为不足以适时。而上之人又不能立兼收并蓄之法，过有抑扬轻重之意。于是拘谫不通者一归之儒，放荡无耻者一归之吏，而二途皆不足以得人矣。(《文献通考》卷三十五《吏道》)

马端临所谓后世，是否从东汉开始，吾人不可不察。胡广曾为郡之散吏(《后汉书》卷七十四《胡广传》)，袁安曾为县之功曹(《后汉书》卷七十五《袁安传》)，而均不以为耻。孝廉丁邯则宁受杖，而不愿去补令史应补尚书郎之职。①此盖胡广、袁安之愿屈身于郡县曹掾，乃在未举孝廉以前。士人举为孝廉之后，往往自负清流，不愿与胥吏为伍。马端临说：

秦弃儒崇吏，西都因之，萧曹以刀笔吏佐命为元勋，故终西都之世，公卿多出胥吏，而儒雅贤良之人亦多借径于吏以发身。其时儒与吏未甚分别，故以博士弟子之明经者补太守卒史，而不以为恶。元、成以来，至东汉之初，流品渐分，儒渐鄙吏，故以孝廉补尚书郎、令史，而深以为耻，盖亦习俗使然。然胡广、袁安之进身者亦由郡吏，而丁邯则决不肯为尚

---

① 故事，尚书郎以令史久缺补之，世祖始改用孝廉为郎，以孝廉丁邯补焉，邯称疾不就。诏问，实病，羞为郎乎？对曰，臣实不病，耻以孝廉为令史职耳。世祖怒曰，虎贲灭头，杖之数十。诏问，欲为郎不？邯曰，能杀臣者陛下，不能为郎者臣。中诏遣出，竟不为郎。(《后汉书》卷三十六《百官志三》令史注引《决录》注)是则丁邯不是不愿为尚书郎，而是不愿去补令史应补之职。其后，光武改用孝廉为郎，自是而后尚书郎之地位渐次提高，徐防、胡广均以孝廉补尚书郎，即其例也。

书令史，何也？盖东都亦未尝废试吏入仕之途，故方其未遇而浮沉里巷，无所知名也，则虽郡吏亦屑为之。及其既以孝廉异科荐举征召，则未免自负清流，虽尚书机要之地，亦耻其为郎令史矣。（《文献通考》卷三十五《吏道》）

但是东汉郡县胥吏亦得行使职权，例如爱延"为乡啬夫，仁化大行，人但闻啬夫，不知郡县"（《后汉书》卷七十八《爱延传》）。王涣为郡功曹，太守陈宠"入为大司农，和帝问曰，在郡何以为理？宠顿首谢曰，臣任功曹王涣以简贤选能，主簿镡显拾遗补阙，臣奉宣诏书而已"（《后汉书》卷一百六《王涣传》）。而且后来士人入仕并非易事，所以士人亦常借径于吏，表示其才智，借以为发身之路，徐天麟说①：

东京入仕之途虽不一，然由儒科而进者，其选亦难。故才智之士多由郡吏而入仕，以胡广之贤而不免为郡散吏，袁安世传易学而不免为县功曹，应奉读书五行并下而为郡决曹吏，王充之始进也，刺史辟为从事，徐稚之初筮也，太守请补功曹，盖当时仕进之路有如此者，初不以为屈也。（《文献通考》卷三十五《吏道》）

儒生先为胥吏，尤其是郡县曹掾以及乡官，实如公非刘氏所说："才试于事，情见于物，则贤不肖较然。故遭事不惑，则知其智。犯难不避，则知其节。临财不私，则知其廉。应对不疑，则知其辩，如此，则察举易，而贤公卿大夫自此出矣。"要是他们"居于乡里，不过闭门养高，其外则游学四方，以崇名誉"，而欲使"郡县议其行，而察举之，难矣"（《文献通考》卷三十五《吏道》）。所谓名流固然"朝廷若待神明"（《后汉书》卷一百十二上《方术传》论曰），而"功业皆无所采，是故俗论皆言处士纯盗虚声"（《后汉书》卷九十一《黄琼传》），推其原因，实由士大夫未

---

① 徐氏所举之例似有问题，胡广少孤贫，袁安祖父不过县令，而且两人之为胥吏均在未举孝廉以前。王充受业太学，而未曾举为孝廉贤良，始终未达。徐稚五举孝廉贤良皆不就，太守李膺虽以礼请署功曹，亦未曾就。只唯应奉家世二千石，而亦未举孝廉。参阅《后汉书》卷七十四《胡广传》、七十五《袁安传》、七十八《应奉传》、七十九《王充传》、八十三《徐稚传》。还是马端临之言比较合理。

曾从政而无磨炼才智的机会之故。

3. 东汉崇尚儒学，儒家尚德，孔子说："导之以政，齐之以刑，民免而无耻。导之以德，齐之以礼，有耻且格。"(《论语·为政》)儒家既然尚德，故又要求政治家能正其身，孔子说："政者正也，子率以正，孰敢不正？"(《论语·颜渊》)又说："其身正，不令而行；其身不正，虽令不从。"(《论语·子路》)在这种思想之下，东汉举士遂以贤为主，以能为副，而与西汉时代例如武帝下诏征求跅弛之士，完全不同。而一般"公卿尤以辟士相高"，其所辟之士以通经行修为主。"卓茂习诗礼，为通儒，而辟丞相府史。蔡邕少博学，好词章，而辟司徒桥玄府。周举博学洽闻，为儒者宗，而辟司徒李合府。又有五府俱辟如黄琼者，四府并命如陈纪者。往往名公巨卿以能致贤才为高。"(《文献通考》卷三十九《辟举》引徐氏曰)但是贤者未必有才，单单尚贤，用者常是循常习故之徒，而令政界发生暮气沉沉的现象。例如"邓彪少励志，修孝行"，"永元初，窦氏专权骄纵，朝廷多有谏诤，而彪在位(时为太傅，录尚书事)修身而已，不能有所匡正"(《后汉书》卷七十四《邓彪传》)。商鞅有言："凡人臣之事君也，多以主所好事君。"(《商君书》第十四篇《修权》)韩非亦说："人主好贤，则群臣饰行以要其君。"(《韩非子》第七篇《二柄》)所以东汉士大夫多矫饰其行，而沽名钓誉遂成为一代风俗。茅容避雨树下，危坐愈恭，孟敏荷甑坠地，不顾而去，竟为郭太所赏识(《后汉书》卷九十八《茅容孟敏传》)。然此二人均不求仕，犹可言也，至于许武、李充则不然了。

> 许武举为孝廉，武以二弟晏普未显，欲令成名，乃请之曰，礼有分异之义，家有别居之道，于是共割财产，以为三分。武自取肥田广宅奴婢强者，二弟所得并悉劣少。乡人皆称弟克让，而鄙武贪婪，晏等以此并得选举。武乃会宗亲泣曰，吾为兄不肖，盗声窃位，二弟年长，未豫荣禄，所以求得分财，自取大讥。今理产所增三倍于前，悉以推二弟，一无所留。于是郡中翕然，远近称之，位至长乐少府。(《后汉书》卷一百六《许荆传》)

> 李充家贫，兄弟六人同食递衣。妻窃谓充曰，今贫居如此，难以久安，妾有私财，愿思分异。充伪酬之曰，如欲别居，当酝酒具会，请呼乡里内外共议其事。妇从充，置酒燕客。充于坐中前跪白母曰，此妇甚无状，

而教充离间母兄,罪合遣斥。便呵叱其妇,逐令出门,妇衔涕而去,坐中惊肃……延平中诏公卿中二千石各举隐士大儒,务取高行,以劝后进,特征充为博士。(《后汉书》卷一百十一《李充传》)

许武既自污以显弟,复剖陈以自显,一举而兄弟皆贵。李充伪依其妇之言,从而宣布其妇之过,坐中惊肃,卒以高行,特征为博士。时人好为矫激之行以立名,由此可见一斑。最可笑的则为下列之例:

汉中晋文经,梁国王子艾并恃其才智,炫曜上京,卧托养疾,无所通接。洛中士大夫好事者,承其声名,坐门问疾,犹不得见。三公所辟召者,辄以询访之,随所臧否,以为与夺。符融察其非真,乃到太学,并见李膺曰……融恐其空誉违实,特宜察焉。膺然之,二人自是名论渐衰……旬日之间惭叹逃去,后果为轻薄子,并以罪废弃。(《后汉书》卷九十八《符融传》)

又有樊英者毫无才智,而乃饬伪以邀誉,钓奇以惊俗,自州郡、公卿,而至天子,前后礼请,皆不应。一登高位,却无奇谋深策。

初南阳樊英,少有学行,名著海内,隐于壶山之阳。州郡前后礼请,不应;公卿举贤良方正有道,皆不行;安帝赐策书征之,不赴。是岁(顺帝永建二年)帝复以策书玄𫄧备礼征英,英固辞疾笃,诏切责郡县驾载上道。英不得已到京,称疾不肯起,强舆入殿,犹不能屈。帝使出就太医养疾,月致羊酒。其后,帝乃为英设坛,令公车令导,尚书奉引,赐几杖,待以师传之礼,延问得失,拜五官中郎将。数月英称疾笃,诏以为光禄大夫,赐告归,令在所送谷,以岁时致牛酒,英辞位不受,有诏譬旨勿听。英初被诏命,众皆以为必不降志。南郡王逸……劝使就聘。英顺逸议而至,及后应对,无奇谋深策,谈者以为失望。(《资治通鉴》卷五十一顺帝永建二年)

这固然不是崇尚儒学的结果,而确是公卿好贤的流弊。《六韬》(第十篇《举贤》)云:"君以世俗之所誉者为贤,以世俗之所毁者为不肖,则多党者进,少党者退。"然而"上无明天子,下无贤诸侯,君不识是非,臣不辨黑白",既然是"多助者为贤,寡助者为不肖",于是在野者"知富贵可以从众为也,知名誉可以虚哗获也",乃"结比周之党,汲汲皇皇,无日以处,更相叹扬,迭为表里"。在朝者,"自公卿大夫州牧郡守,王事不恤,宾客是务……下及小司列城墨绶,莫不以得人自矜,以下士为贤……文书委于官曹,系囚积于囹圄,而不遑省也"(徐干《中论》第十二篇《谴交》)。简单言之,交朋结党,互相标榜,就可令公卿牧守"竞相辟召,踊跃升腾,超等逾匹"(《后汉书》卷九十一《左雄传》)。这样,社会又发生了一种现象:人士"多务交游,以结党助,偷世窃名,以取济渡"(《潜夫论》第二篇《务本》)。哪知到了最后,连吹嘘标榜都不要了。而如李固所说:"今之仕者唯财与力。"(《后汉书》卷九十三《李固传》)《抱朴子》说:

桓灵之世,柄去帝室,政在奸臣,网漏防溃,风颓教沮,抑清德而扬谄媚,退履道而进多财,力竞成俗,苟得无耻,或输自售之宝,或卖要人之书,或父兄贵显,望门而辟命,或低头屈膝,积习而见收。(《抱朴子外篇》卷十五《审举》)

且也,光武依豪强之协助,而能统一天下。其对付豪强乃采取妥协的政策。明章以后,承平已久,豪强渐有势力。章帝时韦彪已经建言:"士宜以才行为先,不可纯以门阀。"(《后汉书》卷五十六《韦彪传》)到了后来,典选举者又复谄事权贵,望风迎附。汉制,天子近臣之子弟不得举为孝廉。

诏书所以禁侍中尚书中臣(《集解》,《通鉴》胡注,此中臣谓中朝臣也)子弟不得为吏、察孝廉者,以其秉威权容请托故也。(《后汉书》卷九十三《李固传》)

这种禁令早已成为具文,中常侍当权,州郡则选举宦官的家人。李固说:

> 中常侍在日月之侧,声势振天下,子弟禄任曾无限极,虽外托谦默,不干州郡,而谄伪之徒望风进举。(《后汉书》卷九十三《李固传》)

大将军秉政,州郡则选举贵戚的子弟,例如:

> 河南尹田歆外甥王谌名知人。歆谋之曰,当举六孝廉,多得贵戚书,命不宜相违,欲自用一名士,以报国家,尔助我求之。(《后汉书》卷八十六《种暠传》)

六孝廉之中,州郡能够自用名士者不过一人,由此可知当时贵戚如何把持地方选举。固然权贵子弟不乏贤能之士,然贡举既然唯力是视,则州郡察举之人自必庸驽居多。因之西汉时代各种选举科目,如茂才、孝廉、方正之类均只有其名,而无其实。王符说:

> 群僚举士者或以顽鲁应茂才,以桀逆应至孝,以贪饕应廉吏,以狡猾应方正,以诔诡应直言,以轻薄应敦厚,以空虚应有道,以嚚暗应明经,以残酷应宽博,以怯弱应武猛,以愚顽应治剧,名实不相副,求贡不相称。(《潜夫论》第七篇《考绩》)

葛洪说明灵献时代选举的腐化情形如次:

> 灵献之世……时人语曰,举秀才,不知书;察孝廉,父别居;寒素清白浊如泥,高第良将怯如鸡。(《抱朴子外篇》卷十五《审举》)

何况"富贵则人争附之,贫贱则人争去之"(《潜夫论》第三十篇《交际》),这是人之常情。而"有利生亲,积亲生爱,积爱生是,积是生贤,情苟贤之,则不自觉心之亲之,口之誉之也。无利生疏,积疏生憎,积憎生非,积非生恶,情苟恶之,则不自觉心之外之,口之毁之也"(《潜夫论》同上)。"每观前代专权之徒,率其所举皆在乎附己者也,所荐者必先乎利己者也。"(《抱朴子外篇》卷二十《名实》)人士既见选举之权操于权贵,于是不肖者无不竭力谋与权贵接近,而贤者又自命清高,不愿奔走于权贵之门。这样,权贵更垄断了国家的官职。弄到结果,便如王符所说:

今观俗士之论也,以族举德,以位命贤。(《潜夫论》第四篇《论荣》)
凡今之人……论古则知称夷齐原颜,言今则必官爵职位;虚谈则知以德义为贤,贡荐则必阀阅为前。(《潜夫论》第三十篇《交际》)

官僚政治由于上述原因,已经发生问题。而考课又复有名无实。光武固"尝召见诸郡计吏,问其风土及前后守令能否"(《后汉书》卷六十一《张堪传》)。明帝时代,马严乃言:"考绩黜陟,以明褒贬。方今刺史守专州典郡,不务奉事,尽心为国。而司察偏阿,取与自己同,则举为尤异,异则中以刑法。"(《后汉书》卷五十四《马严传》)如是人士也不能以功绩擢用了。

且也,光武中兴之时,又鉴权臣窃命之祸,"不以功臣任职,至使英姿茂绩委而勿用"(《后汉书》卷五十二《中兴二十八将论》),有些虽崇以三公之位,亦不过假以名号,而令其率师出征。例如建武元年,吴汉为大司马,邓禹为大司徒,王梁为大司空,而均出征在外(参阅《后汉书》各本传)。按吴汉于建武元年为大司马,建武二十年五月卒,前后为大司马二十年,而均从事征讨(《后汉书》卷四十八《吴汉传》)。其在内者,例如李通虽然"破家为国","助成大业",而拜为大司空之后,乃"谢病不视事"(《后汉书》卷四十五《李通传》)。盖光武为人"重慎畏事"(《东观汉记》卷一《光武帝纪》)。重慎畏事往往不易信人,其所信任者只限于同乡。光武南阳人,郭伋"言选补众职,当简天下贤俊,不宜专用南阳人"(《后汉书》卷六十一《郭伋传》)。"帝方以吏事责三公,故功臣并不用。是时列侯唯高密、固始、胶东三侯与公卿参议国家大事。"(《后汉书》卷四十一《贾复传》)高密侯邓禹、固始侯李通、胶东侯贾复均系南阳人(参阅《后汉书》各本传)。光武曾谓"吾理天下,亦欲以柔道行之"(《后汉书》卷一下《光武帝纪》)。然而尚柔之道,目的在于克刚,力足以克刚,绝不用柔;力不足以克刚,才以柔制之。这是一种阴谋。史谓"光武承王莽之余,颇以严猛为政,后代因之,遂成风化"(《后汉书》卷七十一《第五伦传》)。"尚书近臣至乃捶扑牵曳于前,群臣莫敢正言。"(《后汉书》卷五十九《申屠刚传》)明帝察察为慧,"公卿大臣数被诋毁,近臣尚书以下,至见提拽"(《后汉书》卷七十一《钟离意传》)。在这种政风之下,当然是"大臣难居相位"(《后汉书》卷五十六《侯霸传》),只有明哲保身。中叶以后,选任三公,务取其人"清悫谨慎循常习故者"(《后汉书》卷七十九《仲长统传》法诫篇》)。郎𫖯说:

> 今三公皆令色足恭,外厉内荏,以虚事上,无佐国之实。(《后汉书》卷六十下《郎𫖯传》)

三公退守,浸假政界人物便养成了不负责任的习惯。左雄说:

> 方今公卿以下,类多拱默,以树恩为贤,尽节为愚,至相戒曰,白璧不可为,容容多后福。(《后汉书》卷九十一《左雄传》)

纵是掾属亦"专尚交游,以不肯视事为高"(《后汉书》卷七十六《陈宠传》)。这种恶习乃开始于明章时代。到了后来,凡遇大事发生,他们欲逃避责任,往往称病不朝。例如:

> 永康元年,帝(桓帝)崩……时新遭大丧,国嗣未立,诸尚书畏惧权官,托病不朝。(《后汉书》卷九十六《陈蕃传》)

最后朝廷不能不下诏禁止诸府掾属擅自去就。

> 是时西羌反叛,黄巾作难,制诸府掾属不得妄有去就。(《后汉书》卷一百十一《范冉传》)

此乃就中央官言之,至于地方官,则层层卸责于下,而如虞诩之言:

>今州曰任郡,郡曰任县,更相委远,百姓怨穷。(《后汉书》卷八十八《虞诩传》)

何况东汉政府又有卖官鬻爵之事。汉制,爵可以视为一种财产,"有罪得赎,贫者得卖与人"(《后汉书》卷二《明帝纪》,即位时赐天下男子爵人二级,章怀注)。安桓二帝所卖者不过爵、散官,以及缇骑、营士。例如:

>安帝永初三年夏四月,三公以国用不足,奏令吏人入钱谷,得为关内侯、虎贲、羽林郎、五大夫、官府吏、缇骑、营士各有差。(《后汉书》卷五《安帝纪》)

>桓帝延熹四年秋七月,占卖关内侯、虎贲、羽林、缇骑、营士、五大夫钱各有差。(《后汉书》卷七《桓帝纪》)

一到灵帝,且卖公卿之职。

>光和元年十二月,是岁初开西邸卖官,自关内侯、虎贲、羽林入钱各有差,私令左右卖公卿,公千万,卿五百万。(《后汉书》卷八《灵帝纪》)

关于灵帝贩卖公卿,据傅子说①:

>灵帝时,榜门卖官,于是太尉段颎、司徒崔烈、太尉樊陵、司徒张温之徒,皆入钱,上千万,下五百万,以买三公。颎数征伐有大功,烈有北州重名,温有杰才,陵能偶时,皆一时显士,犹以货取位,而况于刘嚣、唐珍、张

---

① 同书章怀注引《山阳公载记》曰:"时卖官二千石二千万,四百石四百万,其以德次应选者半之,或三分之一,于西园立库以贮之。"三公不过千万,而二千石乃二千万,是否临民之官容易贪污,故其价格特高。

颢之党乎？（《后汉书》卷八《灵帝纪》光和元年集解引傅子曰）

案灵帝卖官，目的又和安桓二帝不同，安桓卖官以充国用，灵帝卖官，乃聚为私藏。

> 帝本侯家宿贫，每叹桓帝不能作家居，故聚为私藏，复藏寄小黄门常侍钱各数千万。（《后汉书》卷一百八《张让传》）

最初卖给富豪，继又卖给贫人，听其剥削百姓，加倍偿还债务。

> 灵帝时开鸿都门，榜卖官爵，公卿州郡下至黄绶各有差。其富者，则先入钱；贫者到官，而后倍输。（《后汉书》卷八十二《崔实传》）

不久，又创立修宫钱、东园礼钱等各种名目，凡任命为官吏者须先输款而后就职，清贫的人无款可输，只有辞职不就。例如：

> 灵帝欲以羊续为太尉，时拜三公者皆输东园礼钱千万，令中使督之，名为左骖……续……举缊袍以示之曰，臣之所资唯斯而已。左骖白之，帝不悦，以此故，不登公位。（《后汉书》卷六十一《羊续传》）
>
> 刘陶徙为京兆尹，到职，当出修宫钱，直千万。陶既清贫，而耻以钱买职，称疾不听政。（《后汉书》卷八十七《刘陶传》）

辞职不就，尚有自由，最后连自由都没有了。凡人一经任命，必须之官，也就是必须输钱。其因贫不能之官者皆迫遣之。

> 刺史二千石及茂才孝廉迁除，皆责助军修宫钱，大郡至二三千万，余各有差。当之官者，皆先至西园谐价，然后得去。有钱不毕者或至自杀，其守清者乞不之官，皆迫遣之。（《后汉书》卷一百八《张让传》）

政界之内，上自公卿，下至曹掾，尽是铜臭，钱多者官贵，钱少者职卑。他们既用金钱购买官职，当然是"豺贪受取聚敛，以补买官之费"（《抱朴子外篇》卷十五《审举》）。官僚政治到了这个时候，已经变成污浊的名词。《抱朴子》说：

> 灵献之世，阉官用事，群奸秉权，危害忠良，台阁失选用于上，州郡轻贡举于下……于时悬爵而卖之，犹列肆也。争津者买之，犹市人也。有直者无分而径进，空拳者望途而收迹。其货多者其官贵，其财少者其职卑……清贫之士何理有望哉！（《抱朴子外篇》卷十五《审举》）

按官僚政治是以选任代替世官，要维持这个制度，必须社会上有一批人员预备在政界服劳。这批人员在吾国称为士大夫，所以士大夫的目的在于出仕，即如袁安所说："凡学仕者，高则望宰相，下则希牧守。"（《后汉书》卷七十五《袁安传》）再看桓荣之例。

> 桓荣为少傅……大会诸生，陈其车马印绶曰，今日所蒙，稽古之力也，可不勉哉……三十年（建武），拜为太常。荣初遭仓卒，与族人桓元卿同饥厄，而荣讲诵不息。元卿嗤荣曰，但自苦气力，何时复施用乎？荣笑不应。及为太常，元卿叹曰，我农家子，岂意学之为利乃若是哉！（《后汉书》卷六十七《桓荣传》）

这批预备出仕的士大夫可以称为官僚预备军。官僚预备军应和全国职官的数目保持一定的比例。官僚预备军过少，少到仅能供给政府每年的需要，则政府不能随意选择人才，因之任贤与能的目的必难达到。官僚预备军过多，多到大部分士人无处安插，则失业者人数太多，又将引起政变，而致社会秩序因之纷乱。东汉学校颇见发达，仅仅太学已有学生三万余人。

> 光武中兴，爱好经术……于是立五经博士……建武五年，乃修起太

学……中元元年，初建三雍。明帝即位，亲行其礼……礼毕，帝正坐自讲，诸儒执经问难于前，冠带缙绅之人圜桥门而观听者，盖亿万计……建初中，大会诸儒于白虎观，考详同异，连月乃罢。肃宗亲临称制如石渠故事，顾命史臣著为《通义》……孝和亦数幸东观，览阅书林……自安帝览政，薄于艺文，博士倚席不讲，朋友相视怠散，学舍颓敝，鞠为园蔬，牧儿荛竖，至于薪刈其下。顺帝……更修黉宇，凡所造构二百四十房、千八百五十室……本初元年，梁太后诏曰，大将军下至六百石悉遣子就学……自是游学增盛至三万余生，然章句渐疏，而多以浮华相尚，儒者之风盖衰矣。(《后汉书》卷一百九上《儒林传序》)

此外私塾亦甚发达，每一宿儒常收门徒数十人至千余人。"若乃经生所处，不远千里之路，精庐暂建，赢粮动有千百，其耆名高义、开门受徒者，编牒不下万人。"(《后汉书》卷一百九下《儒林传论》)但是吾人须知汉世儒生讲学，未必亲授。马融"门徒四百余人，升堂进者五十余生"(《后汉书》卷六十五《郑玄传》)，"弟子以次相授，鲜有入其室者"(《汉书》卷九十上《马融传》)。例如郑玄，当其师事马融之时，"在门下三年不得见，乃使高业弟子传授于玄"(《后汉书》卷六十五《郑玄传》)。尚有名为门徒，不但未曾亲受其业，而又未曾传授其业者。"侍御史景毅子顾为李膺门徒，而未有录牒，故不及于谴"(《后汉书》卷九十七《李膺传》)，即未遭党锢之祸。当时士人多借门生之名，依附权贵，规图仕进。丁鸿为少府，"门下由是益盛，远方至者数千人"(《后汉书》卷六十七《丁鸿传》)，此亦可见士人喜为名儒门徒之故①。

---

① 赵翼谓："汉时……人士之向学者必以京师为归……盖其时郡国虽已立学……然经义之专门名家，惟太学为盛，故士无有不游太学者。及东汉中叶以后，学成而归者各教授门徒，每一宿儒门下著录者至千百人，由是学遍天下矣。"(《陔余丛考》卷十六《两汉时受学者皆赴京师》)

东汉名儒之多，可阅《后汉书》(依卷次)《鲁丕传》《伏湛传》《承宫传》《赵典传》《杨厚传》《郎𫖮传》《樊倏传》《曹褒传》《郑玄传》《张楷传》《桓荣传》《桓典传》《丁鸿传》《周磐传》《张酺传》《郭躬传》《姜肱传》《虞诩传》《马融传》《史弼传》《张奂传》《刘淑传》《李膺传》《檀敷传》《郭太传》《刘昆传》《洼丹传》《杨政传》《张兴传》《牟长传》《孔僖传》《杨伦传》《魏应传》《杜抚传》《丁恭传》《周泽传》《楼望传》《程曾传》《张玄传》《颖容传》《谢该传》《蔡玄传》《夏恭传》《边韶传》《刘茂传》《索卢放传》《唐檀传》《法真传》。此外尚有遗漏者。

教育的发达可以增加士大夫的人数。而吾国教育又如宋叶适所说:"化天下之人而为士,尽以入官。"(《叶水心集》卷三《法度总论三》)职官之数有限,而士之产生无穷,现在试问东汉全国职官共有多少?

> 内外文武官七千五百六十七人(一千五十五人内,六千五百一十二人外),内外诸司职掌人一十四万五千四百一十九人(一万四千二百二十五人内,一十三万一千一百九十四人外),都计内外官及职掌人十五万二千九百八十六人。(《通典》卷三十六《秩品》)

全国官吏每年要补充多少呢?据唐代刘祥道说:凡人大约均是三十而仕,六十致仕,其为国服劳,平均每人为三十年。

> 壮室而任,耳顺而退,取其中数,不过支三十年。(《唐会要》卷七十四《论选事》显庆二年条)

所以全国官吏十五万二千九百八十六人只能维持三十年之用,平均每年要补充五千一百人。此五千一百人如何补充呢?顺帝时代太学生有三万余人,私塾生徒更不可胜数,每岁郡国所举孝廉,西汉本来是郡国各一人,东汉和帝以后,就以郡国人数为标准。因之孝廉人数自当随之增加。

> 当时帝(和帝)以所举孝廉每与郡口率不均,乃从丁鸿议,令郡口二十万岁举孝廉一人,四十万二人,六十万三人,八十万四人,百万五人,百二十万六人,不满二十万二岁一人,不满十万三岁一人。唯缘边郡口十万则岁举一人,不满十万二岁举一人,五万以下,三岁举一人。(《后汉书》卷三十八《百官志五》集解引李祖楙曰,参阅卷四《和帝纪》永元十三年、卷六十七《丁鸿传》)

孝廉入都,多拜为郎。

郡国举孝廉以补三署郎，年五十以上属五官，其次分在左右署，凡有中郎、议郎、侍郎、郎中四等，无员。(应劭《汉官仪》卷上)

明帝时，"馆陶公主为子求郎，不许，而赐钱千万，谓群臣曰，郎官上应列宿，出宰百里，苟非其人，则民受其殃，是以难之"(《后汉书》卷二《明帝纪》永平十八年)，由此可知明帝时代郎选甚见严格。郎官食禄，而无实职，常以高功久次，升迁他职。

汉中郎将分掌三署郎，有议郎、中郎、侍郎、郎中凡四等……卿、校尉、牧守待价于此。(《通典》卷二十九《三署郎官叙》)

所以郎官过剩可以暗示官途壅塞。顺帝时代已经提高孝廉的年龄，凡年不满四十，不得察举为孝廉。

左雄上言，孔子曰，四十不惑，礼称强仕，请自今孝廉年不满四十，不得察举……若有茂才异行，自可不拘年齿。帝从之，于是班下郡国。(《后汉书》卷九十一《左雄传》)

左雄虽有"四十不惑"之言，而其目的似在限制孝廉人数。桓帝时代，最初孝廉七百余人。

杨秉上言，三署见郎七百余人，帑藏空虚，浮食者众。(《后汉书》卷八十四《杨秉传》)

不久，竟然增加到二千余人。

三署郎吏二千余人。《集解》引《汝南先贤传》云，蕃上书曰，今陛下

以郎比一把菜,臣以为反侧。(《后汉书》卷九十六《陈蕃传》)

这固然因为郎选太滥,而郎官没有出路,由此亦可知道。岂但孝廉,博士亦有限年之制。

> 杨仁仕郡为功曹,举孝廉,除郎,太常上仁经中博士。仁自以年未五十,不应旧科,上府让选。注引《汉官仪》曰,博士限年五十以上。(《后汉书》卷一百九《杨仁传》)

而太学生人数太多,竟有年已六十以上,才加考试,而除为郎中者。

> (灵帝熹平五年)试太学生年六十以上百余人,除郎中、太子舍人至王家郎、郡国文学吏。(《后汉书》卷八《灵帝纪》)

由上所述,可知东汉之世,户口虽然不比西汉为多,只因文化发达,士人多而职官少,遂致多数人失意,少数人得意;得意者依附权贵,失意者非评朝政,由是党争因之开始,政界因之棼乱,官僚政治亦因之发生动摇。

多数士大夫排斥于政界之外,其在政界服务者,生活又复如何?我们知道在官僚政治之下,官吏是依靠禄俸维持生活的。古人制禄,虽下士犹食上农,外足以奉公忘私,内足以养亲施惠,而后才勤其事,而不侵渔百姓。西汉之世,大官禄厚,小官禄薄,光武中兴,曾矫其弊。

> 建武二十六年,诏有司增百官俸,其千石以上减于西京旧制,六百石以下增于旧秩。(《后汉书》卷一下《光武帝纪》)

其如何增减,若据历史所载,两汉官禄实在相差无几。

(一) 两汉官禄比较表(禄以斛为单位)[1]

官阶	月禄			官阶	月禄		
	西汉	东汉			西汉	东汉	
		(一)	(二)			(一)	(二)
万石	350	350		四百石	50	45	50 45
中二千石	180	180	180	比四百石	45	40	45 40
二千石	120	120	120	三百石	40	40	40
比二千石	100	100	100	比三百石	37	37	37
千石	90	80	80	二百石	30	30	30
比千石	80			比二百石	27	27	27
六百石	70	70	70	百石	16	16	16
比六百石	60	50	60 50				

据上表所示,千石以上只唯千石减于西京旧制。六百石以下,不但不增于旧秩,而由比六百石至比四百石,据《通典》所载,一说且比旧秩为低。是否《汉书》(卷十九上《百官公卿表》)颜师古所注西汉禄秩有误[2],抑或《后汉书》(卷三十八《百官志五》)所载东汉禄秩不确,当考。

东汉官禄皆半钱半谷。

> 凡诸受奉皆半钱半谷。(《后汉书》卷三十八《百官志五》)

---

[1] 西汉官禄据《汉书·百官公卿表》上颜师古注,东汉官禄(一)据《后汉书·百官志五》,(二)据《通典》卷三十六《秩品》。

[2] 《汉书》卷十二《平帝纪》元始元年补注引刘攽曰,颜《百官表》注……此自建武时所加者,非西汉旧事也。

延平(殇帝)年间,钱谷之数如次:

(二)延平年间官禄表(谷为米,不是粟,单位为斛)[①]

官阶	月禄		官阶	月禄	
	月钱	月米		月钱	月米
中二千石	9000	72	四百石	2500	15
真二千石	6500	36	三百石	2000	12
比二千石	5000	34	二百石	1000	9
千石	4000	30	百石	800	4.8
六百石	3500	21			

既云半钱半谷,何以各秩所得的米不是半数呢?今试以百石之俸为例言之,百石谷月十六斛,半数为八斛。姚鼐云:"古人大抵计米以石权,计粟以斛量。"(《汉书》卷二十四上《食货志》补注引姚鼐曰)延平年间所定月禄是米不是粟,《九章算术》云:"粟五十,粝率三十,一斛粟得六斗米为粝也。"(《后汉书》卷五十六《伏湛传》注)所以八斛之粟合米为 $8 \times \frac{3}{5} = 4.8$,即四斛八斗,刚刚与上表相同。现在试依此法,将上表计算为下列之表。

(三)延平年间的官禄计算表

官秩	月俸	每斛谷价格	半谷折为米
中二千石	180	$9000 \div 90 = 100$	$90 \times \frac{3}{5} = 54$
二千石	120	$6500 \div 60 = 108$	$60 \times \frac{3}{5} = 36$

---

① 本表据《后汉书》卷三十八《百官志五》注引荀绰晋《百官表》注。真二千石,月得百五十斛,见《汉书》卷九十七上《外戚传序》师古注。余以为真二千石应为二千石,因为如下表所示,二千石半谷折为米,刚刚是三十六斛。

续表

官秩	月俸	每斛谷价格	半谷折为米
比二千石	100	5000÷50=100	$50 \times \frac{3}{5} = 30$
千石	80	4000÷40=100	$40 \times \frac{3}{5} = 24$
六百石	70	3500÷35=100	$35 \times \frac{3}{5} = 21$
四百石	50	2500÷25=100	$25 \times \frac{3}{5} = 15$
三百石	40	2000÷20=100	$20 \times \frac{3}{5} = 12$
二百石	30	1000÷15=66	$15 \times \frac{3}{5} = 9$
百石	16	800÷8=100	$8 \times \frac{3}{5} = 4.8$

是则除二千石及二百石外，谷价每斛均为一百，而除中二千石、比二千石及千石所得的米与荀绰《晋百官表》之注不同之外，余皆相符。崔实说：

> 夫百里长吏荷诸侯之任，而食监门之禄，请举一隅，以率其余。一月之禄得粟二十斛、钱二千。（《全后汉文》卷四十六崔实《政论》）

此百里长吏当系三百石之县长（《后汉书》卷三十八《百官志五》），三百石奉月四十斛，半谷为粟二十斛，即为米十二斛。其余二十斛以钱二千代之，即每斛之粟，价格亦为一百。

现在试从两方面研究东汉官禄能否维持一家生计，一是最低官禄与农民之收入孰多孰少。关此，我在说明西汉官禄之时已经提到了，何况东汉农业生产力乃比西汉为高，即一亩平均收谷三斛。仲长统说：

> 今通肥饶之率，计稼穑之入，令亩收三斛，斛取一斗，未为甚多。（《后汉书》卷七十九《仲长统传》损益篇）

所以农民有田百亩,每岁可收谷三百斛,而百石之吏每年得谷不过一百九十二斛,即比百亩农夫为少。二是最低官禄与普通工资孰多孰少。东汉工资,据崔实说,每月普通只有一千。

> 长吏虽欲崇约,犹当有从者一人,假令无奴,当复取客,客庸一月千。(《全后汉文》卷四十六崔实《政论》)

案东汉谷价,大丰之年粟斛三十。

> 明帝永平十二年,是岁天下安平,人无徭役,岁比登稔,百姓殷富,粟斛三十,牛羊被野。(《后汉书》卷二《明帝纪》)

这是东汉谷价之最廉者。西汉宣帝时代,岁数登稔,谷至石五钱(《汉书》卷二十四上《食货志》),由此可知东汉物价似比西汉为高。大凶之年,谷石万余。

> 安帝永初四年,连年不登,谷石万余。(《后汉书》卷八十一《庞参传》)

而据上列第三表,谷价每斛以一百为常,百石之吏,月俸十六斛,值钱一千六百,虽比客之工资为多,然而我们须知东汉时代,客之地位甚低,所以崔实才有以客代奴之言。何况西汉时代,工资之优者每月二千。

> 如淳曰,律说,平贾一月得钱二千。《补注》王先谦曰,受平贾者,顾庸于官,得直既优,故不著外繇。(《汉书》卷二十九《沟洫志》注)

是则百石之吏的禄俸尚不及优厚的工资。据崔实说:

> 夫百里长吏……一月之禄得粟二十斛,钱二千,长吏虽欲崇约,犹当有从者一人,假令无奴,当复取客,客庸一月千。刍膏肉五百,薪炭盐菜

又五百,二人食粟六斛。其余财足给马,岂能供冬夏衣被、四时祠祀、宾客斗酒之费乎?况复迎父母,致妻子哉?(《全后汉文》卷四十六崔实《政论》)

此百里长吏,如前所言,当系三百石之县长。三百石之官所得禄俸不能维持其身份相等的生活,何况三百石以下的吏?兼以安帝以后,常常减俸。

> 安帝永初四年春正月丙午,诏减百官及州郡县奉各有差。
> 顺帝汉安二年冬十月甲辰,减百官俸。
> 桓帝延熹三年九月丁亥,诏无事之官权绝俸,丰年如故。
> 桓帝延熹四年秋七月,减公卿以下奉。
> 桓帝延熹五年八月庚子,诏减虎贲羽林住寺不任事者半奉,勿与冬衣,其公卿以下,给冬衣之半。
> 以上见《后汉书》各本纪。《后汉书》卷六十八《冯绲传》云,顺帝时,天下饥馑,帑藏虚尽,每出征伐,常减公卿奉禄,假王侯租赋。

官俸不足以养生送死,结果贪污便成为普遍的现象。崔实说:

> 今所使分威权、御民人、理狱讼、干府库者,皆群臣之所为,而其奉禄甚薄,仰不足以养父母,俯不足以活妻子。父母者性所爱也,妻子者性所亲也,所爱所亲方将冻馁,虽冒刃求利,尚犹不避,况可令临财御众乎?是所谓渴马守水,饿犬护肉,欲其不侵,亦不几矣……于是则有卖官鬻狱、盗贼主守之奸生矣。(《全后汉文》卷四十六崔实《政论》)

仲长统亦说:

> 夫选用必取善士,善士富者少,而贫者多,禄不足以供养,安能不少营私门乎?(《后汉书》卷七十九《仲长统传》损益篇)

最初官吏不过因贫而贪污,最后便依贪污以致富,"上承权贵,下积私赂"(《后汉书》卷六十一《贾琮传》),"廉者取足,贪者充家"(《后汉书》卷九十一《左雄传》)。汉法,"臧值十金,则至重刑"(《汉书》卷八十三《薛宣传》师古注),而"臧吏子孙三世禁锢"(《后汉书》卷七十五《袁安传》)。桓帝即位,固然下诏"臧吏子孙不得察举"(《后汉书》卷七《桓帝纪》)。然而政治腐化,诏令成为具文。司法在光武时代,已如桓谭所言:"法令决事,轻重不齐,或一事殊法,同罪异论。奸吏得因缘为市,所欲活则出生议,所欲陷则与死比,是为刑开二门也。"(《后汉书》卷五十八上《桓谭传》)而监察制度自从御史大夫转为司空之后,中丞为御史台率,而属于少府(《后汉书》卷三十六《百官志三》)。固然"光武特诏御史中丞与司隶校尉尚书令会同,并专席而坐,故京师号曰三独坐"(《后汉书》卷五十七《宣秉传》)。但中丞秩仅千石(《后汉书》卷三十六《百官志三》),只能出为二千石(蔡质《汉官典职仪式选用》),此与御史大夫常迁为丞相者绝不相同。御史台长官地位既低,而又没有升为三公的希望,中丞不能负起"察过悉劾"的责任,可以说是势之必然。何况政治腐化,监察官要在腐化的政治之中,独立行使职权,实非易事。顺帝时,庞参为太尉,"三公之中,参名忠直","以所举用忤帝旨,司隶承风案之"(《后汉书》卷八十一《庞参传》)。史弼为河东太守,诏书令举孝廉,中常侍侯览遣诸生赍书请托,弼大怒,命左右引出,楚捶数百,付安邑狱,即日考杀之。侯览大怒,遂下司隶,诬弼诽谤,罪当弃市,减死罪一等,论输左校(《后汉书》卷九十四《史弼传》)。官僚政治完全腐化,而东汉社会便在政治腐化的过程之中,渐次崩溃。

到了这个时候,东汉初期的阴阳学说就变为命运之说。阴阳学说尚有人定胜天之意,而命运之说则谓:凡事皆由命定,人力莫如之何。此种论调早就发生在东汉初期,王充说:"命,吉凶之主也。"(《论衡》第十篇《偶会》)就个人说,"命当夭折,虽禀异行,终不得长。禄当贫贱,虽有善性,终不得遂"(同上第六篇《命义》)。"凡人遇偶及遭累害,皆由命也……命当贫贱,虽富贵之,犹涉祸患矣。命当富贵,虽贫贱之,犹逢福善矣。"(同上第三篇《命禄》)就整个社会言,"民治与乱,皆有命焉……夫贤君能治当安之民,不能化当乱之世。……故世治非贤圣之功,衰乱非无道之致。国当衰乱,贤圣不能盛。时当治,恶人不能乱。世之治乱在时,不在政。国之安危在数,不在教"(同上第五十三篇《治期》)。

到了东汉之末,命运之说又一变而为悲观论调。例如仲长统以为:在国家大乱时,群雄争长,知能之士固可见用于世,幸而群雄仆灭,社会亦可现出小康的状态。天下既定,数传之后,人主又奔其私嗜,骋其邪欲,于是大乱又发生了(参阅《后汉书》卷七十九《仲长统传》理乱篇)。而综观古代历史,乃是"乱世长而化世短"(同上),且世愈下而乱愈烈,仲长统说:

> 昔春秋之时,周氏之乱世,逮乎战国则又甚矣。秦政乘并兼之势,放狼虎之心,屠裂天下,吞食生人,暴虐不已,以招楚汉用兵之苦,甚于战国之时也。汉二百年而遭王莽之乱,计其残夷灭亡之数,又复倍乎秦项矣。以及今日,名都空而不居,百里绝而无民者,不可胜数,此则又甚于亡新之时也。悲夫,不及五百年大难三起,中间之乱尚不数焉。变而弥猜,下而加酷,推此以往,可及于尽矣。嗟乎,不知来世圣人救此之道,将何用也?又不知天若穷此之数,欲何至耶?(《后汉书》卷七十九《仲长统传》理乱篇)

由这悲观论调,人士便自暴自弃,逃避现实,耽于享乐,而酝酿了正始之风,列子的虚无主义、杨朱的快乐主义也开始流行。

第五节
东汉社会的崩溃

人类都有生存欲望,人类要满足生存欲望,必须取得生活资料,生活资料生产于土地之上,而农业国家又以土地为其唯一的生产工具。一定面积的土地只能生产一定数量的食粮,而一定数量的食粮又只能养活一定额数的人口。人口超过于食粮,势必引起物价的腾贵,使全国陷入饥荒之中,初则盗匪遍地,次则政权颠覆,终则群雄割据。吾国古代社会问题率是由土地问题而发生。关于土地问题,我们不但要注意其生产,且要注意其分配。换句话说:土地的生产虽然能够供给社会的需要,倘令土地集中于少数人,多数人民亦将因为没有生产工具,贫不聊生。土地的生产不能供给社会的需要,纵令土地分配能够平均,而全体人民亦将因为收获不够维持生计,铤而走险。前者可以称为社会之相对的贫穷,后者可以称为社会之绝对的贫穷。相对的贫穷可以利用各种社会政策以救济之,绝对的贫穷除了改良技术以增加生产力,或向外发展以取得新土地之外,很难有挽救的方法。

东汉初年,户口比之西汉虚耗甚多。

及王莽篡位,续以更始赤眉之乱,至光武中兴,百姓虚耗,十有二存。(《后汉书》卷二十九《郡国志一》注引《帝王世纪》)。

但光武"安静",明帝"明察",章帝"宽厚",经三世的休养生聚,户口渐次繁殖,到了和帝时代,已经接近于西汉极盛之数。

东汉户口垦田表①

年代	户数	口数	垦田数	每户所得	每口所得
光武中元二年	4279634	21007820			
明帝永平十八年	5860573	34125021			
章帝章和二年	7456784	43356367			
和帝永兴元年	9237112	53256229	7320170 顷、80 亩、140 步	79 亩、204 步	13 亩、178 步
安帝延光四年	9647838	48690789	6942892 顷、13 亩、85 步	71 亩、131 步	14 亩、62 步
顺帝建康元年	9946919	49730550	6896271 顷、56 亩、194 步	69 亩、99 步	13 亩、208 步
冲帝永嘉元年	9937680	49524183	6957676 顷、20 亩、108 步	70 亩、3 步	14 亩、11 步
质帝本初元年	9348227	47566772	6930123 顷、38 亩	84 亩、31 步	14 亩、136 步
桓帝永寿二年	26070906	50066856			
	10677960	56486856			

西汉极盛之时,户口及垦田之数目如次:

西汉平帝时代户口及垦田表(垦田单位为顷)②

种类	数目	种类	数目
户数	12233062	垦田数	8270536
口数	59594978		

---

① 本表据《后汉书》卷三十三《郡国志五》注引《帝王世纪》,但桓帝永寿二年第一项据《后汉书》卷二十九《郡国志一》注引《帝王世纪》,第二项据《晋书》卷十四《地理志上》。《晋书》所载者比较合理。
② 本表据《汉书》卷二十八下二《地理志》。

即东汉垦田虽比西汉为少,而户口之数并不比西汉为多。西汉时代的垦田到了东汉,变为荒地者为数不少。此若稍加劳力,似可成为沃壤。何况东汉农业生产力又比较西汉进步,每亩平均收谷三斛。倘令土地分配能够平均,则农民尚可以维持一家生计。但是王公大臣常用政治手段兼并田地。外戚窦宪以贱价强买沁水公主园田。

> 窦宪恃官掖声势,遂以贱直请夺沁水公主(明帝女)园田,主逼畏不敢计……后发觉,帝(章帝)大怒,召宪切责曰……今贵主尚见枉夺,何况小人哉?(《后汉书》卷五十三《窦宪传》)

宦官侯览夺取平民田宅。

> 侯览贪侈奢纵,前后请夺人宅三百八十一所,田百一十八顷。(《后汉书》卷一百八《侯览传》)

此犹可以说政治开始腐化及已经腐化时代的现象。明帝"法令分明,幽枉必达"(《后汉书》卷二《明帝纪》论曰),而外戚马防、阴兴亦兼并了许多田地。

> 马防兄弟贵盛,奴婢各千人已上,资产巨亿,皆买京师膏腴美田。(《后汉书》卷五十四《马防传》)
>
> 阴氏侯者凡四人……暴至巨富,田有七百余顷。(《后汉书》卷六十二《阴兴传》)

土地集中,农民失去生产工具,已经贫不聊生,而东汉一代又复天灾流行。按中国农业是依靠水利的。水利是巨大艰难的工程,必须政局安定,而后对于全部河流,方能建筑堤防,或讲求灌溉。但是中叶而后,女主临朝,有时外戚以大将军秉政,有时阉宦以中常侍执权。外戚秉政,刺史守令多出其门;阉宦执权,兄弟姻戚宰州临郡。政局时时变化,政界人物也随之时时更动。人存五日京兆之心，不问中央，也不问地方，均不能施行强有力的政策。和帝时外戚秉政，又复奢侈无度，赏赐公卿百官往往空竭帑藏。

> 时窦氏专政，外戚奢侈，赏赐过制，仓帑为虚……腊赐自郎官以上，公卿王侯以下，至于空竭帑藏，损耗国资。（《后汉书》卷七十三《何敞传》）

关于腊赐，章怀注云①：

> 腊赐大将军三公钱各二十万、牛肉二百斤、粳米二百斛。特进侯十五万，卿十万，校尉五万，尚书三万，侍中、将、大夫各二万，千石、六百石各七千，虎贲、羽林郎二人共三千，以为祀门户直。（《后汉书》卷七十三《何敞传》）

安帝亲政，皇后兄弟阎显等并用威权，当时赏赉似亦不资。翟酺云：

> 自初政已来，日月未久，费用赏赐已不可算，敛天下之财，积无功之家，帑藏单尽，民物雕伤，卒有不虞，复当重赋，百姓怨叛既生，危乱可待也。（《后汉书》卷七十八《翟酺传》）

兼以东汉政府供给夷狄之费不少。

> 汉故事，供给南单于费，直岁一亿九十余万，西域岁七千四百八十万。今北庭弥远，其费过倍。（《后汉书》卷七十五《袁安传》）

---

① 赏赐公卿百官之事，在章帝时代，已经甚厚。建初七年秋八月甲辰，赐公钱四十万，卿半之，及百官执事各有差（《后汉书》卷三《章帝纪》）。上引章怀之注与《汉官仪》（卷下）原文略有出入。原文云："大将军三公腊赐钱各三十万、牛肉二百斤、粳米二百斛。特进侯十五万，卿十万，校尉五万，尚书丞郎各万五，千石六百石各七千，侍御史谒者议郎尚书令（？）各五千。郎官兰台令史二千，中黄门羽林虎贲士二人共三千，以为当祠门户直，各随多少受也。"

而自西羌反叛之后,前后竟用去三百六十四亿。

> 永初中,诸羌反叛十有四年,用二百四十亿。永和之末,复经七年,用八十余亿……建宁元年……拜颖破羌将军……处处破之……于是东羌悉平……费用四十四亿。(《后汉书》卷九十五《段颍传》)

安帝时代官负人债已有数十亿万。

> 永初四年,羌寇转盛,兵费日广,且连年不登,谷石万余。参奏记于邓骘曰……官负人责数十亿万……县官不足,辄贷于民,民已穷矣,将从谁求?(《后汉书》卷八十一《庞参传》)

顺桓两帝亦常向民间贷款。

顺桓两帝向民间贷款表①

帝号	贷款
顺帝	永和六年春正月丙子,诏贷王侯国租一岁。秋七月甲午,诏假民有赀者户钱一千。 汉安二年冬十月丙午,贷王侯国租一岁。
桓帝	永寿元年二月,敕……王侯吏民有积谷者,一切贷得十分之三……其百姓吏民者以见钱雇直,王侯须新租乃偿。 延熹四年秋七月,贷王侯半租。 延熹五年冬十月辛丑,换王侯租以助军粮,出濯龙中藏钱还之。

民已穷矣,豪富之家哪肯贷款以供政府滥费之用,所以桓帝末年以后,只有增加田赋。

> 延熹八年八月戊辰,初令郡国有田者,亩敛税钱。(《后汉书》卷七《桓帝纪》)

---

① 本表据《后汉书》各本纪。

灵帝奢侈无度,不但增加田租①:

> 中平二年二月己亥,税天下田,亩十钱。章怀注云,以修宫室。(《后汉书》卷八《灵帝纪》)

且又滥铸钱币②。

> 中平三年春二月,又铸四出文钱。(《后汉书》卷八《灵帝纪》)

通货膨胀,物价便随之提高。在这种财政情形之下,哪有能力顾到水利。因之水旱之灾年年加重,和帝时代不过"黎民流离,困于道路"(见《后汉书》卷四《和帝纪》永元十二年三月丙申诏),安帝时代则水旱之灾迫到"百姓流亡,盗贼并起"(《后汉书》卷七十六《陈忠传》)。顺帝时代更是"连年灾潦,流亡不绝"(《后汉书》卷六《顺帝纪》永建六年冬十一月辛亥诏),"炎咎屡臻,盗贼多有"(《后汉书》卷六《顺帝纪》阳嘉元年闰十二月辛卯诏)。到了桓帝之世,灾情更见严重,竟然发生"人相食"(《后汉书》卷七《桓帝纪》元嘉元年及永寿元年)及"灭户"(《后汉书》卷七《桓帝纪》延熹九年)的现象。

农民一方受了兼并之祸,他方受了水旱之灾,于是商业资本便依吾国古代"以末得之,以本守之"的原则,侵入农村之中。东汉初年,富商巨贾已经滥放子钱,剥削农村。桓谭说:

> 今富商大贾多放田(钱)货,中家子弟为之保役,趋走与臣仆等勤,收税与封君比入(章怀注云,收税谓举钱输息利也),是以众人慕效,不耕而食,至乃多通侈靡,以淫耳目。(《后汉书》卷五十八上《桓谭传》)

---

① 《后汉书》卷一百八《张让传》云:"让等说帝,令敛天下田亩,税十钱,以修宫室。"
② 《后汉书》卷一百八《张让传》云:"又铸四出文钱,钱皆四道。"

到了农村凋敝,商人便乘机收买田地,前此权贵以政治手段兼并,现在商人又以经济手段兼并,而令土地日益集中起来。仲长统说:

> 豪人之室,连栋数百,膏田满野,奴婢千群,徒附万计。船车贾贩,周于四方。废居积贮,满于都城。(《后汉书》卷七十九《仲长统传》理乱篇)

又说:

> 井田之变,豪人货殖,馆舍布于州郡,田亩连于方国,身无半通青纶之命,而窃三辰龙章之服,不为编户一伍之长,而有千室名邑之役,荣乐过于封君,势力侔于守令。(《后汉书》卷七十九《仲长统传》损益篇)

土地愈集中,游民愈增加,洛阳一区,商人十倍于农民,游民又十倍于商人。生产者寡,消费者多,社会安得不贫穷。王符说:

> 今举世舍农桑,趋商贾……治本者少,浮食者众……今察洛阳,浮末者什于农夫,虚伪游手者什于浮末,是则一夫耕,百人食之,一妇桑,百人衣之,以一奉百,孰能供之?天下百郡千县市邑万数,类皆如此,本末何足相供,则民安得不饥寒?饥寒并至,则安能不为非?为非则奸宄,奸宄繁多,则吏安能无严酷?严酷数加,则下安能无愁怨?愁怨者多,则咎征并臻,下民无聊,而上天降灾,则国危矣。(《潜夫论》第十二篇《浮侈》)

社会问题日益严重,只因技术进步,一亩收谷三斛,社会的消费力未曾超过于社会的生产力。换言之,社会固然贫穷,但其贫穷只是相对的贫穷,不是绝对的贫穷,所以稍稍施行社会政策,尚可苟安一时。明章时代,凡遇水旱发生,常以公田赐予贫民。

明章时代颁给公田表①

帝号	颁给公田
明帝	永平九年夏四月甲辰,诏郡国以公田赐贫人各有差。
章帝	元和元年二月甲戌,诏曰,自牛疫以来,谷食连少。其令郡国募人无田欲徙他界就肥饶者,恣听之。到在所,赐给公田,为雇耕佣,赁种饷,贳与田器,勿收租五岁,除算三年,其后欲还本乡者,勿禁。 元和三年二月壬寅,告常山、魏郡、清河、巨鹿、平原、东平郡太守相曰,今肥田尚多,未有垦辟,其悉以赋贫民,给予粮种,务尽地力,勿令游手。所过县邑,听半入今年田租,以劝农民之劳。

和帝以后固然连年水旱,而只能赈给谷粟或减免租税(参阅《后汉书》卷四至卷七和、安、顺、桓各帝纪)。而且郡国欲获丰穰虚饰之誉,往往不肯言灾。例如:

和帝延平元年秋七月庚寅,敕司隶校尉部刺史曰,间者郡国或有水灾,妨害秋稼……郡国欲获丰穰虚饰之誉,遂覆蔽灾害,多张垦田,不揣流亡,竞增户口,掩匿盗贼,令奸恶无惩,署用非次,选举乖宜,贪苛惨毒,延及平民。刺史垂头塞耳,阿私下比,不畏于天,不愧于人,假贷之恩不可数忄寺。自今以后,将纠其罚。二千石长吏,其各实核所伤害,为除田租刍稿。(《后汉书》卷四《和帝纪》)

安帝元初二年五月甲戌,诏曰,被蝗以来,七年于兹。而州郡隐匿,裁言顷亩。今群飞蔽天,为害广远,所言所见宁相副邪?三司之职,内外是监,既不奏闻,又无举正,天灾至重,欺罔罪大。今方盛夏,且复假贷,以观厥后,其务消救灾眚,安辑黎元。(《后汉书》卷五《安帝纪》)

其实,政治已经腐化,纵有赈恤,亦为奸吏中饱。和帝时,"连年水旱灾异,郡国多被饥困",樊准疏言:

伏见被灾之郡,百姓凋残,恐非赈给所能胜赡,虽有其名,终无其实。

---

① 本表据《后汉书》各本纪。

《后汉书》卷六十二《樊准传》

而减租免税亦唯有利于豪强。因为土地兼并之后,缴纳田租于政府者不是农民,而是地主。农民不论如何,必须缴纳什五的佃租于地主,所以减免租税适足以资豪强而已。荀悦说:

> 古者什一而税,以为天下之中正也。今汉氏或百一而税(似系三十税一之误),可谓鲜矣。然豪强人占田逾侈,输其赋大半,官家之惠优于三代,豪强之暴酷于亡秦,是上惠不通,威福分于豪强也……不正其本,而务除租税,适足以资豪强也。(引自《文献通考》卷一《历代田赋之制》)

国内连年灾旱,而戎狄又乘中原多事之秋,扰乱边境。安帝时庞参曾说:

> 方今西州流民扰动(凉州先零种羌反叛),而征发不绝。水潦不休,地力不复,重之以大军,疲之以远戍。农功消于转运,资财竭于征发。田畴不能垦辟,禾稼不得收入,搏手困穷,无望来秋,百姓力屈,不复堪命。

《后汉书》卷八十一《庞参传》

顺帝时,陈龟亦说:

> 自顷年以来,匈奴数攻营郡,残杀长吏,侮略良细。战夫身膏沙漠,居人首系马鞯,或举国掩户,尽种灰灭,孤儿寡妇号泣空城,野无青草,室如悬磬,虽含生气,实同枯朽。(《后汉书》卷八十一《陈龟传》)

农民征发从军,农村劳动力减少,农业生产力降低,因之粮食就发生了缺乏,而使相对的贫穷转变为绝对的贫穷。

> 元嘉中,凉州诸羌一时俱反,南入蜀汉,东抄三辅,延及并冀,大为民

害。命将出师,每战常负,中国益发甲卒,麦多委弃,但有妇女获刈之也。(《后汉书》卷二十三《五行志一》)

就经济说,社会已经步步踏上崩溃之途,而政治腐化又促成社会的加速崩溃。当时政界人物乃如王符所说:"官益大者罪益重,位益高者罪益深尔。"(《潜夫论》第九篇《本政》)而腐化的情形则如左雄所说:

汉初至今三百余载,俗浸雕散,巧为滋萌,下饰其诈,上肆其残……谓杀害不辜为威风,聚敛整办为贤能,以理己安民为劣弱,以奉法循理为不化……视民如寇仇,税之如豺虎。监司项背相望,与同疾疢,见非不举,闻恶不察,观政于亭传,责成于期月,言善不称德,论功不据实,虚诞者获誉,拘检者离毁。(《后汉书》卷九十一《左雄传》)

人民受了虐政的压迫,而官官相护,实难申冤,且看王符之言①:

夫理直则恃正而不桡,事曲则诣意以行赇。不桡故无恩于吏,行赇故见私于法。若事有反复,吏应坐之,吏以应坐之故,不得不枉之于廷,以羸民之少党,而与豪吏对讼,其势得无屈乎?县承吏言,故与之同,若事有反复,县亦应坐之。县以应坐之故,而排之于郡,以一民之轻,而与一县为讼,其理岂得申乎?事有反复,郡亦坐之,郡以共坐之故,而排之于州,以一民之轻,与一郡为讼,其事岂获胜乎?既不肯理,故乃远诣公府,公府复不能察,而当延以日月,贫弱者无以旷旬,强富者可盈千日,理讼若此,何枉之能理乎?(《后汉书》卷七十九《王符传》爱日篇)

人民诣阙控诉,前后不绝。

---

① 《潜夫论》第十八篇《爱日》,文字难解,故用《后汉书》。

>顷者州郡轻慢宪防,竞逞残暴,造设科条,陷入无罪……至令守阙诉讼前后不绝。(《后汉书》卷六《质帝纪》本初元年春正月丙申诏)

而中央乃不为理,安帝时虞诩为尚书仆射,曾对尚书说:

>小人有怨,不远千里,断发刻肌,诣阙告诉,而不为理,岂臣下之义?
(《后汉书》卷八十八《虞诩传》)

其实,细民"能诣阙者万无数人,其得省治,不能百一"(《潜夫论》第十七篇《三式》)。这不但因为官官相护,抑亦因为上下官吏都不肯负责之故。即如王符所说:

>令长守相不思立功,贪残专恣,不奉法令,侵冤小民,州司不治,令远诣阙,上书讼诉。尚书不以责三公,三公不以让州郡,州郡不以讨县邑,是以凶恶狡猾,易相冤也。(《潜夫论》第七篇《考绩》)

政治如斯腐化,经济又将崩溃,在这危急存亡之时,王公贵戚乃穷奢极侈,养生奢侈,嫁娶奢侈,送死也极奢侈。王符说:

>今京师贵戚,衣服饮食车舆文饰庐舍,皆过王制,僭上甚矣。从奴仆妾皆服葛子升越、筩中女布,细致绮縠、冰纨锦绣,犀象珠玉、虎魄玳瑁、石山隐饰,金银错镂、獐麂履舄、文组彩褋,骄奢僭主,转相夸诧……富贵嫁娶,车骈各十,骑奴侍僮,夹毂节引,富者竞欲相过,贫者耻不逮及,是故一飨之所费,破终身之本业……今京师贵戚、郡县豪家,生不极养,死乃崇丧,或至刻金镂玉,檽梓梗柟,良田造茔,黄壤致藏,多埋珍宝偶人车马,造起大冢,广种松柏,庐舍祠堂,崇侈上僭。(《潜夫论》第十二篇《浮侈》)

在豪富穷奢极侈之际,一般人民的生活如何呢?仲长统说:

> 弱力少智之子,被穿帏败,寄死不敛。(《后汉书》卷七十九《仲长统传》损益篇)

他们无可奈何,只有自杀其子,以减轻家庭的负担。

> 少民困贫,多不养子。(《后汉书》卷九十七《贾彪传》)

这是何等悲惨的事。因受生活压迫,不能不残杀自己的骨肉,骨肉尚无感情,别人更何足论。太平之世,社会虽是斗争的舞台,而家庭尚是亲爱的乐园。现在呢?人们先在家庭之内,养成了残酷的性情,一旦进入社会,从事斗争,当然更有仇恨之意,不惜破坏一切,残杀一切了。

一切问题最初是由土地兼并而发生。耕者没有土地,有土地者不耕,劳力与所有已经脱节。耕者贫穷,不耕者富裕,劳力与收入又无关系。这种情况在土地尚未充分集中以前,还不会发生问题。一旦土地集中,少数人富裕,多数人贫穷,当然可以引起人们不满。于是如何解决土地问题,就成为学者研究的对象。西汉时,关于土地改革问题有两种意见。其一主张限田,提倡于董仲舒,再建议于师丹,而具体计划于孔光、何武(参阅《汉书》卷二十四上《食货志》)。其二主张井田,实行于王莽(参阅《汉书》卷九十九中《王莽传》)。东汉学者关于土地改革的理论亦不出限田论与井田论两派。主张井田者有仲长统与崔实等。仲长统说:

> 今欲张太平之纪纲,立至化之基址,齐民财之丰寡,正飞俗之奢俭,非井田实莫由也。(《后汉书》卷七十九《仲长统传》损益篇)

但仲长统以为在井田尚未实行以前,关于荒地的领垦,应加限制,以防兼并。他说:

今者土广民稀,中地未垦,虽然犹当限以大家,勿令过制。其地有草者尽曰官田,力堪农事,乃听受之,若听其自取,后必为奸也。(《后汉书》卷七十九《仲长统传》损益篇)

崔实亦谓:

复五等之爵,立井田之制,然后……乐作而凤皇仪,击石而百兽舞。若不然,则多为累而已。(《后汉书》卷八十二《崔实传》)

但崔实似知井田制度不易实行,故又主张移民于宽地,使土广人稀者不至草莱不辟,土狭人稠者不至欲耕无田,他说:

今青、徐、兖、冀人稠土狭,不足相供,而三辅左右及凉、幽州内附近郡土旷人稀,厥田宜稼,悉不肯垦发……景帝六年,诏郡国令人得去硗狭,就宽肥,至武帝遂徙关东贫人于陇西、北地、西河、上郡、会稽凡七十二万五千口……今宜复遵故事,徙贫人不能自业者于宽地,此亦开草辟土振人之术也。(《全后汉文》卷四十六崔实《政论》)

主张限田者可以荀悦为例。他说:

且夫井田之制不宜于人众之时,田广人寡苟为可也,然欲废之于寡,立之于众,土地布列在强豪,卒而革之,并有怨心,则生纷乱,制度难行……宜以口数占田,为之立限,人得耕种,不得卖买,以赡贫弱,以防兼并,且为制度张本,不亦善乎?(引自《文献通考》卷一《历代田赋之制》)

井田制度不易实行于人众之时,固如荀悦所说,而限田制度在兼并开始之后,又不容易实行。何以故呢?经济上的强者往往就是政治上的强者。他们既有政权,他们何肯自限?西汉之世,孔光、何武奏请吏民名田毋过三十顷,三十顷之田已经不小,乃因王公贵戚的反对,"诏书且须后,遂寝不行"(《汉书》卷二十四上《食货志》)。由这一事,可知限田制度亦难实行。

  土地问题无法解决,尤不能由现在的政府解决。一般民众绝望了,他们饥寒交迫,天天感觉生活困难,而又目击那些豪富享受过分的娱乐。他们不但不能分润小小利益,并且还成为豪富娱乐的牺牲品。因之,他们对于现有政府,不,现有社会,就发生了仇恨的心理。然而他们没有组织,不能推翻现有的社会,而只想脱离现有的社会,投身于盗匪之中,走到不法的方面去。盗匪发生于安帝时代。

    安帝时,天下饥荒,竞为盗贼。(《后汉书》卷一百六《王涣传》)

桓帝时阉宦当权,人民受了虐政的压迫,更铤而走险。

    五侯(宦官单超等五人)宗族宾客虐遍天下,民不堪命,起为寇贼。(《后汉书》卷一百八《单超传》)

最初不过小股而已,而郡国"皆欲采获虚名,讳以盗贼为负",乃"更相饰匿,莫肯纠发"(《后汉书》卷七十六《陈忠传》)。苏舆说:

    汉世课吏牧守令长,界内盗贼不收捕有负。建武十六年,诏弛其令,但取获贼多少为殿最,盖未几即复旧制。《陈忠传》,长吏防御不前,皆欲采获虚名,讳以盗贼为负。《度尚传》,尚为荆州刺史,见胡兰余党南走苍梧,惧为己负是也。(《后汉书》卷七十一《第五伦传》补注)

其结果也,由穿窬变为强盗,由强盗变为攻盗,由攻盗变为大奸。地方官吏既不能肃清盗匪,且又指良为盗,于是盗匪愈集愈多,终至不可收拾。陈忠说:

夫穿窬不禁，则致强盗，强盗不断，则为攻盗，攻盗成群，必生大奸……而顷者以来，莫以为忧。州郡督录怠慢，长吏防御不肃，皆欲采获虚名，讳以盗贼为负，虽有发觉，不务清澄。至有逞威滥怒，无辜僵仆，或有局蹐比伍，转相赋敛，或随吏追赴，周章道路。是以盗发之家不敢申告，邻舍比里共相压迮，或出私财以偿所亡，其大章著不可掩者，乃肯发露。陵迟之渐遂且成俗，寇攘诛咎皆由于此。(《后汉书》卷七十六《陈忠传》)

攻盗成群，其声势最大者则为黄巾贼张角。他组织宗教团体，先用符咒疗疾，使百姓信服，次散布谣言，以扰乱人心，最后才出来暴动。这是吾国古代民变常有的步骤。因为社会贫穷到了最后阶段，而皇朝乃视若无观，人民自己又无能力脱离苦海，他们只希望万能的神出来拯救，由是宗教团体在民众之中便取得了势力。吾国古代暴动常发动于宗教团体，原因实在于此。黄巾贼不过一例而已。

初巨鹿张角自称大贤良师，奉事黄老道，畜养弟子，跪拜首过，符水咒说以疗病，病者颇愈，百姓信向之。角因遣弟子八人使于四方，以善道教化天下，转相诳惑，十余年间众徒数十万，连结郡国，自青徐幽冀荆扬兖豫八州之人莫不毕应，遂置三十六方，方犹将军号也。大方万余人，小方六七千，各立渠帅，讹言苍天已死，黄天当立，岁在甲子，天下大吉，以白土书京城寺门及州郡官府，皆作甲子字。中平元年……角等知事已露，晨夜驰敕诸方，一时俱起，皆着黄巾为标帜，时人谓之黄巾，亦名为蛾贼，杀人以祠天。角称天公将军，角弟宝称地公将军，宝弟梁称人公将军。所在燔烧官府，劫掠聚邑，州郡失据，长吏多逃亡，旬日之间天下响应，京师震动。(《后汉书》卷一百一《皇甫嵩传》)

人心求变，黄巾发难，最初甚得民众拥护。

> 黄巾帅张角等执左道，称大贤，以诳耀百姓，天下襁负归之。(《后汉书》卷八十四《杨赐传》)

所以"旬日之间，天下响应"。固然一年之内暂告结束。

> 京师震动……于是发天下精兵，博选将帅，以嵩为左中郎将持节，与右中郎将朱儁……各统一军，共讨颍川黄巾……大破之，斩首数万级……嵩儁乘胜进讨汝南陈国黄巾……并破之，余贼降散……又进击东郡黄巾……斩首七千余级。时北中郎将卢植及东中郎将董卓讨张角，并无功而还。乃诏嵩进兵讨之，嵩与角弟梁战于广宗……大破之，斩梁……角先以病死，乃剖棺戮尸，传首京师。嵩复……攻角弟宝于下曲阳，又斩之……黄巾既平，故改年为中平。(《后汉书》卷一百一《皇甫嵩传》)

但是天下已经疲敝不堪。

> 百姓歌曰，天下大乱兮，市为墟。母不保子兮，妻失夫。(《后汉书》卷一百一《皇甫嵩传》)

大乱之后，必须与民休息。这个时候黄老主义是有用的。但是内乱不但减少社会的消费力，且又破坏社会的生产力。如果消费力的减少抵不过生产力的破坏，内乱尚须继续进行，单单黄老主义是没有用处的，必须讲求社会政策，而后社会问题才得解决。武帝讨伐四夷，固然一方"百姓流离，赤地数千里"(《汉书》卷七十五《夏侯胜传》)，破坏了许多生产力。然而他方"师出三十余年，天下户口减半"(《汉书》卷二十七《五行志中之下》)，又减少了许多消费力。但是武帝末年，尚须下罪己之诏，封丞相为富民侯，以为"方今之务，在于力农"，用赵过代田之法，以增加农产物的生产(《汉书》卷二十四上《食货志》)，而后才告无事。东汉自黄巾乱后，消极方面不能予民休息，积极方面不能讲求经济政策，而乃信任阉宦，残害忠良，政府没有维新的希望，所以黄巾之乱虽然结束，而黑山诸贼又复横行河北诸郡。

> 自黄巾贼后，复有黑山、黄龙、白波、左校、郭大贤、于氐根、青牛角、张白骑、刘石、左髭、丈八、平汉、大计、司隶、掾哉、雷公、浮云、飞燕、白雀、杨凤、于毒、五鹿、李大目、白绕、珪固、苦哂之徒，并起山谷间，不可胜数。其大声者称雷公，骑白马者为张白骑，轻便者言飞燕，多髭者号于氐根，大眼者为大目，如此称号各有所因。大者二三万，小者六七千。贼帅常山人张燕轻勇趫捷，故军中号曰飞燕，善得士卒心，乃与中山、常山、赵郡、上党、河内诸山谷寇贼更相交通，众至百万，号曰黑山贼。河北诸郡县并被其害，朝廷不能讨。燕乃遣使至京师奏书乞降，遂拜燕平难中郎将，使领河北诸山谷事，岁得举孝廉计吏。燕后渐寇河内，逼近京师，于是出隽为河内太守，将家兵击却之。其后诸贼多为袁绍所定。（《后汉书》卷一百一《朱俊传》）

这个时候乘机露出头角者则为凉州军队。自光武罢都试之后，内地人民未受军事训练，聆敌则慑骇夺气，闻战则辛酸动容。凉州地近胡羌，寒风裂肤，警沙惨目，与豺狼为邻伍，以战斗为嬉游，昼则荷戈而耕，夜则倚烽而觇，日有剽害之虑，永无休暇之娱，秦汉以来，其民已经习知战事。班固说：

> 秦汉已来，山东出相，山西出将……山西、天水、陇西、安定、北地处势迫近羌胡，民俗修习战备，高上勇力，鞍马骑射，故秦诗曰，王于兴师，修我甲兵，与子皆行，其风声气俗自古而然。（《汉书》卷六十九《赵充国等传》赞）

到了东汉，还是一样。郑太说：

> 关西诸郡颇习兵事，自顷以来，数与羌战，妇女犹戴戟操矛，挟弓负

矢,况其壮勇之士,以当妄战之人乎?(《后汉书》卷一百《郑太传》)

东汉当承平之时,而羌胡乃构乱于西陲,良将劲卒尽在河陇之间。到了末年,许多名将大率出身于凉州。皇甫规、皇甫嵩安定人,张奂敦煌人,段颎武威人,于是凉州军队就成为中国的劲旅。恰巧灵帝崩殂,宦官与外戚的斗争到了最后阶段。固然两败俱伤。

灵帝崩……皇子辩乃即位,何太后临朝。进与太傅袁隗辅政,录尚书事。进素知中官天下所疾……阴规诛之。袁绍亦素有谋……说进曰……将军宜一为天下除患,名垂后世……进甚然之……绍等又为画策,多召四方猛将及诸豪杰,使并引兵向京城,以胁太后,进然之……进入长乐,白太后,请尽诛诸常侍以下……张让等使人潜听,具闻其语,乃率常侍……数十人……诈以太后诏,召进入……诘进曰,天下愦愦,亦非独我曹罪也……卿言省内秽浊,公卿以下,忠清者为谁?于是……斩进于嘉德殿前……进部曲将吴匡、张璋……在外闻进被害,欲将兵入宫,宫合闭,袁术与匡共斫攻之……绍遂闭北宫门,勒兵捕宦者,无少长,皆杀之,或有无须而误死者,至自发露而后得免者二千余人。(《后汉书》卷九十九《何进传》)

而凉州军阀董卓却拥兵而入,封豕长蛇,凭陵宫阙,遂成板荡之祸。

灵帝崩,大将军何进、司隶校尉袁绍谋诛阉宦,而太后不许,乃私呼卓将兵入朝,以胁太后,卓得召,实时就道……卓未至,而何进败……卓……引兵急进……遂胁太后,策废少帝……立陈留王,是为献帝……卓为相国……是时洛中贵戚室第相望,金帛财产家家殷积,卓纵放兵士,突其庐舍,淫略妇女,剽虏资物,谓之搜牢,人情崩恐,不保朝夕……又坏五铢钱,更铸小钱,悉取洛阳及长安铜人、钟虡、飞廉、铜马之属以充铸焉,故货贱物贵,谷石数万,又钱无轮郭文章,不便人用……初平元年,冀州刺史刘馥等与袁绍之徒十余人各兴义兵,同盟讨卓……卓……闻东方兵起,惧……迁天子西都。初长安遭赤眉之乱,宫室营寺焚灭无余……于是尽徒洛阳人数百万口于长安,步骑驱蹙,更相蹈借,饥饿寇掠,积尸盈路……悉烧官庙官府居家,二百里内无复孑遗……卓讽朝廷……拜卓为太师,位在诸侯王上……时王允与吕布……谋诛卓……三年四月,帝病新愈,大会未央殿,卓朝服升车……入门……布……持矛刺卓,趣兵斩之……尽灭其族……其校尉李傕、郭汜、张济(时将兵掠陈留、颍川诸县)……闻长安中议欲尽诛凉州人……率兵数千,晨夜西行……随道收兵,比至长安,已十余万,与卓故部曲樊稠等合,围长安城……城溃,放兵虏掠,死者万余人……于是大赦天下,李傕、郭汜、樊稠等皆为将军。傕又迁车骑将军……汜后将军,稠右将军,张济为镇东将军,并封列侯,傕汜稠共秉朝政,济出屯弘农……时长安中盗贼不禁,白日虏掠……是时谷一斛五十万,豆麦二千万,人相食啖,白骨委积,臭秽满路……明年(兴平二年)春,傕因会刺杀樊稠于坐,由是诸将各相疑异,傕汜遂复理兵相攻……相攻连月,死者以万数……初帝入关,三辅户口尚数十万。自傕汜相攻,天子东归后,长安城空四十余日,强者四散,羸者相食,二三年间,关中无复人迹。建安元年……帝还至洛阳……董承(献帝舅)……潜召兖州牧曹操,操乃诣阙贡献……曹操以洛阳残荒,遂移帝幸许……明年……张济饥饿,出至南阳,攻穰,战死。郭汜为其将伍习所杀。三年……诏关中诸将……讨李傕,夷三族……自都许之后,权归曹氏,天子总己,百官备员而已。(《后汉书》一百二《董卓传》)

东汉的政权完全崩溃,州郡牧守各务兼并,于是统一局面又告结束,代之而出现的则为三国的分立。

第六节

东汉的政治制度

东汉官制虽沿西汉之旧,而其中亦有不同之点,兹分中央与地方两项说明:

第一项　中央官制

东汉中央官制,举其要者可列表如次:

东汉中央官制表[①]

种类	官名	职掌	禄秩	重要的官属	备考
上公	太傅	掌以善导无常职。			世祖以卓茂为太傅,薨因省,其后每帝初即位,辄置太傅,录尚书事,薨辄省。
三公	太尉	掌四方兵事功课,岁尽则奏其殿最,而行赏罚。凡国有大造大疑,则与司徒、司空通而			世祖即位,为大司马。建武二十七年改为太尉,故常与太尉迭置,不并列。灵帝末,以刘

---

① 本表除已注明出处者外,均依《后汉书·百官志》。

续 表

种类	官名	职掌	禄秩	重要的官属	备考
		论之,国有过事,则与三公通谏诤之。			虞为大司马,而太尉如故,自此则大司马与太尉始并置矣。参阅《通典》卷二十《太尉》。
	司徒	掌人民事,凡四方民事功课,岁尽则奏其殿最而行赏罚。凡国有大疑大事,与太尉同。			世祖即位,为大司徒,建武二十七年去大,建安中改为丞相。
	司空	掌水土事,凡四方水土功课,岁尽则奏其殿最,而行赏罚。凡国有大造大疑,谏诤与太尉同。			世祖即位,为大司空,建武二十七年去大,建安中改为御史大夫。
将军	大将军	掌征伐背叛。			窦宪为大将军,旧大将军位在三公下,置官属依太尉。宪威权震朝廷,公卿希旨,奏宪位次太傅下、三公上。见《后汉书》卷五十三《窦宪传》。明帝初即位,以弟东平王苍有贤才,以为骠骑将军,以王故,位在公上,数年后罢。延平元年,邓骘为车骑将军,仪同三司。仪同三司自骘始也。见《后汉书》卷四十六《邓骘传》。
	骠骑将军				
	车骑将军				
	卫将军				
	前后左右将军				

续表

种类	官名	职掌	禄秩	重要的官属	备考
九卿	太常卿	掌礼仪祭祀。	中二千石	博士祭酒一人,六百石,本仆射,中兴转为祭酒。博士十四人,比六百石,掌教弟子。国有疑事,掌承问对。	
	光禄勋卿	掌宿卫宫殿门户。	中二千石	五官左右中郎将各一人,比二千石,主三署郎。中郎比六百石,侍郎比四百石,郎中比三百石,皆无员。虎贲中郎将比二千石,主虎贲宿卫。虎贲中郎比六百石,虎贲侍郎比四百石,虎贲郎中比三百石,皆无员。羽林中郎将比二千石,主羽林郎,羽林郎比三百石,无员。光禄大夫比二千石,太中大夫千石,中散大夫六百石,谏议大夫六百石,议郎六百石,皆无员。凡大夫议郎皆掌顾问应对,无常事,惟诏命所使。	
	卫尉卿	掌宫门卫士宫中徼循事。	中二千石		
	太仆卿	掌车马。	中二千石		
	廷尉卿	掌平狱,奏当所应,凡郡国谳疑罪,皆处当以报。	中二千石		

续表

种类	官名	职掌	禄秩	重要的官属	备考
	大鸿胪卿	掌诸侯及四方归义蛮夷,其郊庙行礼,赞导请行事。	中二千石		
	宗正卿	掌序录王国嫡庶之次及诸宗室亲属远近。	中二千石		
	大司农卿	掌诸钱谷金帛诸货币。	中二千石		
	少府卿	掌中服御诸物衣服宝货珍膳之类。	中二千石	侍中比二千石,无员,掌侍左右,赞导众事,顾问应对。本有仆射一人,中兴转为祭酒,或置或否。中常侍千石,宦者,无员,后增秩比二千石,掌侍左右,从入内宫,赞导内众事,顾问应对给事。尚书令一人,千石,掌凡选署及奏下尚书文书众事。御史中丞一人,千石,御史大夫之丞也。及御史大夫转为司空,因别留中为御史台率,后又属少府。治书侍御史二人,六百石,掌选明法律者为之。凡天下诸谳疑事,掌以法律当其是非。侍御史十五人,六百石,掌察举非法,受公卿群吏奏事,有违失举劾之。	

续表

种类	官名	职掌	禄秩	重要的官属	备考
列卿	执金吾	掌宫外戒司非常水火之事。	中二千石		
	将作大匠	掌修作宗庙路寝宫室陵园木土之功,并树桐梓之类,列于道侧。	二千石		
	城门校尉	掌洛阳城门十二所。	比二千石		
	司隶校尉	掌察举百官以下及京师近郡犯法者,并领一州。	比二千石		

西汉以丞相总百官,而九卿分治天下之事,即丞相地位在百官之上,丞相的职权可以统辖九卿。昭帝以后,虽然是大司马大将军秉政,而名义上丞相还是百官的领袖。哀帝时代改丞相为大司徒,改御史大夫为大司空,合大司马,而成立三公的官。三公职权相等,大司马的地位在大司徒之上。光武即位,也沿西汉末年之制,建三公之官,不以丞相一人助理万机。

王莽时……定三公之号,曰大司马、大司徒、大司空,世祖即位,因而不改。(应劭《汉官仪》卷上)

建武二十七年,改定官名,大司马为太尉,大司徒、大司空皆去大。

建武二十七年五月丁丑,诏曰,昔契作司徒,禹作司空,皆无大字。其令二府去大,又改大司马为太尉。(《后汉书》卷一下《光武帝纪》)

三公都是宰相,杜佑说:

> 后汉废丞相及御史大夫,而以三公综理众务,则三公复为宰相矣。(《通典》卷二十一《宰相》)

而其职权亦复相等,所以:

> 凡国有大造大疑,太尉则与司徒、司空通而论之;国有过事,则与三公通谏争之。(《后汉书》卷三十四《百官志一》)

但其名位则有轩轾,太尉最高,司徒次之,司空又次之,即和西汉末年以大司马居大司徒之上者相同。三公分部九卿,每公管辖三卿。杜佑说:

> 太尉公主天(部太常、卫尉、光禄勋),司徒公主人(部太仆、鸿胪、廷尉),司空公主地(部宗正、少府、司农),而分部九卿。(《通典》卷二十《三公总叙》)

又云:

> 太常、光禄勋、卫尉三卿并太尉所部,太仆、廷尉、大鸿胪三卿并司徒所部,宗正、大司农、少府三卿并司空所部。(《通典》卷二十五《总论诸卿》)

因此之故,三公对于政策问题固然职权相等,而关于行政方面则各有专司。

> 太尉掌四方兵事功课,岁尽则奏其殿最,而行赏罚。(《后汉书》卷三十四《百官志一》)
> 司徒掌人民事,凡教民孝悌逊顺谦俭养生送死之事,则议其制,建其度。凡四方民事功课,岁尽则奏其殿最,而行赏罚。(同上)
> 司空掌水土事,凡营城起邑浚沟洫修坟防之事,则议其利,建其功。凡四方水土功课,岁尽则奏其殿最,而行赏罚。(同上)

西汉时代，太尉"掌武事"(《汉书》卷十九上《百官公卿表》)，东汉太尉固然也"掌四方兵事功课"，但其官属乃有东西曹等十二曹，东曹"主二千石长吏迁除"，辞曹"主辞讼事"，金曹"主货币盐铁事"(参阅《后汉书》卷三十四《百官志一》)。而司徒府亦有辞曹，"掌天下狱讼"。例如：

> 陈宠少为州郡吏，辟司徒鲍昱府……数为昱陈当世便宜，昱高其能，转为辞曹，掌天下狱讼。(《后汉书》卷七十六《陈宠传》)

金曹"主货币盐铁事"，而货币盐铁乃大司农所掌(《后汉书》卷三十六《百官志三》)，大司农为司空所部。兼以司徒乃丞相之改称，西汉丞相"掌丞天子，助理万机"(《汉书》卷十九上《百官公卿表》)，二千石长吏由丞相监督，吾人观丙吉之言"民斗相杀伤，长安令、京兆尹职所当禁备逐捕，岁竟，丞相课其殿最，奏行赏罚"(《汉书》卷七十四《丙吉传》)，就可知道。而东汉太尉府乃有东曹"主二千石长吏迁除"，是则三公如何分职，并不显明。吾人所能知道的，丞相总百官，揆百事，单独决定政治问题，而三公则共同决定政治问题。

> 马援上书言，宜如旧铸五铢钱，事下三府，三府奏以为未可许，事遂寝。(《后汉书》卷五十四《马援传》)

又共同负政治上的责任。三公燮理阴阳，阴阳不和，三公要负其责，而在后汉，三公同时策免。盖东汉儒学乃参以阴阳家的思想。杨秉说："天不言语，以灾异谴责。"(《后汉书》卷八十四《杨秉传》)即"王道得，则阴阳和穆；政化乖，则崩震为灾"(《后汉书》卷九十三《李固传》)。固然西汉之世已有宰相"典调和阴阳"之言(《汉书》卷七十四《丙吉传》)。当时所谓"调和阴阳"不是玄学之辞，而是讲求具体的政策。阴甚而久雨，须开辟河渠，使雨不成灾；阳极而将旱，须讲求水利，使旱不妨耕。丙吉见牛喘吐舌，驻车询问，盖"方春少阳用事，未可大热，恐牛近行，用暑故喘"(《汉书》卷七十四《丙吉传》)。此乃时气失节，旱灾之象，宰相宜未雨绸缪，不宜临时束手。所以当时虽有灾害变咎，而丞相并不褫职。元帝永光元年,春霜夏寒,日青无光,丞相于定国上书自劾,乞骸骨,上不许,定国固辞,乃罢就第(《汉书》卷七十一《于定国传》),此乃定国自己让位,不是天子策免。灾变策免三公乃开始于成帝以荧惑守心,而令丞相翟方进自杀(《汉书》卷八十四《翟方进传》)之时,然亦不过政治上的一种借口。东汉以后,似成为确定的制度,而始自安帝永初元年太尉徐防以灾异策免。

>凡三公以灾异策免,始自防也。(《后汉书》卷七十四《徐防传》)

按三公分职之制实因光武为人谨慎,恐政在一人,其权太重,故沿西汉末年之旧,不加改革,关此,仲长统曾有批评。他说:

>夫任一人则政专,任数人则相倚;政专则和谐,相倚则违戾;和谐则太平之所兴也,违戾则荒乱之所起也……或曰,政在一人,权甚重也。曰,人实难得,何重之嫌?(《后汉书》卷七十九《仲长统传》法诫篇)

而究其实,三公也是没有实权的。当光武称帝之时,以吴汉为大司马,邓禹为大司徒,王梁为大司空,而三人均出征在外,并未曾参决政事。此后为三公者,例如宋弘,"少而温顺"(《后汉书》卷五十六《宋弘传》),伏湛"性孝友"(《后汉书》卷五十六《伏湛传》),侯霸"笃志好学"(《后汉书》卷五十六《侯霸传》),固然个人都立身甚正,而于政治上乃无他庸能。三公在外,而在内者又系谨慎温良之辈,同时光武又亲总吏职,国家有事,每与尚书商谈,决定之后,交付三府执行。吾人观伏湛由尚书,拜为司直,行大司徒事(《后汉书》卷五十六《伏湛传》),侯霸由尚书令拜为大司徒(《后汉书》卷五十六《侯霸传》),可知尚书地位之尊。《唐六典》云:

>光武亲总吏职,天下书皆上尚书,与人主参决,乃下三府,尚书令为端揆之官。(《唐六典》卷一《尚书令》)

而继统的明帝也是"总揽威柄,权不借下"(《后汉书》卷二《明帝纪》论曰集解引华峤书），此种察察为明，实有失人君之道。申不害说："君道无知无为，而贤于有知有为。"（《申子》）慎到说："君臣之道，臣事事而君无事，君逸乐而臣任劳，臣尽其力以善其事，而君无与焉，仰成而已。故事无不治，治之正道然也。"（《慎子·民杂篇》）光武、明帝察察为明，而亲细务。与其讨论国策者非大臣之三公，而是侍从秘书的尚书令，于是三公虽有其职，而无其权，尚书为枢机之任，成为一代定制。

三公如此，御史如何呢？自御史大夫转为司空之后，御史中丞遂为御史台之长。秦汉时御史称府，东汉以后改称为台，而御史台又属于少府，由此可知监察权已经削弱。兹将东汉御史台之组织列表如次。

东汉御史台组织表①

官名	品秩	员数	职掌	备考
御史中丞	千石	一人	为御史台率。	
治书侍御史	六百石	二人	凡天下诸谳疑事，掌以法律当其是非。	选明法律者为之。注引蔡质《汉仪》曰，选御史高第补之。
侍御史	六百石	十五人	掌察举非法，受公卿群吏奏事，有违失举劾之。	

治书侍御史之职掌有似廷尉，盖廷尉卿"掌平狱，奏当所应，凡郡国谳疑罪，皆处当以报"（《汉书》卷三十五《廷尉卿》）。然则二者如何分职？蔡质《汉仪》（全名称为《汉官典职仪式选用》）云："治书侍御史二人，治廷尉奏事，罪当轻重。"是则廷尉对于疑狱所定的刑若有问题，治书侍御史有权矫正，轻者重之，重者轻之。余之解释如此，是否有错，希读者指正。至于前汉之部刺史已不属于御史中丞，但中丞既是司宪之官，故《续汉志》（《后汉书》卷三十六《御史中丞》）补注引蔡质《汉仪》云："御史中丞内掌兰台（兰台为汉时藏书之处，以御史中丞掌之。御史中丞居殿中兰台，兼司监察。及东汉成立御史台，中丞为台率，

---

① 本表据《后汉书》卷三十六《职官志三》御史中丞。

故御史台亦称兰台),督诸州刺史,纠察百寮。"即御史中丞之品秩及职权,两汉没有差别。东汉虽改丞相为司徒,但司徒府及其他两府均无司直之官。司隶校尉(比二千石)仍然存在,领一州。所以东汉虽沿前汉之制,分天下为十三州,而刺史(六百石)只有十二人。盖一州属于司隶校尉(《后汉书》卷三十七《司隶校尉》、卷三十八《州郡》)。即司隶校尉之职与州刺史相同。

尚书之官始于秦世,汉承秦置,秦汉两代均属少府。

> 秦时少府遣吏四人在殿中,主发书,故谓之尚书,尚犹主也,汉承秦置。(《通典》卷二十二《尚书省》)

论其职权不过掌管文书,传达诏令。

> 尚书掌图书秘记章奏之事,及封奏宣示而已。(《通典》卷二十二《尚书省》)

论其官阶,纵是主管长官的尚书令也不过秩千石,铜印墨绶。

> 尚书令秩千石,铜印墨绶。(蔡质《汉官典职仪式选用》)

武帝时,命宦者典事尚书,称为中书谒者令,成帝时更以士人任之,而复旧名。《后志》云:

> 尚书令一人千石。本注曰,承秦所置,武帝用宦者,更为中书谒者令,成帝用士人,复故,掌凡选署及奏下尚书文书众事。(《后汉书》卷三十六《百官志三》)

中书谒者令又简称为中书令,"司马迁被腐刑之后,为中书令,即其任也,不言谒者,省文也"(《唐六典》卷九《中书令》)。即据《后志》,尚书令与中书令乃是同职异名,以士人任之,则为尚书令;以宦者任之,则为中书令。《汉书》(卷九十三)

《石显传》,显"少坐法腐刑",元帝即位,显为中书令。初元中,前将军萧望之领尚书事,"知显专权邪僻,建白以为尚书百官之本、国家枢机,宜以通明公正处之。武帝游宴后庭,故用宦者,非古制也,宜罢中书宦官,应古不近刑人,元帝不听"。由这一文观之,可知中书令、尚书令只是一官。而《汉书》(卷七十五)《京房传》,又谓元帝时,"中书令石显颛权,显友人五鹿充宗为尚书令。房曰,中书令石显、尚书令五鹿君相与合同,巧佞之人也",则中书令与尚书令又似同时并置。

西汉之世,尚书已经分曹办事,置令一人、仆射一人、尚书四人,成帝时增为五人。此外尚有丞、郎等官。

秦汉尚书台组织表

官名	秦制	西汉制	备　考
尚书令	一人	一人	秦置尚书令,汉因之。(《通典》卷二十二《尚书令》)
尚书仆射	一人	一人	仆射秦官,汉因之,自侍中尚书博士郎皆有之。(《通典》卷二十二《仆射》)
尚书	四人	四人,后增至五人,分曹办事。	秦尚书四人,不分曹名。(《通典》卷二十二《尚书》)汉尚书四人为四曹,常侍曹尚书主丞相御史事。二千石曹尚书主刺史二千石事,民曹尚书主庶民上书事,主客曹尚书主外国四夷事。成帝初置尚书员五人,有三公曹主断狱事。(卫宏《汉旧仪》卷上)
尚书丞	一人	一人,后增为四人。	尚书丞一人,秦所置,汉因之,至成帝建始四年更置丞四人。(《唐六典》卷一《左右丞》注引司马彪《续汉书》)
尚书郎		四人	尚书郎,汉初置四人,一人主匈奴单于营部,一人主羌夷吏民,一人主户口垦田,一人主财帛委输……然汉言郎者,多非尚书郎……及诸言以赀为郎,父任为郎,兄任为郎,皆三署郎也。至后汉,二署(光禄勋与少府)犹难分,有尚书及曹名冠首者,即尚书郎也。(《唐六典》卷一《左右司郎中》)

尚书"在汉时乃御前管文书之所"(《文献通考》卷四十九《宰相》),"孝景时,窦婴尝受遗诏曰,事有不便,以便宜论上。及系灌夫罪至族,事日急,诸公莫敢复明言于上。婴乃使昆弟子上书言之,幸得召见,书奏,案尚书大行无遗诏"。

师古注曰:"大行:景帝大行也,尚书之中无此大行遗诏也。"(《汉书》卷五十二《灌夫传》)此实可以证明尚书乃御前保管文书之所。因为保管文书,天子倦勤朝事,就寄以笔札之任。章奏由他阅读,《汉书》(卷六十八)《霍光传》,丞相杨敞、大将军霍光以下,连名奏太后废昌邑王,就是由尚书读奏。诏令由他起草,《汉书》(卷一下)《高祖纪》十一年二月诏曰"云云,御史大夫昌下相国",《补注》引沈钦韩曰:"是时未有尚书,则凡诏令御史起草,付外施行。"即依沈钦韩之说,诏令本由御史府起草,后来起草诏令之事移于尚书。尚书既得阅读章奏,又得起草诏令,于是传达文书之吏遂渐次变成天子的喉舌。武宣以后,尚书之权稍大。

> 初秦废周法,天下之事皆决丞相府,置尚书于禁中,有令丞,掌通章奏而已。汉初因之,武宣之后稍以委任。(《唐六典》卷一《尚书令》)

宣帝由仄陋而登至尊,即位初年,大司马大将军霍光颛国。"帝谒见高庙,光从骖乘,上内严惮之,若有芒刺在背。"(《汉书》卷六十八《霍光传》)亲政之后,欲政由己出,以防权臣专擅,于是对于近臣的尚书遂视为肺腑。吏追捕有功,守相上名尚书,而调补之为县令。

> 张敞为胶东相,明设购赏,开群盗令相捕斩除罪。吏追捕有功,上名尚书,调补县令者数十人。(《汉书》卷七十六《张敞传》)

天子责问公卿,竟由尚书受辞。

> 黄霸为丞相,荐乐陵侯史高可太尉。天子使尚书召问霸,太尉官罢久矣,丞相兼之,所以偃武兴文也……将相之官,朕之任焉。侍中乐陵侯高帷幄近臣,朕之所自亲,君何越职而举之?尚书令受丞相对,霸免官谢罪,数日乃决。(《汉书》卷八十九《黄霸传》)

元帝时，因信任中人无外党，而中人又任中书令（即尚书令）之职，事无大小，均由中书令白决。同时韦玄成、匡衡相继为相，虽然均明经学，而乃持禄保身，在位不敢有所建白，于是尚书之权愈大。

> 石显为中书令，是时元帝被疾，不亲政事，方隆好于音乐，以显久典事，中人无外党，精专可信任，遂委以政，事无小大，因显白决，贵幸倾朝，百僚皆敬惮显。（《汉书》卷九十三《石显传》）

纵以御史大夫之尊，而由哪一位九卿补之，亦由尚书定其高下。

> 冯野王迁为大鸿胪，数年御史大夫李延寿病卒，……上（元帝）使尚书选第中二千石，而野王行能第一。（《汉书》卷七十九《冯野王传》）

卒至丞相及御史大夫不能不阿附尚书令。

> 中书谒者令石显贵幸专权为奸邪，丞相匡衡、御史大夫张谭皆阿附畏事显，不敢言。（《汉书》卷七十六《王尊传》。卷八十一《匡衡传》亦云，元帝时，中书令石显用事，自前相韦玄成及衡皆畏显，不敢失其意。）

贾捐之以为"京兆郡国首，尚书百官本"（《汉书》卷六十四下《贾捐之传》），萧望之亦说："尚书百官之本，国家枢机。"（《汉书》卷九十三《石显传》）并不是没有理由的。到了哀帝，丞相有过，尚书可以劾奏。

> 丞相王嘉上书荐故廷尉梁相等，尚书劾奏嘉言事恣意迷国，罔上不道。（《汉书》卷七十二《龚胜传》）

而刺史奏事京师，乃须往见尚书。

> 陈遵居长安中,列侯近臣贵戚皆贵重之。牧守当之官,及郡国豪杰至京师者,莫不相因到遵门。遵嗜酒,每大饮,宾客满堂,辄关门取客车辖投井中,虽有急,终不得去。尝有部刺史奏事过遵,值其方饮,刺史大穷,候遵沾醉时,突入见遵母,叩头自白,当对尚书,有期会状,母乃令从后合出去。(《汉书》卷九十二《陈遵传》)

这样,尚书更为枢机之任。尚书固然权大任重,而尚书令却是千石之官,朝位班次不能领袖群僚,所以西汉常以德高望重之人领尚书事。霍光以大将军,张安世以车骑将军,王凤以大司马,师丹以左将军,均领尚书事。领尚书事可以披阅章奏,所言不善,屏去不奏。

> 故事,诸上书者皆为二封,署其一曰副。领尚书者先发副封,所言不善,屏去不奏。(《汉书》卷七十四《魏相传》)

宣帝亲政,御史大夫魏相请去副封,以防壅蔽(《汉书》卷七十四《魏相传》)。所谓二封,据马端临说:

> 所谓上书者为二封,意正本则彻中书而人主阅之,副封则彻尚书而大将军阅之。(《文献通考》卷四十九《宰相》)

马氏之言甚似中书尚书分别为二,其实,中书令之职创自武帝,建始四年更用士人,而复旧名。在霍光秉政之时,副封由领尚书事阅之,阅了之后,再决定正本是否呈天子。《霍光传》云:

> 霍山(时以奉车都尉侍中领尚书事)曰,尝有上书言,大将军时主弱臣强,专制擅权,令其子孙用事,昆弟益骄恣,恐危宗庙……山屏不奏其书。后上书者益黠,尽奏封书,辄使中书令出取之,不关尚书。(《汉书》卷六十八《霍光传》)

所谓"不关尚书"是谓封事不经领尚书事之先阅。盖自宦者典事尚书，称为中书令之后，中书令乃是尚书的长官。宣帝亲政，章奏均由中书令直呈天子，此时尚书乃直接隶属于天子，而不属于领尚书事。成帝即位，王凤为大司马大将军，领尚书事。禄去王室，权柄外移，遂罢中书宦官，而尚书又改隶于领尚书事。①

光武中兴，愠朝廷之失权，忿强臣之窃命，乃将丞相职权分而为三，三公鼎立，互相制衡，于是外朝失权，政归后庭，而为其枢机者则为尚书。仲长统说：

> 光武皇帝愠数世之失权，忿强臣之窃命，矫枉过直，政不任下，虽置三公，事归台阁（章怀注，台阁谓尚书也）。自此以来，三公之职备员而已。（《后汉书》卷七十九《仲长统传》法诫篇）

尚书乃"出纳诏令"的机关（胡广《汉官解诂》），即宣示诏令与传送章奏，而为天子的喉舌。虞诩（时为尚书仆射）上疏荐左雄为尚书云："宜擢在喉舌之官。"（《后汉书》卷九十一《左雄传》）即其明证。因为尚书有宣示诏令的权，遂渐次变为发布诏令的机关；因为尚书有传送章奏的权，遂得审查章奏，渐次干涉大

---

① 马端临的见解与吾不尽相同，兹举其全文于下："中书、尚书之名始于汉。《通典》言，汉武帝游宴后庭，始令宦者典事尚书，谓之中书谒者令，则中书、尚书只是一所。然考《霍光传》，光薨，霍山以奉车都尉领尚书事。故事，诸上书者皆为二封，署其一曰副。领尚书者先发之，所言不善，屏去不奏。魏相请去副封，以防壅蔽。而光夫人显及禹山云等言，上书者益黠，尽奏封事。辄下中书令出取之，不关尚书。则其时中书、尚书似已分而为二。盖尚书在汉时乃御前管文书之所，故汉人上书言昧死上言尚书。如丞相、大将军已下，连名奏太后废昌邑王，亦是尚书令读奏。武帝虽令宦者典其事，然其末年，以霍光出入禁闼，谨慎可属大事，辅少主，则以光领之。光薨，而山继领其事。盖既以大臣之秉政者领之，则其事始在外庭矣。然则所谓上书者为二封，意正本则彻中书，而人主阅之，副封则彻尚书，而大将军阅之。自此始判为二，而有内外之分，此显禹所以有中书令出取之，不关尚书之言欤？霍氏既败，张安世又以大司马车骑将军领尚书事。史言安世职典枢机，谨慎周密，每定大政已决，辄移病出，闻有诏令，乃惊使使之丞相府问焉。盖霍光领尚书之时，丞相乃蔡义、杨敞也。张安世领尚书时，丞相乃魏相、丙吉也。是时尚书虽在外庭，以腹心重臣领之，然于宰相并无干预，此安世所以密议大政，及出诏令，而佯为不知，遣使问之丞相府，则丞相乃宣行尚书所议之政令耳（此句有问题，余意此时领尚书事得与丞相共议大政），而尚书非丞相之司存也。"（《文献通考》卷四十九《宰相》）

臣的行政。西汉时代，诏令有关于法制者，常由御史大夫转丞相，下百官。

> 御史大夫广明下丞相，承书从事下当用者，如诏书，书到言。丞相义下中二千石、二千石、郡太守、诸侯相，如诏书，书到明白布。（《居延汉简》六五之一八）

其他则由丞相下百官。

> 二月丁卯，丞相相下车骑将军、将军、中二千石、二千石、郡太守、诸侯相，承书从事下当用者，如诏书。少史应，令史宜、王始长。（《居延汉简》一〇之六三）

其由尚书下章极为罕见的事，所以王嘉才说："故事，尚书希下章。"（《汉书》卷八十六《王嘉传》）而一切章奏亦均由丞相总之。

> 元狩六年六月，诏曰，郡国有所以为便者，上丞相御史以闻。（《汉书》卷六《武帝纪》）
> 御史大夫吉昧死言：丞相相上太常书言，太史丞定言，元康五年五月二日壬子夏至，宜寝兵……臣请布，臣昧死以闻。（《居延汉简》一〇之二七）

到了东汉，则上章与下章均由尚书①。

---

① 《历代职官表》（卷二《内阁》汉）引《永乐大典》云："光武即位，政事不任三公，而尽归台阁。三公皆拥虚器，凡天下之事，尽入尚书。尝见后汉群臣章奏，首云臣某奏疏尚书，犹今言殿下陛下之类。虽是不敢指斥而言，亦足见其居要地而秉重权矣。当时事无巨细，皆是尚书行下三公，或不经由三公，径下尚书。故在东汉时，不惟尚之权重，九卿之权亦重者，此也。原注，案光武不任三公，事归台阁者，盖尚书谓六尚书台，犹今言尚书者也。"武案，东汉尚书有六曹。所谓六尚书台即指尚书六曹。"九卿之权亦重"，此不过东汉时代现象。魏时，陈寿己说："八座尚书即古六卿之任。"（《魏志》卷二十二《桓阶传评》）降至晋代，荀勖又说："九寺可并于尚书。"（《晋书》卷三十九《荀勖传》）

史晨祠孔庙碑前云,建宁二年三月癸卯朔,七日己酉,鲁相臣晨、长史臣谦,顿首死罪上尚书,臣晨顿首顿首,死罪死罪。末年,臣晨诚惶诚恐,顿首顿首,死罪死罪,上尚书……无极山碑,光和四年某月辛卯朔廿二日壬子,太常臣耽、丞敏顿首上尚书。末云,臣耽愚戆顿首顿首上尚书……光和四年八月辛酉朔十七日丁丑尚书令忠下,又云光和四年八月辛酉朔十七日丁丑太常耽、丞敏下常山相。(《容斋续笔》卷四《汉代文书式》)

而尚书尚得披阅章奏,决定其可否奏闻。

永平六年夏四月甲子,诏曰,间者章奏颇多浮词,自今若有过称虚誉,尚书皆宜抑而不省。(《后汉书》卷二《明帝纪》)

诏令之宣示、章奏之传达均须经由尚书,尚书正式成为出纳王命的机关,所以李固对顺帝说:

今陛下之有尚书,犹天之有北斗也。斗为天喉舌,尚书亦为陛下喉舌……尚书出纳王命,赋政四海,权尊势重,责之所归……诚宜审择其人,以毗圣政。(《后汉书》卷九十三《李固传》)

但是最初尚书不过预闻国事而已,尚未尽夺三公的权,所以马援提议更铸五铢,必交三府讨论,三府以为不必铸,其事遂寝。不久之后,众务竟归尚书,三公受成而已。

尚书成为国家枢机,选举由尚书典之。章帝时张酺谓"三府辟吏多非其人"(《后汉书》卷七十五《张酺传》)。顺帝时郎顗亦言"今选举皆归三司……每有选用,辄参之掾属。公府门巷,宾客填集,送去迎来,财货无已……尚书职在机衡,宫禁严密……选举之任不如还在机密"。章怀注云:"欲使尚书专掌选也。"(《后汉书》卷六十下《郎顗传》)可知顺帝以前,选举之任尚属三府。降至灵帝,吕强则谓"旧典,选举委任三府……今但任尚书,或复敕用"《后汉书》卷一百八

《吕强传》),是则尚书专掌选举乃始于东汉末叶。何以安帝时代陈忠有"选举诛赏一由尚书"(《后汉书》卷七十六《陈忠传》)之言？当考。初平年间情形如次：

> 赵戬初平中为尚书,典选举,董卓数欲有所私授,戬辄坚拒不听,言色强厉。(《后汉书》卷九十六《王允传》)

不过宰相出缺,顺帝初年尚书就有推荐的权。

> 庞参永建四年入为大鸿胪,尚书仆射虞诩荐参有宰相器能,顺帝时以为太尉,录尚书事。(《后汉书》卷八十一《庞参传》)

百官失职,和帝时尚书已得纠弹。

> 乐恢入为尚书仆射,是时河南尹王调、洛阳令李阜与窦宪厚善,纵舍自由。恢劾奏调、阜,并及司隶校尉,诸所刺举,无所回避。(《后汉书》卷七十三《乐恢传》)

降至安帝,三公违法,尚书亦得举劾。

> 时征西将军任尚以奸利被征抵罪。尚曾副大将军邓骘,骘党护之。而太尉马英、司徒李合承望骘旨,不复先请,即独解尚臧锢,恺(司徒刘恺)不肯与议。后尚书案其事,二府并受谴咎。(《后汉书》卷六十九《刘恺传》)

至于朝廷集议,尚书以中朝官而得参加,似开始于顺帝之世。

> 永和元年,灾异数见……诏召公卿中二千石尚书诣显亲殿问曰……北乡侯亲为天子,而葬以王礼,故数有灾异,宜加尊谥,列于昭穆。群臣议者多谓宜如诏旨。举(周举,时为司隶校尉)独对曰,北乡侯……立不

逾岁，年号未改，皇天不佑，大命夭昏……以王礼葬之，于事已崇，不宜称谥。灾异之来，弗由此也。于是司徒黄尚、太常桓焉等七十人同举议，帝从之。(《后汉书》卷九十一《周举传》)

然而关于国家大事，天子诏尚书通议，而不参加以朝臣，则早在章帝时代已经有了。

是时谷贵，县官经用不足，朝廷忧之。尚书张林上言，谷所以贵，由钱贱故也。可尽封钱，一取布帛为租，以通天下之用。又盐食之急者，虽贵，人不得不须，官可自鬻……于是诏诸尚书通议。晖(朱晖，时为尚书仆射)奏，据林言不可施行，事遂寝。(《后汉书》卷七十三《朱晖传》)

观尚书的职权，可知东汉尚书之官几乎代替三公。陈忠说：

汉典旧事，丞相所请，靡有不听。今之三公虽当其名，而无其实，选举诛赏一由尚书。尚书见任，重于三公，陵迟以来，其渐久矣。(《后汉书》卷七十六《陈忠传》)

尚书乃秉笔之吏，而权竟侔于内阁，兹再举数例证明尚书见任，重于三公。

光武以侯霸为尚书令，霸明习故事，……条奏前世善政法度有益于时者，皆施行之。每春下宽大之诏，奉四时之令，皆霸所建也。(《后汉书》卷五十六《侯霸传》)郑弘为尚书令，前后所陈有补益王政者，皆著之南宫，以为故事。(《后汉书》卷六十三《郑弘传》)陈忠为尚书令，数进忠言，辞采鸿丽，前后所奏，悉上于官阁，以为故事。(《东观汉记》卷十九《陈忠传》)郭贺字乔卿。为尚书令，百姓歌之曰，厥德仁明郭乔卿，忠政朝廷上下平。(引自《文献通考卷》五十一《尚书令》)左雄字伯豪，为尚书令。牧守畏栗，莫敢轻举，迄于永熹，察选清平，多得其人。《集解》引张璠《汉记》云，时称左伯豪为尚

书,天下皆慎选举。(《后汉书》卷九十一《左雄传》)

三公虽然无权,而政有不理或有灾异,仍复谴责三公,或策免三公。

> 三公之职备员而已,然政有不理,犹加谴责。(《后汉书》卷七十九《仲长统传》法诫篇)
>
> 时三府任轻,机事专委尚书,而灾眚变咎,辄切免公台。(《后汉书》卷七十六《陈忠传》)

尚书既然代替三公办理国务,于是尚书组织渐次膨大,灵帝时代成为一个独立机关,称为尚书台或中台,而属于少府。

> 汉初尚书虽有曹名,不以为号。灵帝以侍中梁鹄为选部尚书,于是始见曹名,总谓之尚书台,亦谓之中台……二汉皆属少府。(《通典》卷二十二《尚书省》)

东汉尚书台的组织如次:

东汉尚书台组织表

官名	禄秩	职掌	人数	备考
录尚书事				每帝初即位,辄置太傅,录尚书事,薨辄省。(《后汉书》卷三十四《百官志一》)
尚书令	千石	掌凡选署及奏下尚书文书众事。(《后汉书》卷三十六《百官志三》)	1	
尚书仆射	六百石	署尚书事,令不在则奏下众事。(《后汉书》卷三十六《百官志三》)	1	献帝建安四年,始置左右仆射,以执金吾荣合为左仆射,卫臻为右仆射。(应劭《汉官仪》卷上)

续表

官名		禄秩	职掌	人数	备考
列曹尚书	三公曹	六百石	主岁尽考课诸州郡事。	1	各书所载不同,上表据《晋书》卷二十四《职官志》。蔡质《汉官典职仪式选用》说:"灵帝末梁鸿为选部尚书",所以《唐六典》卷二《吏部尚书》云:"汉末又改吏部为选部。"但《后汉书》卷一百二《董卓传》,献帝时周珌为吏部尚书。到底有无改名,改名在什么时候,本书不想考证。
	吏部曹	六百石	主选举祠祀事。	1	
	民曹	六百石	主缮修功作盐池园苑事。	1	
	客曹	六百石	主护驾羌胡朝贺事。	1	
	二千石曹	六百石	主辞讼事。	1	
	中都官曹	六百石	主水火盗贼事。	1	
左右丞		四百石	左丞总领纪纲,事无不统。右丞掌廪假钱谷。(应劭《汉官仪》)		成帝建始四年,置丞四人,至光武减其二,惟置左右丞各一人。(《唐六典》卷一《左右丞》,注引司马彪《续汉书》)
侍郎		四百石	主作文书起草。(《后汉书》卷三十六《百官志三》)	36	侍郎三十六人,一曹有六人。(《后汉书》卷三十六《百官志三》)

尚书属于少府,尚书令秩仅千石,论其地位固然尊贵。①

光武特诏御史中丞与司隶校尉、尚书令会同,并专席而坐,故京师号曰三独坐。(《后汉书》卷五十七《宣秉传》)

论其人选不免轻易。章帝时韦彪曾言:

---

① 《后汉书》卷四十五《王常传》,注引《汉官仪》曰:御史大夫、尚书令、司隶校尉皆专席,号三独坐。案应劭撰《汉官仪》多述后汉官制,后汉改御史大夫为司空,而以御史中丞为御史台率,所以御史大夫应作御史中丞。《通典》(卷二十四《中丞》)及《文献通考》(卷五十三《中丞》)均作中丞。

> 天下枢要在于尚书,尚书之选岂可不重?而间者多从郎官超升此位,虽晓知文法,长于应对,然察察小慧,类无大能。(《后汉书》卷五十六《韦彪传》)

固然洪迈曾说:

> 东汉尚书令为千石,然铜印墨绶,虽居机要,而去公卿甚远,至或出为县令。(《容斋随笔》卷十三《尚书省长官》)

此言似与事实不符,明帝时,尚书令郑弘请以尚书郎补县令,帝从其议。

> 建初(初),郑弘为尚书令。旧制,尚书郎限满,补县长令史丞尉。弘奏以为台职虽尊,而酬赏甚薄,至于开选多无乐者,请使郎补千石令,(令)史为长。帝从其议。(《后汉书》卷六十三《郑弘传》)

尚书郎尚可出补县令,何况尚书令?吾人视《后汉书》所载,只有县令擢为尚书令,如周荣自郾令擢为尚书令(《后汉书》卷七十五《周荣传》)是也,尚书令或出为郡守,如周荣由尚书令出为颍川太守(《后汉书》卷七十五《周荣传》),或迁为九卿,如冯勤由尚书令拜大司农(《后汉书》卷五十六《冯勤传》),或迁为三公,如侯霸由尚书令迁大司徒(《后汉书》卷五十六《侯霸传》)是也。

不过为尚书者最好有两种学识之一,一是明习故事。《后汉书》(卷九十一)《左雄传》"案尚书故事",《集解》引《通鉴》胡注:"汉故事皆尚书主之。"尚书既主故事,自应以明习故事者任之。侯霸为尚书令"明习故事,条奏前世善政法度有益于时者,皆施行之"。二是明习法律,陈咸于前汉成哀间"以(明)律令为尚书",咸孙宠"明习家业"(律令),肃宗初,为尚书。宠子忠"明习法律",司徒刘恺谓其"宜备机密,于是擢拜尚书"(《后汉书》卷七十六《陈宠陈忠传》),即陈家祖孙数代皆以明法而为尚书。这不是说,东汉为尚书者均是明习故事或法律之人,而是说,明习故事或法律之人拜为尚书,更能有所表现。

三公无权,"政事多归尚书"(《后汉书》卷八十六《王畅传》)。这种制度对于东汉政治有什么影响呢?宰相不能主政,尚书虽是天子近臣,而地位甚低,其得参知政事,不是法律上的制度,因之大权谁属就成为问题。王鸣盛说,"官不论贵贱,唯视其职之闲要,而闲要唯视时主之意向,其制无时不改"(《后汉书》卷七十九《仲长统传》法诫篇集解引王鸣盛曰),所以母后临朝,则外戚以大将军颛国;天子亲政,则阉宦以中常侍执权。国无法轨,这也是东汉政治纷乱的一个原因。

这个时候,西汉的领尚书事亦改称为录尚书事。领录有两点不同:其一,西汉任何职官均得领尚书事,如孔光以光禄勋,张禹以光禄大夫,霍山以奉车都尉,领尚书事。唯最重要的乃是将军,尤其冠以大司马之号的将军。至于丞相固然是"掌丞天子,助理万机"(《汉书》卷十九上《百官公卿表》),御史大夫固然是"佐丞相统理天下"(《汉书》卷八十三《薛宣传》),而却没有领尚书事者。反之,东汉只唯太傅与太尉、司徒才得录尚书事,如赵熹以太傅,牟融以太尉,胡广以司徒,录尚书是也。其二,西汉之世虽云丞相治外,大司马治内(参阅《汉书》卷六十六《车千秋传》霍光言及卷八十九《黄霸传》补注引齐召南曰),其外戚为大司马而领尚书事者,每有实权,而可以总揽朝政,如霍光以大将军领尚书事,政事一决于光(《汉书》卷六十六《车千秋传》)。到了东汉,录尚书事虽云"犹古冢宰总己之义"(胡广《汉官解诂》),其实只是优崇之位,而非使命之官。因为太傅本无实权,三公徒拥虚位,国家枢机乃是尚书,不是录尚书事。和帝即位,邓彪为太傅,而"窦氏专权骄纵,朝廷多有谏争,而彪在位修身而已,不能有所匡正"(《后汉书》卷七十四《邓彪传》)。灵帝时,胡广为司徒,录尚书事,"京师谚曰,万事不理问伯始(广字),天下中庸有胡公"(《后汉书》卷七十四《胡广传》)。观邓胡之事,可知东汉录尚书的权力如何了。

第二项 地方官制

东汉地方官制也沿西汉之旧,现在先从刺史说起。西汉刺史似为中央官,属于御史府,而为御史中丞的属官。成帝时,改刺史为牧,秩二千石。光武中兴,复为刺史。蔡质云:"御史中丞督诸州刺史。"(《汉官典职仪式选用》)而《后汉书》(卷三十六)《百官志三》,关于御史中丞的官属,只云治书侍御史二人、侍御史十五人,未曾提及刺史,刺史似有地方官的性质。东汉有州十三,刺史十二人,各察一州,其一州属司隶校尉。

外十有二州,每州刺史一人,六百石。本注曰,武帝初置刺史十三人,秩六百石。成帝更为牧,秩二千石。建武十八年,复为刺史,十二人各主一州,其一州属司隶校尉。(《后汉书》卷三十八《百官志五》)

兹将东汉刺史所察郡国列表如次:

东汉刺史所察郡国表

部名	治所	郡国数	县数	备考
司隶校尉部		7	103	《后汉书·郡国志》未载司隶校尉的治所。但观《后汉书》各列传,例如卷五十六《牟融传》,融入为司隶校尉,多所举正,百僚敬惮。卷五十九《鲍永传》,永征为司隶校尉,朝廷肃然,莫不戒备。可知司隶校尉的治所应在洛阳。
豫州刺史部	沛国之谯	6	99	
冀州刺史部	常山国之高邑	9	100	
兖州刺史部	山阳郡之昌邑	8	80	
徐州刺史部	东海郡之剡	5	62	
青州刺史部	齐国之临菑	6	65	
荆州刺史部	武陵郡之汉寿	7	117	
扬州刺史部	九江郡之历阳	6	92	
益州刺史部	广汉郡之雒	12	118	
凉州刺史部	汉阳郡之陇州	12	98	
并州刺史部	太原郡之晋阳	9	98	

续表

部名	治所	郡国数	县数	备　考
幽州刺史部	广阳郡之蓟	11	90	
交州刺史部	苍梧郡之广信	7	56	《汉官》曰，刺史治广信。见《郡国志五》原注。
总计		105	1180	

东汉刺史比之西汉，有三点不同。

第一，西汉刺史传车周行，匪有定镇。东汉刺史有一定治所。吾人观上表所载，就可知道。《通典》云：

> 汉刺史乘传周行郡国，无适所治。中兴，所治有定处。(《通典》卷三十一《州牧刺史》)

我们讨论西汉刺史之时，曾经说过，监察之官久居一地，可以发生两种结果，一是情亲而弊生，即刺史与郡国守相发生感情，而不能尽其纠弹之责。二是倚势而作威，即刺史利用监察之权，欺陵守相，浸假便变成地方行政长官，吾人观种暠为益州刺史，"在职三年，宣恩远夷，开晓殊俗，岷山杂落皆怀服汉德，举种向化"(《后汉书》卷八十六《种暠传》)。再观李固为荆州刺史，"遣吏劳问境内，赦寇盗前衅，与之更始，于是贼帅自缚归首，固皆原之，遣还，使自相招集，开示威法，半岁间余类悉降，州内清平"(《后汉书》卷九十三《李固传》)，可知东汉刺史之作为乃超出诏书六条之外，而侵入行政范围了。

第二，刺史监临一州，而须巡行所部郡国。西汉之世，刺史常于八月出巡，岁尽，入京奏事。东汉刺史则遣计吏报告情况，不必自诣京师。

> 诸州常以八月巡行所部郡国，录囚徒，考殿最。初岁尽，诣京都奏事，中兴，但因计史。原注引胡广《汉官解诂》曰，不复自诣京师。(《后汉书》卷三十八《百官志五》)

刺史不必入京奏事，据张酺言，最初乃欲减少烦扰，其后遂成为习惯，而既成习惯之后，虽欲改制，亦不可能。

> 和帝初，酺上言，故州牧刺史入奏事，所以通下问、知外事也。数十年以来，重其道归烦扰，故时止勿奏事，今因以为故事。《东观汉记》卷十九《张酺传》

刺史无须奏事京师，当然是终岁皆居所部郡国，而非八月出巡，岁尽回京。于是刺史遂由中央官一变而为地方官。改牧之后，权任更重，强者遂专权裂土矣。

第三，西汉刺史察劾守令，由三公派人按验，然后黜罢。东汉不必经过三公按验，守令即行罢免。

> 旧制，州牧奏二千石长吏不任位者，事皆先下三公，三公遣掾史案验，然后黜退。帝（光武）时用明察，不复委任三府，而权归刺举之吏。《后汉书》卷六十三《朱浮传》

然以一州郡县之多，刺史很难躬自监察，势只有寄耳目于胥吏，而如朱浮所说：

> 陛下以使者为腹心，而使者以从事为耳目，是为尚书之平，决于百石之吏。《后汉书》卷六十三《朱浮传》

据章怀注，"使者刺史也，每州有从事，秩百石"。天子使刺史察郡国，而刺史又以从事为耳目，既无按验之制，于是百石之吏遂掌握了黜退二千石之权。所以朱浮又说：

> 故群下苛刻，各自为能，兼以私情容长，憎爱在职，皆竞张空虚，以要时利，故有罪者心不厌服，无咎者坐被空文。《后汉书》卷六十三《朱浮传》

由于三种改制，东汉刺史已经变成守令的长官。"二千石及长吏迫于举劾，惧于刺讥，故争饰诈伪，以希虚誉。"（《后汉书》卷六十三《朱浮传》）固然刺史贤良，还可以整饬吏治。桓帝时朱穆为冀州刺史，"冀部令长闻穆济河，解印绶去者四十余人。及到，奏劾诸部，至有自杀者"（《后汉书》卷七十三《朱穆传》）；李膺为青州刺史，"守令畏威明，多望风弃官"（《后汉书》卷九十七《李膺传》）。而中材刺史难免不受胥史的蒙蔽，倘若没有操守，必将利用权力，因缘为奸。交州"前后刺史率多无清行，上承权贵，下积私赂，财计盈给，辄复求见迁代，故吏民怨叛"。灵帝时，"有司举贾琮为交州刺史。琮到部，讯其反状，咸言赋敛过重，百姓莫不空单，京师遥远，告冤无所，民不聊生自活，故聚为盗贼"（《后汉书》卷六十一《贾琮传》）。由此可知东汉刺史不但"所察过诏条"（参阅《汉书》卷七十二《鲍宣传》），"多与郡县事"（参阅《汉书》卷八十三《薛宣传》），而且事实上已经成为最高行政长官，而能直接侵渔百姓了。灵帝时黄巾大乱，中央政府欲增加牧伯权力，使其督剿流寇，遂从刘焉之议，而于中平五年置牧。

> 中平五年，是岁改刺史，新置牧。（《后汉书》卷八《灵帝纪》）

> 刘焉迁太常，时灵帝政化衰缺，四方兵寇。焉以为刺史威轻，既不能禁，且用非其人，辄增暴乱，乃建议改置牧伯，镇安方夏，清选重臣，以居其任。焉乃阴求为交址，以避时难，议未即行。会益州刺史郄俭在政烦扰，谣言远闻，而并州刺史张懿、凉州刺史耿鄙并为寇贼所害，故焉议得用。出焉为监军使者，领益州牧，太仆黄琬为豫州牧，宗正刘虞为幽州牧，皆以本秩居职，州任之重自此而始。（《后汉书》卷一百五《刘焉传》）

固然此时改牧者不过三州，即太常刘焉为益州牧，太仆黄琬为豫州牧，宗正刘虞为幽州牧。然其影响甚大，西汉成帝之时虽改刺史为牧，但仅增秩而已，仍奉诏条察州。即州牧还是监察官，不是行政官，吾人观鲍宣为豫州牧，因为"代二千石署吏听讼，所察过诏条"，而为丞相司直郭钦奏免（《汉书》卷七十二《鲍宣传》），即可知之。灵帝改刺史为牧，又和成帝不同，州牧外领兵马，内亲民事，完全是个行政官。于是秦汉以来郡县二级制度，由于这种改制，到了董卓作乱，就改变为州郡县三级制度。州地广民众，州牧有所凭借，起而反抗中央，中央难以应付。外重内轻，干弱枝强，所以刺史改牧乃是中央集权分解为地方割据的一种过程。刘昭说：

> 孝武之末，始置刺史，监纠非法，不过六条，传车周流，匪有定镇，秩裁数百，威望轻寡，得有察举之勤，未生陵犯之衅。成帝改牧，其萌始大，既非识治之主，故无取焉尔。世祖中兴，监乎政本，复约其职，还遵旧制……至孝灵在位，横流既及，刘焉徼伪，自为身谋，非有忧国之心，专怀狼据之策，抗论昏世，荐议愚主，盛称宜重牧伯，谓足镇压万里，挟奸树算，苟罔一时，岂可永为国本，长期胜术哉……故焉牧益土，造帝服于岷峨；袁绍取冀，下制书于燕朔；刘表制南，郊天祀地；魏祖据兖，遂构皇业，汉之殄灭，祸原乎此。（《后汉书》卷三十八《百官志五》注）

郡县乡亭下至里什伍之制均沿西汉之旧，改制殊少。兹试列表如次，而后再加讨论。

东汉郡以下地方制度表①

		官名	禄秩	职掌	数目	备考
郡	河南郡	尹	中二千石	凡郡国皆掌治民，进贤劝功，决讼检奸。常以春行所主县，劝民农桑，振救泛绝。秋冬遣无害吏，案讯诸囚，平其罪法，论课殿最。岁尽遣吏上计，并举孝廉，郡口二十万举一人。	105	
	普通郡	太守	二千石			
	王国	相	二千石			

---

① 本表据《后汉书》卷三十八《百官志五》。

续表

	官名	禄秩	职掌	数目	备考
县 侯国	县 道 邑 相	令或长	大者置令千石,其次置长四百石,小者置长三百石,侯国之相,秩次亦如之。	皆掌治民,显善劝义,禁奸罚恶,理讼平贼,恤民时务,秋冬集课,上计于所属郡国。	1180	凡县主蛮夷曰道,公主所食汤沐曰国。《集解》钱大昕曰,国当作邑。
乡	有秩	百石	掌一乡人,主知民善恶,为役先后,知民贫富,为赋多少,平其差品。	3681	有秩郡所署,其乡小者,县置啬夫一人。《百官志》云:"又有乡佐,属乡,主收民赋税。"如是,则有秩、啬夫只依民之贫富而决定每人纳税多少,而负收税之责者则为乡佐。
	三老		掌教化,凡有孝子顺孙贞女义妇,让财救患,及学士为民法式者,皆扁表其门,以兴善行。		
	游徼		掌徼循,禁司奸盗。		
亭	亭长		主求捕盗贼。		亭本系警察区,其后演变,竟然兼理辞讼。王符说:"乡亭部吏亦有任决断者,而类多枉曲。"见《后汉书》卷七十九《王符传》爱日篇。《潜夫论》第十八篇《爱日》,只云"乡亭部吏,足以断决,使无怨言,然所以不者,盖有故焉"。

续表

官名	禄秩	职掌	数目	备考
里 里魁 什伍		里魁掌一里百家,什主十家,伍主五家,以相检察,民有善事恶事,以告监官。		《汉书》卷七十六《韩延寿传》、卷八十九《黄霸传》有伍长。卷九十《尹赏传》有里正,什长之名《汉书》无考。里正即里魁。《后汉书》各列传均未提到什长伍长。《魏志》卷八《公孙度传》,公孙昭守襄平令,召度子康为伍长。此系灵帝时事,可知后汉亦有伍长。

组织虽沿旧制,但其中亦有不同之点。其最重要者则为郡之制度。

第一,西汉时,郡有郡尉,秩比二千石。光武中兴,罢都尉,而令太守兼之。

> 建武六年,省诸郡都尉,并职太守,无都试之役。(《后汉书》卷三十八《百官志五》)

郡有剧贼,则临时设置,事讫即罢。

> 每有剧贼,郡临时置都尉,事讫罢之。(《后汉书》卷三十八《百官志五》注引应劭曰)

例如顺帝永寿元年秋七月,初置太山琅邪都尉官,章怀注云:

> 二郡盗贼不息,故置。(《后汉书》卷七《桓帝纪》)

边郡则常置都尉及属国都尉。

> 唯边郡往往置都尉及属国都尉,稍有分县治民比郡。(《后汉书》卷三十八《百官志五》)

关于边郡都尉,例如:

> 边郡各都尉,如会稽东部都尉见《顺帝纪》,敦煌、酒泉、张掖都尉见《窦融传》,辽东都尉见《冯绲传》,交址都尉见《胡广传》,安定都尉见《傅燮传》,九真都尉见《党锢传》,会稽西部都尉见《独行传》。(《后汉书》卷三十八《百官志五》集解引李祖楙曰)

关于属国都尉,例如:

> 本纪和帝永元元年,复置西河、上郡属国都尉。十五年,复置辽东西部都尉。安帝永初元年,分犍为南郡为属国都尉。二年,分广汉北部为属国都尉。延光二年,分蜀郡西部为属国都尉。(并见《西南夷传》)顺帝阳嘉二年,复置陇西南部都尉。西羌《西南夷传》复有金城西部都尉官,此皆分县治民也。(《后汉书》卷三十八《百官志五》集解引李祖楙曰)

光武罢都尉,省都试,而外兵不练,盖西都之季,诸起事者例如翟义之讨王莽(《汉书》卷八十四《翟义传》),李通之说光武(《后汉书》卷四十五《李通传》),皆因都试之日,勒军队,诛守令。光武重慎畏事,不肯与人以可乘之机。然而地方空虚,猝然盗起一方,只有临时征召民人,编为军队,而令太守主之。这种军队固然是乌合之众,不能静难御侮,而如应劭所说:"一旦驱之以即强敌,犹鸠鹊捕鹰鹯,豚羊弋豺虎,是以每战常负,王旅不振。"(《汉官仪》卷上)唯在地方空虚之时,对于腐化的中央,仍不失为一种威胁。太守和刺史一样,内亲民事,外领兵马,黄巾乱后,袁术以南阳太守(《后汉书》卷一百五《袁术传》),孙坚以长沙太守(《后汉书》卷一百五《袁术传》),张邈以陈留太守(《魏志》卷七《张邈传》),公孙度以辽东太守(《魏志》卷八《公孙度传》),均割地称雄。东汉之亡由于地方瓦解,推原其故,牧守制度不失为一个原因。

第二,西汉时,地方盐官铁官乃遥隶于大司农,由中央直接控制。东汉则置省不常,置时皆属郡县。

> 郡国盐官铁官本属司农,中兴,皆属郡县。(《后汉书》卷三十六《百官志三》)

鬻盐冶铁为利甚厚。前《志》云:"富商贾冶铸鬻盐,财或累万金","东郭咸阳齐之大鬻盐,孔仅南阳大冶,皆致产累千金。"(《汉书》卷二十四下《食货志》)武帝讨伐匈奴,国用不给,乃于元狩四年置盐铁官,禁止人民私铸铁器或鬻盐(《汉书》卷二十四下《食货志》)。据《汉书·地理志》所载,盐官凡二十八郡,铁官凡四十郡,例如河东置盐官于安邑,置铁官于安邑、绛县、皮氏、平阳。南郡只有盐官,置于巫州。颍川只有铁官,置于阳城。即视其地有否盐铁,或置或否,而每郡又不仅一所。元帝初元五年,罢盐铁官,三年之后,即于永光三年复盐铁官(《汉书》卷九《元帝纪》)。盖盐铁国有大有助于国用。光武使盐官铁官属于郡县,中央收入减少,地方收入增加,财政上中央弱而地方强,似非强干弱枝之策。唯据《后汉书》所记,光武以后,盐官铁官似亦省置无常。试看和帝即位时之诏。

> 夏四月戊寅,诏曰,昔孝武皇帝致诛吴(胡)越,故权收盐铁之利,以奉师旅之费。自中兴以来,匈奴未宾,永平末年复修征伐。先帝即位,务休力役,然犹深思远虑,安不忘危。探观旧典,复收盐铁,欲以防御不虞,宁安边境。而吏多不良,动失其便,以违上意。先帝恨之,故遗戒郡国罢盐铁之禁,纵民煮铸,入税县官如故事。其申敕刺史二千石奉顺圣旨,勉弘德化,布告天下,使明知朕意。(《后汉书》卷四《和帝纪》)

诏中"先帝"是指章帝,是则章帝时代固曾一度"复收盐铁"。复因"吏多

不良,动失其便",故又"遗戒郡国罢盐铁之禁"。《朱晖传》云:

> 是时(章帝时)谷贵,县官经用不足,朝廷忧之,尚书张林上言……又盐食之急者,虽贵,人不得不须,官可自鬻……于是诏诸尚书通议。晖(时为尚书仆射)奏据林言不可施行,事遂寝。后应事者复重述林前议,以为于国诚便,帝然之,有诏施行。(《后汉书》卷七十三《朱晖传》)

和帝永光十五年秋七月,复置涿郡故盐铁官。据何焯言:

> 涿郡故安县有铁官,无盐官,此盐字乃安字之讹。(《后汉书》卷四《和帝纪》集解引何焯曰)

这不是普遍的设置铁官,而是只设置于涿郡故安县。《汉书》(卷二十八上一)《地理志》于河东郡之安邑云:"有铁官盐官。"《后汉书》(卷二十九)《郡国志》于河东郡之安邑只云:"有铁,有盐池。"此实可以间接证明东汉时代盐官铁官固不常置。其设置者是否"皆属郡县",其不设置者是否"纵民煮铸,入税县官",文献上无可稽考。但是税归县官(天子),则中央尚可收盐铁之利,倘属郡县,则地方财政充足。太守既兼都尉之职,盐铁之利又归郡县,州牧郡守既有其土地,又有其人民,又有其甲兵,又有其财赋,黄巾乱后,牧守割地称雄,而令中国大乱垂三百年之久,谁实使之,光武似不能辞其责。

附录　东汉建元表

光武刘秀　　建武三十二　中元二
明帝庄　　　永平十八
章帝炟　　　建初九　元和四　章和二
和帝肇　　　永元十七　元兴一
殇帝隆　　　延平一
安帝祜　　　永初七　元初七　永宁二　建光二　延光四
顺帝保　　　永建七　阳嘉四　永和六　汉安三　建康一
冲帝炳　　　永嘉一
质帝缵　　　本初一
桓帝志　　　建和三　和平一　元嘉三　永兴二　永寿四　延熹十
　　　　　　永康一
灵帝宏　　　建宁五　熹平七　光和七　中平六
献帝协　　　永汉一　初平四　兴平二　建安二十五　延康一

上东汉十二帝一百九十五年。